量化实证分析在金融风险管理中的应用

中央财经大学中国金融发展研究院　著

中国金融出版社

责任编辑：张怡妲
责任校对：潘　洁
责任印制：张也男

图书在版编目（CIP）数据

量化实证分析在金融风险管理中的应用／中央财经大学中国金融发展研究院
著. —北京：中国金融出版社，2021.10
　ISBN 978-7-5220-1355-8

　Ⅰ.①量… Ⅱ.①中… Ⅲ.①量化分析—应用—金融风险—风险管理
Ⅳ.①F830.9

中国版本图书馆 CIP 数据核字（2021）第 207291 号

量化实证分析在金融风险管理中的应用
LIANGHUA SHIZHENG FENXI ZAI JINRONG FENGXIAN GUANLI ZHONG DE YINGYONG

出版
发行　**中国金融出版社**

社址　北京市丰台区益泽路 2 号
市场开发部　（010）66024766，63805472，63439533（传真）
网 上 书 店　www.cfph.cn
　　　　　　（010）66024766，63372837（传真）
读者服务部　（010）66070833，62568380
邮编　100071
经销　新华书店
印刷　北京七彩京通数码快印有限公司
尺寸　169 毫米×239 毫米
印张　25.5
字数　372 千
版次　2021 年 10 月第 1 版
印次　2021 年 10 月第 1 次印刷
定价　86.00 元
ISBN 978-7-5220-1355-8
如出现印装错误本社负责调换　联系电话（010）63263947

引　言

中国金融发展研究院（Chinese Academy of Finance and Development）成立于 2006 年，是中央财经大学"经济学与公共政策优势学科创新平台"的机构之一，是一个以在海外获得博士学位的人员为主体、从事高端金融研究和人才培养的学术机构。研究院致力于把先进的研究方法，国际化的学术视野，严谨的研究风格应用于中国的金融和经济学术研究。

金融风险指的是与金融有关的风险，如信用风险、流动性风险、利率风险、汇率风险、操作风险、法律风险、通货膨胀风险、政策风险以及国家风险等。金融风险的爆发有可能对整个金融体系的稳健运行构成威胁，一旦发生系统性金融风险，金融体系运转失灵，必然会导致全社会经济秩序的混乱，引发严重的经济衰退。因此，如何及时发现，量化评估以及有效管理金融风险也成为投资者、金融机构、金融中介和监管当局亟待解决最重要问题之一。我们对这些风险的管理主要目的是创造持续稳定的生存环境，以最经济的方法减少损失，保护社会公众利益，维护金融体系的稳定和安全。我们借助现代金融经济理论和计量经济工具，对金融风险管理进行实证分析研究，提出我们的看法和建议。本项目分十五个子课题进行研究（以提交时间早晚排序）。

第一章"基于深度强化学习算法的股指期货交易系统与实证"，作者杨晟、赵阳、姚潇；第二章"银行规模对上市公司经营业绩的影响研究"，作者翟玮；第三章"公司治理与金融机构破产风险"，作者江珊、卢钧；第四章"企业社会责任披露与股票流动性风险——基于 A 股市场上市公司的实证研究"，作者沈蜜、刘文轩；第五章"关于投资组合风险价值回溯检验的研究"，作者裴沛；

第六章"非主流融资渠道对企业经营绩效有多大影响？"作者冉齐鸣、郑芬芬；第七章"外国投资者背景与公司风险管理决策"，作者丁明发、侯鸿昌、刘哲哲、傅亨尼；第八章"因子投资以及公司债券收益横截面变化"，作者王凯；第九章"中美贸易摩擦对供应商客户关系的影响——基于中国上市公司的实证研究"，作者乐华昭、齐晨、何重达；第十章"被关注度与公司内部人交易"，作者孔令天、张豆豆；第十一章"中美贸易摩擦对中国股市的影响"，作者郭枫、邢佳荣；第十二章"商业信用融资和股价崩盘风险"，作者崔頔、唐杰；第十三章"'8·11汇改'前后在岸人民币和香港离岸人民币即期汇率市场之间的互动及在岸人民币成交量作用的研究"，作者郭好格、李杰；第十四章"城投债错配与政府隐性债务风险管理"，作者周天杭、吴仰儒；第十五章"金融压力对基金收益的影响"，作者贾越理、朱莎。本人作为主编统筹了全书的整体规划，组织协调了写作进程，并统一校对了全书初稿。

首先我要衷心地感谢各位同事积极创作供稿，其次要感谢为本书编写提供后勤保障支持的王文忠老师以及邸莎老师，最后要感谢中国金融出版社编辑老师的耐心与支持，大家的通力合作最终才使得该书的出版成为可能。

冉齐鸣

2020 年 9 月 1 日

目　录

第一章　基于深度强化学习算法的股指期货交易系统与实证

杨　晟　赵　阳　姚　潇

摘　要：寻找有效的交易策略是金融市场中投资者最为关注的问题之一。深度强化学习是近年来快速发展的一种人工智能技术，它能够在与环境的不断交互过程中搜索和学习最优策略。本章提出了一种基于深度强化学习算法 Double DQN 的股指期货交易系统。该系统能够依据历史行情数据、技术指标和自身账户信息来选择下一时刻的交易行为，并根据交易机会的好坏自动地调整杠杆倍数。本章选取了 2015 年 7 月 1 日至 2019 年 12 月 31 日的沪深 300 股指期货 IF、上证 50 股指期货 IH 和中证 500 股指期货 IC 的 5 分钟主力连续数据，运用不同长度的回测期，对本章提出的股指期货交易系统进行了实证检验。结果表明，该股指期货交易系统的回测表现显著地优于"Buy-and-Hold"策略，并且，回测期越长，二者的收益差距越大。本章提出的基于深度强化学习算法的股指期货交易系统不仅可以帮助投资者快速有效地发现分钟级别的交易机会，而且能够通过自动调整杠杆倍数来降低自身的交易风险。

关键词：深度强化学习　Double DQN　量化交易系统　股指期货

一、引言

随着计算机运算能力的大幅提升和人工智能技术在图像识别、语音识别、文字翻译、自动驾驶和围棋游戏等领域的广泛应用，机器学习逐渐成为金融领域的应用前沿和热点。金融数据具有噪声大、维度高、时间序列特征可能随着时间改变等特点。对于复杂的非线性金融数据,传统的计量方法,如线性回归模型、GARCH 族模型和向量自回归模型等仍存在许多缺陷和问题(苏治等,2019),而机器学习在一定程度上克服或缓解了传统计量方法中存在的问题(Athey 和 Imbens,2019)。

近年来,越来越多的学者开始将机器学习技术应用于金融领域,特别是金融市场预测和交易策略。机器学习的智能量化投资技术能够帮助投资者在纷繁复杂的市场中让资产保值增值,因此逐渐受到金融业界和学术界的关注。如 Hsu 等(2009)使用了一个两阶段的股票价格预测模型,第一个阶段使用自组织映射网络(Self-Organizing Maps,SOM)来捕捉金融序列的非平稳特性,第二个阶段则通过支持向量回归(Support Vector Regression,SVR)来预测金融指数。Ticknor(2013)将每日市场价格和技术指标输入三层前馈神经网络,以预测微软公司和高盛集团的隔日股价。Shen 等(2015)使用连续受限波尔兹曼机(Continuous Restricted Boltzmann Machines,CRBN)来构造深度信念网络(Deep Belief Network,DBN),并使用该深度信念网络来预测 GBP/USD、INR/USD 和 BRL/USD 三种汇率。Lee(2019)使用了一个基于神经网络、混沌理论和模糊逻辑的模型来预测 9 种主要的加密货币、84 种外汇和 17 种金融指数的价格走势。Gu 等(2020)使用机器学习的方法来度量资产的风险溢价。他们发现基于回归树和神经网络的模型可以更好地预测资产收益,并显著地提高投资绩效。Feng 等(2020)提出了一种基于机器学习的模型选择方法用来评价新因子对于资产定价模型的贡献,他们使用该方法发现近年来新提出的部分因子并不能在已有的数百种因子基础上进一步提供显著的解释力。

基于传统机器学习算法的交易策略常常需要先通过模型预测未来的价格趋势,然后再通过价格趋势确定交易行为。例如,当模型预测资产价格会上涨时,选择买入该资产;当模型预测资产价格会下跌时,选择卖出该资产。然而,模型对于价格趋势预测的高准确率并不意味着该模型在实际市场交易中一定是盈利的。这是因为,当模型正确地预测了价格趋势时,它可能只赚取微薄的利润；但是，当模型错误地预测了价格趋势时，它却可能会导致巨额的亏损。因而，该模型总体的收益可能是负的。此外，交易策略的仓位管理也是极为重要的。然而，大多数基于传统机器学习算法的交易策略都无法自主学习仓位管理，仅能全仓买入或全仓卖出，无法根据交易机会的好坏来选择不同的仓位。

自从 Google 旗下 DeepMind 团队的 AlphaGo 先后战胜围棋大师李世石和柯洁，其所借助的算法——深度强化学习（Deep Reinforcement Learning，DRL）——便受到广泛的关注。深度强化学习是深度学习（Deep Learning）与强化学习（Reinforcement Learning）的融合，既拥有深度学习对于非线性复杂数据的学习能力，又拥有强化学习寻找最优策略的学习能力。不同于基于传统机器学习算法的策略，基于深度强化学习算法的策略直接根据市场状态确定交易决策，无须预测价格趋势。同时，基于深度强化学习算法的策略可以根据交易机会的好坏主动地调整仓位水平或杠杆比率，从而提升策略的收益率。Zhang 和 Maringer（2016）使用遗传算法（Genetic Algorithm，GA）来改进基于循环强化学习（Recurrent Reinforcement Learning，RRL）的股票交易系统，并使用 180 只标准普尔股票的日度数据检验了该交易系统的盈利能力和稳定性。Deng 等（2016）使用 DQN 算法构建了一个交易策略，并在股票市场和商品期货市场检验了该策略的效果，该策略使用深度学习算法提取市场状态特征，并运用增强学习算法做出交易决策。Almahdi 和 Yang（2017）将循环强化学习应用于资产组合的优化，实证结果表明在不同的交易成本下基于 RRL 的投资组合都优于等权组合。Chen 和 Su（2018）使用 DQN 算法构建了一个本地能源市场的交易策略。Pendharkar 和 Cusatis（2018）考虑了只包含两种资产的个人退休金投资组合，并使用 $SARSA(\lambda)$（State Action Reward State Action）和 $Q(\lambda)$ 强化学习算法优化投资组合。Li 等（2019）将堆叠去噪自编码器（Stacked Denoising Autoencoders，SDAEs）和长短期记忆网络（Long Short-Term Memory，LSTM）作为 DQN（Deep Q Network）算法和 A3C（Asynchronous Advantage Actor-Critic）算法的主要架构，其交易策略在股票市场和期货市场都取得了稳定的收益。Jeong 和 Kim（2019）使用了 DQN 算法来确定资产的交易数量，并运用迁移学习（Transfer

Learning）增加策略的利润，该策略在 S&P500、KOSPI、HIS 和 EuroStoxx50 四种资产上都取得了不错的收益。

目前，我国对于包括深度强化学习在内的深度学习相关研究仍然比较缺乏，即使有国内学者将其应用在金融市场，其研究的对象也往往是国外金融市场（苏治等，2019）。虽然已有国内学者将深度强化学习应用到金融预测方向（杨青和王晨蔚，2019）和配对交易中（胡文伟等，2017），但是针对深度强化学习投资策略的研究仍然较少。

本研究的主要贡献在于使用深度强化学习算法构造了一个针对中国沪深300 股指期货 IF、上证 50 股指期货 IH 和中证 500 股指期货 IC 的分钟级别交易系统。DQN 的改进算法 Double DQN（DDQN）能够有效地解决 DQN 高估 Q 值的问题，因此本研究使用 DDQN 算法来训练交易策略。本交易系统的策略模型使用神经网络提取股指期货市场的状态特征，并使用增强学习方法训练神经网络做出最优的交易决策。本交易系统的状态特征包括市场状态特征、技术指标状态特征和账户状态特征三大类，输出为在该状态下所能采取的最优交易行为。为了充分体现股指期货的杠杆特征，本交易系统会根据交易机会的好坏选择两倍多头杠杆、一倍多头杠杆、空仓、一倍空头杠杆和两倍空头杠杆五种交易行为中的一种。为了检验本研究提出的基于深度强化学习的股指期货交易系统的稳健性，本文使用沪深 300 股指期货 IF、上证 50 股指期货 IH 和中证 500 股指期货 IC 三种股指期货的 5 分钟主力连续数据来测试该交易系统，并分别使用了 1 年和 2 年作为回测期，以证明该策略在不同股指期货品种和不同时间跨度上的稳健性。

二、理论模型

（一）Q Learning 的基本原理

强化学习算法通过让智能体（Agent）与环境（Environment）不断进行交互，逐步搜索和学习最优行为策略，以获取整体最大的奖赏。环境可以使用马尔科夫决策过程来描述 (S, A, T, R, γ)。其中，S 为该环境所存在的状态集合，A 为可采取的行为集合。假设 $t+1$ 时刻的状态 $s_{t+1} \in S$ 仅与 t 时刻的状态 $s_t \in S$ 和所采取的行动 $a_t \in A$ 有关。T 为状态转移概率矩阵，$r_t \in R$ 为在采取行动 a_t 后获得的奖励。$\gamma \in (0, 1]$ 为对所有时刻的奖励进行加总时所采用的贴现因子。

强化学习的目的是学习最优策略 π^*。策略 π 是指一个从状态到行为的映射函数 $\pi(a \mid s) = P(A_t = a \mid S_t = s)$，即在 s 状态下采取行为 a 的概率。在给定策略 π 的情况下，我们可以定义状态—行为值函数 $Q^\pi(s, a)$ 和状态值函数 $V^\pi(s)$。状态值函数 $V^\pi(s)$ 表示若一直采用策略 π，那么从状态 s 开始到最后可以获得的期望奖励值，具体公式为

$$V^\pi(s) = \sum_{a \in A} \pi(a \mid s) \sum_{s' \in S} P_{ss'}^a (r_s^a + \gamma V^\pi(s')) = \sum_{a \in A} \pi(a \mid s) Q^\pi(s, a) \tag{1-1}$$

其中，$P_{ss'}^a = P(S_{t+1} = s' \mid S_t = s, A_t = a)$ 表示在状态 s 的情况下采取行为 a 而转移到状态 s' 的概率，r_s^a 表示在状态 s 的情况下采取行为 a 而获得的奖励值。状态—行为值函数 $Q^\pi(s, a)$ 表示在状态 s 的情况下采取行为 a，并且在这之后一直采取策略 π 所获得的期望奖励值，具体公式为

$$Q^\pi(s, a) = \sum_{s' \in S} P_{ss'}^a (r_s^a + \gamma V^\pi(s')) = r_s^a + \gamma \sum_{s' \in S} P_{ss'}^a \cdot V^\pi(s') \tag{1-2}$$

式（1-1）表明，$V^\pi(s)$ 为 $Q^\pi(s, a)$ 根据策略 π 的加权平均。因此，为了获得最大的 $V^\pi(s)$，在状态 s 的情况下，我们选择让 $Q^\pi(s, a)$ 达到最大值所对应的行为 a 的概率为 1，即

$$\pi(a \mid s) = \begin{cases} 1, & a = a^* \\ 0, & \text{其他} \end{cases} \tag{1-3}$$

其中 $a^* = \mathrm{argmax} Q^\pi(s, a)$，表示让 $Q^\pi(s, a)$ 达到最大值所对应的行为。因此，$V^\pi(s)$ 也可以写成如下形式：

$$V^\pi(s) = Q^\pi(s, a^*) = \max_{a \in A} Q^\pi(s, a) \tag{1-4}$$

因此，式（1-2）也可以改写为

$$Q^{\pi}(s, \ a) = r_s^a + \gamma \sum_{s' \in S} P_{ss'}^a \cdot \max_{a \in A} Q^{\pi}(s', \ a) \tag{1-5}$$

最优状态值函数 $V^{\pi^*}(s)$ 指的是在所有策略上取得最大值的状态值函数，即 $V^{\pi^*}(s) = \max_{\pi} V^{\pi}(s)$。最优状态—行为值函数 $Q^{\pi^*}(s, \ a)$ 指的是在所有策略上取得最大值的状态—行为值函数，即 $Q^{\pi^*}(s, \ a) = \max_{\pi} Q^{\pi}(s, \ a)$。

进一步，我们可以得到：

$$V^{\pi^*}(s) = \max_{\pi} V^{\pi}(s) = \max_{\pi} \max_{a \in A} Q^{\pi}(s, \ a) = \max_{a \in A} Q^{\pi^*}(s, \ a) \tag{1-6}$$

$$
\begin{aligned}
Q^{\pi^*}(s, \ a) &= \max_{\pi} Q^{\pi}(s, \ a) \\
&= \max_{\pi} \left[r_s^a + \gamma \sum_{s' \in S} P_{ss'}^a \cdot V^{\pi}(s') \right] \\
&= r_s^a + \gamma \sum_{s' \in S} P_{ss'}^a \cdot \max_{\pi} V^{\pi}(s') \\
&= r_s^a + \gamma \sum_{s' \in S} P_{ss'}^a \cdot V^{\pi^*}(s') \\
&= r_s^a + \gamma \sum_{s' \in S} P_{ss'}^a \cdot \max_{a' \in A} Q^{\pi^*}(s', \ a')
\end{aligned} \tag{1-7}
$$

强化学习问题可以使用动态规划法、蒙特卡洛法和时序差分法求解。动态规划法在更新状态值函数和状态—行为值函数时，需要回溯到该状态之后的所有可能后续状态。因此，对于复杂问题，动态规划法的计算量是非常大的。同时，动态规划法需要知道状态转移概率矩阵 T，而对于很多强化学习问题，我们是无法事先得知其状态转移概率矩阵的。例如，在期货市场里，虽然已知期货的当前价格，但是却不能准确地获得下一时刻的期货价格分布。

对于事先知道状态转移概率矩阵的强化学习问题，称为基于模型的强化学习问题。蒙特卡洛法和时序差分法不需要知道状态转移概率矩阵，属于无模型的强化学习问题。蒙特卡洛法通过采样若干经历完整的状态序列，估计状态值函数和状态—行为值函数。时序差分法则使用不完整的状态序列。经历完整的状态序列是指该序列的最后一个状态是结束状态，例如游戏最后通关的状态或中途死亡的状态。Q Learning 算法是一种使用时序差分求解强化学习问题的方

法。其具体更新过程为

$$Q^{\pi_{k+1}}(s_t,\ a_t)=Q^{\pi_k}(s_t,\ a_t)+\alpha\big[r_s^a+\gamma\max_{a_{t+1}\in A}Q^{\pi_k}(s_{t+1},\ a_{t+1})-Q^{\pi_k}(s_t,\ a_t)\big]$$

$$(1-8)$$

其中，$Q^{\pi_k}(s_t,\ a_t)$ 为在第 k 轮迭代中获得的状态—行为值函数，$\alpha\in[0,\ 1]$ 为学习率。

动态规划法一般使用贪婪算法来更新策略，而蒙特卡洛法和时序差分法则使用 $\varepsilon-greedy$ 算法来更新策略。$\varepsilon-greedy$ 算法有 $1-\varepsilon(\varepsilon\in[0,\ 1])$ 的概率会将当前状态下拥有最大 Q 值的行为作为下一步要采用的行为，有 ε 的概率会随机选取一个行为作为下一步要采用的行为。在迭代开始的初期，ε 的值将比较接近于 1，随着迭代轮次的增加，ε 的值将不断变小。$\varepsilon-greedy$ 算法在迭代前期鼓励探索，而在迭代后期，因为模型已经拥有了足够的探索量，所以会鼓励采用贪婪算法来更新策略。

（二）Double Deep Q Network 的基本原理

Deep Q Network（DQN）是一种融合了神经网络和强化学习的算法。Q Learning 使用的状态是有限的离散状态。当问题的规模较小时，使用 Q Learning 算法可以比较容易求解出最优策略。但是，当 Q Learning 面对一个规模较大的问题时，例如，一个更为复杂的离散状态集合，或是将连续的状态离散化后产生的复杂状态集合，该算法将很难进行求解。其根本原因在于 Q Learning 算法要求在计算机内存中维护一张 Q 值表，当状态数量过多时，该 Q 值表的迭代和维护将变得非常困难。

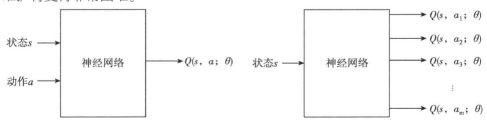

图 1-1　使用神经网络来模拟 $Q^{\pi^*}(s,\ a)$ 的两种结构

股指期货市场状态千变万化，因此使用 Q Learning 算法很难训练出一个好的交易决策模型。Minih 等（2015）提出了 DQN 方法。该方法使用神经网络来模拟 $Q^\pi(s, a)$，即 $Q^\pi(s, a; \theta) \approx Q^\pi(s, a)$，其中，$\theta$ 为神经网络的参数。不同于 Q Learning 算法，DQN 的 Q 值计算不是通过 Q 值表获得，而是通过神经网络计算获得。Q Learning 具体的模拟方法有两种，如图 1-1 所示。第一种模拟方法是将状态 s 和行为 a 输入神经网络，其输出结果就是该行为 a 在状态 s 的 Q 值。第二种模拟方法将状态 s 输入神经网络，将其输出视为每个行为 a 在该状态 s 下的 Q 值，然后直接选择拥有最大 Q 值的行为作为下一步要采用的行为。

DQN 所采用的神经网络可以是全连接网络 Fully Connected Networks（FCN），卷积神经网络 Convolutional Neural Networks（CNN）或者循环神经网络 Recurrent Neural Networks（RNN），可根据具体问题灵活地选择。DQN 使用经验回放（Experience Replay）技术保存智能体和环境每次交互所产生的样本。当神经网络需要更新参数时，该网络便从中抽取一定数目的样本用于计算损失函数并使用反向传播更新神经网络的参数。Deep Q Network 的损失函数如下：

$$\text{Loss}(\theta) = \frac{1}{n} \sum_{i=1}^{n} \left[\text{Target}Q(s, a; \theta) - Q(s, a; \theta) \right]^2 \tag{1-9}$$

$$\text{Target}Q(s, a; \theta) = r_s^a + \gamma \max_{a' \in A} Q(s', a'; \theta) \tag{1-10}$$

初始的神经网络是随机初始化的，如果在最初的迭代轮次就将神经网络的输出结果中拥有最大 Q 值的行为作为下一步要采用的行为，那么最终的结果很可能会陷入局部最优。因此，Deep Q Network 通常会采用 $\varepsilon - greedy$ 算法寻找最优策略。

由于 DQN 网络存在高估 Q 值的问题，Van Hasselt 等（2016）提出了 Double DQN（DDQN）来解决这一问题。DQN 网络采用了两个完全相同的神经网络。第一个神经网络用来选择行为，并更新神经网络的参数；第二个神经网络用来计算目标 Q 值，该神经网络不需要更新参数，而是采用延迟更新技术，即每隔一段时间拷贝并使用第一个神经网络的参数，这样可以降低两个神经网络之间的 Q 值相关性。因此，式（1-9）和式（1-10）又可以改写为

$$\text{Loss}(\theta_1) = \frac{1}{n} \sum_{i=1}^{n} \left[\text{Target}Q(s, \ a; \ \theta) - Q_1(s, \ a; \ \theta_1) \right]^2 \qquad (1-11)$$

$$\text{Target}Q(s, \ a; \ \theta) = r_s^a + \gamma Q_2(s', \ \underset{a' \in A}{\text{argmax}} Q_2(s', \ a'; \ \theta_2); \ \theta_2) \qquad (1-12)$$

其中，Q_1 表示第一个神经网络计算得出的 Q 值，θ_1 表示第一个神经网络的参数。Q_2 表示第二个神经网络计算得出的 Q 值，θ_2 表示第二个神经网络的参数，$\underset{a' \in A}{\text{argmax}} Q_2(s', \ a'; \ \theta_2)$ 表示在状态 s' 的情况下第二个神经网络估计出的使 Q 值达到最大的行为。

为了解决 DQN 高估 Q 值的问题，DDQN 解耦了"选择使 Q 值达到最大的行为"和"目标 Q 值计算"这两个步骤。具体来说，DDQN 将式（1-12）修改为

$$\text{Target}Q(s, \ a; \ \theta) = r_s^a + \gamma Q_2(s', \ \underset{a' \in A}{\text{argmax}} Q_1(s', \ a'; \ \theta_1); \ \theta_2) \qquad (1-13)$$

DDQN 使用第一个神经网络来选择在状态 s' 下使 Q 值达到最大的行为，使用第二个神经网络来计算该行为在状态 s' 下所对应的 Q 值，进而计算得出目标 Q 值 $\text{Target}Q(s, \ a; \ \theta)$。DDQN 的具体算法如下：

DDQN 算法

输入：

状态特征的维数 $N_{feature}$，行为集 A，经验样本收集器 D 的最大容量 N_D，训练批次的大小 N_{batch}，将第一个神经网络 Q_1 的参数 θ_1 拷贝给具有相同结构的第二个神经网络 Q_2 的间隔步数 N_{copy}，贴现因子 γ，探索率 ε，迭代轮数 N_{ep}。

输出：状态—行为值函数 $Q(s, \ a; \ \theta)$。

1：随机初始化第一个神经网络 Q_1，并将第一个神经网络 Q_1 的参数 θ_1 拷贝给具有相同结构的第二个神经网络 Q_2，即 $\theta_2 = \theta_1$。初始化一个空的经验样本收集器 D。

2：for episode from 1 to N_{ep}：

3：从环境中获得第一个状态 s。

4：repeat：

5：将状态 s 输入第一个神经网络，获得该状态下所有行为的对应 Q 值。

6：使用 $\varepsilon - greedy$ 算法选择一个行为 a 作为下一时刻的行为。

7：在状态 s 下执行行为 a，获得新状态 s' 和奖励 r_s^a。

8：将（状态 s，行为 a，奖励 r_s^a，新状态 s'）作为一个经验样本存入经验样本收集器 D 中。

9：若存入新的经验样本后超出了经验样本收集器 D 的最大容量 N_D，则删除最早存入的样本。

10：$s = s'$。

11：从经验样本收集器 D 中随机抽取 N_{batch} 个样本，计算目标 Q 值。计算公式如下：

$$\text{Target}Q(s,\ a;\ \theta) = \begin{cases} r_s^a, & \text{状态 } s \text{ 是结束状态} \\ r_s^a + \gamma Q_2(s',\ \underset{a' \in A}{\arg\max} Q_1(s',\ a';\ \theta_1);\ \theta_2), \\ & \text{状态 } s \text{ 不是结束状态} \end{cases}$$

$$(1\text{-}14)$$

12：计算均方差损失函数 $\text{Loss}(\theta_1) = \dfrac{1}{N_{batch}} \displaystyle\sum_{i=1}^{N_{batch}} [\text{Target}Q(s,\ a;\ \theta) - Q_1(s,\ a;\ \theta_1)]^2$。

13：通过神经网络的逆向传播来更新第一个神经网络的参数 θ_1。

14：若距离上一次将第一个神经网络 Q_1 的参数 θ_1 拷贝给第二个神经网络 Q_2 的间隔步数大于 N_{copy}，则 $\theta_2 = \theta_1$。

15：根据目前训练的次数，适当减小探索率 ε 的数值。

16：until 状态 s 为结束状态。

三、交易系统的设计

（一）交易行为集、状态特征和 DDQN 网络结构

本研究使用 DDQN 算法来训练股指期货交易系统。因为股指期货存在交易杠杆，所以本书提出的股指期货交易系统的行为集为｛两倍多头杠杆，一倍多头杠杆，空仓，一倍空头杠杆，两倍空头杠杆｝。采用的神经网络为含有 4 层隐

含层的全连接神经网络，每一层的神经元个数为 16，64，128 和 128①。

具体公式如下：

$$out^k = Relu(W^K \cdot inp^k + b^k) \qquad (1-15)$$

$$inp^k = out^{k-1} \qquad (1-16)$$

$$Relu(x) = \begin{cases} 0, & x < 0 \\ x, & x \geqslant 0 \end{cases} \qquad (1-17)$$

其中，inp^k 为第 k 层隐含层的输入，out^k 为第 k 层隐含层的输出，W^k 和 b^k 为第 k 层隐含层的参数。

本章使用 Li 等（2019）提出的方法，将输入 DDQN 的状态特征分为市场状态特征、技术指标状态特征和账户状态特征三大类。

市场状态特征包括股指期货的开盘价、最高价、最低价、收盘价和交易量；技术指标状态包括 Moving Average Convergence/Divergence（MACD）、Commodity Channel Index（CCI）、Average True Range（ATR）、Price Rate of Change（ROC）、Moving Average（MA）和 Exponential Moving Average（EMA）六种技术指标；账户状态特征包括当前杠杆倍数情况和当前索提诺比率（Sortino Ratio）。其中，索提诺比率能够有效地度量投资组合的表现，相比于传统的夏普比率，索提诺比率的分母选择的是下标准差，而非标准差。因此，通过使用索提诺比率，任何高于无风险利率的上涨都不会计入风险调整，即资产组合的上涨导致的波动率增加不会计入索提诺比率的分母。其计算公式为

$$Sortino\ Ratio = \frac{R_p - r_f}{\sigma_d} \qquad (1-18)$$

其中，R_p 为资产组合的平均收益率，r_f 为无风险收益率，σ_d 为下行风险标准差，其具体公式为

$$\sigma_d = \sqrt{\frac{1}{N} \sum_{i=1}^{N} \min(0, R_{p,i} - r_f)^2} \qquad (1-19)$$

_____

① 部分文献的 DQN 使用结合了全连接神经网络与 LSTM 网络的结构，本研究的 DDQN 仅使用全连接神经网络的结构。这是由于越复杂的网络所需要的训练时间也越长，所需的训练样本数也更多。在权衡模型训练难易度和策略的回测效果后，本文使用全连接网络作为本研究中 DDQN 的结构。

其中，N 为总投资期数，$R_{p,i}$ 为第 i 期投资组合的收益率。

因为不同状态特征数据在数量级和分布上均存在不小的差异，所以，为了防止预测偏差，加快训练速度，所有数据在输入 DDQN 前都将对其进行标准化处理，具体公式如下：

$$S_{scale}^i = \frac{S^i - mean(S^i)}{std(S^i)} \tag{1-20}$$

其中，S^i 表示第 i 个状态特征数据，$mean(S^i)$ 表示第 i 个状态特征数据的均值，$std(S^i)$ 表示第 i 个状态特征数据的方差。S_{scale}^i 表示经过标准化后的状态特征数据，其均值为 0，方差为 1。本研究选用的状态特征指标情况如表 1-1 所示。

值得注意的是，在对训练集数据和测试集数据进行标准化时，本章采用的都是训练集数据的均值和方差。这是为了更好地模拟真实的交易情况。在真实的交易环境中，我们仅能够获得已有的用于训练模型的数据，而无法知道未来数据的任何统计特征。因此，对于每一个新接收到的数据，都只能使用已知的训练集数据的均值方差对其进行标准化。

表 1-1　状态特征汇总表

市场状态特征	技术指标状态特征	账户状态特征
开盘价	异动移动平均线指标 MACD	当前杠杆倍数情况
最高级	顺势指标 CCI	当前索提诺比率
最低价	真实波动幅度均值指标 ATR	
收盘价	变动率指标 ROC	
交易量	移动平均线指标 MA	
	指数移动平均值指标 EMA	

（二）奖励函数的设定

不同于有监督学习，DDQN 主要依靠奖励值来学习如何进行股指期货交易。本章采用如下公式计算奖励值 r_s^a：

$$r_s^a = \begin{cases} 0, & ret_s^a < 0 \\ ret_s^a, & ret_s^a \geq 0 \end{cases} \tag{1-21}$$

其中，ret_s^a 表示在状态 s 下采取行为 a 而获取的扣除交易费用后的净收益率。该公式表明，如果净收益率为负数，那么奖励值为 0；如果净收益率为非负数，那么奖励值为净收益率。本研究也尝试过直接使用净收益率作为奖励值，但是在本研究的参数设置下，该结果并不理想。究其原因，是由于每次通过改变杠杆倍数来改变仓位时都必须支付一定的交易费用，如果直接使用净收益率作为奖励值，那么在考虑交易费用后，正的收益率可能变为负的净收益率。然而，在 DDQN 的训练初期，由于 $\varepsilon - greedy$ 算法中的 ε 接近 1，仓位经常变化，这导致了高额的交易费用，从而通过奖励值诱导 DDQN 交易系统尽量不要变换仓位。在极端情况下，使用净收益率作为奖励值训练的 DDQN 交易系统，在整个交易期都只会使用一个固定行为（仓位固定不变），该行为由整个交易期股指期货的平均收益率决定。例如，如果整个交易期股指期货的平均收益率为正，那么该交易系统将一直保持两倍多头杠杆这一行为。显然，如果直接使用净收益率作为奖励值，那么在极端情况下可能会陷入局部最优。

另外，直接使用收益率作为奖励值也不是一个很好的选择。许多交易机会所产生的利润是无法覆盖交易成本的，因此是无效的交易机会。但是在这种奖励值的影响下，这种无效的交易机会将被 DDQN 交易系统捕捉并学习。

本章定义，对于行为 a，其反向行为 a^- 指的是与行为 a 具有相同杠杆倍数但多空方向不同的行为。当行为 a 的净收益率为负时，虽然本研究采用的奖励值函数会将行为 a 的奖励值设置为零，但是由于 DDQN 交易系统选择的是使 Q 值最大的行为，而反向行为 a^- 的收益率是行为 a 的收益率的相反数，所以实际上交易系统仍然能通过行为 a 的反向行为 a^- 考虑该收益率，并不会丢失部分收益率信息。本章采用的用于计算奖励值的公式既考虑了交易费用的影响，避免了学习无效的交易机会，又避免了交易系统陷入只采用一种行为的局部最优，很大程度上避免了前文所述的两种奖励值函数设置的缺点。

（三）基于 DDQN 的股指期货交易系统概述

本章提出的基于 DDQN 深度强化学习算法的股指期货交易系统如图 1-2 所

示。本系统分为数据预处理模块、模型训练模块和模型回测模块三大模块。数据预处理模块的主要功能包括根据原始的金融时间序列数据计算相应的技术指标、数据清洗、状态特征的标准化和总训练集及测试集的拆分。

模型训练模块包括市场环境和智能体两个部分。为了防止智能体每次经历的市场环境都是一样的，本系统会从总训练数据集中截取四分之一时间长度的时间序列数据作为当前训练轮次的训练集，并使用该训练集的数据初始化市场环境。对于初始交易行为，本研究设定为空仓。市场环境会根据输入的交易行为来得到对应的下一个状态特征和奖励值。智能体会随机初始化模型的参数，并根据输入的状态特征来计算 Q 值，依据 $\varepsilon - greedy$ 算法选择下一个时刻的交易行为。该行为将被输入给市场环境，以完成一次智能体和市场环境之间的交互。每一个交互样本都包括当前状态特征、当前交易行为、当前奖励值和下一个状态特征四个部分。本交易系统采用了经验回放技术，所有新产生的交互样本都会被存储在一个拥有固定存储容量的样本收集器之中。当存储的样本容量超过了最大储存容量时，它将自动删除最老的交互样本。每次训练更新智能体的参数时，都会从该样本收集器中随机抽取固定数目的样本，用于进行神经网络的前向传播和反向传播。每完成一次智能体和市场环境的交互，系统都会判断本轮训练是否已经结束。如果本轮训练未结束，则继续下一次智能体和市场环境的交互。如果本轮训练结束，那么会进一步判断所有训练轮次是否都已经训练完成。如果所有训练轮次都已经训练完成，那么系统将会把训练好的智能体的参数存储到硬盘之中，否则系统将继续下一轮次的训练。

模型回测模块也包括市场环境和智能体两个部分，但是二者与模型训练模块中的市场环境和智能体有所区别。首先，模型回测模块中的市场环境使用测试集数据初始化环境，而模型训练模块中的市场环境使用从总训练集中随机截取的一段训练集来初始化环境。其次，模型回测模块中的智能体会选择具有最高 Q 值的交易行为作为下一时刻的交易行为，而模型训练模块中的智能体是根据 $\varepsilon - greedy$ 算法来选择下一个时刻的交易行为。最后，模型回测模块中的智能体通过加载硬盘中已经训练好的参数来进行初始化，而模型训练模块中的智能体则是随机初始化自己的参数。在智能体经历完全部的回测期后，系统将计算、展示并保存该回测结果。

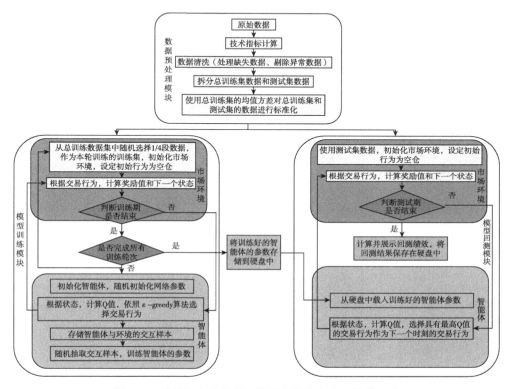

图1-2　基于深度强化学习的股指期货交易系统的示意

四、数据来源和实证结果

（一）数据来源和统计性描述

本研究的数据为沪深 300 股指期货 IF、上证 50 股指期货 IH 和中证 500 股指期货 IC 的 5 分钟交易数据。因为股指期货合约存在到期日，单个合约的存续期有限，所以本研究使用 IF、IH 和 IC 的主力连续数据。数据来源为大交易师行情数据软件。IF 的推出时间为 2010 年，而 IH 和 IC 的推出时间为 2015

年，因此本研究选取的数据时间区间为 2015 年 7 月 1 日至 2019 年 12 月 31 日。无风险利率使用的是定期整存整取一年期存款利率，数据来源于国泰安数据库。

IF、IH 和 IC 的主力连续 5 分钟收盘价走势如图 1-3 所示。IF 和 IH 的走势比较接近，二者的走势大致都经历了 3 次大幅下跌和 3 次大幅上涨。而 IC 的走势则为震荡中不断下跌，中间偶有反弹。各期货交易数据的描述性统计信息如表 1-2 所示。

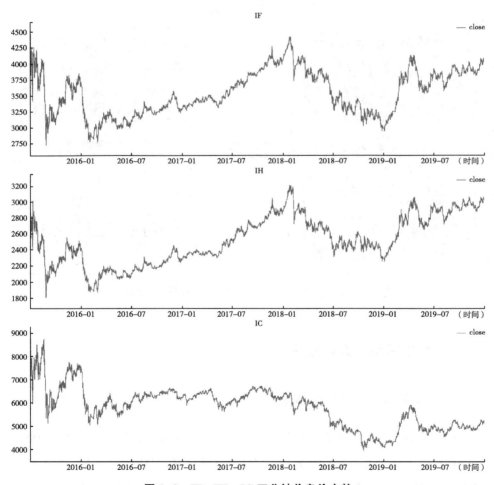

图 1-3 IF、IH、IC 五分钟收盘价走势

表1-2 IF、IH 和 IC 五分钟数据的描述性统计信息(收益率单位：万分之一)

IF 五分钟数据描述性统计		
	收益率	交易量
数据数量	53550	53550
均值	−0.03	1944.38
标准差	19.32	7006.51
最小值	−299.92	0.00
最大值	394.32	93904
IH 五分钟数据描述性统计		
	收益率	交易量
数据数量	53550	53550
均值	−0.04	493.61
标准差	18.01	1242.17
最小值	−322.18	0.00
最大值	380.49	21912
IC 五分钟数据描述性统计		
	收益率	交易量
数据数量	53507	53507
均值	−0.07	540.82
标准差	24.84	817.72
最小值	−517.15	0.00
最大值	487.02	15999

（二）回测交易结果和分析

本研究的模型训练期为 2015 年 7 月 1 日至 2018 年 12 月 31 日，交易测试期为 2019 年 1 月 1 日至 2019 年 12 月 31 日。股指期货交易的手续费设定为万分之零点二三。为了评价本研究提出的基于 DDQN 的股指期货交易系统的交易表现，本研究将对比 DDQN 策略和"Buy-and-Hold"策略在 IF、IH 和 IC 上的交易绩效。两种策略在 2019 年期间的累计净收益率如图 1-4 所示。

两种策略在 2019 年期间的交易绩效情况如表 1-3 所示。在 1 年的测试交易期内，DDQN 策略在 IF、IH 和 IC 股指期货合约上分别交易了 1533 次、560 次和 1320 次。可以看到，无论从年化收益率，夏普比率还是索提诺比率来看，DDQN 策略都远远好于"Buy-and-Hold"策略。在 IF 和 IH 股指期货合约上，DDQN 策略的年化收益率是"Buy-and-Hold"策略的三倍，在 IC 股指期货合约上，DDQN 策略的年化收益率也有"Buy-and-Hold"策略的两倍。DDQN 策略的夏普比率和索提诺比率也较"Buy-and-Hold"策略提升了 3~8 倍。

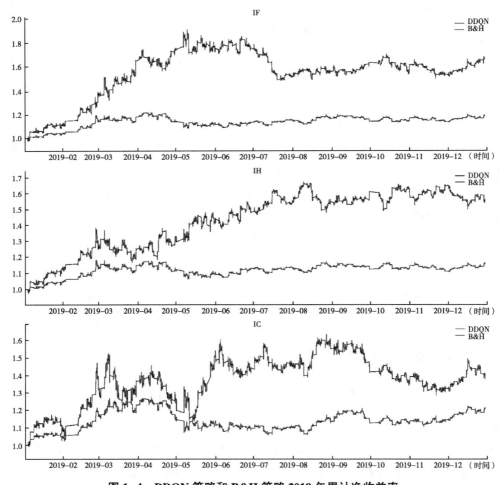

图 1-4　DDQN 策略和 B&H 策略 2019 年累计净收益率

表 1-3　IF、IH 和 IC 的 2019 年交易绩效情况表

IF 回测绩效结果及对比			
	DDQN	B&H	差值
总收益率	68.29%	20.00%	48.29%
年化收益率	68.29%	20.00%	48.29%
夏普比率	0.950	0.128	0.822
索提诺比率	1.584	0.216	1.368
交易次数	1533	1	
IH 回测绩效结果及对比			
	DDQN	B&H	差值
总收益率	54.06%	16.05%	38.01%
年化收益率	54.06%	16.05%	38.01%
夏普比率	0.764	−0.037	0.800
索提诺比率	1.276	−0.061	1.337
交易次数	560	1	
IC 回测绩效结果及对比			
	DDQN	B&H	差值
总收益率	39.94%	20.75%	19.19%
年化收益率	39.94%	20.75%	19.19%
夏普比率	0.453	0.150	0.303
索提诺比率	0.750	0.252	0.499
交易次数	1320	1	

（三）稳健性检验

为了检验本研究提出的基于 DDQN 的股指期货交易系统的稳健性，本研究将交易测试期拓展为 2018 年 1 月 1 日至 2019 年 12 月 31 日，训练期缩短为 2015 年 7 月 1 日至 2017 年 12 月 31 日，以考察在更长的交易测试期内 DDQN 策略的交易表现。DDQN 策略和"Buy-and-Hold"策略在 2018 年至 2019 年的累计净收益率如图 1-5 所示。结果表明，在 2018 年至 2019 年两年的交易测试期间，DDQN 策略的累计净收益率仍然高于"Buy-and-Hold"策略的累计净收益率曲线。

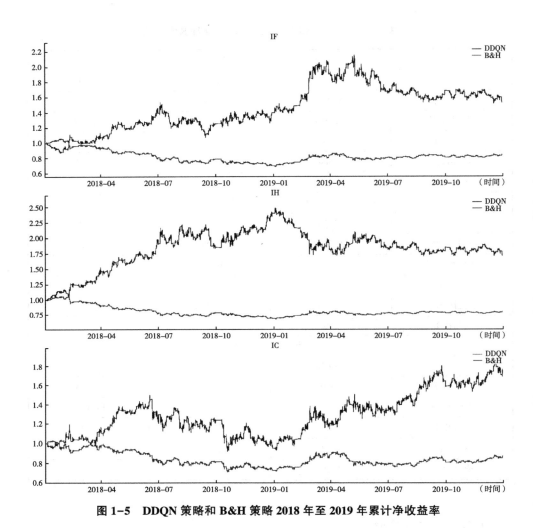

图 1-5　DDQN 策略和 B&H 策略 2018 年至 2019 年累计净收益率

两种策略在 2018 年至 2019 年的交易绩效情况如表 1-4 所示。DDQN 策略在 IF 和 IC 股指期货合约上的交易次数都相较 2019 年单年的交易次数有所增加，但 DDQN 策略在 IH 上的交易次数相较 2019 年单年的交易次数有所减少，这可能是由于 DDQN 模型重新训练导致其换仓的条件变得更为苛刻。从总收益率、年化收益率、夏普比率和索提诺比率来看，无论是 DDQN 策略还是"Buy-and-Hold"策略，二者在 2018 年至 2019 年的大部分交易表现均差于二者在 2019 年单年的表现，这可能是 2018 年至 2019 年整个市场行情所导致的。值得注意的是，两种策略在各项指标上的差值是增大的。例如，在 IF 股指期货合约上，DDQN 策略与 "Buy-and-Hold" 策略的总收益率差值由 2019 年的 48.29% 增长到 2018 年至 2019 年的 68.25%。两种策略在 IH 股指期货合约上的总收益率差值也由 2019 年的 38.01% 增长至 2018 年的 91.12%。两种策略在其他绩效指标上的差值也基本符合上述规律。可以看出，在更长的交易测试期上，相比于 "Buy-and-Hold" 策略，DDQN 策略在各项绩效指标上的优势都是增加的。

表 1-4　IF、IH 和 IC 的 2018 年至 2019 年交易绩效情况表

IF 回测绩效及对比			
	DDQN	B&H	差值
总收益率	54.13%	−14.12%	68.25%
年化收益率	24.15%	−7.33%	31.48%
夏普比率	0.227	−1.020	1.247
索提诺比率	0.371	−1.737	2.109
交易次数	1901	1	

IH 回测绩效及对比			
	DDQN	B&H	差值
总收益率	72.60%	−18.52%	91.12%
年化收益率	31.38%	−9.74%	41.11%
夏普比率	0.356	−1.153	1.509
索提诺比率	0.565	−1.945	2.511
交易次数	300	1	

IC 回测绩效及对比			
	DDQN	B&H	差值
总收益率	75.09%	−12.29%	87.38%
年化收益率	32.32%	−6.35%	38.67%
夏普比率	0.348	−0.760	1.108
索提诺比率	0.589	−1.284	1.873
交易次数	1538	1	

五、研究结论

本研究使用深度强化学习算法 Double DQN 训练了一个针对中国沪深 300 股指期货 IF、上证 50 股指期货 IH 和中证 500 股指期货 IC 的分钟级别交易系统。本交易系统使用含有四层隐含层的全连接神经网络提取股指期货市场的状态特征，并做出交易决策。该交易系统的状态特征包括市场状态特征、技术指标状态特征和账户状态特征三大类，输出为在该状态下选择的最优交易行为。为了充分体现股指期货的杠杆特征，该策略能根据交易机会的好坏选择两倍多头杠杆、一倍多头杠杆、空仓、一倍空头杠杆和两倍空头杠杆五种交易行为中的一种。为了评估本章的股指期货交易系统的交易效果以及检验其稳健性，本章使用 2015 年 7 月 1 日至 2019 年 12 月 31 日的 IF、IH 和 IC 的 5 分钟主力连续数据，在 1 年和 2 年的回测期长度上，对本章提出的股指期货交易系统进行了实证检验，以证明本策略在不同股指期货品种和不同时间跨度上的稳健性。结果表明，对于所有股指期货品种和回测期，本股指期货交易系统的回测绩效表现均优于"Buy-and-Hold"策略的回测绩效表现，且二者绩效表现的差值随着回测期变长而变大。

总体而言，本章提出的基于深度强化学习算法 Double DQN 的股指期货交易系统能够有效地感知复杂多变的市场情况，抓住股指期货市场的交易机会，并通过学习和判断交易机会的好坏，自动地调整杠杆倍数，从而使得该股指期货交易系统具有良好的盈利能力。

未来本章仍有许多可以改进的方向：一是增加更多种类的状态特征，例如加入宏观数据或使用自然语言处理技术（Natural Language Processing，NLP）提取的文本信息；二是将深度增强学习技术应用于多个资产的管理，在最大化资产组合收益的同时，最小化资产组合的风险；三是进一步优化神经网络架构，使其能更好地提取原始数据的特征并学习最优策略。

参考文献

［1］胡文伟，胡建强，李湛，等．基于强化学习算法的自适应配对交易模型［J］．管理科学，2017，30（2）：148-160.

［2］李斌，林彦，唐闻轩．ML-TEA：一套基于机器学习和技术分析的量化投资算法［J］．系统工程理论与实践，2017，37（5）：1089-1100.

［3］李斌，邵新月，李玥阳．机器学习驱动的基本面量化投资研究［J］．中国工业经济，2019（8）：61-79.

［4］苏治，卢曼，李德轩．深度学习的金融实证应用：动态、贡献与展望［J］．金融研究，2017（5）：111-126.

［5］杨青，王晨蔚．基于深度学习LSTM神经网络的全球股票指数预测研究［J］．统计研究，2019，36（3）：65-77.

［6］Aguilar-Rivera, R., Valenzuela-Rendón, M., & Rodríguez-Ortiz, J. J. (2015). Genetic algorithms and Darwinian approaches in financial applications: A survey. *Expert Systems with Applications*, 42 (21)：7684-7697.

［7］Allen, F., & Karjalainen, R. (1999). Using genetic algorithms to find technical trading rules. *Journal of Financial Economics*, 51 (2)：245-271.

［8］Almahdi, S., & Yang, S. Y. (2017). An adaptive portfolio trading system: A risk-return portfolio optimization using recurrent reinforcement learning with expected maximum drawdown. *Expert Systems with Applications*, 87, 267-279.

［9］Athey, S., & Imbens, G. W. (2019). Machine learning methods that economists should know about. *Annual Review of Economics*, 11, 685-725.

［10］Bengio, Y., Courville, A., & Vincent, P. (2013). Representation learning: A review and new perspectives. *IEEE Transactions on Pattern Analysis and Machine Intelligence*, 35 (8)：1798-1828.

［11］Bergstra, J., & Bengio, Y. (2012). Random search for hyper-parameter optimization. *Journal of Machine Learning Research*, 13 (Feb), 281-305.

［12］Cavalcante, R. C., Brasileiro, R. C., Souza, V. L., Nobrega, J. P., & Oliveira, A. L. (2016). Computational intelligence and financial markets: A survey and future directions. *Expert Systems with Applications*, 55, 194-211.

［13］Chaboud, A. P., Chiquoine, B., Hjalmarsson, E., & Vega, C. (2014). Rise of the machines: Algorithmic trading in the foreign exchange market. *Journal of Finance*, 69 (5), 2045-2084.

［14］Chavarnakul, T., & Enke, D. (2008). Intelligent technical analysis based equivolume charting for stock trading using neural networks. *Expert Systems with Applications*, 34 (2), 1004-1017.

［15］Chen, T., & Su, W. (2018). Local energy trading behavior modeling with deep reinforcement learning. *IEEE Access*, 6, 62806-62814.

［16］Dempster, M. A., & Leemans, V. (2006). An automated FX trading system using adaptive reinforcement learning. *Expert Systems with Applications*, 30 (3), 543-552.

［17］Deng, Y., Bao, F., Kong, Y., Ren, Z., & Dai, Q. (2016). Deep direct reinforcement learning for financial signal representation and trading. *IEEE Transactions on Neural Networks and Learning Systems*, 28 (3), 653-664.

［18］Feng, G., Giglio, S., & Xiu, D. (2020). Taming the factor zoo: A test of new factors. *Journal of Finance*, forthcoming.

［19］Fernández-Delgado, M., Cernadas, E., Barro, S., & Amorim, D. (2014). Do we need hundreds of classifiers to solve real world classification problems. *The Journal of Machine Learning Research*, 15 (1), 3133-3181.

［20］Fischer, T., & Krauss, C. (2018). Deep learning with long short-term memory networks for financial market predictions. *European Journal of Operational Research*, 270 (2), 654-669.

［21］ Gu, S., Kelly, B., & Xiu, D. (2020). Empirical asset pricing via machine learning. *Review of Financial Studies*, forthcoming.

［22］ Gunduz, H., Yaslan, Y., & Cataltepe, Z. (2017). Intraday prediction of Borsa Istanbul using convolutional neural networks and feature correlations. *Knowledge-Based Systems*, 137, 138–148.

［23］ Hagenau, M., Liebmann, M., & Neumann, D. (2013). Automated news reading: Stock price prediction based on financial news using context-capturing features. *Decision Support Systems*, 55 (3), 685–697.

［24］ Hinton, G. E., & Salakhutdinov, R. R. (2006). Reducing the dimensionality of data with neural networks. *Science*, 313 (5786), 504–507.

［25］ Hosaka, T. (2019). Bankruptcy prediction using imaged financial ratios and convolutional neural networks. *Expert Systems with Applications*, 117, 287–299.

［26］ Hsu, S. H., Hsieh, J. P. A., Chih, T. C., & Hsu, K. C. (2009). A two-stage architecture for stock price forecasting by integrating self-organizing map and support vector regression. *Expert Systems with Applications*, 36 (4), 7947–7951.

［27］ Huang, C. L., & Tsai, C. Y. (2009). A hybrid SOFM-SVR with a filter-based feature selection for stock market forecasting. *Expert Systems with Applications*, 36 (2), 1529–1539.

［28］ Jeong, G., & Kim, H. Y. (2019). Improving financial trading decisions using deep Q-learning: Predicting the number of shares, action strategies, and transfer learning. *Expert Systems with Applications*, 117, 125–138.

［29］ Kara, A., & Dogan, I. (2018). Reinforcement learning approaches for specifying ordering policies of perishable inventory systems. *Expert Systems with Applications*, 91, 150–158.

［30］ Kleinberg, J., Lakkaraju, H., Leskovec, J., Ludwig, J., & Mullainathan, S. (2018). Human decisions and machine predictions. *The Quarterly Journal of Economics*, 133 (1), 237–293.

［31］Krauss, C., Do, X. A., & Huck, N. (2017). Deep neural networks, gradient-boosted trees, random forests: Statistical arbitrage on the S&P 500. *European Journal of Operational Research*, 259 (2), 689-702.

［32］Kuremoto, T., Kimura, S., Kobayashi, K., & Obayashi, M. (2014). Time series forecastingusing a deep belief network with restricted Boltzmann machines. *Neurocomputing*, 137, 47-56.

［33］LeCun, Y., Bengio, Y., & Hinton, G. (2015). Deep learning. *Nature*, 521 (7553), 436-444.

［34］Lee, R. S. (2019). Chaotic Type-2 Transient-Fuzzy Deep Neuro-Oscillatory Network (CT2TFDNN) for Worldwide Financial Prediction. *IEEE Transactions on Fuzzy Systems*.

［35］Li, Y., Zheng, W., & Zheng, Z. (2019). Deep Robust Reinforcement Learning for Practical Algorithmic Trading. *IEEE Access*, 7, 108014-108022.

［36］Lin, W. Y., Hu, Y. H., & Tsai, C. F. (2011). Machine learning in financial crisis prediction: a survey. *IEEE Transactions on Systems, Man, and Cybernetics, Part C (Applications and Reviews)*, 42 (4), 421-436.

［37］Mnih, V., Kavukcuoglu, K., Silver, D., Rusu, A. A., Veness, J., Bellemare, M. G., ... & Petersen, S. (2015). Human-level control through deep reinforcement learning. *Nature*, 518 (7540), 529-533.

［38］Moody, J., & Saffell, M. (2001). Learning to trade via direct reinforcement. *IEEE Transactions on Neural Networks*, 12 (4), 875-889.

［39］Mullainathan, S., & Spiess, J. (2017). Machine learning: an applied econometric approach. *Journal of Economic Perspectives*, 31 (2), 87-106.

［40］Nassirtoussi, A. K., Aghabozorgi, S., Wah, T. Y., & Ngo, D. C. L. (2014). Text mining for market prediction: A systematic review. *Expert Systems with Applications*, 41 (16), 7653-7670.

［41］Pendharkar, P. C., & Cusatis, P. (2018). Trading financial indices with reinforcement learning agents. *Expert Systems with Applications*, 103, 1-13.

［42］Prieto, A., Prieto, B., Ortigosa, E. M., Ros, E., Pelayo, F., Ortega, J., & Rojas, I. (2016). Neural networks: An overview of early research, current frameworks and new challenges. *Neurocomputing*, 214, 242-268.

［43］Ravi, V., Kurniawan, H., Thai, P. N. K., & Kumar, P. R. (2008). Soft computing system for bank performance prediction. *Applied Soft Computing*, 8 (1), 305-315.

［44］Saad, E. W., Prokhorov, D. V., & Wunsch, D. C. (1998). Comparative study of stock trend prediction using time delay, recurrent and probabilistic neural networks. *IEEE Transactions on Neural Networks*, 9 (6), 1456-1470.

［45］Schmidhuber, J. (2015). Deep learning in neural networks: An overview. *Neural Networks*, 61, 85-117.

［46］Shen, F., Chao, J., & Zhao, J. (2015). Forecasting exchange rate using deep belief networksand conjugate gradient method. *Neurocomputing*, 167, 243-253.

［47］Tan, Z., Quek, C., & Cheng, P. Y. (2011). Stock trading with cycles: A financial application of ANFIS and reinforcement learning. *Expert Systems with Applications*, 38 (5), 4741-4755.

［48］Ticknor, J. L. (2013). A Bayesian regularized artificial neural network for stock market forecasting. *Expert Systems with Applications*, 40 (14), 5501-5506.

［49］Tino, P., Schittenkopf, C., & Dorffner, G. (2001). Financial volatility trading using recurrent neural networks. *IEEE Transactions on Neural Networks*, 12 (4), 865-874.

［50］Troiano, L., Villa, E. M., & Loia, V. (2018). Replicating a trading strategy by means of LSTM for financial industry applications. *IEEE Transactions on Industrial Informatics*, 14 (7), 3226-3234.

［51］Yu, L., Zhou, R., Tang, L., & Chen, R. (2018). A DBN-based resampling SVM ensemble learning paradigm for credit classification with imbalanced data. *Applied Soft Computing*, 69, 192-202.

［52］Yun, H., Lee, M., Kang, Y. S., & Seok, J. (2020). Portfolio management via two - stage deep learning with a joint cost. *Expert Systems with Applications*, 143, 113041.

［53］Zhang, J., & Maringer, D. (2016). Using a genetic algorithm to improve recurrent reinforcement learning for equity trading. *Computational Economics*, 47 (4), 551-567.

第二章　银行规模对上市公司
经营业绩的影响研究

翟　玮

摘　要：本章研究当信息不对称不是特别严重时，银行规模如何影响借款公司经营业绩。本章样本包括向 3,625 家美国上市公司提供的 20,806 笔贷款。在最小化内生性问题之后，会发现在贷款产生之后，银行规模与公司价值之间存在正相关关系。向大型银行借款的公司会受到收益波动的影响，从而投资更多，增长更快，风险更高。影响效果主要集中在事前（贷款前）更安全（杠杆率低或 Z-Score 高）的借款公司身上，而对风险较高的公司却没有影响。本章强调了大型银行的光明面。

关键词：企业价值　企业投资　风险管理　规模效应　银行贷款

JEL 分类：G21　G30

一、绪论

众所周知，大型银行在国际金融危机中起着主导作用，它们的风险对实体经济造成了严重的负面影响。这引发了有关银行最佳规模的持续辩论，从而出台了一系列旨在减少大型或具有系统重要性的金融机构风险的政策措施。例如，巴塞尔委员会建议对系统性重要银行收取高达 2.5% 的资本附加费。这些政策鼓励银行减少规模或拆分业务。虽然在现有文献中已经广泛研究了银行规模对系统性风险的影响（Laeven 等，2016；Bertay 等，2013；Brownlees 和

Engle，2017)，但银行规模对实体经济以及向银行借款的公司的影响仍未开发。因此，拆分银行从而降低风险的政策可能会对借款公司产生意想不到的后果。

本章检验了贷款银行规模对大型借款企业的收益的影响。已有理论预测小银行在产生软信息方面具有比较优势（Stein，2002)。小型私人控股公司面临严重的信息不对称问题，并依赖潜在的贷方提供软信息以做出贷款决策。这表明小型银行在监督小型私营企业方面具有比较优势，并且有大量证据支持这一假设（例如，Berger 等，2005)。但是，向大型上市公司贷款时，软信息优势会大大降低。具体来说，笔者研究了银行规模对美国大型借款企业的经营业绩和投资政策的影响。在这方面，笔者为研究银行贷款对公司业绩的实际影响的新兴文献作出了贡献。

大型银行受益于自己的一套优势，大而不倒的担保（可能是隐性或显性的）会降低大型银行的资本成本。此外，大型银行受益于规模经济（例如，参见 Hughes 和 Mester，2013；Wheelock 和 Wilson，2012，2015)。笔者推测这种优势会扩散到实体部门，并扩散到从大型银行借款的公司。因此，笔者假设银行规模对（大）借款公司价值和经营绩效具有积极影响。笔者考虑以下渠道：如果大型银行将节省下来的部分成本转嫁给借款公司，这将减少借款公司的资本成本并增加投资机会。由于较低的资金成本，以前的负 NPV 项目变为正 NPV。因此，从大型银行借款的公司会（在正 NPV 项目中）增加其投资价值。

本章样本包括在 1992 年至 2015 年授予 3,625 家美国上市公司的 20,806 笔贷款。首先评估银行规模对公司绩效的影响。银行规模是贷款银行的总资产。笔者对公司业绩的主要衡量指标是资产回报率 ROA，这是一种基于会计的度量。为了提高稳健性，笔者还使用了经过行业调整的 ROA 和基于市场的变量 Tobin's Q。笔者发现在公司获得贷款之后，贷款银行的规模与公司绩效之间存在正相关关系。银行规模增加 10%，ROA 就会增加 0.8%；这个影响的大小很重要，它代表贷款后平均 ROA 的 24%（贷款后的平均 ROA 为 3.3%)。

在企业的投资方面，笔者发现贷款后，企业的投资随着银行大小的增长而增加。资本支出和研发支出这两个投资组成部分都随着银行规模增长而增长。

此外，贷款后企业收入的波动性随银行规模的增加而增加。与企业获得贷款后提高投资一致，笔者发现从大型银行借款的公司在获得贷款期间增长速度更快（总资产和销售额）。总体而言，这表明样本中的公司从大型银行借款增加投资并增加风险，这（至少部分）解释了本章的主要结果，即公司业绩随贷款银行的规模而增加。投资与绩效之间的正向关系与 Jiang 等（2015）的观点一致。他们发现更高的产品市场竞争增加了投资，从而导致更强的绩效。

人们可能会认为风险的增加只会对一部分处于低于最佳风险水平的公司产生增值作用。为了检验这个假设，笔者将样本划分为事前安全和风险的公司（低杠杆或高 Z-Score 公司更安全）。与笔者的预测一致，我发现证据表明所观察到的影响主要集中在较安全的公司。在风险较高的公司子集中，这种影响通常是中性的。

根据 Berger 等（2005），银行和公司的规模相匹配，即大型银行向大公司贷款和小银行向小公司贷款。另一个问题是，可能存在反向因果关系如果企业根据其投资需求来选择从哪家银行借款。考虑到这一点，采取两个步骤：首先，将样本限制为仅大型的公开交易的美国公司。其次，类似于 Berger 等（2005），笔者使用工具变量方法解释借款公司对银行规模的内生选择。

本章用 Rice 和 Strahan（2010）的分支限制指数（BRI）作为银行规模的工具变量。这个变量反映了每个州的借贷环境，认为这（部分）决定了借款公司对银行规模的选择。一种有效的工具变量应该是对因变量是外生的。Kroszner 和 Strahan（1999）（及其他人，请参见第"四、研究设计"详细背景资料）证明国家的银行竞争是由特殊利益集团与总体政治格局之间的力量斗争决定的。因此，对于本章的因变量，即借款公司的结果，贷款环境似乎是外生的。

有大量文献研究了银行融资对借款公司的影响。Diamond（1984）在理论上研究了银行在解决贷款后道德风险问题上的比较优势。Saunders（2012）发现，银行融资为企业增值提供了经验支持。这些研究将银行融资对借贷公司的影响在不同类型的银行中视为同质的。相反，在本章案例中，银行融资的影响因银行规模的不同而不同。

有几项研究表明，银行规模是银行与借款公司关系性质的重要决定因素。在向小企业提供银行贷款的背景下，Berger 等（2005）发现小型银行能够更好地生成和处理软信息，并且与借款公司的关系更牢固。小银行相对有能力放松小企业的信贷约束（另见 Cole 等 2004 和 DeYoung 等 2004）。在研究银行规模对大型上市公司的影响时，笔者对这部分文献进行了补充。这是一项重要的工作，因为在向大型上市公司贷款的情况下，银行监管的动态是不同的。笔者认为，软信息与这些公司的相关性较低，因为它们在信息上更加透明。

笔者的研究还涉及一些新兴文献，该类型文献研究了银行与借款公司的关系对借款公司价值（绩效）的影响。Dass 和 Massa（2011）研究了这种关系对公司治理（积极）和市场流动性（消极）的影响。总的来说，他们发现企业价值受到银行—借款公司关系的积极影响。Qian 和 Yeung（2015）发现银行融资对治理的影响取决于银行部门的效率。Delis 等（2016）发现贷款银行的市场竞争力正向地影响企业的绩效。

一些研究还专门研究了银行贷款对公司投资的影响。Chava 和 Purnanandam（2011）发现对银行的负面冲击对借款公司具有真正的负面影响（另见 Carvalho 等，2015）。在银行危机期间，依赖银行的借款公司遭受更大的估值损失，随后承受更大的资本支出和盈利能力的跌幅。Aslan（2016）发现借贷关系显著影响关系借款公司的杠杆比率，发行选择和投资结构。Gonzalez（2016）发现银行竞争越激烈，危机期间企业投资减少的幅度越大。

本章对这部分文献的贡献如下：证明除了贷款关系可观察的方面（例如现有关系，债务成本），银行规模所捕获的不可观察因素（如规模效应）也会影响借款公司的绩效和投资等成果。此外，将发现与观察到的借款公司的风险水平联系起来。

二、理论分析与研究假设

有关软信息的文献（例如，Berger 等，2005 和 DeYoung 等，2004）发现小型银行由于更简单而更擅长收集和处理软信息结构。这种比较优势使小型银行可以更有效地向小型、不透明的公司放贷。但是，对于大型的公开交易的公司而言，软信息的重要性不那么大。上市公司的审查水平更高，法规要求其必须满足某些披露标准，从而提高了他们的透明度。因此，对于这些公司而言，信息不对称问题并不那么严重。

此外，大型银行可从规模效应中节省成本（例如，Hughes 和 Mester，2013，Wheelock 和 Wilson，2012，2015）以及拥有"大而不倒"的担保。如果大型银行将其中节省的部分成本转嫁给借款公司，这样可以降低公司的融资成本。这个导致一些先前为负的 NPV 项目变为正值，从而使企业价值增加、投资变多。

针对大型上市公司陈述笔者的假设：

H1：发起贷款后，银行规模对借款公司的价值和业绩产生积极影响。

H2：发起贷款后，银行规模对投资水平和风险有积极影响。

最后，正如假设的那样，价值的增长来自投资水平的提高（总业务风险）。预计观察到的影响将是集中于事前较安全的公司。笔者的论点是，对事前风险较高的公司增加风险可能会破坏价值，而不是增加价值。

H3：银行规模对公司价值和投资的积极影响集中在事前更安全的公司。

目前尚不清楚银行规模对事前风险较高公司的影响。如果大银行不分情况的允许承担更高的风险，这有可能破坏风险较高的借款公司的价值。然而，如果银行行使自由裁量权，即仅将较低的成本转嫁给更安全的公司，那么预计银行规模会对风险较高的公司不产生影响。

三、数据来源与样本选择

笔者的数据来自多个来源。贷款数据来自 Loan Pricing Corporation（LPC）提供的 DealScan 数据库。银行规模信息是从 Bureau van Dijk 提供的 BankScope 数据库中的财务报表中获得的。最后，从合并的 CRSP/Compustat 数据库和 I/B/

E/S 数据库获得公司的变量。

(一) 样本构建

DealScan 提供有关向大型上市公司发行的贷款信息。笔者的样本包括 1992 年至 2015 年向 3,625 家美国上市公司发放的 20,806 笔贷款。笔者排除了向金融服务公司发放的贷款 (SIC 代码从 6000 到 6999) 以及非银行金融机构发放的所有贷款。因此,笔者最终得到共有 20,806 笔贷款和 3,625 个借款公司。在此样本中,有 2,374 家公司一年内有两笔或两笔以上贷款。为了进行回归分析,笔者将数据汇总到每个企业每年的水平。如果在特定年份向借款公司发放了多笔贷款,笔者将它们合并为一个观察值。最终样本包括 12,217 个观测值。

(二) 匹配 DealScan 和 BankScope 数据库

DealScan 中的大多数贷款都是由一个或多个牵头银行和几个参与者发放的。笔者专注于牵头银行,因为参与者在发起和监控贷款方面的贡献有限。按照惯例 (Campello 和 Gao,2017),笔者按贷款银行的最终母公司对贷款银行进行分类。DealScan 的公司数据集提供了贷方公司的标识符,其母公司的标识符和其最终母公司的标识符。因此,笔者很容易观察到每个贷方的最终母公司。

DealScan 尽管提供了银行的位置和名称,但银行的会计数据没有包含在其中。因此,笔者可以从 BankScope 获得银行的会计信息。由于 DealScan 和 BankScope 之间没有通用标识符,笔者手动匹配这两个数据库的银行名称和位置来确定数据集。匹配最初使用银行名称和位置由 STATA 中的模糊匹配算法完成。由于模糊匹配算法基于一个字符串比较,这是不完善的;因此,笔者手动检查所有匹配的结果。

笔者通过检查发贷机构的并购活动来进一步提高匹配精度。为此,笔者使用芝加哥美联储网站上的官方并购记录。BankScope 提供 "银行历史记录" 和 "以前的名称" 变量,显示银行的并购活动和名称更改。笔者交叉检查这些数据集,以便在不同年份实现准确的动态匹配。最后,如果无法识别出贷方的名称，笔者会通过在 DealScan 中跟踪其子公司来识别它，在 BankScope 中列出的银行以前的名称中搜索此名称或在线搜索查找包含相似银行名称的新闻文章。通过这种方式，笔者将 DealScan 的终极贷方的标识符与 BankScope 中的银行标识符 "bvdidnum" 匹配。由于笔者是对最终母银行的资产感兴趣的，笔者将合并财务报表用于笔者的分析。

笔者以 DealScan 中的 Imperial Bank（companyid＝5985）为例说明匹配过程。首先，笔者在 STATA 中使用银行名称和银行位置进行模糊合并（美国加利福尼亚）生成匹配结果，帝国银行（BankScope bvdidnum＝US131942440）。但是，在查看了匹配项后，笔者确定了程序产生的结果是一家商业银行，而不是笔者感兴趣的银行控股公司，尽管它具有相同的名称和位置。然后笔者在 BankScope 中手动搜索相似的名称并找到正确的匹配项是 Imperial Bancorp（BankScope bvdidnum＝US952575576）。接下来，笔者检查该银行的并购历史。笔者发现，Comerica Incorporated 在 2001 年 1 月收购了 Imperial Bancorp。因此，在 2001 年之后，母公司 ID 5985 应该与 Comerica Incorporated（BankScope bvdidnum＝US381998421），而不是 Imperial Bancorp（BankScope bvdidnum＝US952575576）匹配。然后笔者检查这些 bvdidnum 下的 BankScope 指数（US952575576 和 US381998421），并使用合并财务报表中的指数。最后，2001 年并购前帝国银行与 Imperial Bancorp（BankScope Index＝34570）匹配在一起，在 2001 年收购之后，帝国银行与 Comerica Incorporated（BankScope Index＝34043）匹配。

（三）企业特征变量

公司级别的会计数据是从 Merged CRSP/Compustat 数据库获得。由于 DealScan 不提供 CRSP/Compustat 的通用标识符，笔者使用 Michael Roberts 提供的 DealScan-Compustat 的匹配文件（Chava 和 Roberts，2008）。

因变量：笔者主要的因变量是企业绩效。衡量企业绩效的主要变量是资产回报率 ROA，这是不计特殊项目的收益除以上一年的资产。为了提高稳定性，笔者进一步使用了对不同行业调整后的 ROA 和 Tobin's Q。Tobin's Q 的计算为权益的市场价值加上债务的市场价值除以总资产。Tobin's Q 具有前瞻性并融入了市场期望。

资本支出是资本支出与滞后资产的比率。研发支出被定义为研发费用除以滞后资产。投资定义为资本支出和研发支出的总和。按照约定，笔者替换缺少的研发支出的值为 0（例如 Billett 等，2006）。笔者用收益的波动率 σ（EBIT）衡量企业风险。最后，笔者考虑资产（总资产的对数）的增长率，员工（员工人数）和销售。

控制变量：公司规模是公司总资产的对数。杠杆计算定义为长期债务除以总资产。为了控制公司的内部融资能力，笔者控制现金和现金流量，两者均除以滞后资产。资产的有形性也将对公司的融资能力产生影响，笔者按以下方式衡量：厂房和设备除以滞后资产。公司的投资机会由市净率衡量，定义为市净值对账面净值的比率。分析师数据来自"I/B/E/S Summary"数据库，定义为跟随该股票的分析师人数。信用评级是一个虚拟变量，如果借款公司的信用等级为 1，则表示借款公司有信用评级，表示可以使用债务融资；如果信用等级为 0，则表示它们没有信用评级。

按照 Bharath 等（2007），k 是一个虚拟变量，它捕获了在当前贷款之前的 5 年中，银行 k 和企业 m 之间的关系。如果存在预先存在的关系，则等于 1，否则为 0。最后，笔者包括所有条款的贷款（利差，契约数，贷款是否有抵押以及到期时间）为控制变量。

工具变量：笔者使用州级别的 Rice 和 Strahan（2010）的分支限制指数（BRI）对主要自变量银行规模进行调整。BRI 是州际指数，范围从零（最低限制）到四个（最高限制）。笔者取采样期间的时间加权平均 BRI，因为这反映了哪些州的监管机构取消了限制，以反映州的环境（请参阅表 2-1）。笔者将在第 4.1 节中讨论包含和排除限制。

表 2-1　州 BRI 分数

在 1994 年，Riegle-Neal 法移除了各州间建立银行分支的限制。笔者假设 1994 年前所有州的 BRI 是 4。在 Riegle-Neal 立法之后，各州开始放宽管制，这在 Johnson 和 Rice（2008），Rice 和 Strahan（2010）中列出。最后，《多德—弗兰克法案（2010）》（第 613）去除所有剩余的限制，笔者设置所有州的 BRI 为 0。

借款公司所在州	BRI 分数	借款公司所在州	BRI 分数
阿拉巴马州	2.458	内布拉斯加州	3
阿拉斯加州	1.667	内华达州	2.375
亚利桑那州	2.042	新罕布什尔州	1.417
阿肯色州	3	新泽西州	1.25
华盛顿哥伦比亚特区	3	新墨西哥州	2.417
加利福尼亚州	2.375	纽约州	1.917
科罗拉多州	3	北卡罗来纳州	0.5
康涅狄格州	1.125	北达科他州	1.875
特拉华州	2.375	俄亥俄州	0.833
佛罗里达州	2.458	俄克拉荷马州	1.75
佐治亚州	2.458	安大略省	3
夏威夷州	1.333	俄勒冈州	2.458
艾奥瓦州	2.375	宾夕法尼亚州	0.5
伊利诺伊州	1.708	波多黎各	3
印第安纳州	1.333	罗德岛州	0.5
爱荷华州	3	南卡罗来纳州	2.417
堪萨斯州	3	南达科他州	2.417
肯塔基州	2.583	田纳西州	1.583
路易斯安纳州	2.458	得克萨斯州	2.083
缅因州	0.833	犹他州	1.375
马里兰州	0.5	佛蒙特州	1
马萨诸塞州	1.25	弗吉尼亚州	0.5
密歇根州	0.5	华盛顿州	2
明尼苏达州	2.458	西弗吉尼亚州	1.375
密西西比州	3	威斯康星州	2.417
密苏里州	3	怀俄明州	2.458
蒙大拿州	3		

（四）银行特征

笔者的主要自变量是银行规模。笔者将借款公司 m 的银行规模表示为贷方的总资产。按照惯例（Campello 和 Gao，2017），笔者将贷款分类归于它们最终的母银行。与其他自变量一样，将其平均在 $[t-n，t-1]$ 期间。t 是贷款的起点，n 表示贷款期限（或期限）。此外，如果一个贷款包含多个牵头银行，笔者将计算牵头银行的平均值。笔者将重点放在牵头银行上，避免包括贡献有限的银行。当笔者有每个牵头银行对该贷款的出资信息时，笔者取加权平均值而不是简单平均值。假设有 K 个牵头行在借方 m 的贷款中，

$$银行规模 m = \sum_{k=1}^{K} \frac{(贷款金额)_k}{贷款总额} \times (总资产)_k \qquad (2-1)$$

如果没有每家银行提供贷款的贷款额，则权重只是 $\frac{1}{K}$。银行资产以百万美元计，在所有回归中，笔者对这个变量取自然对数。笔者还在回归中控制了许多银行级别的变量。笔者使用收入多样性（利息收入相对于非利息收入的比例）和 Laeven 和 Levine（2007）的活动多样性（在贷款中获得的资产与非贷款中赚取的资产的百分比）（另见 Goetz 等，2013），笔者还包括银行资本和银行营业收入的对数值。最后，笔者控制商业银行存款的 Herfindahl-Hirschman 指数（HHI）借款公司经营所在州的存款集中度。HHI 衡量当地信贷市场的竞争。

（五）描述性统计

表 2-2 中显示了主要变量的描述性统计信息。

表 2-2 统计摘要

表 2-2 列出了笔者估算中使用的关键变量的摘要统计量。笔者对所有数据缩尾处理于 1% 和 99% 百分数。

	N	平均值	第一四分位数	中位数	第三四分位数	标准差
因变量						
ROA $[t+1, t+n]$	10204	0.033	0.008	0.039	0.071	0.073
行业调整 ROA $[t+1, t+n]$	10201	0.005	−0.027	0.005	0.042	0.078
Tobin's Q $[t+1, t+n]$	9758	1.564	1.099	1.357	1.783	0.714
投资 $[t+1, t+n]$	10193	0.080	0.035	0.060	0.100	0.069
资本支出 $[t+1, t+n]$	10193	0.064	0.026	0.045	0.077	0.063
研发支出 $[t+1, t+n]$	12217	0.013	0.000	0.000	0.008	0.034
σ（EBIT）$[t+1, t+3]$	8885	0.033	0.010	0.021	0.041	0.036
资产增长率 $[t+1, t+n]$	10183	0.094	−0.006	0.061	0.148	0.193
员工增长率 $[t+1, t+n]$	9999	0.046	−0.031	0.020	0.091	0.158
销售增长率 $[t+1, t+n]$	10194	0.097	0.006	0.066	0.149	0.180
贷款特征						
贷款利差	12217	4.916	4.413	5.011	5.521	0.798
期限（月）	12217	49.099	36.000	58.000	60.000	19.083
抵押物	12217	0.451	0.000	0.000	1.000	0.481
条款数	12217	1.414	0.000	1.333	2.000	1.247
关系	12217	0.728	0.000	1.000	1.000	0.445
银行特征						
银行资产（十亿美元）	12217	684.614	213.194	564.772	1029.062	541.159
银行规模 $[t-n, t-1]$	12217	12.990	12.270	13.244	13.844	1.121
银行收入多样性 $[t-n, t-1]$	12217	0.746	0.679	0.765	0.839	0.123
银行资产多样性 $[t-n, t-1]$	12217	0.613	0.524	0.625	0.717	0.147
银行资本 $[t-n, t-1]$	12217	0.075	0.063	0.080	0.092	0.023
银行营业收入 $[t-n, t-1]$	12217	8.172	7.568	8.336	8.900	0.994
企业特征						
规模 $[t-n, t-1]$	12217	6.981	5.792	6.962	8.160	1.746
杠杆率 $[t-n, t-1]$	12217	0.248	0.119	0.194	0.347	0.170
现金 $[t-n, t-1]$	12217	0.095	0.020	0.051	0.122	0.119

续表

	N	平均值	第一四分位数	中位数	第三四分位数	标准差
现金流 $[t-n,\ t-1]$	12217	0.092	0.057	0.091	0.134	0.078
市净率 $[t-n,\ t-1]$	12217	2.581	1.395	2.049	3.115	2.521
ROA $[t-n,\ t-1]$	12217	0.040	0.013	0.043	0.078	0.075
有形资产 $[t-n,\ t-1]$	12217	0.673	0.329	0.596	0.955	0.427
资本支出 $[t-n,\ t-1]$	12217	0.077	0.031	0.053	0.090	0.080
分析师 $[t-n,\ t-1]$	12217	5.152	0.000	3.433	8.224	5.691
NYSE	12217	0.575	0.000	1.000	1.000	0.494
信用评级	12217	0.532	0.000	1.000	1.000	0.499
Z-Score $[t-n,\ t-1]$	7922	37.740	2.572	4.228	8.546	186.314
州特征						
HHI	12217	0.123	0.055	0.097	0.156	0.100
巧合指数	11905	0.025	0.014	0.029	0.039	0.021
MSA	12217	0.055	0.000	0.000	0.000	0.229
BRI	12217	1.794	1.300	2.000	2.400	0.765

笔者专注于大型的美国上市公司，样本中超过一半的公司都已在纽约证券交易所上市。但是，笔者仍然看到公司规模的显著变化。银行规模范围甚至更大，从总资产的 2,132 亿美元（占分配的第 25 个百分点）到总资产为 1,091 亿美元（第 75 个百分位）。因此，尽管这些银行出现在笔者的样本是因为一家大公司从它们那里借了钱，所以它们并不是专门的大银行。银行规模的这种差异使笔者能够研究不同银行规模对大公司的影响贷款后的结果。平均而言，贷款后的 ROA 为 3.3%，公司的投资约为其资产的 8%。

四、研究设计

（一）对银行规模使用工具变量

有证据表明（并且经笔者验证）银行和公司的规模相符，即大公司从大银行获取贷款而小公司的贷款是从小银行借的。要对银行规模对借款公司结果的影响作出因果陈述，笔者需要最大程度减少由此产生的偏差。仿照 Berger 等（2005），笔者采用工具变量方法来最大限度减少内生性问题。工具变量相关性：良好的工具变量（IV）应该与内源性回归因子高度相关（银行规模）。笔者使用 BRI 来衡量银行规模，这反映了（借款公司）所在州的贷款环境，因此影响公司对银行规模的选择。在第 5.1 节中，笔者做了测试以表明笔者的工具变量很稳健。

排除限制：为了有效，该工具变量应该与因变量（借款公司 ROA 或投资）没有关联，除非通过笔者明确控制的变量连接。笔者的工具变量 BRI 反映了（借款公司）州银行业的竞争情况。为了说明工具变量相对于借款公司结果的外生性，笔者进行以下简要讨论：

直到 20 世纪 70 年代初，美国大多数州都对州内和州际分支机构设有限制，这些年来已逐渐被移除。Kroszner 和 Strahan（1999）将银行分支限制的起源归咎于州政府的收入产生比如（本地特许）银行支付的特许执照费用。Economides 等（1996）表示几十年来，小银行成功游说以加强分行限制，以便保护自己免受规模更大，效率更高的银行的侵害。然后，在 20 世纪 70 年代和 80 年代，科技进步使本地银行的价值降低。此外，随着 20 世纪 80 年代的储蓄和贷款危机，改变了公众对分支机构限制法的认识，因为这项法规阻碍了更具弹性的银行业的出现（Strahan，2003）。

这些因素有助于逐渐消除分支限制并最终导致 1994 年 Riegle-Neal 州际银行和分支机构效率法，该法有效地废除了国家一级对州际银行业务的所有限制（各州可以自由实施法律）。因此，笔者认为该州银行业的竞争（限制的起源和最终的放松管制）是特殊利益集团以及当前的政治格局之间的权力斗争的结果。放松管制可以说是企业层面经营成果的外生因素。

（二）2SLS 回归分析

笔者的设置类似于 Dass 和 Massa（2011）。笔者在公司层面上做了横断面分析。笔者会观察贷款层面的数据，但如果一家公司一年内有多笔贷款，笔者会将贷款合并为该年公司的单一观察值。因变量是借款公司在贷款期限内的平均贷款后公司表现（在 $[t+1, t+n]$ 期间）。公司级别的特征（在 $[t-n, t-1]$ 年中的平均值）用作控制变量。t 是贷款的开始时间，n 表示该贷款的期限。贷款前因变量的平均值（$[t-n, t-1]$）同样作为控制变量。根据 Dass 和 Massa（以及 Delis 等，2016）指出，用滞后的因变量作为控制变量会引发的面板中出现的自相关问题在笔者的模型中是不存在的，因为笔者的采样是基于事件的。笔者没有使用真正的面板数据，因为贷款是独一无二的，没有重复。相反，笔者使用的是银行和公司间贷款的横截面数据。

笔者采用工具变量两阶段最小二乘法（IV-2SLS）来最小化回归因子的内生性。在第一阶段，笔者用工具变量和其他公司级别的控制变量对银行规模进行回归。

$$银行规模_{i, [t-n, t-1]} = \gamma Z_{i, j} + \mu X_{i, [t-n, t-1]} + \alpha + u_{i, [t-n, t-1]} \quad (2-2)$$

向量 $Z_{i, j}$ 包含借款公司 i 所在的州 j 的工具变量 BRI。第一阶段的银行规模的拟合值在第二阶段用作自变量。

$$因变量_{i, [t+1, t+n]} = \beta 银行规模_{i, [t-n, t-1]} + \theta X_{i, [t-n, t-1]} + \gamma_j + \delta_t + \epsilon_{i, [t-n, t-1]}$$

$$(2-3)$$

X 向量包含公司级别控制变量，例如公司规模，杠杆率等在上一节中讨论过的变量。模型中的行业固定效应 γ_j 使用 12 Fama-French 的行业分类（Fama 和 French，1997）。时间固定效应 δ_t 也包含在模型中，这是一个样本中每年的虚拟变量。最后，笔者将所有标准错误归类为公司级别。所有变量在第 1 个百分点和第 99 个百分点进行缩尾处理，以最大限度减少异常值的影响。

五、实证结果与分析

（一）工具变量相关性

首先，笔者评估工具变量的相关性和所用模型的适用性。在表 2-3 中，笔者给出了公司规模的系数和工具变量 BRI 的系数,这两个系数来源于 IV-2SLS 的第一阶段。正如预期的那样,公司规模系数的符号为正,并且具有重大意义,表明大公司从大银行借款。工具变量的系数在 1% (t 统计 = 4.33)的水平上很显著,这意味着这足以预测借款公司对银行规模的选择。局部 F 统计量是 18.7 和在 1% 的水平上具有显著性,因此笔者拒绝该工具变量较弱的原假设。Wu-Hausman 检验(来自第二阶段)检查 OLS 和 IV-2SLS 模型是否跟笔者的结果相似。笔者拒绝原假设(F 统计量为 11.8,在 1% 的水平显著),表明银行规模是内生回归变量并且应该使用 IV-2SLS 模型。

表 2-3 第一阶段

表 2-3 显示了 IV-2SLS 回归的第一阶段。表中报告了 BRI 和公司规模的系数,并包括其他控制变量。银行规模是该贷款人的总资产的对数。所有控制变量均在 [$t-n$, $t-1$] 内取平均值。回归包括年份和行业固定效应。括号中的 t 统计量是使用聚集在公司级上的异方差稳健性标准误差来计算的。Partial F 统计量来自 IV-2SLS 的第一阶段,用于评估工具变量的相关性。Wu-Hausman 检验(来自第二阶段)检查 OLS 和 IV-2SLS 模型是否跟笔者的结果相似。* 显著水平为 10%。** 显著水平为 5%。*** 显著水平为 1%。

银行规模	
BRI	0.036***
	(4.33)
公司规模	0.098***
	(14.78)
观察值数量	10204
控制变量	是
行业、年 FE	是
Partial F test	18.746***
Wu-Hausman	11.829***

(二)价值效应

在表 2-4 中,笔者给出了主要假设(H1)的结果,并检验了银行规模对公司绩效的影响。

表 2-4　银行规模及企业绩效

表 2-4 显示了贷款后公司绩效的 IV-2SLS 回归的第二阶段。主要自变量银行规模是贷方总资产的对数，取平均值为 $[t-n, t-1]$。所有控制变量均取 $[t-n, t-1]$ 的平均值。所有回归包括年份和行业固定影响。括号中的 t 统计量是使用在企业级别聚集的异方差稳健性标准误差来计算的。第一阶段的 BRI 是从 IV 回归的第一阶段获得的工具变量的系数。Partial F 统计量来自 IV-2SLS 的第一阶段，用于评估工具变量的相关性。Wu-Hausman 检验（来自第二阶段）检查 OLS 和 IV-2SLS 模型是否跟笔者的结果相似。显著水平为 10%。** 显著水平为 5%。*** 显著水平为 1%。

	ROA （1）	行业调整 ROA （2）	Tobin's Q （3）
银行规模	0.083 **	0.072 **	0.801 **
	(2.33)	(2.02)	(2.14)
公司规模	-0.012 ***	-0.011 ***	-0.108 ***
	(-3.26)	(-2.97)	(-2.91)
ROA	0.195 ***		
	(2.89)		
行业调整 ROA		0.383 ***	
		(8.10)	
Tobin's Q			0.523 ***
			(20.97)
杠杆率	0.005	0.009	-0.024
	(0.44)	(0.86)	(-0.21)
现金	-0.008	-0.006	0.067
	(-0.64)	(-0.52)	(0.55)
现金流	0.015	-0.159 ***	-1.015 ***
	(0.21)	(-3.21)	(-4.10)
市净率	0.002 ***	0.002 ***	
	(3.66)	(4.18)	
有形资产	0.004	0.009 **	0.084 **
	(1.61)	(2.32)	(2.36)
资本支出	-0.070 ***	-0.038 *	-0.513 ***
	(-3.42)	(-1.89)	(-3.11)
关系	-0.007 **	-0.006 *	-0.087 ***
	(-2.13)	(-1.78)	(-2.62)

续表

	ROA（1）	行业调整 ROA（2）	Tobin's Q（3）
分析师	0.001 ***	0.001 ***	0.005 **
	（5.19）	（5.04）	（2.12）
NYSE	0.017 ***	0.017 ***	0.003
	（6.37）	（6.31）	（0.10）
信用评级	−0.006 **	−0.007 **	0.016
	（−2.34）	（−2.54）	（0.60）
贷款利差	−0.019 ***	−0.019 ***	−0.097 ***
	（−10.48）	（−10.51）	（−5.47）
期限	−0.005	−0.005	−0.095 **
	（−1.20）	（−1.29）	（−2.25）
抵押物	−0.006 **	−0.006 **	−0.001
	（−2.27）	（−2.53）	（−0.06）
条款数	0.001	0.001	−0.019 *
	（0.82）	（0.84）	（−1.76）
HHI	−0.008	−0.012	−0.022
	（−0.90）	（−1.27）	（−0.22）
银行收入多样性	−0.013	−0.006	0.07
	（−1.09）	（−0.56）	（0.64）
银行资产多样性	−0.071 ***	−0.063 **	−0.621 **
	（−2.63）	（−2.34）	（−2.20）
银行资本	0.669 **	0.565 **	5.899 **
	（2.44）	（2.08）	（2.04）
银行营业收入	−0.043 **	−0.037 *	−0.435 **
	（−2.16）	（−1.88）	（−2.08）
第一阶段 BRI	0.036 ***	0.036 ***	0.035 ***
	（4.33）	（5.28）	（4.92）
观察值数量	10204	10179	9516
行业	Yes	Yes	Yes
Partial F-test	18.746 ***	18.240 ***	15.927 ***
Wu-Hausman	11.829 ***	8.197 ***	13.034 ***

在第（1）列中，笔者展示了公司业绩的基本指标资产回报率的结果。根据笔者的假设，笔者发现银行规模的增加可以提高公司价值，在调整选择偏差之后。银行规模与企业资产回报率之间存在正向关系，其关系在5%的水平上具有统计学意义（系数=0.083，t统计量=2.33）。就经济意义而言，银行规模增加了10%导致 ROA 增长0.8%，表明从大型银行借款的公司获得贷款后产生更多盈利。这个影响的程度很大；鉴于样本中的平均贷款后 ROA 为3.3%，ROA增加0.8%是平均值的24%。这些发现证明了笔者的假设，即大型银行为其借款公司增加了价值。笔者之后又使用另外两个变量来衡量公司价值。在第（2）栏和第（3）栏中，笔者使用行业调整后的 ROA 和 Tobin's Q 以代表公司的业绩，结果本质上不变。银行规模增加10%，会使贷款后 Tobin's Q 增加8%，这表明市场积极看待大型银行的贷款并更新了公司的增长前景。

就控制变量而言，公司规模的系数为负，借贷关系的系数对 ROA 影响不重要，对 Tobin's Q 则为负，这个结果表明，无论公司是否与银行有现存关系都不会影响其贷款后的绩效。这与理论是一致的，因为笔者并不期望笔者样本中的公司将从与银行的持续关系中受益，因为大公司不存在信息不对称和他们同时可以获取别的资金来解决资金来源的问题。可以预料，更严格的贷款条例诸如贷款利差较高和抵押要求较高之类的条件不利于公司业绩。银行特征在统计结果上看也对公司的盈利能力很重要。

（三）投资效果

在本节中，笔者研究银行规模对投资的影响效果（H2）。首先，笔者在表2-5 中检验对投资水平和公司风险承担的影响。

表 2-5　银行规模，投资以及风险

表 2-5 显示了公司投资的 IV-2SLS 回归的第二阶段结果。因变量定义为平均的借款人的投资（第（1）栏），资本支出（第（2）栏），研发支出（第（3）栏）或 σ（EBIT）（第（4）栏）。主要自变量银行规模是贷方总资产的对数，取平均值为 $[t-n,\ t-1]$。所有控制变量均取 $[t-n,\ t-1]$ 的平均值。所有回归包括年份和行业固定影响。括号中的 t 统计量是使用在企业级别聚集的异方差稳健性标准误差来计算的。第一阶段的 BRI 是从 IV 回归的第一阶段获得的工具变量的系数。Partial F 统计量来自 IV-2SLS 的第一阶段，用于评估工具变量的相关性。Wu-Hausman 检验（来自第二阶段）检查 OLS 和 IV-2SLS 模型是否跟笔者的结果相似。* 显著水平为 10%。** 显著水平为 5%。*** 显著水平为 1%。

	投资 （1）	资本 （2）	研发 （3）	σ（EBIT） （4）
银行规模	0.053** (1.99)	0.046* (1.94)	0.019* (1.84)	0.023* (1.71)
公司规模	-0.009*** (-3.18)	-0.008*** (-3.15)	-0.002** (-2.01)	-0.005*** (-3.84)
投资	0.389*** (18.77)			
资本支出		0.303*** (12.56)		
研发支出			0.602*** (25.92)	
σ（EBIT）				0.147*** (6.77)
ROA	-0.214*** (-4.25)	-0.216*** (-4.69)	0.012 (1.01)	-0.014 (-0.56)
杠杆率	-0.013 (-1.49)	-0.002 (-0.26)	-0.004* (-1.79)	-0.017*** (-3.80)
现金	0.021** (2.44)	-0.008 (-1.19)	0.008** (2.01)	0.019*** (3.77)
现金流	0.147*** (2.83)	0.202*** (4.19)	-0.036*** (-2.65)	0.019 (0.73)
市净率	0.000 (1.11)	-0.000 (-0.57)	0.000 (0.27)	0.000 (1.14)
有形资产	0.020*** (5.72)	0.028*** (7.95)	0.001 (1.47)	0.003 (1.44)

续表

	投资 (1)	资本 (2)	研发 (3)	σ (EBIT) (4)
关系	−0.009*** (−3.64)	−0.006*** (−2.86)	−0.002** (−2.46)	−0.003* (−1.90)
分析师	0.000 (1.19)	0.000 (0.44)	0.000*** (4.21)	−0.000 (−1.25)
NYSE	−0.000 (−0.24)	0.001 (0.39)	0.000 (0.08)	−0.001 (−0.58)
信用评级	0.000 (0.17)	0.000 (0.08)	−0.001 (−1.13)	−0.001 (−0.67)
贷款利差	−0.006*** (−4.29)	−0.004*** (−3.82)	−0.002*** (−4.10)	0.003*** (3.28)
期限	−0.011*** (−3.65)	−0.008*** (−2.80)	−0.005*** (−3.24)	−0.003** (−2.49)
抵押物	0.001 (0.49)	0.002 (0.98)	0.001 (1.52)	0.004*** (3.60)
条款数	−0.003*** (−3.17)	−0.002*** (−2.74)	0.000 (0.64)	−0.002*** (−4.74)
HHI	−0.001 (−0.07)	−0.011* (−1.65)	0.007*** (2.63)	−0.005 (−1.11)
银行收入多样性	−0.003 (−0.36)	−0.001 (−0.17)	−0.002 (−0.69)	0.000 (0.04)
银行资产多样性	0.034* (−1.74)	−0.032* (−1.90)	−0.008 (−1.09)	−0.014 (−1.40)
银行资本	0.388* (1.89)	0.331* (1.81)	0.158* (1.87)	0.159 (1.51)
银行营业收入	−0.032** (−2.13)	−0.027** (−2.02)	−0.011** (−1.96)	−0.013* (−1.79)
第一阶段 BRI	0.034*** (5.00)	0.034*** (4.95)	0.030*** (4.82)	0.041*** (5.54)
观察值数量	10193	10193	12217	8352
行业	Yes	Yes	Yes	Yes

续表

	投资 （1）	资本 （2）	研发 （3）	σ（EBIT） （4）
Partial F-test	16.348***	16.043***	15.329***	20.917***
Wu-Hausman	9.039***	8.002***	6.090**	4.735**

在第（1）～（3）栏中，笔者研究银行规模如何影响公司投资水平。增加银行规模会增加获得贷款后公司投资水平（资本支出和研发支出的总和）。在经济规模方面，银行规模增加10%，投资水平就会提高0.5%。这个结果也对总投资的每个部分成立（资本支出和研发支出）。

在第（4）栏中，笔者研究银行规模如何影响收益的波动性 σ（EBIT），这个变量可以衡量企业风险。银行规模的增加会增加 EBIT 的波动性（银行规模的系数为正，在10%水平显著）。这个结果与以上发现的企业增加投资水平一致。

较高的投资水平如何影响公司的增长率？笔者在表2-6中对此进行检查。

表 2-6　银行规模和企业增长率

表2-6显示了公司增长率的 IV-2SLS 回归的第二阶段结果。因变量定义为借款人的资产增长率（第（1）列），员工增长率（第（2）列）或销售增长率（第（3）列），取值范围为 $[t+1, t+n]$。主要自变量银行规模是贷方的总资产的对数，平均为 $[t-n, t-1]$。所有控制变量均取 $[t-n, t-1]$ 的平均值。所有回归包括年份和行业固定影响。括号中的 t 统计量是使用在企业级别聚集的异方差稳健性标准误差来计算的。* 显著水平为10%。** 显著水平为5%。*** 显著水平为1%。

	资产 （1）	员工 （2）	销售 （3）
银行规模	0.218** （2.05）	0.104 （1.32）	0.161* （1.67）
公司规模	-0.045*** （-4.10）	-0.031*** （-3.70）	-0.040*** （-3.95）
ROA	0.137 （1.05）	0.108 （1.10）	0.260** （2.17）
杠杆率	-0.012 （-0.40）	0.017 （0.74）	-0.001 （-0.03）
现金	0.045 （1.59）	0.062*** （2.89）	0.121*** （4.74）

续表

	资产 （1）	员工 （2）	销售 （3）
现金流	-0.106 （-0.77）	-0.037 （-0.34）	-0.327** （-2.37）
市净率	0.003*** （3.03）	0.002** （2.13）	0.002** （2.08）
有形资产	0.010 （0.86）	-0.021** （-2.25）	0.010 （0.85）
资本支出	0.045 （0.92）	0.129*** （3.07）	0.119** （2.38）
关系	-0.006 （-0.61）	-0.000 （-0.01）	-0.005 （-0.59）
分析师	0.001* （1.91）	0.001* （1.65）	0.001* （1.91）
NYSE	0.025*** （3.32）	0.015*** （2.82）	0.022*** （3.30）
信用评级	-0.012 （-1.63）	-0.002 （-0.45）	-0.002 （-0.36）
第一阶段 BRI	0.034*** （5.08）	0.034*** （5.07）	0.034*** （5.06）
观察值数量	10183	9999	10194
行业	Yes	Yes	Yes
Partial F-test	16.909***	16.866***	16.781***
贷款利差	-0.018*** （-3.64）	-0.011*** （-2.95）	-0.007* （-1.65）
期限	-0.023** （-1.99）	-0.012 （-1.35）	-0.023** （-2.08）
抵押物	0.008 （1.03）	0.005 （1.03）	0.009 （1.39）
条款数	-0.005 （-1.55）	-0.002 （-0.66）	-0.004 （-1.21）

续表

	资产 （1）	员工 （2）	销售 （3）
HHI	−0.004 （−0.11）	0.003 （0.14）	−0.030 （−1.13）
银行收入多样性	−0.024 （−0.79）	−0.059** （−2.49）	−0.057** （−1.97）
银行资产多样性	−0.158** （−2.02）	−0.061 （−1.10）	−0.084 （−1.23）
银行资本	1.619** （2.02）	0.687 （1.17）	1.169 （1.60）
Wu-Hausman	8.362*** 	2.919* 	5.109**

与观察到的投资效果一致，银行规模和公司的增长率之间存在正相关关系。银行规模增加10%，可提高大约2.2%的贷款后的公司增长率（按公司资产计算）。用三个不同变量衡量增长率的回归方程中，银行规模的系数均为正，但仅在资产和销售增长率作为因变量时具有统计意义。

这与笔者的主要结果相吻合，即公司业绩随着银行规模增长而增长。这阐明了驱动笔者主要发现的一种渠道：似乎银行的增加规模使企业可以投资更多并承担更多风险。这导致公司的增长速度更快，最终为借款公司带来更高的价值。

（四）不同类型企业的影响

在本节中，笔者检验最终的假设，即观察到的影响将主要集中在事前更安全的公司（H3）。在表2-7中，笔者将公司分为低（安全）和高（风险）杠杆子集。笔者报告每个因变量的银行规模系数。

表 2-7　基于杠杆比率的子样本

表 2-7 列出了根据借款人的杠杆比率将样本分为两个子样本时第二阶段结果的摘要。在每一列中，笔者在银行规模上显示每个因变量的第二阶段系数。在第（1）列中，借款人的杠杆比率低于整个样本的中位数（0.19）。在第（2）栏中，借款人的杠杆比率相对较高（高于 0.19）。所有回归包括年度和行业固定影响，标准误差聚集在公司级别。* 显著水平为 10%。** 显著水平为 5%。*** 显著水平为 1%。

因变量	低 Leverage （1）	高 Leverage （2）
ROA	0.207 ** （2.17）	0.008 （0.19）
行业调整 ROA	0.190 ** （2.20）	−0.007 （−0.16）
Tobin's Q	2.225 * （1.90）	0.228 （0.65）
投资	0.128 * （1.87）	0.015 （0.50）
资本支出	0.103 * （1.80）	0.022 （0.75）
研发支出	0.052 * （1.65）	−0.001 （−0.06）
σ（EBIT）	0.036 （1.53）	0.015 （0.76）

尽管两个子集中银行规模对企业的影响均为正，但这些影响仅在低杠杆率（安全）子集中更强（更大）并在统计上有意义。具体来说，在低杠杆子样本中，银行规模增加 10% 会导致 ROA 增加 2%，是整个样本中影响幅度的两倍以上。

接下来笔者来谈谈投资效果。在低杠杆子样本中，银行规模对所有三个投资代表变量的影响都是积极且重要的。但是，在高杠杆下子样本，任何投资回归中银行规模的系数都不显著。这表明只有在低杠杆下，银行规模才能增加企业投资。

同样，在表 2-8 中，笔者将公司分为低（风险）和高（安全）Z-Score 子集。笔者报告每个因变量的银行规模系数。

表 2-8　基于 Z-Score 的子样本

表 2-8 提供了基于 Z-Score 将样本分为两个子样本时第二阶段结果的摘要。在每一列中，笔者在银行规模上显示每个因变量的第二阶段系数。在列（1）中，笔者包括 Z-Score 低的公司。在第（2）栏中，笔者包括 Z-Score 高的公司。所有回归包括年度和行业固定影响，标准误差聚集在公司级别。* 显著水平为 10%。** 显著水平为 5%。*** 显著水平为 1%。

因变量	低 Z-Score （1）	高 Z-Score （2）
ROA	0.176 （0.62）	0.103 ** （2.10）
行业调整 ROA	0.124 （0.51）	0.094 * （1.90）
Tobin's Q	1.545 （0.62）	0.718 （1.40）
投资	0.017 （0.16）	0.059 ** （2.10）
资本支出	0.053 （0.50）	0.035 （1.52）
研发支出	0.011 （0.28）	0.027 * （1.90）
σ（EBIT）	−0.046 （−0.45）	0.045 ** （2.15）

在高 Z-Score（安全）子样本中，价值效应是积极的，并且具有统计意义。在 Z-Score 较低的公司中，它仍然是正向的，但不显著。投资效果也只集中在高 Z-Score 的公司中。对于 Z-Score 高的公司，银行规模在统计上与收益波动正向相关（在 5% 的水平显著），对于 Z-Score 低的公司，相关性是负的，但没有统计学意义。

总体而言，与笔者的预测一致，以上结果表明，大型银行会通过鼓励（或允许它们）增加投资并提高风险来使事前安全借款公司增加价值。对于风险承担可能超过最佳水平的风险较高的公司，投资效应静音或不存在，并且效果为中性。重要的是，银行规模的价值效应对于风险较高的公司而言不是负面的。

六、稳健性检验

(一) 工具变量的变化

在基本结果中，笔者采用样本期内的时间加权平均 BRI，因为这反映了国家监管机构取消限制的强度。在本节中，笔者将添加更多变体使其在州级别有时间变化（例如 Nguyen 等，2017）。此外，笔者将误差汇总为州—年级别，以解释同一州中所有公司的回归误差的任何常见因素。笔者将结果显示在表 2-9 并报告每个因变量的银行规模系数。

表 2-9　时变 BRI

表 2-9 显示了使用时变 BRI 作为工具变量时第二阶段结果的摘要。在每一列中，笔者在银行规模上显示每个因变量的第二阶段系数。回归中包括年份和行业固定影响，标准误差归类于州—年份级别。* 显著水平为 10%。** 显著水平为 5%。*** 显著水平为 1%。

因变量	时变 BRI
ROA	0.088*** (2.82)
行业调整 ROA	0.082*** (2.59)
Tobin's Q	0.738*** (2.65)
投资	0.035* (1.73)
资本支出	0.032* (1.79)
研发支出	0.011 (1.32)
σ (EBIT)	0.008 (0.69)

结果总体上与之前的结果保持一致。经济效应与之前的结果幅度相似，并且在统计上更强（所有三个因变量的回归方程均为在 1% 的水平上显著）。在投

资效果方面，投资和资本支出是正向的，在 10% 的水平上具有统计学意义。研发支出和风险变量 σ（EBIT）仍为正，但不再具有统计学意义。

（二）地理因素

有证据表明，美国各州的银行贷款差异很大（Benmelech 等，2017）。如果一定规模的公司聚集在特定的州，这将会使笔者的解释结果产生问题。Rice 和 Strahan（2010）发现非银行业（小企业所占份额）结构和放松管制指数之间没有相关性。特别值得注意的是，他们发现州内小企业的份额与 BRI 之间的相关性为 0.16，并且无统计学意义。

但是，还有许多其他因州而异的因素可能会影响需求和信贷供应。下面，笔者研究特定于每个州的宏观经济因素主要结果的影响的可能性。笔者在表 2-10 中显示结果并报告每个因变量的银行规模系数。

表 2-10　地理因素

表 2-10 提供了考虑贷款的地域差异时第二阶段结果的摘要。在每一列中，笔者在银行规模上显示每个因变量的第二阶段系数。在第（1）列中，笔者添加了州巧合指数（SCI）作为控制变量之一，以控制州的宏观经济状况。接下来，笔者将银行规模与巧合指数（SCI）的增长率进行交互，并分别在（2）和（3）列中报告银行规模和银行规模 * SCI 的系数。在第（4）列中，笔者使用时变 BRI 作为工具变量，并包括州固定效应。最后，如果借款公司在给定年份从至少一家在同一 MSA 内运营的银行借款，则笔者将银行规模与 MSA 进行交互，等于 1，否则为 0。笔者分别在（5）和（6）栏中报告银行规模和银行规模 * MSA 的系数。回归中包括年份和行业固定影响。* 显著水平为 10%。** 显著水平为 5%。*** 显著水平为 1%。

因变量	SCI (1)	SCI 交互项		州 FE (4)	同一个 MSA	
		银行规模 (2)	交互项 (3)		银行规模 (5)	交互项 (6)
ROA	0.091** (2.41)	0.096** (2.35)	0.378 (0.58)	0.106** (2.03)	0.079** (2.14)	0.004 (0.06)
行业调整 ROA	0.078** (2.11)	0.082** (2.06)	0.376 (0.60)	0.120** (2.12)	0.061* (1.68)	-0.033 (-0.46)
Tobin's Q	0.829** (2.18)	0.853** (2.14)	1.498 (0.29)	0.771* (1.71)	0.824** (2.05)	0.123 (0.31)

续表

因变量	SCI (1)	SCI 交互项		州 FE (4)	同一个 MSA	
		银行规模 (2)	交互项 (3)		银行规模 (5)	交互项 (6)
投资	0.056** (2.05)	0.066** (2.03)	0.599 (1.18)	0.002 (0.07)	0.062** (2.12)	0.045 (0.98)
资本支出	0.048** (1.98)	0.059* (1.96)	0.589 (1.23)	0.003 (0.09)	0.054** (2.08)	0.037 (0.94)
研发支出	0.019* (1.78)	0.022* (1.73)	0.187 (1.08)	−0.004 (−0.29)	0.020* (1.80)	0.006 (0.62)
σ (EBIT)	0.026* (1.86)	0.027* (1.86)	0.157 (0.48)	−0.017 (−0.64)	0.022 (1.61)	−0.012 (−0.42)

　　首先，在第（1）列中，笔者将借款公司总部所在州的巧合指数的增长率纳入回归方程中。通过这个操作，笔者控制了该州的宏观经济状况。所有因变量的银行规模系数均保持正值并具有统计意义。

　　接下来，笔者通过将银行规模与该州的巧合指数增长率相乘来扩充模型。除了银行规模的系数（第（2）列）外，笔者还报告了列（3）中交互项的系数。银行规模对每个因变量的独立影响仍然为正并具有统计学意义。重要的是，交互项对于任何因变量在统计上均不显著。这表明银行规模对企业价值和投资效果的影响不会因州而异。

　　在第（4）列中，笔者使用时变版本的工具变量，并包含州的固定效果（除了行业和时间固定效果）。价值效应仍然是一致的（正向且具有统计学意义，为5%或10%）。投资效果的结果失去了统计学意义。笔者的工具变量是州—年层面的，而对于大多数州/地区而言，这个工具变量随时间变化不大，例如，对于阿拉斯加，该指数从1994—2009年都等于2，由于《多德—弗兰克法案》的规定，该值等于0。这意味着州固定效应和笔者的工具变量高度相关。因此，在回归中包括州固定效应消除了工具变量的大部分变化。因此，当笔者添加州固定效应时，笔者的某些结果不再一致。

　　最后，笔者测试银行与借款公司之间的地理位置是否相邻是否会影响笔者的结果。根据 Dell'Ariccia 等（2017），笔者构造了一个虚拟变量 MSA，如果借款公司从同一个大都会统计地区的至少一家银行借款，则这个变量等于 1，否则为 0。笔者使用 DealScan 提供的邮政编码和从美国 CSBA 数据库获取的基于核心的统计区域的连接表来确定借款公司和贷方所在的 MSA。

笔者通过包括 MSA 虚拟变量及其与银行规模的交互项来扩充模型。除了银行规模的系数［第（5）列］外，笔者还报告了列（6）中的交互项系数。价值和投资效果都是正向的和统计上显著的［只有 σ（EBIT）在 t 统计量为 1.61 的情况下轻微不显著］。互动项对于所有因变量始终无关紧要。这表明借款公司与贷方之间的距离不能解释银行规模和借款企业绩效的关系。

（三）进一步稳健性检验

在表 2-11 中，笔者提出了一些其他的稳健性测试。银行规模对于每个因变量的系数如表 2-11 所示。

表 2-11　进一步的稳健性

表 2-11 提供了使用不同样本时第二阶段结果的摘要。在每一列中，笔者在银行规模上显示每个因变量的第二阶段系数。在列（1）中，笔者报告了 Delis, Kokas 和 Ongena（2016）2000—2010 年的结果。在第（2）列中，笔者使用的是银团中最大银行的规模，作为笔者对银行规模的度量。所有系数保持不变，与基本结果保持一致，并且具有统计意义。最后，在第（3）列，笔者不再取贷款期限的平均值，而是使用贷款后次年的公司业绩作为因变量，同时公司控制变量滞后一年。* 显著水平为 10%。** 显著水平为 5%。*** 显著水平为 1%。

因变量	2000—2010 年 （1）	最大的 （2）	滞后的 （3）
ROA	0.084** （2.46）	0.065** （2.38）	0.068* （1.72）
行业调整 ROA	0.078** （2.29）	0.056** （2.08）	0.073* （1.74）
Tobin's Q	0.606* （1.92）	0.628** （2.22）	0.419 （1.42）
投资	0.046** （2.18）	0.037* （1.87）	0.084** （2.50）

续表

因变量	2000—2010 年 （1）	最大的 （2）	滞后的 （3）
资本支出	0.043** （2.27）	0.033* （1.86）	0.076** （2.46）
研发支出	0.010 （1.09）	0.014* （1.70）	0.015 （1.55）
σ（EBIT）	0.018 （1.36）	0.017* （1.66）	0.040 （1.44）

在列（1）中，笔者按照 Delis 等（2016）的方法报告了 2000—2010 年的结果。这是为了避免 2000 年之前和 2010 年监管改革产生的影响（*Gramm-Leach-Bliley* 1999 年法案以及其他更早的法案，2010 年的《多德—弗兰克法案》）。所有系数都是与主要结果一致。从统计意义上讲，价值效应很强。投资随着银行规模的增加而增加（在 5%水平上显著），但是银行规模对研发支出和风险承担不再具有显著意义。

在第（2）列中，笔者使用的是银团中最大银行的规模，作为笔者对银行规模的度量。所有系数保持不变，与基本结果保持一致，并且具有统计意义。最后，在第（3）列，笔者不再取贷款期限的平均值，而是使用贷款后次年的公司业绩作为因变量，同时公司控制变量滞后一年。本质上，在 IV-2SLS 回归中，笔者将下标 n 替换为 1，结果保持不变。

七、研究结论

当信息不对称问题不严重时，笔者研究了银行规模对借款公司表现的影响。笔者专注于大型的公开交易公司，这是与软信息文献的重要偏离。通过对 1992—2015 年向 3,625 家美国上市公司提供的 20,806 笔贷款进行抽样调查，笔者发现在将潜在的选择偏差降至最低之后，银行规模与公司价值之间存在正相关关系。向大型银行借款的公司投资更多。这些公司的收益波动性更高，并且增长更快。影响集中在事前（贷款前）更安全的借款公司上。在风险较高的公司中，这种影响被忽略了，并且仍然是积极的，但在统计上并不显著。

笔者的结果对政策具有重要意义。有足够的证据表明大型银行对金融系统施加了很多成本。政界人士和央行行长呼吁大银行分拆以限制这些成本。笔者发现有证据表明，大型银行在向大型上市公司贷款时能够增加其价值。笔者强调银行规模的好的一面，这为监管机构在确定最佳银行规模时提供了一个权衡。

参考文献

［1］Aslan, H., 2016. Do lending relationships have real corporate effects. Financ Manag. 45（1）, 141-173.

［2］Benmelech, E., Meisenzahl, R.R., Ramcharan, R., 2017. The real effects of liquidity during the financial crisis: evidence from automobiles. Q. J. Econ. 132（1）, 317-365.

［3］Berger, A.N., Miller, N.H., Petersen, M.A., Rajan, R.G., Stein, J.C., 2005. Does function follow organizational form? Evidence from the lending practices of large and small banks. J. Financ. Econ. 76（2）, 237-269.

［4］Bertay, A.C., Demirguc-Kunt, A., Huizinga, H., 2013. Do we need big banks? Evidence on performance, strategy and market discipline. J. Financ. Intermed. 22（4）, 532-558.

［5］Bharath, S., Dahiya, S., Saunders, A., Srinivasan, A., 2007. So what do i get? The bank's view of lending relationships. J. Financ. Econ. 85（2）, 368-419.

［6］Billett, M.T., Flannery, M.J., Garfinkel, J.A., 2006. Are bank loans special? Evidence on the post-announcement performance of bank borrowers. J. Financ. Quant. Anal. 41（4）, 733-751.

［7］ Brownlees, C. , Engle, R. F. , 2017. SRISK: a conditional capital shortfall measure of systemic risk. Rev. Financ. Stud. 30 (1) , 48-79.

［8］ Campello, M. , Gao, J. , 2017. Customer concentration and loan contract terms. J. Financ. Econ. 123 (1) , 108-136.

［9］ Carvalho, D. , Ferreira, M. A. , Matos, P. , 2015. Lending relationships and the effect of bank distress: evidence from the 2007-2009 financial crisis. J. Financ. Quant. Anal. 50 (6) , 1165-1197.

［10］ Chava, S. , Purnanandam, A. , 2011. The effect of banking crisis on bank-dependent borrowers. J. Financ. Econ. 99 (1) , 116-135.

［11］ Chava, S. , Roberts, M. R. , 2008. How does financing impact investment? The role of debt covenants. J. Financ. 63 (5) , 2085-2121.

［12］ Cole, R. A. , Goldberg, L. G. , White, L. J. , 2004. Cookie-cutter versus character: the micro structure of small business lending by large and small banks. J. Financ. Quant. Anal. 39 , 227-251.

［13］ Dass, N. , Massa, M. , 2011. The impact of a strong bank-firm relationship on the borrowing firm. Rev. Financ. Stud. 24 (4) , 1204-1260.

［14］ Delis, M. D. , Kokas, S. , Ongena, S. , 2017. Bank market power and firm performance. Rev. Financ. 21 (1) , 299-326.

［15］ Dell'Ariccia, G. , Kadyrzhanova, D. , Minoiu, C. , Ratnovski, L. , 2017. Bank lending in the knowledge economy. Working Paper.

［16］ DeYoung, R. , Hunter, W. , Udell, G. , 2004. The past, present, and probable future for community banks. J. Financ. Serv. Res. 25 (2-3) , 85-133.

［17］ Diamond, D. , 1984. Financial intermediation and delegated monitoring. Rev. Econ. Stud. 51 , 393-414.

［18］ Economides, N. , Hubbard, R. G. , Palia, D. , 1996. The political economy of branching restrictions and deposit insurance: a model of monopolistic competition among small and large banks. J. Law Econ. 39 (2) , 667-704.

［19］Fama, E. F., French, K. R., 1997. Industry costs of equity. J. Financ. Econ. 43 (2), 153-193.

［20］Gande, A., Saunders, A., 2012. Are banks still special when there is a secondary market for loans? J. Financ. 67 (5), 1649-1684.

［21］Goetz, M., Laeven, L., Levine, R., 2013. Identifying the valuation effects and agency costs of corporate diversification: evidence from the geographic diversification of u. s. Banks. Rev. Financ. Stud. 26 (7), 1787-1823.

［22］Gonzalez, F., 2016. Creditor rights, bank competition, and corporate investment during the global financial crisis. J. Corp. Finan. 37, 249-270.

［23］Hughes, J. P., Mester, L. J., 2013. Who said large banks don't experience scale economies? Evidence from a risk - return - driven cost function. J. Financ. Intermed. 22 (4), 559-585.

［24］James, C., 1987. Some evidence on the uniqueness of bank loans. J. Financ. Econ. 19, 217-235.

［25］Jiang, F., Kim, K. A., Nofsinger, J. R., Zhu, B., 2015. Product market competition and corporate investment: evidence from China. J. Corp. Finan. 35, 196-210.

［26］Johnson, C., Rice, T., 2008. Assessing a decade of interstate bank branching. Washington and Lee Law Rev. 65 (1), 73-127.

［27］Kroszner, R. S., Strahan, P. E., 1999. What drives deregulation? Economics and politics of the relaxation of bank branching restrictions. Q. J. Econ. 114 (4), 1437-1467.

［28］Laeven, L., Levine, R., 2007. Is there a diverfication discount in financial conglomerates? J. Financ. Econ. 85 (2), 331-367.

［29］Laeven, L., Ratnovski, L., Tong, H., 2016. Bank size, capital, and systemic risk: some international evidence. J. Bank. Financ. 69 (S1), 25-34.

［30］Lummer, S., McConnell, J., 1989. Further evidence on the bank lending process and the market response to bank loan agreements. J. Financ. Econ. 47, 99-122.

[31] Nguyen, D. D. , Hagendorff, J. , Eshraghi, A. , 2017. Does CEO cultural heritage affect performance under competitive pressure? Rev. Financ. Stud.

[32] Qian, M. , Yeung, B. Y. , 2015. Bank financing and corporate governance. J. Corp. Finan. 32, 258-270.

[33] Rice, T. , Strahan, P. E. , 2010. Does credit competition affect small-firm finance? J. Financ. 65 (3), 861-889.

[34] Stein, J. C. , 2002. Information production and capital allocation: decentralized versus hierarchical firms. J. Financ. LVII, 1891-1921.

[35] Strahan, P. E. , 2003. The real effects of US banking deregulation. Fed. Reserve Bank St. Louis Rev 85 (4), 111-128.

[36] Wheelock, D. C. , Wilson, P. W. , 2012. Do large banks have lower costs? New estimates of returns to scale for U. S. Banks. J. Money Credit Bank. 44 (1), 171-199.

[37] Wheelock, D. C. , Wilson, P. W. , 2015. The evolution of scale economies in U. S. Banking. Working Paper.

第三章　公司治理与金融机构破产风险

江　珊　卢　钧

摘　要：本章以 1999—2019 年上市的银行、券商、保险等金融机构为样本，从股权结构、监督和激励三个方面探究了公司治理与金融机构破产风险之间的关系。实证结果表明，在金融机构中，公司第一大股东持股比例、高管持股比例与公司破产风险显著负相关，高管薪酬、公司规模与公司破产风险显著正相关，而独立董事占董事会人数的比例和特许权价值对公司破产风险的影响不显著。这些研究结论对提高金融机构公司治理质量、降低破产风险、维护经济健康平稳运行具有重要意义。

关键词：金融机构　破产风险　公司治理

一、引言

随着金融全球化的快速发展，金融风险不断加剧，银行等金融机构接连曝出破产或者被接管的消息。1998 年亚洲金融危机期间，海南发展银行因为不良资产比例大、资本金不足，信誉差等原因发生了挤兑现象，宣布破产。2012年，河北省肃宁尚村农村信用社因为资不抵债导致破产，成为全国首家被批准破产的农村信用社。2019 年 5 月 24 日，银保监会发布公告，对包商银行实行接管。随后，锦州银行被工银投资、信达投资和长城资产公司重组，恒丰银行被山东省政府介入，由中央汇金接盘。不仅银行接连出现接管、重组的现象，保险公司也发生了被接管的案例。2018 年 2 月 23 日，安邦保险集团股份有限公司因存在违反保险法规定的经营行为被接管，2019 年 2 月 22 日，接管期限进一步延长。部分保险公司也因经营不善，发生股权转让，导致公司名称变化。2015年 7 月 22 日，中海油撤资，清华同方入股，海康人寿更名为同方全球人寿；2018 年 2 月 7 日，信达资产撤资，深圳市投资控股有限公司入股，信达财险更名为国任保险。风险管理已成为金融机构发展中的核心问题。

金融机构破产具有强烈的负外部效应和传导性，会带来金融系统的连锁反应，引发系统性风险甚至经济危机。世界银行研究表明，金融机构公司治理存在的缺陷是引发亚洲金融危机的原因之一。在金融供给侧结构性改革的大背景下，伴随着经济下行压力加大，金融去杠杆与严监管持续推进，金融机构股权结构复杂、公司治理不完善的风险逐渐暴露。国内外学者从公司治理角度对银行破产风险进行了大量的研究，孔德兰和董金（2008）从公司治理的角度对我国商业银行的风险承担进行了实证分析。宋清华和曲良波（2011）从高管薪酬的角度，考察了其对银行风险和银行绩效的影响。孔爱国和卢嘉圆（2010）以股价的非系统性波动作为银行治理信息的释放程度，探究了其对银行破产风险的影响。Anginer 等（2013）以世界银行为样本，探究了公司治理和银行破产风险的关系。Calomiris 和 Carlson（2016）以 19 世纪末期的美国银行为样本，探究了不同的公司治理政策对银行破产风险的影响。Switzer 和 Tu（2018）以金融公司为样本，研究后金融危机时期公司股权结构和董事会结构对违约风险的影响，但是，在国内，鲜少有文献研究银行、券商、信托等金融公司的破产风险，在中国特殊的背景下，公司治理对金融公司破产风险的影响是怎样的？结论是否与银行相同？是否与国外相同？本章以中国上市金融公司为样本研究公司治理对破产风险的影响。

借鉴已有文献的研究，本章选取五个变量来衡量金融公司的治理质量，分别是第一大股东持股比例、独立董事人数占董事会人数的比例、高管薪酬、高管持股比例和特许权价值。我国上市公司的股权结构与发达国家存在着巨大的差异，Jiang 和 Kim（2015）统计发现中国的股权集中度远高于美国等发达国家，股权集中度较高容易发生大股东"掏空"等逐利行为，损害中小股东的利益。独立董事占董事会的比例反映了董事会的内部制衡，也反映了董事会对公司的监督水平。高管薪酬和高管持股比例反映了公司对高管的激励水平，特许权价值反映了公司持续经营的能力或者是公司破产的机会成本。这五个变量涵盖了公司治理的内部和外部机制，同时代表了公司治理的监督和激励机制，具有较强的代表性。

我们采用 Bharath 和 Shumway（2008）的度量模型 distanct-to-default（DD）来计算公司破产风险。实证结果表明，在银行、券商、保险等金融机构中，公司破产风险与第一大股东持股比例存在负相关关系，与高管薪酬存在正相关关系，与高管持股存在负相关关系，与独立董事的占比和特许权价值的关系不显著。这说明，在金融机构中，第一大股东为公司稳健经营提供了保障，增加管理者持股能够有效地约束管理者的冒险行为，降低公司破产风险。

本章的贡献在于目前许多针对公司治理的研究在数据上都筛选了金融机构的数据或者单独对银行数据进行研究，鲜有人对金融公司整体进行研究，现有的结论是否适用于金融公司尚未可知，所以本章借鉴已有文献使用的公司治理变量，对金融类公司进行研究。

本章共由五部分组成，第一部分为引言，介绍研究背景、国内外研究现状及贡献，第二部分为文献综述与研究假设，第三部分介绍变量的构成和数据的来源，第四部分为模型构建、实证研究及结果，第五部分为结论及建议。

二、文献综述与研究假设

已有文献研究表明，大股东在公司治理中可能存在两方面的影响。一方面大股东的存在能有效避免股权分散下所有股东的"搭便车"行为，大股东为追求利益最大化会通过加强监督等行为来增加公司的价值。Shleifer 和 Vishny（1986，1997）指出大股东有动机和能力为公司提供监督。在美国和西欧等国家，股权比较分散，实际的控制权掌握在经理手里，所有权和控制权的分离形成了股东和经理之间的代理问题（Jensen 和 Meckling，1976），大股东的存在可以有效地减轻这种代理问题。Chen 等（2009）发现大股东持股比例和公司收益率存在显著正相关关系。另一方面，因为大股东存在控制权的优势，出于私人利益的动机，大股东可能会利用自己的优势来攫取中小股东的利益，从而损害公司的利益。Jiang，Lee 和 Yue（2010）利用中国上市公司的数据发现在 1996—2006 年控股股东利用公司间贷款从上市公司获取了数以亿计的利益。La Porta 等（1999）发现控股股东通过剥削中小股东的利益来谋取私人利益，所以他们指出公司最主要的代理问题是限制大股东攫取中小股东的利益。Demsetz 和 Lehn（1985）发现风险高的企业所有权集中度较高。Jiang 和 Kim（2015）统计发现中国的股权集中度远高于美国等发达国家，特别地，金融类上市公司多数是由国有企业改制而来，股权集中度较高，大股东的存在更可能对公司产生不利影响，因此，我们假设第一大股东的持股比例越高，公司的破产风险越高。

H1：第一大股东持股比例与公司破产风险呈正相关关系

独立董事设立的目的是完善公司治理机制，他们的主要任务就是代表股东对代理人进行监督，维护股东的合法权益。2001 年中国证监会《关于在上市公司建立独立董事制度的指导意见》指出上市公司应设立独立董事且独立董事的比例应至少为三分之一。Fama 和 Jensen（1983）认为拥有更多的独立董事的董事会能够更好地发挥监督作用。Jiang 和 Kim（2015）指出独立董事相比非独立董事能更有效地监督管理者。刘懿（2010）研究发现董事会独立董事的存在能够约束银行风险承担。Switzer 和 Wang（2013）发现董事会独立性与美国商业银行的风险显著负相关。综上所述，我们假设在上市金融公司中，独立董事比例与公司破产风险呈负相关关系。

H2：独立董事比例与公司破产风险呈负相关关系

2008 年国际金融危机的爆发引发了人们对金融机构高管薪酬制度的关注，不合理的金融机构高管薪酬是此次危机爆发的原因之一已经是不争的事实。2000 年至危机前夕，雷曼兄弟前总裁福尔德工资和奖金累计达 4.84 亿美元；2006 年，高盛总裁获得了 5,340 万美元的个人收入；2007 年，华尔街五大投资银行支付给高管和交易员的奖金高达 400 亿美元，而上述金融机构在危机中都面临破产的风险。随之，我国媒体也接连曝出了金融机构高管高额薪酬的事件。危机爆发后，国内外学者积极地对高管薪酬与公司破产风险进行研究，Coles，Daniel 和 Naveen（2006）研究发现高管财富对股票价格变动的敏感度越高，高管越倾向于采取高风险政策。Hagendorff 和 Vallascas（2011）发现高管薪酬激励增加银行的风险承担。宋清华和曲良波（2011）利用 2000—2010 年中国 13 家上市银行的数据研究发现高管薪酬和银行风险呈倒 U 形关系，高管薪酬激励在提高银行绩效的同时也增加了银行的风险承担。上述文献认为银行受政府的保护，拥有安全保障网，股东可能会采取薪酬等的激励方式来促使管理者为获取更多的收益而采取冒险的行为，但是，统计发现，银行、券商、保险等金融机构多为国家控股公司，基于经济稳定的前提，股东不会以薪酬激励的方式来促使管理者采取冒险行为，反而会采用审慎的高管激励方式。因此，我们假设在金融机构中，高管薪酬和公司破产风险呈负相关关系。

　　H3：高管薪酬与公司破产风险呈负相关关系

　　Jensen 和 Meckling（1976）提出了因所有权和控制权的分离形成的股东和高管之间的代理问题，并且他们认为高管持股可能是解决此代理冲突的有效方法之一。国内外学者对管理者持股和公司风险承担之间的关系进行了大量的实证研究，Claessens 等（2002）发现当所有权和现金流权一致时，高管持股可以增加公司的价值。Anginer 等（2013）以全世界银行为样本，研究发现管理者持股比例越高，越倾向于选择高的资本充足率。Calomiris 和 Carlson（2016）研究了 19 世纪 90 年代的美国银行，发现管理者持股比例与银行违约风险呈负相关关系。Holderness 等（1999）发现在 1935 年和 1995 年，管理者持股可以降低公司破产风险。鉴于已有文献的研究，我们假设高管持股可以降低金融机构的破产风险。

　　H4：高管持股比例与公司破产风险呈负相关关系

　　Marcus（1984）和 Keeley（1990）首次提出了特许权价值的概念，特许权价值是公司持续经营的价值、是未来成长机会的价值、是公司破产的机会成本。特许权价值可以激励公司约束风险承担的行为，Konishi 和 Yasuda（2004）以美国、日本、西班牙银行为样本，研究发现特许权价值与风险显著负相关，曹廷求和王营（2010）以中国 34 家上市银行为样本，发现了相同的结论。Allen 和 Gale（2004）发现利润会提高银行的特许权价值，从而增加银行对金融震荡的缓冲，阻止从事高风险的业务活动。特许权价值对公司的稳健经营是非常有用的，因此，我们假设特许权价值与公司破产风险呈负相关关系。

H5：特许权价值与公司破产风险呈负相关关系

三、变量和数据

（一）数据来源

本章以 1999—2019 年上市金融公司数据为样本，选取银行、券商、保险共 81 家上市公司，681 条观测，数据来源于国泰安数据库和万得数据库。所有变量的定义如表 3-1 所示。

表 3-1　变量的符号和定义

符号	定义
dd	Bharath 和 Shumway（2008）的 distance-to-default 度量值
shrcr1	第一大股东持股比例
indep_board	独立董事人数占董事会人数的比例
lnsala	公司前三位高管薪酬之和的对数（薪酬主要包括基本工资和奖金）
manag_hold	高管持股比例，高管包括总经理、总裁、CEO、副总经理、副总裁、董秘和年报上公布的其他管理人员
mvbv	公司特许权价值，期末股价×期末股数/期末权益的账面价值
lnasset	公司总资产的对数
leverage	资产负债比率
ROA	资产收益率
Equity	股票的市场价值（以亿计），计算为发行股票的数量和年股票收盘价的乘积

符号	定义
Debt	公司负债的账面价值（以亿计）
Assets	公司总资产（以亿计）
Age	公司成立年限（样本所在年份减去公司成立年份）

（二）变量描述

1. 因变量的构建和描述

金融机构破产风险采用 Black 和 Scholes（1973）以及 Merton（1974）建立的 distance-to-default 模型，它衡量的是公司资产的市场价值低于其债务价值的可能性，Bharath 和 Shumway（2008）对其计算方式进行了简化，省去了程序中的迭代程序，并验证方法是有效的。我们采用 Bharath 和 Shumway（2008）的计算方式，计算公式如下所示：

$$dd_{i,\,t} = \frac{\log(\frac{equity_{i,\,t} + debt_{i,\,t}}{debt_{i,\,t}}) + (\gamma_{i,\,t-1} - \frac{\sigma_{vi,\,t}^2}{2}) \times T_{i,\,t}}{\sigma_{vi,\,t} \times \sqrt{T_{i,\,t}}} \quad (3-1)$$

$$\sigma_{vi,\,t} = \frac{equity_{i,\,t}}{equity_{i,\,t} + debt_{i,\,t}} \times \sigma_{Ei,\,t} + \frac{debt_{i,\,t}}{equity_{i,\,t} + debt_{i,\,t}} \times (0.05 + 0.25 \times \sigma_{Ei,\,t})$$

$$(3-2)$$

其中 $equity_{i,\,t}$ 是股票市场价值，是股票发行数量和年股票收盘价的乘积。$debt_{i,\,t}$ 是负债面值。$\gamma_{i,\,t-1}$ 是无风险收益率。$\sigma_{Ei,\,t}$ 是公司 i 本年度的股票收益率的波动率，是由前一年周度的股票收益率得到的。$\sigma_{vi,\,t}$ 由 $\sigma_{Ei,\,t}$ 计算得到，是公司资产波动性的近似。$T_{i,\,t}$ 被设定为一年。dd 值越大，公司破产风险越小。表 3-2 对样本公司的 dd 值进行了描述统计。

在样本期间，dd 的平均值为 9.42，中位数为 4.66，四分之三分位数为 12.47，最大值为 100.14，金融机构的 dd 值小于非金融公司的 dd 值，说明金融公司相比非金融公司来说破产风险更大。如图 3-1 所示，自 1999 年以来，dd 呈下降趋势，特别是 2003—2008 年，dd 下降速度非常快，说明我国金融公司的破产风险在不断加大，2003—2008 年，金融机构破产风险急剧上升，这与 2008 年金融危机事件符合。从 2008 年之后，*dd* 一直保持较低水平，说明我国金融机构破产风险仍较为严重。

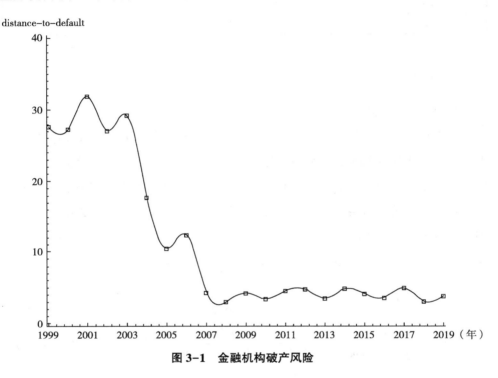

distance-to-default

图 3-1　金融机构破产风险

2. 自变量的构建和描述

我们选取了五个变量来衡量公司治理质量，分别是第一大股东持股比例、独立董事占董事会人数的比例、高管薪酬、高管持股比例和特许权价值。其中高管薪酬是指高级管理人员中前三位的薪酬之和，高管持股比例是指总经理、总裁、CEO、副总经理、副总裁、董秘和年报上公布的其他管理人员的持股比例之和，特许权价值是公司权益的市场价值与账面价值的比值。

通过对上述五个变量进行统计，结果如表 3-2 所示，我们发现中国上市金融公司存在以下几大特征。

（1）在金融公司中，股权比较集中，第一大股东持股比例均值为

29.69%，最小值为 4.31%，最大值达到 79.73%，这与我国非金融上市公司的股权结构相似。中国上市公司股权集中度高的特征与我国上市公司的来源有较大的联系，我国的上市公司近二分之一为国有企业改制上市，国有股和法人股占有相当大的比例，银行、保险、券商等金融机构此种现象更为突出。

（2）在我国，法律和法规要求董事会的规模从 5 人到 19 人不等，其中独立董事的人数至少占董事会人数的三分之一。对上市的金融公司进行统计，数据显示独立董事占董事会人数比例的均值为 34%，四分之一分位数为 33%，中位数为 35%，四分之三分位数为 38%。表明在金融公司中，有少数公司独立董事的设置不符合法规的要求，大多数公司设立独立董事是为了满足监管的要求，这一特点与非金融上市公司相似。所以，在我国独立董事是否能发挥其监督作用还是值得商榷的。

（3）如图 3-2 所示，我国金融机构高管薪酬在 2005—2007 年急剧上涨，前三位高管薪酬之和最高达 14,199.5 万元。危机爆发后，国家颁布了一系列政策对高管薪酬进行限制，并取得了显著的成效。从 2009 年开始，金融机构前三位高管的薪酬之和在 800 万元附近波动，统计显示，在 1999—2019 年，前三位高管薪酬之和的平均值为 729.98 万元，最小值为 4.07 万元，四分之一分位数为 275.22 万元，四分之三分位数为 987.30 万元，最大值为 14,199.50 万元，我国金融机构高管的薪酬差距较大，如何制定合理的高管薪酬对金融公司的治理较为重要。由于高管薪酬的数值较大，我们在回归模型中使用对数的形式对高管薪酬进行平滑。

（4）银行、券商、保险等金融机构多为国家控股，对高管的激励多以薪酬为主，所以金融机构高管持股比例较低，统计显示高管持股比例的四分之三分位数才为 0.01%，最大值为 7.72%，体现了我国高管激励措施单一，股权激励机制仍不完善。如何制定合理有效的高管激励方式，提高公司治理的质量对金融机构健康平稳的运行具有重要意义。

（5）特许权价值的均值为 2.11，最大值为 4.84，说明对于大多数金融公司来说，市场价值大于账面价值，公司的发展能力较强，但是也有个别公司的特许权价值小于 1，体现了我国金融机构存在的风险。

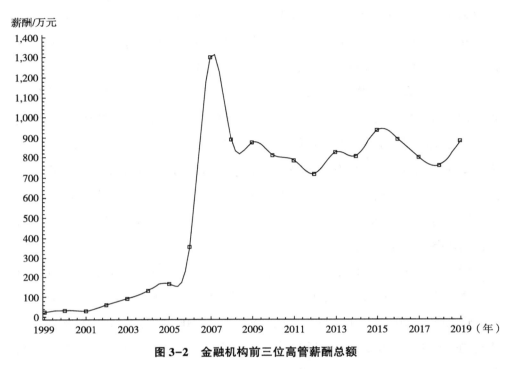

图 3-2　金融机构前三位高管薪酬总额

3. 控制变量的构建和描述

我们在回归模型中加入控制变量来控制金融机构破产风险的其他影响，分别是公司规模、公司成立年限、年度效应和行业效应，其中用公司资产代表公司规模。

表 3-2 给出了代表公司特征的统计描述，金融机构市场价值的均值为 1,495.13 亿元，负债均值为 17,969 亿元，资产均值 21,631 亿元，资产负债率的均值为 80.2%，由于金融机构特殊的性质，资产负债率普遍较高，根据《巴塞尔协议》规定商业银行的风险资本核心充足率为 8%，所以我国大部分金融机构资产负债率处于正常水平，但同时也有少部分金融机构的资产负债率高达 96%，说明少数金融机构仍面临破产的风险。为保证回归的准确性，避免异常值的影响，我们对自变量进行了缩尾处理。

表 3-2　变量统计描述

变量	均值	最小值	四分之一	中位数	四分之三	最大值	标准差
dd	9.42	0.20	1.59	4.66	12.47	100.14	12.48
shrcr1	29.69	4.31	18.03	26.27	35.43	79.73	16.86
indep_board	0.34	0.00	0.33	0.35	0.38	0.60	0.09
sala	729.98	4.07	275.22	560.72	987.30	14,199.50	836.21
lnsala	15.23	10.61	14.83	15.54	16.11	18.77	1.33
mang_hold	0.10	0.00	0.00	0.00	0.01	7.72	0.65
mvbv	2.11	0.68	1.04	1.63	2.95	4.84	1.35
Equity	1,495.13	3.42	237.72	589.01	1,490	20,400	2,584.35
Debt	17,969	0.48	155.57	1,450	11,800	274,000	41,731
ROA	0.016	−0.046	0.009	0.011	0.021	0.225	0.015
Leverage	0.802	0.041	0.723	0.851	0.932	0.964	0.162
Assets	21,631	2.72	433.29	2,460	17,300	301,000	47,164

（三）变量间的相关性

我们对主要的变量进行了相关性分析，dd 与第一大股东持股比例和独立董事的占比存在负相关关系，但是相关性都不显著，与高管薪酬和公司规模存在显著的负相关关系，与高管持股和特许权价值存在显著的正相关关系，除不显著的第一大股东持股比例和独立董事的占比两个变量与假设不相符之外，其余的变量均与假设相符。

如表 3-3 所示，第一大股东持股比例、独立董事占董事会人数的比例、高管薪酬、高管持股比例、特许权价值和公司资产规模之间的相关系数均较低，所以接下来我们的回归分析不存在多重共线性的问题。

表 3-3　相关系数矩阵

	dd	Shrcr1	Indep_board	lnsala	Manag_hold	mvbv
Shrcr1	−0.0257 (0.5933)					
Indep_board	−0.0555 (0.2482)	0.0823 (0.0828)				
lnsala	−0.1711 (0.0003)	−0.1070 (0.0240)	0.0501 (0.2914)			
Manag_hold	0.2168 (0.0000)	−0.1285 (0.0066)	0.0043 (0.9287)	−0.0366 (0.4411)		
mvbv	0.4579 (0.0000)	−0.0627 (0.1865)	−0.0944 (0.0466)	−0.0790 (0.0959)	0.1969 (0.0000)	
lnasset	−0.7288 (0.0000)	0.2386 (0.0000)	0.0975 (0.0398)	0.0834 (0.0789)	−0.1033 (0.0294)	−0.6138 (0.0000)

四、实证结果

(一) 模型构建与回归结果

我们选择第一大股东持股比例、独立董事占董事会规模的比例、高管薪酬、高管持股比例、特许权价值作为公司治理的代理变量，为控制其他因素对回归结果的影响，我们的回归模型加入了公司规模和成立年限作为控制变量，采用年份和行业固定效应，具体模型定义如下：

$$dd_{i,t} = \alpha + \beta_1 shrcr1_{i,t} + \beta_2 indep\_board_{i,t} + \beta_3 lnsala_{i,t}$$
$$+ \beta_4 mang\_hold_{i,t} + \beta_5 mvbv_{i,t} + \beta_6 lnasset_{i,t} + \beta_7 age + year$$
$$+ industry + \varepsilon_{i,t} \tag{3-3}$$

表 3-4 展示了金融机构公司治理变量和公司破产风险的回归结果，Model (1) 是仅对控制变量的回归结果，Model (2) 至 Model (6) 是分别对第一大股东持股比例、独立董事的占比、高管薪酬、高管持股比例、特许权价值的回归

结果，Model（7）是对五个公司治理变量整体回归的结果。结果显示：

（1）第一大股东持股比例与 *dd* 显著正相关，单变量回归的回归系数为 0.120，说明第一大股东持股比例越大，公司破产风险越小，且第一大股东持股比例每提高百分之一，金融机构破产风险降低 0.120，H1 不成立。国内外研究表明，对于非金融机构，第一大股东持股比例过高，容易引发大股东掏空等恶劣行为，提高公司的破产风险。但是银行、券商、保险等金融机构与普通的上市公司不同，金融机构破产具有强烈的负外部效应和传导性，会带来金融系统的连锁反应，引发系统性风险甚至经济危机，并且统计发现，上市金融机构多为国家控股，基于维持经济稳定的目的，金融机构的控股股东会要求管理者审慎经营、管理公司，所以第一大股东实际上为金融机构提供了保障，第一大股东的持股比例越大，金融机构的破产风险越小。

（2）独立董事占董事会人数的比例与 *dd* 负相关，回归结果不显著。这可能是由于我国董事会的设立机制导致的，上文提到我国金融机构董事会的设立和独立董事的选取均是国家规定要求的结果，而不是为公司经营管理的目的而设立的。Romano（2005）称设定独立董事人数的公司治理行为为"庸医式的公司治理"，因为在这种情况下，内部人士可以根据监管定义选择独立但仍受到管理层过度影响的董事，独立董事未必能真正地独立于公司的管理层，行使其监督、建议的职能。

（3）高管薪酬与 *dd* 显著负相关，单变量回归系数为−2.683，说明高管薪酬越高，金融机构破产风险越大，H3 不成立。这可能与高管薪酬的组成有关，高管薪酬主要包括基本工资和奖金，并且奖金是和公司绩效挂钩的，高管为提高公司业绩，获得更高的奖金，可能会开展一些有风险的业务，从而增加了金融机构的破产风险。因此，改善高管薪酬结构对金融机构来说是非常重要的。

（4）高管持股比例与 *dd* 显著正相关，单变量回归系数为 1.267，说明增加高管持股比例，可以有效降低金融机构破产风险，高管持股比例每增加百分之一，金融机构破产风险降低 1.267，H4 成立。管理者持股作为公司治理方式之一，是解决管理者和所有者委托代理问题的有效方法（Jensen 和 Meckling，1976），管理者持股促使管理者与大股东利益趋同，为获取更多的收益，管理者会积极主动地管理公司，进行价值增值的投资，在提高公司经营业绩的同时审慎管控风险，降低公司破产风险，可见增加管理者持股是一种有效的公司治理方式。

（5）Model（6）回归结果显示特许权价值与金融机构破产风险没有显著关系，说明特许权价值对金融机构破产风险并没有明显的影响。

控制变量方面的结果与预期相符，第一，Model（1）至 Model（6）回归结果均显示金融机构规模与破产风险显著正相关，这与黄隽和章艳红（2010）对美国商业银行研究的结果也一致，金融机构受到"太大而不能倒闭"的政策保护，这种保护刺激了大的金融机构冒险的动机。第二，金融机构成立年限与公司破产风险无显著关系。

Model（7）对五个公司治理变量进行整体回归，回归结果显示：第一大股东持股比例与金融机构破产风险显著负相关，回归系数为 0.130；高管薪酬与金融机构破产风险显著正相关，回归系数为-1.162；高管持股与金融机构破产风险显著负相关，回归系数为 1.986；公司规模与金融机构破产风险显著正相关，回归系数为-2.184；独立董事占比、特许权价值、金融机构成立年限与金融机构破产风险无显著关系。上述结果与单变量回归结果相同，说明该回归结果具有稳健性。

综上所述，在银行、券商和保险等金融机构中，公司治理与公司破产风险存在紧密的联系，良好的公司治理能够有效地降低金融机构的破产风险，促进经济健康平稳运行。金融机构公司治理与破产风险的关系和普通上市公司与破产风险的关系不同，具体来说，第一，金融机构多为国家控股公司，股东首先会站在维护经济稳定的角度要求管理者审慎管理公司，而不会激励管理者采取冒险的行为，所以，第一大股东实际上为金融机构提供了保障，降低了公司的破产风险。第二，高管薪酬与公司破产风险显著正相关，这有可能是我国不合理的高管薪酬结构促使高管采取冒险的经营方式。第三，高管持股能够有效地降低金融机构的破产风险，高管持股使高管的利益与股东的利益趋同，促使高管以股东利益为目标，积极主动地管理公司，降低公司的破产风险。第四，在金融机构中，独立董事的占比、特许权价值与公司破产风险没有显著关系，这也说明了我国金融机构董事会制度存在的缺陷。

表 3-4　公司治理变量和破产风险回归结果

	(1) dd	(2) dd	(3) dd	(4) dd	(5) dd	(6) dd	(7) dd
shrcr1		0.120*** (3.31)					0.130*** (3.50)
indep_board			-2.756 (-0.27)				-1.858 (-0.22)
lnsala				-2.683*** (-3.85)			-1.162** (-2.45)
mang_hold					1.267** (2.70)		1.986*** (4.52)
mvbv						-0.217 (-0.81)	0.112 (0.37)
lnasset2	-2.225*** (-6.51)	-2.419*** (-6.54)	-2.219*** (-6.49)	-1.606*** (-6.54)	-2.295*** (-6.65)	-2.429*** (-6.60)	-2.184*** (-7.16)
age	-0.041 (-1.04)	-0.026 (-0.76)	-0.040 (-1.04)	0.020 (0.54)	-0.050 (-1.08)	-0.052 (-1.19)	-0.002 (-0.03)
constant	67.97*** (7.38)	68.54*** (7.40)	68.76*** (6.81)	91.68*** (6.81)	70.04*** (7.54)	74.18*** (7.29)	79.94*** (6.90)
Year	Yes	Yes	Yes	Yes	Yes	Yes	Yes
Industry	Yes	Yes	Yes	Yes	Yes	Yes	Yes
R_square	0.6261	0.6347	0.6260	0.6520	0.6312	0.6281	0.6609
N	647	602	646	647	599	623	553

t statistics in parentheses * $p<0.1$, * * $p<0.05$, * * * $p<0.01$.

（二）行业回归结果

表 3-5 展示了金融机构不同行业的回归结果，我们的样本包括银行、券商、保险三类行业，由于保险行业仅有 46 个观测，考虑到回归的准确性，未进行单行业的回归。除此之外，在银行业中，四大行的资产规模占比较大，为探究四

大行是否对回归结果产生影响,我们同时对样本进行了有无四大行的回归。回归结果显示:

(1)在银行业的回归中,高管持股与银行破产风险显著负相关,公司规模与银行破产风险显著正相关,与全样本回归结果相同。特许权价值与银行破产风险显著负相关,全样本回归中结果不显著。说明在银行业中,高管持股是激励管理者的有效手段之一,特许权价值对促进银行稳健经营起到了重要作用。剔除四大行的回归结果与包含四大行的回归结果相似,但是特许权价值不再显著,说明特许权价值在大型银行中有显著作用,但是对于中小型金融机构作用不明显。

(2)券商的回归结果显示,第一大股东持股比例与金融机构破产风险显著负相关,高管持股与金融机构破产风险显著负相关,公司规模与金融机构破产风险显著正相关,与全样本回归结果相同。与银行业相比,券商的特许权价值对破产风险的影响不再显著,与剔除四大行的回归结果相同,进一步说明特许权价值在大型金融机构中才能发挥有效的作用。

综上所述,在银行和券商两个行业中,公司治理变量与破产风险的关系基本相同,与全样本的回归结果也基本相同,说明银行和券商在公司治理方面存在相同之处。在银行业中,特许权价值与破产风险显著负相关,但是在剔除四大行之后,结果不再显著,在券商行业中,结果也不显著,说明特许权价值只有在大型金融机构中才能发挥作用。

(三)本章小结

本部分通过实证检验,发现金融机构公司治理与公司破产风险存在紧密联系,并且金融机构与破产风险的关系与普通上市公司存在差异,金融机构第一大股东实际为金融机构提供了保障,降低了金融机构的破产风险。高管持股使高管与股东利益趋同,为解决公司委托代理问题提供了一种有效的方式。我国金融机构董事会的设立存在不足,没有发挥真正的监督、建议职能。在银行和券商中,金融机构公司治理与破产风险的关系基本相同。特许权价值只有在大型金融机构中才能有效地激励约束风险承担的行为，在中小型金融机构中，其作用并不显著。上述实证检验的结果为提高金融机构公司治理提供了理论依据。

表 3-5 分行业回归结果

	Bank *dd*	Bank （无四大行） *dd*	Broker *dd*
shrcr1	−0.003 (−0.94)	−0.001 (−0.34)	0.187*** (3.65)
indep_board	−1.115 (−1.49)	−0.307 (−0.34)	−16.258 (−1.25)
lnsala	−0.075 (−1.22)	0.012 (0.17)	0.982 (1.11)
mang_hold	2.062*** (7.24)	2.096*** (7.37)	8.290*** (5.61)
mvbv	0.230*** (3.95)	−0.045 (−0.62)	−0.324 (−1.01)
lnasset	−0.083** (−2.24)	−0.156*** (−2.95)	−3.123*** (−4.99)
age	0.016** (2.77)	0.004 (0.33)	−0.077 (−0.69)
constant	4.956*** (3.15)	5.957*** (3.52)	77.315*** (5.62)
Year	Yes	Yes	Yes
R_square	0.7547	0.7868	0.6293
N	236	189	271

t statistics in parentheses * $p<0.1$，** $p<0.05$，*** $p<0.01$.

五、总结及建议

本章主要研究了金融机构公司治理和公司破产风险的关系，从股权结构、监督和激励三个方面选取了第一大股东持股比例、独立董事占董事会的比例、高管薪酬、高管持股比例、特许权价值五个变量，分别研究了其与金融机构破产风险的关系，实证结果表明，增加第一大股东持股可以降低公司破产风险，为公司提供保障；增加高管持股可以激励高管审慎管理公司，约束承担风险的行为，降低公司的破产风险。在金融机构中，由于"太大而不能倒"政策的保护，公司规模与破产风险显著正相关。董事会的设立以及独立董事的选取存在缺陷，没有真正地发挥作用。

金融机构接连曝出破产和被接管的消息给金融机构的公司治理敲响了警钟，当前我国金融机构的公司治理制度还不完善，董事会由于人员的限制没有真正履行监督的职责，公司对高管的激励方式单一，多以奖金为主，高管持股比例较低，公司内控制度不健全，随着规模的扩大，公司风险扩大，基于上述问题的存在，本章提出以下建议。

（1）金融机构应当从经营管理角度出发，建立适当规模的董事会，完善独立董事制度。

（2）丰富高管激励机制，适度增加高管持股，充分调动管理者的积极性。

（3）进一步优化金融机构股权结构，促使投资主体多元化。

（4）提高风险管理意识，加强内控和监督制度建设，健全风险管理体系，增强风险抵御能力。

参考文献

［1］孔德兰，董金．公司治理机制对商业银行风险承担影响的实证分析［J］．中央财经大学学报，2008（11）：38-42。

［2］宋清华，曲良波．高管薪酬、风险承担与银行绩效：中国的经验证据［J］．国际金融研究，2011（12）。

［3］孔爱国，卢嘉圆．市场约束、商业银行治理与风险的实证研究［J］．金融研究，2010（5）。

［4］ Calomiris, Charles W. , Carlson, Mark Journal of financial econom- ics. 2016.

［5］ Switzer, L. N. , Tu, Q. , and Wang, J. 2018. "Corporate governance and default risk in financial firms over the post－financial crisis period: International evi- dence. " Journal of International Financial Markets, Institutions and Money.

［6］ Fuxiu Jiang, Kenneth A. Kim, 2015, Corporate governance in China: a modern perspective, Journal of Corporate Finance (SSCI), 32 (June): 190－216.

第四章 企业社会责任披露与股票流动性风险——基于 A 股市场上市公司的实证研究

沈　蜜　刘文轩

摘　要：本章利用 2006 年至 2015 年中国 A 股市场上市公司发布的企业社会责任报告试图探究企业社会责任信息披露与股票市场流动性之间的关系。本章发现上市公司企业社会责任报告的披露与股票市场流动性呈现显著的正相关关系，并发现企业社会责任披露能够通过显著提高股票市场的交易水平，减小实际摩擦成本来改善流动性。本章进一步发现企业社会责任披露能够为公司积累社会资本，减少因公司财务指标下降造成的对市场流动性的冲击。此外，本章回归结果表明不同控股股东背景会对企业社会责任披露与股票流动性的正相关关系产生影响。为了减少因社会责任报告强制披露政策可能导致的内生性问题，本章还利用了倾向性评分模型和双重差分模型进行研究分析，结果表明企业社会责任披露对股票流动性的积极影响依然显著。

关键词：企业社会责任　流动性　实际摩擦成本

近年来，随着中国经济由高速度增长转为高质量增长，国家越来越重视经济发展中的可持续发展问题，上市公司发展过程中的环境保护和相关民生问题受到的关注度与日俱增，企业社会责任作为上市公司的非传统财务信息，能够为很多投资者提供另一个分析视角，受到很多研究者和投资者的关注。另外，随着中国股市发展更加成熟，各项制度建设和信息披露更加完善，2006 年深圳证券交易所就已经发布《上市公司社会责任指引》①，企业社会责任的披露样式开始规范化和透明化，少部分上市公司开始按照指引的要求披露社会责任履行情况，而随着 2008 年底上海证券交易所要求三类上市公司（标准治理板块、金融类公司、发行境外上市外资股的公司）发布社会责任报告，深圳证券交易所要求深证 100 指数成分股必须发布社会责任报告以后②，上市公司社会责任报告的发布才真正开始快速增长③，这也使本章衡量企业社会责任披露，量化社会责任披露水平成为可能。

　　本章以市场流动性为市场指标，试图探究企业社会责任的披露对股票市场流动性的影响。流动性作为股票市场的一个重要指标，是很多投资者进行投资的重要考虑因素，因此在股票估值定价方面有着显著影响[1][2]　（O'Hara 2003，Amihud 等，2005），还有可能影响资产的回报率。此外，以往很少有研究分析企业社会责任披露与公司股票流动性的关系，因此，探究企业社会责任披露对股票流动性的影响对于丰富企业社会责任理论、补充股票流动性影响因素都有很重要的意义。

　　中国上市公司对于企业社会责任披露的重视在过去十年的发展中逐渐增加，其中原因既有政策强制的影响，也有政策驱动公司自发践行社会责任、进行企业社会责任披露的影响，鉴于 2009 年前后企业社会责任报告的发布量有显著差别，因此来自 2008 年底各大证券交易所的强制披露政策的外生影响十分明显。本章利用国泰安数据库（CSMAR）统计的 A 股上市公司在上交所和深交所披露的社会责任报告来判断企业是否进行社会责任披露，同时，鉴于目前的社会责任指引要求公司反映的是对各利益相关者的利好行为，而未要求相关不利信息的发布，因此企业社会责任披露的指标一定程度上也可以反映公司履行社

---

　　①　2006 年 9 月 25 日，深交所率先发布上市公司社会责任披露指引，对股东和债权人利益保护、职工利益保护、供应商、客户和消费者利益保护、环境保护和可持续发展、公共关系和社会公益事业、制度建设与信息披露都作出了具体的说明。

　　②　2018 年 12 月 31 日，深圳证券交易所和上海证券交易所分别发布规定，要求上交所三类公司和深交所深证 100 指数成分股公司强制披露社会责任报告。

　　③　据润灵环球社会责任评级机构统计的数据，2005 年至 2008 年发布的上市公司社会责任评级报告总数不超过 140 份，而仅 2009 年发布的社会责任报告数量就超过 400 份。

会责任的水平。

通过选取不同形式的流动性指标，本章发现了上市公司社会责任披露确实能够显著改善股票市场总体流动性，一方面显著减小市场价差，另一方面显著增加市场深度。说明企业社会责任的披露确实能够对股票市场产生正向影响，一定程度上支持了利益关系人的利益最大化理论。而关于这种正向影响，之前 Elliott，Jackson 和 Peecher（2014）发现企业社会责任对于公司基本面的正向影响是在投资者接触但未详尽了解报告内容的情形下[3]，但在详尽评估了报告内容后并未发现相关影响，表明企业社会责任的影响来源于投资者的自发无意行为，而不是来源于报告对于改善信息环境，提供非财务信息所产生的积极影响。

为了进一步研究企业社会责任影响公司股票流动性背后的机制和途径，首先，本章将流动性提供过程中产生的摩擦成本分为实际摩擦成本和信息摩擦成本，发现企业社会责任的披露能够显著减少实际摩擦成本，提高股票的交易活动水平，本章认为这可能因为公司吸引了市场上更多的道德投资者的关注，同时，并未发现社会责任信息的披露对减少信息摩擦成本有显著影响。本章进一步认为这种对市场上道德投资者的吸引可能源于其对公司社会价值观的认同感，有学者研究发现公司能够通过履行社会责任，提高公司社会声誉，形成公司的无形社会资本，为公司提供抵御危机的缓冲。为了探究这一机制，本章试图分析企业社会责任的披露是否能够在财务指标下降时减少该不利因素对公司股票流动性的冲击，并发现确实存在相关影响。

另外，考虑到中国上市公司的社会责任报告披露行为在很大程度上受到2008 年底上海、深圳证券交易所对位于特定板块公司的强制披露政策的驱动，同时这也可能导致披露报告的公司非自然选择带来的内生性问题。为了减轻强制披露报告的公司非自然选择给研究造成的偏误，本章参考 Chen，Hung 和 Wang（2017）[4] 的做法，首先利用倾向性评分模型（PSM）筛选出与披露报告公司有相似特点的公司作为对照组并进行回归，并利用 DID 二重差分模型进一步研究企业社会责任报告披露对股票流动性的影响。

在稳健性部分，本章采取了多种衡量股票交易活动的替代变量进一步验证实际摩擦成本影响机制并发现企业社会责任披露确实能够显著增加股票的市场交易活动水平，减少流动性提供过程中所需的实际摩擦成本。此外，本章选取衡量企业社会责任履行水平的量化指标——社会责任报告披露维度和企业社会捐赠额来替代社会责任报告披露哑变量进行回归分析，研究结果表明，企业社会责任履行水平更高的公司能够更好地改善公司的股票流动性，从而进一步证实了本章结论。

本章的剩余部分安排如下：第一部分介绍了有关企业社会责任披露对股票流动性影响的文献综述以及研究假设；第二和第三部分介绍了本章使用的变量和样本，以及数据来源和处理；第四部分介绍了本章的实证研究结果；第五部分介绍了本章的稳健性检验部分；最后是对本章研究的总结。

一、文献综述和背景

关于公司履行企业社会责任及披露的看法，有两种截然不同的观点。一部分研究者从股东利益最大化理论出发，认为这是管理层与股东之间代理冲突的体现[5]（Cheng 等，2014），Masulis 和 Reza（2014）对公司捐赠的研究发现企业慈善行为提升了管理层利益，公司资源的不当使用损害了公司价值，企业社会责任只不过是管理层操纵公司资源以利己的表现，相关活动开销将以股东成本为代价[6]。与此相反，Bénabou 和 Tirole（2010）的研究认为通过承担更多的社会责任，公司能够减少管理者的短期投机行为[7]。利益关系人（Stakeholder）利益最大化理论认为公司通过参与企业社会责任活动，能够兼顾公共需求和目标（Deng 等，2013；Martin 和 Moser，2012[8]；Elliott 等，2013），一些研究表明公司的企业社会责任与社会资本密切相关，Sacconi 和 Degli Antoni（2011）发现通过一系列的社会责任投资，公司可以逐渐积累社会责任和社会信任[9]。Deng（2013）利用具有较高社会责任企业的并购研究发现 CSR 活动能够为企业带来更高的回报率[10]，Elliott（2013）发现企业社会责任的披露能够带来投资者对公司基本面估值的提高[11]。依据利益人利益最大化理论，企业社会责任能够通过社会资本的积累最大化公司价值。

对于企业社会责任对公司财务以及市场表现的历史研究，以往很多文献支持了企业社会责任对公司财务表现提升作用的观点，Godfrey 等（2009）发现公司慈善可帮助企业积累名誉资本以减少因负面事件带来的冲击[12]，El Ghoul 等（2011）等发现企业社会责任特别是公司捐赠能够降低公司的融资成本[13]，Kim 等（2014）的研究表明企业社会责任活动能够减少美国企业遭受股价暴跌的可能[14]。以上研究都从名誉资本的累积—获取公众信任—提供危机时的缓冲角度分析了企业社会责任的影响。但是，Chen，Hung 和 Wang（2017）对中国企业社会责任强制披露对公司盈利性影响的研究中发现企业社会责任在提高了社会外部性的同时增加了公司成本，从而损害了公司的利益。

根据上述分析，本章提出假设 1 和假设 1a：

H1：企业社会责任信息披露对公司的股票流动性有改善作用。

H1a：企业社会责任信息披露在公司财务指标下降时对股票流动性受到的冲击有缓冲作用。

企业社会责任及其披露能够通过何种方式影响股票流动性？根据以往文献关于股票流动性的决定因素（Stoll，2000；Rubin，2007；Brockman 等，2009），Stoll（2000）把股票流动性的影响途径划分为两种，一种是信息摩擦成本，另一种是实际摩擦成本[15]。信息摩擦成本代表因买卖双方信息不对称而导致的逆向选择成本，而实际摩擦成本代表流动性提供过程中实际使用的经济资源成本，包括与指令处理与库存相关的成本。Dhaliwal 和 Dan S.（2012）的研究表明企业社会责任信息披露不仅可以提供更好的信息环境，并且作为非财务信息，可以减少财务不透明带来的影响，减轻分析师预测准确性与财务信息披露不透明的负向关联[16]。同时，Kim 等（2011）的研究发现具有社会责任感的公司更不可能通过可自由支配的应计项目进行盈利调整[17]，Cheng 等（2011）认为他们发现的企业社会责任与可获得资金便宜程度的正向关联是来自企业社会责任披露带来的公司信息透明[18]。但此外，Prior 等（2008）的研究表明企业社会责任披露行为与公司盈余管理之间存在正向关系，表明企业社会责任披露可能与公司财务不透明有关，但对非受管制的公司没有发现显著关系[19]。

而对于实际摩擦成本，Rubin（2007）和 Brockman 等（2009）发现这条途径与股票的交易活动水平直接有关，例如交易量和换手率，他们指出高交易活动可以通过更多地分散交易的实际固定成本从而降低每单的实际摩擦成本[20][21]。企业社会责任的披露能够为企业积累社会资本，是建立企业名誉最有效的方式[22]（Fombrun，Shanley，1990），而公司声誉可以为公司在遭受负面消息时提供缓冲[23]（Lange 等，2011），这表明通过企业社会责任塑造的企业声誉有可能影响投资者原有的投资行为[24]（Anderson，Frankle，1980）。Ioannou 和 Serafeim（2010）的研究表明，分析师更有可能对发布 CSR 报告的公司给予买入评级[25]，从而有可能带动市场投资者投资。另外，Anderson 和 Frankle（1980）发现 CSR 信息披露对市场投资者的投资决策和行为有直接影响，并会吸引市场上的道德投资者进行投资，Richardson，Welker 和 Hutchinson（1999）提出的理论模型中通过投资者偏好效应同样提出投资者愿意进行期望回报低一些但符合社会目标的投资[26]。此外，Wang，Qiu 和 Kong（2011）针对中国三聚氰胺事件发生前后的 CSR 研究也表明企业社会责任表现会影响机构投资者的投资行为[27]，进而影响公司的股票价值，但对个体投资者没有发现显著影响。因此，本章猜测，企业通过社会责任披露和质量可以积累社会资本，提高声誉，吸引分析师和投资者的参与，进而减少平均交易成本。

综合上述分析，本章关于 CSR 披露对股票流动性的影响机制做出以下假设：

H2a：企业社会责任信息披露能够减少信息不对称，通过减少信息摩擦成本来改善股票流动性。

H2b：企业社会责任信息披露能够通过减少实际摩擦成本来改善股票流动性。

关于企业社会责任信息披露对流动性的影响是否会因公司控股股东性质的不同而改变，Li，Xia 和 Xu（2013）在研究不同控股股东背景下企业社会责任披露与公司价值之间关系时发现，社会责任信息披露对民营企业价值增加有显著影响，而对国企则未发现显著影响，同时，其发现企业社会责任能够对民营企业遭受经济损失时提供缓冲，而对国企在遭受名誉损失时提供缓冲[28]。Li (2013) 研究指出国企由于特殊控股背景往往负有双重任务，在达到财务目标时还要追求社会目标。与民营企业相比，国企作为政府形象的一部分，维持良好的社会声誉，最大化利益相关者的利益往往比追求公司财务指标更为重要。相反之下，对于民营企业，因为严峻的市场竞争，都使其更注重追逐企业本身的财务指标而忽视通过践行社会目标、披露社会责任报告可能带来的额外价值[29] （Zhou，2004）。因此，本章猜想，相对于国企维持社会声誉的一贯形象，非国企公司通过披露社会责任报告对公司总体信息披露的改善意义和价值更大，对投资者的投资行为的改变影响也会更为显著，因而对流动性的影响可能更显著。

结合以上分析，本章关于不同控股背景下企业社会责任披露对股票流动性的影响提出以下假设：

H3：企业社会责任信息披露对股票流动性的影响会受公司控股股东性质的不同而改变。

二、模型和变量

（一）因变量

由于流动性的潜在性质和它的多重性，单一的度量方式不能涵盖流动性全部的特性。本章运用在流动性文章中广泛应用的度量方法来反映流动性的紧密性和市场深度。本章另外还把价差分解成实现价差和价格影响两部分来分别衡量流动性提供过程中的实际摩擦成本和信息摩擦成本。在面板数据回归中包含的控制变量遵从相关文献选择。

1. 流动性

流动性可以用买卖价差和市场深度来度量，其中前者用来衡量市场紧密性，代表交易时的全部摩擦成本（包含存货成本，逆向选择成本和操作费用）；后者代表在承受大额订单时股票价格抑制波动的能力。借鉴之前的研究，本章采用有效价差和相对价差两种变量来衡量市场价差，如式（4-1）、式（4-2）和式（4-3）所示，有效价差（ES）的计算为成交价格与报价中间值的差值与报价中间值的商，并乘以两倍；相对报价价差（QS）的计算为买卖价差除以当时报价的中间值。鉴于中国股票市场采取指令驱动和电子交易系统，两者差别不大。市场深度（DEP）用买家发起交易的一级订单总数和卖家发起交易的一级订单总数之和进行衡量。本章的流动性指标均使用年度指标，先利用日内的高频数据获得每日平均有效价差、相对价差和市场深度，再分别取年度平均值获得公司的年度流动性衡量值。

表示流动性的三个指标如下：

有效价差 $\qquad (ES)_{i,t} = \dfrac{2Q_{it}(Price_{i,t} - M_{i,t})}{M_{i,t}}$ $\qquad$ （4-1）

相对价差 $\qquad (QS)_{i,t} = \dfrac{ask\_price_{i,t} - bid\_price_{i,t}}{M_{i,t}}$ $\qquad$ （4-2）

市场深度 $\qquad (DEP)_{i,t} = ask\_size_{i,t} + bid\_size_{i,t}$ $\qquad$ （4-3）

$P_{i,t}$ 是在时间 t 时的交易价格，$M_{i,t}$ 是在时间 t 时的中间报价，$Q_{i,t}$ 是在时间 t 时交易类型的指标，如果交易是买方发起，取值+1，卖方发起取值-1。$ask\_price_{i,t}$ 表示卖方报价，$bid\_price_{i,t}$ 表示买方报价。$ask\_size_{i,t}$ 表示一级订单卖价订单总数，$bid\_size_{i,t}$ 表示一级订单买家订单总数。

2. 市场买卖价差分解

为了探究企业社会责任披露影响股票流动性的机制，依据 Barclay 和 Hendershott（2004）以及 Hendershott 等（2011）的研究[30]，本章按照是否含信息成分，将股票市场价差拆分为不含信息成分的实现价差（RS）和含有信息成分的价格影响（PI）。这两种指标是基于交易后的价格行为。这种分解假设交易成本的信息部分应导致卖出（买入）后的证券价值永久性下降（增加），而非信息成分只能导致股价暂时偏离其价值。这种拆分让本章得以探究：

本章假设流动性提供方有能力在交易结束 5 分钟后以报价中间价格平

仓，实现价差（RS）被定义为

$$RS_{i,t} = Q_{i,t}(P_{i,t} - M_{i,t+5})/M_{i,t} \qquad (4-4)$$

$P_{i,t}$ 是在时间 t 时的交易价格，$M_{i,t}$ 是在时间 t 时的中间报价，$M_{i,t+5}$ 是时间 t 后 5 分钟的中间报价。$Q_{i,t}$ 是在时间 t 时交易类型的指标，如果交易是买方发起，取值+1，卖方发起取值−1。相对应地，交易的 5 分钟的价格影响（PI）被定义为

$$PI_{i,t} = Q_{i,t}(M_{i,t+5} - M_{i,t})/M_{i,t} \qquad (4-5)$$

3. 其他流动性指标

为了进一步衡量股票流动性中的实际摩擦成本和信息摩擦成本，许多研究表明实际摩擦与交易活动直接相关，例如交易数量和交易容量（Demsetz，1968；Stoll，2000；Rubin，2007；Brockman 等，2009），所以，本章利用两个直接的每日交易指标来衡量流动性提供中的实际摩擦成本，分别是日平均交易数量（TRA）和换手率（TO）。本章同样使用每日交易活动的观测值取平均得到年度观测值。

（二）控制变量指标

之前的一些研究显示，公司规模、换手率、杠杆率、股票波动性、股票价格以及机构投资者的持股比例与流动性有关（Benston，Hagerman，1974；Stoll，Whaley，1983；Agarwal，2007；Brockman 等，2009）。从公司规模角度，Stoll 和 Whaley（1983）认为交易更少的股票会更贵，因为关于这些公司的相关信息会更少[31]。Agarwal（2007）认为高换手率可能会反映出由不同投资者的信息差异引发的判断差异[32]。Diamond 和 Verrecchia（1991）指出公司的资本结构会影响信息披露的程度[33]，所以资本结构会通过信息途径影响市场流动性。Chordia，Roll，Subrahmanyam（2001）认为股票价格的波动性会增加做市商的库存风险和无意间参与短期投机交易的风险[34]。之前的研究（Brockman 等，2009；Chung 等，2010）表明价差与股票价格的关系不是线性的[35]。此外，有研究表明机构投资者的持股比例对股票流动性也可能产生影响[36][37]（Ma，2015；Glosten，Milgrom，1985）在本章的面板数据回归中，本章控制了

这些解释变量。用公司的账面价值来衡量公司的规模（SIZE）[①]，用股票全年换手率来衡量换手率（TO），用公司负债与总资产的比例来衡量杠杆率（LEV），用股价日收益率的方差来衡量股票收益波动性（VOL），用股票年平均价格来衡量股价（PRI），用年末的各类机构投资者持股比例加总衡量机构投资者持股比例，本章还控制了中国证券市场的独特指标——国有企业哑变量作为控制变量。越来越多的上市国有企业为主导，之前的研究发现国企和非国企与政府联系的紧密程度不同，进而会影响股票流动性[38][39]（Chu 等，2014；Ding，2015）。所以本章控制国企哑变量（SOE）作为政治联系的指标，如果是国有企业，国企哑变量取值为 1，否则国企哑变量取值为 0。

（三）模型描述

本章采取的主回归模型主要如下：

$$LIQ_{i,\ t} = \alpha_0 + \alpha_1 CSR_{i,\ t-1} + \alpha_2 SIZE_{i,\ t-1} + \alpha_3 LEV_{i,\ t-1} + \alpha_4 TO_{i,\ t} + \alpha_5 PRI_{i,\ t}$$
$$+ \alpha_6 VOL_{i,\ t} + \alpha_8 INSI_{i,\ t-1} + \alpha_7 SOE_{i,\ t-1} + \sum \beta_q D_q + \sum \gamma_q Z_q + \varepsilon_{i,\ t}$$

$$(4-6)$$

回归式（4-6）检验企业社会责任的披露与股票市场流动性的关系，股票市场流动性用有效价差、报价价差和市场深度来衡量。衡量市场紧度的因变量是有效价差（ES）和报价价差（QS），衡量市场深度的因变量是市场深度（DEP），市场深度用一级订单以买家和卖家交易的订单总数的平均数计算。所有的流动性数据用日内交易和报价计算，然后取年平均值。

CSR 表示 A 股上市公司的企业社会责任披露情况，在本章中用两种指标表示企业社会责任的披露情况。首先本章运用企业社会责任披露哑变量（CSRDISC）代表企业在该年份是否发布符合证监会要求的社会责任报告，其次本章运用润灵环球社会责任评级的第三方评级得分（CSRSCO）表示上市公司企业社会责任报告的披露质量和社会责任度。在主回归方程中的控制变量包括

---

① 为了消除跨市场影响，本章使用公司的账面价值而不是市场价值作为公司规模的指标。

公司规模（SIZE）、换手率（TO）、杠杆率（LEV）、波动性（VOL）、股票价格（PRI）、国企哑变量（SOE）。年度时间哑变量（D）捕捉了某一年度时间的冲击和可能的时间趋势，行业哑变量（Z）控制了不同行业的影响。

若上市公司的企业社会责任披露对流动性有正向的影响，那么回归结果应当是：在有效价差和报价价差作为解释变量的回归中，企业社会责任披露的系数为负；在市场深度作为解释变量的回归中，企业社会责任披露的系数为正。

之后在本章研究企业社会责任披露对股票流动性的影响机制时，因变量为实现价差（RS），价格影响（PI），交易活动〔交易量（TRV）和换手率（TO）〕。

若企业社会责任披露能够减少流动性提供过程中的实际摩擦成本，那么回归结果应当是：在实现价差作为解释变量的回归中，企业社会责任披露的系数为负；在交易活动作为解释变量的回归中企业社会责任披露的系数为正。若企业社会责任披露能够减少流动性提供过程中的信息摩擦成本，那么回归结果应当是：在价格影响作为解释变量的回归中，企业社会责任披露的系数为负。

本章的数据集的特点是有很大数量的公司和相对较少的时间观测值。所以，识别公司横截面数据的相关性和时间序列的相关性是很重要的。为了解决这些问题，本章对于不平衡的面板采用 Driscoll 和 Kraay（1998）[40] 及 Hoechle（2007）[41] 非参数协方差矩阵估计，这对不同形式的时间和空间因变量更为稳健。①

三、数据

（一）样本

本章用于计算流动性的交易和报价数据来源于 Sirca 发布的汤姆森路透社高频历史数据，本章通过每日的高频交易数据先计算出每日的流动性指标，再取

---

① Driscoll-Kraay 标准误差对于非常一般的残差相关是稳健的，不管是在一个公司随着时间的推移还是在同一时期和不同时期之间的跨公司。

平均值得到年度的流动性观测值。为了保证数据库的完备性，数据分析仅限于被编码的常规交易和可选取的最佳卖价或买价。本章假设数据发布报告没有延迟，因而没有做时间上的调整。本章依据标准微观结构文献的相关准则筛选交易和报价数据。整个样本包括从 2006 年初至 2015 年末在上海证券交易所和深圳证券交易所上市的所有公司的股票数据。中国的沪市和深市都是订单驱动型市场，全部运行电子自动交易系统。这两个证券交易所都有一个买入市场开放，并且作为一个连续的市场在交易日闭市的其他时间运行。为了防止不同的交易结构影响数据，本章不采用开市前和闭市后的数据。本章剔除了上市时间小于 100 天的股票数据和来自金融行业的股票数据①，并且剔除了在 A 股以外交叉上市的公司，而选取只在 A 股市场上市的公司。之所以只集中于 A 股，因为：（1）A 股市场的规模比其他几个市场更加庞大；（2）上市公司的交易数据全部来自 A 股；（3）同时不同市场有交易规则和制度规范。

　　本章的企业社会责任披露的数据来自国泰安社会责任数据库（CSMAR），而依据企业社会责任报告做出的评级得分数据来自第三方润灵环球社会责任数据库。本章根据年度企业社会责任报告是否发布创建企业社会责任披露哑变量（CSRDISC），根据报告中体现的公司履行社会责任的维度衡量企业社会责任披露维度（CSRDIM），根据 CSMAR 从报告中统计得出的捐赠数据衡量企业捐赠（CSRDONA），从润灵数据库得到基于社会责任报告披露质量和责任承担评价得出的评级得分衡量报告评分（CSRSCO）。

　　国泰安数据库提供了每日的收盘价、交易量、股票换手率，以及公司总负债、总资产的年度数据，并且提供了用于判断公司是否国企的信息和公司成立时间。本章采取按照 0.99 水平对数据施加极值处理的方法去除极端值，从而在总样本中得到 2,212 个披露社会责任报告的公司—年份观测值和 8,715 个未披露社会责任报告的公司—年份观测值。

　　此外，考虑到虽然中国上市公司披露企业社会责任报告的行为主要受外在

---

　　①　由于金融行业商业模式有别于其他行业，金融行业的财务报表要求和一般非金融企业的要求不一样，所以本章在数据样本中剔除了金融行业的上市公司。

政策驱动，但上交所和深交所要求强制披露社会责任的企业分别来自深证 100 指数成分股和上证公司治理板块，为了减少披露社会责任报告的公司样本非随机选择问题带来的偏误，本章参考 Chen，Hung 和 Wang（2017）的研究做法，采用倾向评分模型（PSM）来匹配披露社会责任的公司和未披露社会责任的公司。本章选取自 2009 年开始进行社会责任披露的公司作为实验组，并删去随时间披露行为不一致的公司。然后，利用上市公司 2008 年前的数据通过 Logit 回归模型来估计公司成为实验组的可能性。本章在 Logit 模型中控制了深证 100 指数或上证公司治理板块评选指引中反映的四类指标：公司市值（MV），股票换手率（TO），股票收益率（Return）和资本收益率（ROE），以减少特定指数和板块的公司特性引起被忽略变量偏误（Omitted Variables Erorr）。同时本章还控制了被分析师关注度指标（Analysts）和国有股权比例指标（SOERAT）。之后，本章运用半径匹配法匹配实验组和对照组，选取半径为 0.05×标准差，最终得到 704 个发布报告公司的观测值和 3,452 个对照组观测值，表 4-1 展示了 PSM 匹配效果，可以看出倾向评分匹配模型显著地减少了实验组和对照组的特征差别。

表 4-1　倾向评分模型匹配的有效性

Variable		Mean		%Reduct		T-test	
		Treated	Control	%bias	| bias |	t	$P>\|t\|$
MV	Pre-match	14.8620	14.0980	90.3		8.09	0.000***
	Post-match	14.8620	14.8950	−4.0	95.6	−0.22	0.825
TO	Pre-match	8.5233	8.9152	−70.9		−6.58	0.000***
	Post-match	8.5233	8.5872	−11.6	83.7	−0.69	0.489
Return	Pre-match	0.0052	0.0061	−20.2		−1.35	0.179
	Post-match	0.0052	0.0052	1.5	92.4	0.18	0.861
ROE	Pre-match	0.8297	0.3118	79.0		7.01	0.000***
	Post-match	0.8297	0.7117	18.0	77.2	1.07	0.285
Analysts	Pre-match	5.7407	2.1812	83.9		7.67	0.000***
	Post-match	5.7407	5.6585	1.9	97.7	0.10	0.924

续表

Variable		Mean		%Reduct		T-test	
		Treated	Control	%bias	| bias |	t	P>| t |
SOERAT	Pre-match	0.3032	0.2542	21.4		1.83	0.068*
	Post-match	0.3032	0.3031	0.1	99.7	0.00	0.997

表 4-2 展示了样本的年度分布情况，虽然数据匹配的原因使本章的社会责任报告披露数据并不是全部社会责任报告披露数据，但是，从总样本的社会责任报告分年份的披露情况来看，企业社会责任报告数量 2009 年较 2008 年有显著增长，由 2008 年的 24 家上市公司上升至 2009 年的 198 家，随后逐年增加，这也说明了中国上市公司社会责任报告的披露主要受 2008 年底的上交所和深交所的政策驱动。表 4-3 呈现了样本分行业的披露情况，从中可看出，全样本和 PSM 匹配样本的行业分布大致相同，鉴于制造业的上市公司数量众多，2006—2015 年制造业披露的社会责任报告数量占到总体一半以上。

表 4-2 分年度样本分布统计

Year	Total Sample				PSM Sample			
	Disclosure		Non-disclosure		Disclosure		Non-disclosure	
	N	%	N	%	N	%	N	%
2006	2	0.09	677	6.24	0	0.00	462	10.01
2007	13	0.61	735	6.77	0	0.00	524	11.35
2008	24	1.12	842	7.76	0	0.00	516	11.18
2009	198	9.26	669	6.17	128	18.44	376	8.15
2010	205	9.59	792	7.30	104	14.99	410	8.88
2011	230	10.76	1106	10.19	94	13.54	414	8.97
2012	280	13.10	1123	10.35	92	13.26	424	9.19
2013	386	18.05	1648	15.19	92	13.26	512	11.09
2014	408	19.08	1535	14.15	92	13.26	477	10.34
2015	392	18.33	1724	15.89	92	13.26	500	10.83

表 4-3　分行业样本分布统计

Industry	Total Sample				PSM Sample			
	Disclosure		Non-disclosure		Disclosure		Non-disclosure	
	N	%	N	%	N	%	N	%
农、林、牧、渔业	30	1.40	156	1.69	7	0.99	80	2.00
采矿业	79	3.70	264	2.86	41	5.82	150	3.75
制造业	1,288	60.30	5,605	60.65	407	57.81	2,222	55.62
电、热及水生产和供应业	117	5.48	373	4.04	74	10.51	248	6.21
建筑业	56	2.62	222	2.40	24	3.41	94	2.35
批发和零售业	110	5.15	589	6.37	22	3.13	312	7.81
交通运输、仓储和邮政业	89	4.17	304	3.29	43	6.11	199	4.98
住宿和餐饮业	1	0.05	31	0.34	0	0.00	22	0.55
信息技术服务业	109	5.10	572	6.19	22	3.13	131	3.28
房地产业	157	7.35	544	5.89	30	4.26	267	6.68
租赁和商务服务业	32	1.50	152	1.64	12	1.70	65	1.63
科学研究和技术服务业	1	0.05	60	0.65	1	0.14	16	0.40
水利、环境和公共设施管理业	19	0.89	111	1.20	1	0.14	46	1.15
教育	0	0.00	11	0.12	0	0.00	9	0.23
卫生和社会工作	19	0.89	39	0.42	7	0.99	14	0.35
文化、体育和娱乐业	17	0.80	125	1.35	7	0.99	63	1.58
综合	12	0.56	83	0.90	6	0.85	57	1.43

(二) 数据描述

在这一节中，本章将会展示因变量的描述统计量、企业社会责任披露情况，企业社会责任报告评级得分等解释变量的统计分析。同时，本章还将呈现控制变量的统计量描述。

表 4-4 呈现了本章研究中所用变量的统计变量总结。其中，Panel A 呈现了样本中的流动性指标，可以看出，相对报价差值平均为 0.173%，有效报价差值

平均为 0.168%，两者相差不大。对于市场深度，平均值为 16.2 股。平均实现价差为 0.058%，而平均价格影响为 0.030%，这两者之和等于有效价差的一半，同时表明非信息成分（实际摩擦）构成价差的比例大约为 67%，逆向选择成分（信息摩擦）构成大约 33% 的价差比例。对于交易活动，日平均交易量为 9,249,270 股。

Panel B 呈现了由社会责任报告披露行为的上市公司社会责任报告披露指标的统计量总结，在本章的总样本中披露分数为 2,212 份，表明总样本中大约有 20% 的公司披露社会责任报告，其中，由企业社会责任披露意愿的均值推断出 2006—2015 年有大约 41% 的公司披露社会责任报告的行为为自愿披露。并且，平均润灵环球社会责任评级机构评定的平均企业社会评级得分为 33.6 分，表明百分制下大部分企业的评级得分不高，社会责任报告披露的质量和水平有待提升。此外，社会责任报告中披露的企业平均社会捐赠值为 373.9 万元。

Panel C 展示了控制变量的统计总结，公司平均股价为 15.06 元，平均股票收益率波动率为 3.7%。衡量公司规模的公司账面价值的平均值为 23 亿元，年平均杠杆率为 57%，平均机构投资者持股比例为 5.65%。考虑到很多流动性指标和控制变量，包括有效价差、报价价差、市场深度、实现价差、价格影响、交易量、公司账面价值、资产负债率等，表现出较为明显的偏度和峰度，考虑到这些，本章对这些变量取自然对数形式。

表 4-4 呈现了因变量（Panel A）、机构举牌比例（Panel B）以及控制变量（Panel C）的统计量总结。Panel A 的数据来自 Sirca 发布的路透社高频数据。Panel B 的数据来自国泰安和润灵环球社会责任评级数据库，数据时间从 2006 年到 2015 年。Panel C 的数据来自国泰安数据库，换手率由股票年交易量除以总流通量得到，股票价格采用每年日股票价格的平均值，股票价格波动性由年股票价格标准差表示，公司规模用公司的账面价值表示，杠杆率由公司的资产负债率表示，机构投资者持股比例由年末各类机构投资者持股比例加总。样本包括在上证和深证 A 股上市公司的 2006—2015 年的数据。

表4-4　因变量、研究变量和控制变量的统计量总结

Panel A 因变量	Obs.	Mean	Std. dev.	95th Pctl.	75th Pctl.	Median	25th Pctl.	5th Pctl.	Skewness	Kurtosis
相对报价价差 (QS, %)	10,851	0.001,731,48	0.000,762,99	0.003,156,41	0.002,032,03	0.001,562,39	0.001,226,72	0.000,874,28	2.082,839	12.062,092
有效报价价差 (ES, %)	10,851	0.001,678,8	0.000,752,5	0.003,094,37	0.001,962,44	0.001,511,12	0.001,183,74	0.000,835,24	2.113,715,4	12.288,485
市场深度 (DEP, shares)	10,851	16.224,663	5.405,266,2	25.811,453	18.327,848	16.323,132	13.911,362	7.031,024,9	0.700,650,3	5.422,291
实现价差 (RS, %)	10,851	0.000,580,29	0.000,264,36	0.001,046,04	0.000,695,33	0.000,533,93	0.000,410,88	0.000,261,08	1.794,482,3	11.323,943
价格影响 (PI, %)	10,851	0.000,296,45	0.000,165,22	0.000,606,51	0.000,360,1	0.000,264,26	0.000,194,32	0.000,100,45	1.826,494,6	11.172,795
市场交易量 (TRV)	10,851	9,249,270.3	15,723,254	29,130,600	10,559,746	5,283,948	2,641,538	1,019,881.9	14.164,407	421.15914
Panel B 解释变量	Obs.	Mean	Std. dev.	95th Pctl.	75th Pctl.	Median	25th Pctl.	5th Pctl.	Skewness	Kurtosis
社会责任披露哑变量 (CSRDIC)	2,212	1	0	1	1	1	1	1		
社会责任评级得分 (CSRSCO)	2,212	33.682,11	12.825,837	55.608,398	39.838,499	33.156,851	27.68	0	-0.246,835	4.619,251,6
社会责任披露维度 (CSRDIM)	2,212	6.718,806,5	2.808,617,1	10	8	7	6	0	-1.377,086	4.163,637,2
社会责任披露意愿 (CSRVOL)	2,212	0.418,625,68	0.493,445,33	1	1	0	0	0	0.329,895,6	1.108,831,1
社会捐赠 (CSRDONATE)	2,212	373.941,57	4,139.698,6	800	54.76	0	0	0	21.392,632	509.635,01
Panel C 控制变量	Obs.	Mean	Std. dev.	95th Pctl.	75th Pctl.	Median	25th Pctl.	5th Pctl.	Skewness	Kurtosis
公司规模 (BOOK)	10,851	2.30E+09	6.24E+09	7.19E+09	2.14E+09	1.11E+09	6.14E+08	2.54E+08	17.260,812	439.360,14
资产负债率 (LEV)	10,851	0.570,235,95	7.666,220,7	0.812,173,96	0.617,874,09	0.454,962,7	0.275,355,04	0.091,441,52	108.234,61	12,285.787
股票换手率 (TO)	10,851	19.324,991	13.283,888	45.021,576	25.350,792	15.976,887	9.944,512,4	4.546,169,8	1.755,460,3	9.149,823,4
股票价格 (PRI)	10,851	15.061,733	13.039,924	37.573,105	18.534,328	11.471,028	7.254,066,5	3.766,058,2	3.834,226,6	32.480,417
股票收益波动率 (VOL)	10,851	0.037,900,09	0.051,643,89	0.055,735,16	0.041,146,74	0.031,237,17	0.025,355,64	0.019,565,96	22.565,58	775.814,78

续表

Panel C 因变量	Obs.	Mean	Std. dev.	95th Pctl.	75th Pctl.	Median	25th Pctl.	5th Pctl.	Skewness	Kurtosis
机构投资者持股比例（INSI,%）	10,851	5.654,416,4	5.721,032,4	16.444	8.321,999,5	3.900,000,1	1.336	0.289,999,99	2.302,187,2	15.604,684
国企哑变量（SOE）	108,51	0.407,657,18	0.491,416,09	1	1	0	0	0	0.375,836,54	1.141,253,1

四、实证结果

首先，本章将利用回归方程式（4-6）在全样本下研究上市公司企业社会责任报告的披露对市场上的股票流动性是否产生显著影响；其次，本章将探究企业社会责任披露影响股票市场流动性的可能机制，是通过减少实际摩擦成本，提高股票交易活动水平还是通过减少信息不对称，提供财务信息披露外的有益补充；然后，本章在影响机制研究的基础上，将探究企业社会责任的披露是否能够为公司积累社会资本，在公司遭受财务指标下降时为公司的市场表现提供缓冲（buffer effect）；因为中国独特的机构背景，国企和非国企在社会责任的承担上有不同的考量，本章还将探究企业社会责任披露与股票市场流动性的关系是否因控股股东性质的不同而变化。考虑到中国上市公司企业社会责任报告的披露很大程度上受 2008 年底上交所和证交所的强制披露政策影响，可能存在实验组样本非自然选择的内生性问题，本章接下来选取 PSM 模型筛选的样本以减少特定板块公司的特性可能产生的内生性问题。首先，本章在 PSM 样本下进行回归检验企业社会责任披露对股票流动性的影响以及影响机制；其次，本章进一步利用 DID 二重差分模型研究 2008 年强制披露政策对公司股票流动性的影响；最后在稳健性部分，本章首先利用流动性实际摩擦成本的替代变量——交易活动水平来检验影响机制；然后将利用其他的企业社会责任的替代变量——社会责任披露维度和社会捐赠额进行稳健性检验。

（一）企业社会责任披露与公司股票流动性

为了研究企业社会责任报告的披露及其体现出的企业社会责任水平对公司股票流动性的影响，本章利用 CSMAR 收纳的上市公司社会责任报告是否披露哑变量（CSRDISC）以及润灵环球社会责任数据库依据社会责任报告评定的评级得分（CSRSCO）在全样本下对各种股票市场流动性表现估计进行回归，表 4-5 展示了回归方程式（4-6）的面板数据回归结果。第一列、第三列和第五列展示了当解释变量是报告披露哑变量时的回归结果，可以看出，报告的披露能够显著地减少股票市场交易中的买卖价差，从而减少投资者的交易成本。当因变量为报价价差时，报告披露哑变量的回归系数显著为-0.0514，相对于未披露的公司，披露社会责任报告的公司在 5% 的置信水平上显著减少了 5.14% 的报价价差，当因变量为有效价差时的回归结果类似。当因变量为衡量市场深度的流动性指标时，CSRDIS 的回归系数表明企业社会责任的披露能够显著增加 8.13% 的市场深度，从而增加股票市场承受大额交易时对抗股价波动的能力，减少投资者的交易流动性成本。而第二列、第四列和第六列展示了当解释变量是报告评级得分时的回归结果，CSRSCO 是润灵环球社会责任评级机构（RKS）根据披露报告的质量和体现的社会责任水平得到的评级得分，回归结果表明企业社会责任履行和披露质量的提高有助于减少股票买卖价差和增加市场深度。当因变量分别为报价价差和市场深度时，CSRSCO 的回归系数表明社会责任报告评级得分增加 10 分可以显著减少 0.15% 的报价价差和显著增加 2.72% 的市场深度。

以上回归结果表明上市公司企业社会责任的披露能够显著减少股票买卖价差并显著增加市场深度，全面改善股票市场的流动性水平，此发现也间接支持了利益关系人利益最大化理论，表明上市公司通过承担更多社会责任，向社会披露社会责任履行的信息，能够兼顾公共目标与公司利益，为公司的股票市场减少交易的流动性成本（Deng 等，2013；Martin 和 Moser 2012；Elliott 等，2013）。同时也表明上市公司企业社会责任的披露可能成为公司良好财务指标外的有益补充，为公司带来更多的道德投资者（Anderson，Frankle，1980），从流动性角度为股票市场带来正向效应。许多研究者都发现了企业社会责任能够为公司积累社会资本，从而减少股票市场因公司财务指标的下降而引发的波动（Godfrey 等，2009；El Ghoul 等，2011），本章将在后面部分中检验企业社会责任披露是否对股票流动性也能够提供此类的缓冲效应。

　　除此之外，从控制变量的回归结果可以看出，公司规模、股票换手率、公司杠杆、波动性、股票价格、国企哑变量对于市场流动性的买卖价差指标都是显著的，表明更大的公司规模、更高的换手率、更低的杠杆率、更小的股票波动性、更高的股票价格会显著降低有效价差和报价价差，显著增加市场深度。公司规模与股票流动性呈正相关，公司规模增加 1% 可以显著减少约 9.9% 的市场价差并增加 10.4% 的市场深度，公司股价和股票换手率与股票买卖价差也呈现显著的正相关，股票价格每增长 1% 可以减少约 43% 的市场价差和增加 9% 的市场深度，而换手率增加 1% 可以显著减少 17.9% 的股票价差并增加 14.8% 的市场深度。考虑到中国的上市公司特点，本章控制了国企哑变量，哑变量的回归系数表明相对于非国企，国企能够减少 1.9% 的有效买卖价差和增加 2% 左右的市场深度。而机构投资者的持股比例与股票流动性呈正相关但不显著。

表 4-5　总机构举牌、国内外机构举牌与股票流动性

	(1) Quote	(2) Quote	(3) Effective	(4) Effective	(5) Depth	(6) Depth
$CSRDISC_{i,\ t-1}$	-0.0514^{***} (-6.31)		-0.0516^{***} (-5.80)		0.0813^{**} (2.99)	
$CSRSCO_{i,\ t-1}$		-0.00153^{***} (-8.20)		-0.00154^{***} (-7.87)		0.00272^{***} (4.23)
$PRI_{i,\ t}$	-0.430^{***} (-15.90)	-0.430^{***} (-16.20)	-0.447^{***} (-16.93)	-0.447^{***} (-17.24)	-0.0897^{**} (-2.48)	-0.0900^{**} (-2.61)
$SIZE_{i,\ t-1}$	-0.0992^{***} (-10.40)	-0.0980^{***} (-9.99)	-0.0990^{***} (-10.16)	-0.0979^{***} (-9.86)	0.104^{**} (2.46)	0.101^{**} (2.39)
$LEV_{i,\ t-1}$	0.0162 (1.39)	0.0159 (1.34)	0.0136 (1.08)	0.0133 (1.05)	0.00647 (1.11)	0.00720 (1.33)

续表

	(1) Quote	(2) Quote	(3) Effective	(4) Effective	(5) Depth	(6) Depth
$TO_{i, t}$	−0. 179*** (−13. 78)	−0. 180*** (−13. 74)	−0. 182*** (−11. 95)	−0. 182*** (−11. 87)	0. 148* (2. 27)	0. 149* (2. 30)
$VOL_{i, t}$	0. 0729*** (3. 52)	0. 0728*** (3. 56)	0. 0755*** (3. 85)	0. 0753*** (3. 90)	0. 0399 (1. 54)	0. 0402 (1. 56)
$INSI_{i, t-1}$	−0. 000554 (−0. 75)	−0. 000614 (−0. 81)	−0. 000664 (−0. 96)	−0. 000725 (−1. 01)	0. 00304* (2. 14)	0. 00310* (2. 12)
$SOE_{i, t-1}$	−0. 0130 (−1. 67)	−0. 0124 (−1. 58)	−0. 0192* (−2. 15)	−0. 0186* (−2. 05)	0. 0201 (1. 55)	0. 0184 (1. 48)
Cons	−1. 800*** (−6. 91)	−1. 820*** (−6. 90)	−1. 814*** (−6. 86)	−1. 835*** (−6. 86)	−0. 553 (−0. 35)	−0. 494 (−0. 31)
Industry	Yes	Yes	Yes	Yes	Yes	Yes
Year	Yes	Yes	Yes	Yes	Yes	Yes
N	10,851	10,851	10,851	10,851	10,851	10,851
R^2	0. 651	0. 652	0. 839	0. 840	0. 644	0. 647

注：面板回归结果分别为企业责任责任披露（CSRDIC）对流动性三个指标的影响，三个度量分别是有效价差（ES）、相对价差（QS）和市场深度（DEP）。控制变量描述了公司股票和财务的特征：账面价值（SIZE），股票换手率（TO），杠杆率（LEV），股票收益率的波动率（VOL），股价（PRI），机构投资者持股比例（INSI）。本章还控制了国企哑变量（SOE），如果一个企业是国有企业，国企哑变量等于1，否则为0。研究时间为2006—2015年。由于不平衡面板的影响，本章固定效应控制了年份影响和行业影响。＊＊＊，＊＊和＊分别表示系数在1%、5%和10%的水平上显著。

（二）企业社会责任披露对股票流动性的影响机制

本章发现企业社会责任披露对股票市场流动性有显著的正向效应，因此试图探究企业社会责任报告披露对股票流动性的影响机制。一方面，本章猜测企业社会责任的披露能够成为公司履行社会责任的外在标志，增加市场上有社会目标投资偏好的投资者关注，从而为公司赢得公众信任，吸引市场上的道德投资者进行投资，进而改善公司的股票市场的流动性（Anderson，Frankle，1980；Richardson，Welker，Hutchinson，1999）。另一方面，企业社会责任作为公司原有信息披露的补充，也有可能减少市场上的信息不对称性，从而减少信息摩擦成本来改善股票流动性。

为了具体研究企业社会责任披露对股票流动性的影响机制，本章利用半有效价差的拆分将原来的买卖价差拆分为不包含信息成分的实现价差（RS）部分和包含信息成分的价格影响（PI）部分。本章利用回归方程式（4-6），将流动性指标分别换成实现价差和价格影响进行回归，以探究企业社会责任披露对流动性提供过程中的实际摩擦成本和信息摩擦成本的影响。回归结果如表 4-6 所示，第一列和第二列展示了当因变量为代表实际摩擦成本的 RS 时的回归结果，而第三列和第四列展示了当因变量为代表信息摩擦成本的 PI 时的回归结果。可以看出，当因变量为实现价差时，报告披露哑变量（CSRDISC）的回归系数为显著的-0.0765，表明企业社会责任报告的披露可以在 1%的置信水平上显著减少 7.65%的实际摩擦成本，而报告评级得分的回归系数为显著的-0.0022，表明社会责任报告评级得分上升 10 分可以显著减少 2.2%的实际摩擦成本，这两项共同说明企业社会责任报告的披露及其表明的社会责任履行水平可以显著减少公司实际摩擦成本，例如存货成本和订单处理成本，这也支持了本章关于企业社会责任报告的披露能够减少实际摩擦成本的假说，企业社会责任报告的披露可能通过社会责任的积累塑造公司声誉或者，吸引市场上的道德投资者和有社会目标投资偏好的投资者进行投资，从而提高股票交易活动水平，从而分散交易的固定成本降低每单的实际摩擦成本。第三列和第四列展现了当流动性因变量为价格影响（PI）时的回归结果，由 CSR 两个自变量的回归系数显示企业社会责任有可能减少流动性提供过程中的信息摩擦成本，但是回归系数均不显著，说明未发现企业社会责任报告的披露对改善公司整体信息披露有显著的积极作用，未能发现企业社会责任的披露能够显著减少流动性提供过程中的信息不对称性，其原因可能是企业社会责任报告相比财务报告，其信息更难以被用于公司估值的分析，从而难以纳入定价，另外，企业社会责任报告的强制性披露使其促进公司改善内部治理以提高信息环境透明度的可能性降低。

表 4-6 实际摩擦成本、信息摩擦成本和企业社会责任披露

	（1） RS	（2） RS	（3） PI	（4） PI
$CSRDISC_{i,\,t-1}$	-0.0765*** (-8.66)		-0.0100 (-0.33)	
$CSRSCO_{i,\,t-1}$		-0.00220*** (-7.49)		-0.000564 (-0.93)
$PRI_{i,\,t}$	-0.454*** (-9.29)	-0.454*** (-9.51)	-0.388*** (-9.43)	-0.388*** (-9.38)
$SIZE_{i,\,t-1}$	-0.103*** (-21.23)	-0.102*** (-20.09)	-0.109*** (-4.18)	-0.108*** (-4.13)
$LEV_{i,\,t-1}$	0.0338** (2.63)	0.0335** (2.55)	-0.0311* (-2.16)	-0.0314* (-2.16)
$TO_{i,\,t}$	-0.200*** (-12.64)	-0.201*** (-12.47)	-0.164*** (-6.94)	-0.164*** (-6.94)
$VOL_{i,\,t}$	0.0950** (3.29)	0.0948** (3.32)	0.00652 (0.44)	0.00643 (0.43)
$INSI_{i,\,t-1}$	-0.000863 (-0.72)	-0.000960 (-0.79)	0.000267 (0.30)	0.000281 (0.32)
$SOE_{i,\,t-1}$	-0.0160 (-1.36)	-0.0152 (-1.29)	-0.0332 (-1.66)	-0.0325 (-1.64)
Cons	0	0	-3.723*** (-4.89)	0
Industry	Yes	Yes	Yes	Yes
Year	Yes	Yes	Yes	Yes
N	9,148	9,148	9,081	9,081
R^2	0.539	0.539	0.406	0.406

注：表 4-6 呈现了衡量流动性实际摩擦成本（RS）和衡量流动性信息摩擦成本（PI）对企业社会责任披露的回归结果。控制变量描述了公司股票和财务的特征：账面价值（SIZE），股票换手率（TO），杠杆率（LEV），股票收益率的波动率（VOL），股价（PRI），机构投资者持股比例（INSI）。本章还控制了国企哑变量（SOE），如果一个企业是国有企业，国企哑变量等于1，否则为0。研究时间为2006—2015 年。由于不平衡面板的影响，本章固定效应控制了年份影响和行业影响。＊＊＊，＊＊和＊分别表示系数在1%、5%和10%的水平上显著。

（三）财务指标下降时企业社会责任披露能否为公司股票流动性提供缓冲

上文中发现企业社会责任披露能够通过减少流动性提供过程中的实际摩擦成本，以改善股票流动性。本章认为这种实际摩擦成本的减少可能来源于市场上道德投资者的投资带来的交易活动水平的提高，从而吸引道德投资者的参与并积累公司因此形成的社会资本。Li，Xia 和 Xu（2013）以中国股票市场为背景研究发现企业社会责任的披露能够为公司创造社会资本，当公司面临财务指标的下降时，为公司价值提供保护（saving effect）。为了进一步检验企业社会责任的社会资本积累机制，检验在公司的年度财务指标下降时，通过社会责任的披露，公司的股票流动性是否能够减少受到的冲击，本章运用净资产收益率衡量公司的财务指标，当公司当年的财务指标下降时，记录哑变量为 1，否则为 0，并建立报告披露哑变量和财务指标变化哑变量的交叉项（SCRDISC × DROE），其值为 1 表示当公司财务指标下降时公司发布了社会责任报告，相关的回归方程如下所示：

$$LIQ_{i,\,t} = \alpha_0 + \alpha_1 CSRDISC_{i,\,t-1} + \alpha_2 CSRDISC_{i,\,t-1} \times DROE_{i,\,t-1} + \alpha_3 DROE_{i,\,t}$$
$$+ \alpha_4 SIZE_{i,\,t-1} + \alpha_5 LEV_{i,\,t-1} + \alpha_4 TO_{i,\,t} + \alpha_5 PRI_{i,\,t} + \alpha_6 VOL_{i,\,t}$$
$$+ \alpha_7 INSI_{i,\,t-1} + \alpha_8 SOE_{i,\,t-1} + \sum \beta_q D_q + \sum \gamma_q Z_q + \varepsilon_{i,\,t} \qquad (4\text{-}7)$$

表 4-7 展示了回归结果，可以看到，当流动性指标为买卖价差和市场深度时，公司财务指标（DROE）的下降增大了市场价差并显著减少了市场深度，表明公司的股票流动性受到冲击。企业责任报告披露与财务指标减少哑变量的交叉项前的系数当因变量为报价价差和有效价差时显著为负，而当因变量为市场深度时显著为正，表明当公司财务指标下降时，企业社会责任披露能够有效减少财务指标下降对公司流动性的冲击，从而为公司提供类似的市场缓冲效果。因而，企业社会责任报告的披露一定程度上能够为企业的市场流动性起到财务指标下降时的保护缓冲效果，特别是显著减少股票市场深度受到的冲击，这一方面印证和补充了之前学者关于企业社会责任在危机时为公司提供市场指标缓冲保护的研究（Lange 等，2011），同时，也进一步充实了前文的实际

摩擦成本机制，证实企业社会责任披露能够通过吸引道德投资者，来减少流动性提供过程中的实际摩擦成本。

表 4-7　财务指标下降时企业社会责任披露与公司股票流动性

	(1) Quote	(2) Effective	(3) Depth
$CSRDISC_{i,\,t-1} \times$ $DROE_{i,\,t-1}$	−0.0574 *** (−4.76)	−0.0579 *** (−4.46)	0.0823 *** (3.59)
$DROE_{i,\,t}$	0.0125 ** (2.95)	0.0149 ** (2.99)	−0.0345 ** (−2.78)
$PRI_{i,\,t}$	−0.423 *** (−19.78)	−0.438 *** (−20.01)	−0.0953 ** (−2.78)
$SIZE_{i,\,t-1}$	−0.107 *** (−11.31)	−0.107 *** (−10.64)	0.105 ** (2.55)
$LEV_{i,\,t-1}$	0.00765 (0.45)	0.00389 (0.21)	0.00521 (1.24)
$TO_{i,\,t}$	−0.181 *** (−12.84)	−0.184 *** (−11.21)	0.137 * (2.20)
$VOL_{i,\,t}$	0.0741 *** (5.75)	0.0769 *** (6.43)	0.0334 (1.52)
$INSI_{i,\,t-1}$	0.00113 (1.57)	0.00102 (1.27)	0.00252 ** (2.33)
$SOE_{i,\,t-1}$	−0.0212 ** (−3.13)	−0.0282 *** (−3.44)	0.0212 (1.50)
Cons	−1.205 *** (−4.43)	−1.206 *** (−4.05)	−0.580 (−0.38)
Industry	Yes	Yes	Yes
Year	Yes	Yes	Yes
N	10,751	10,751	10,751
R^2	0.662	0.662	0.640

　　注：表 4-7 呈现了三个流动性指标有效价差（ES）、相对价差（QS）和市场深度（DEP）对企业社会责任披露的回归结果。* 为 1 时表示当公司财务指标下降时公司披露了社会责任报告，控制变量描述了公司股票和财务的特征：账面价值（SIZE），股票换手率（TO），杠杆率（LEV），股票收益率的波动率（VOL），股价（PRI），机构投资者持股比例（INSI）。本章还控制了国企哑变量（SOE），如果一个企业是国有企业，国企哑变量等于 1，否则为 0。研究时间为 2006 年至 2015 年。由于不平衡面板的影响，本章固定效应控制了年份影响和行业影响。＊＊＊，＊＊和＊分别表示系数在 1%、5% 和 10% 的水平上显著。

（四）不同控股股东背景下企业社会责任披露与股票流动性

中国独特的制度背景使本章有机会探究上市公司企业社会责任的披露对股票流动性的影响是否会因公司控股股东的不同而发生变化，相对于民营企业，国企作为政府形象的一部分，承担着财务目标和社会责任的双重目标（Li，2013），而国企的控股背景也决定了其追求最大化利益相关者的利益的使命观念，为了维持其良好的社会声誉，国企履行社会责任的意愿更加清晰明显。本章创建了企业社会责任披露哑变量和是否国企哑变量的交叉项（CSRDISC×SOE）来研究企业社会责任披露在国企和非国企背景下对股票市场流动性的影响是否不同，以下是回归方程式：

$$LIQ_{i,\,t} = \alpha_0 + \alpha_1 CSRDISC_{i,\,t-1} + \alpha_2 CSRDISC_{i,\,t-1} \times SOE_{i,\,t-1} + \alpha_3 SIZE_{i,\,t-1}$$
$$+ \alpha_4 LEV_{i,\,t-1} + \alpha_5 TO_{i,\,t} + \alpha_6 PRI_{i,\,t} + \alpha_7 VOL_{i,\,t} + \alpha_8 INSI_{i,\,t-1}$$
$$+ \alpha_9 SOE_{i,\,t-1} + \sum \beta_q D_q + \sum \gamma_q Z_q + \varepsilon_{i,\,t} \qquad (4-8)$$

在表 4-8 中展示了相关的回归结果，前三列展现了因变量为流动性总体估计时的回归结果，第四列展现了当因变量为实现价差时的回归结果。当因变量为报价价差（QS）时，报告披露与是否国企哑变量交叉项的系数显著为0.0453，表明国企社会责任的披露对报价价差的影响将由减少 7.49% 变为增加2.96%（7.49%-4.53%），当因变量为市场深度时，同样能发现类似结果。换言之，相比非国企，国企背景下，企业社会责任披露对总体流动性的改善影响变得极其有限。此外，当研究企业社会责任披露对股票流动性的影响机制时，可以发现，国企背景下企业社会责任披露对实现价差的影响将由一般企业的减少 8.92% 变为减少 5.47%（8.92%-2.45%），说明在影响机制上，国企的社会责任披露对实际摩擦成本的影响相对于非国企变得更小。

以上结果符合本章的理论假设，国企一贯注重追求社会目标和维持良好的社会声誉使其相对于民企，其披露社会责任报告所能体现出的附加价值和信号意义不大，其对于公司股票市场指标所能产生的边际影响更小。相反，对于民营企业来说，更加激烈的行业竞争使其更注重追求自身的经济目标而往往忽视通过履行社会责任、披露社会责任报告可能带来的额外价值（Zhou，2004），因此，民营企业发布社会责任报告、披露社会责任践行情况能够彰显出更重要的信号意义，其披露的社会责任信息能够产生的边际影响更大，从无到有的转变更能为公司积累社会资本，吸引道德投资者和有社会目标投资偏好的投资者进行投资，提高市场交易规模从而减少实际摩擦成本。

表 4-8　不同控股股东背景下企业社会责任披露与股票流动性

	(1) QS	(2) ES	(3) DEP	(4) RS
$CSRDISC_{i,\,t-1}$	-0.0749*** (-8.82)	-0.0741*** (-8.68)	0.0752*** (3.39)	-0.0892*** (-16.68)
$CSRDISC_{i,\,t-1} \times SOE_{i,\,t-1}$	0.0453** (2.94)	0.0433** (2.79)	0.0117 (0.66)	0.0245* (1.93)
$PRI_{i,\,t}$	-0.430*** (-15.98)	-0.447*** (-17.01)	-0.0897** (-2.47)	-0.454*** (-9.68)
$SIZE_{i,\,t-1}$	-0.0997*** (-10.54)	-0.0995*** (-10.32)	0.104** (2.46)	-0.103*** (-22.47)
$LEV_{i,\,t-1}$	0.0165 (1.44)	0.0139 (1.12)	0.00655 (1.13)	0.0340** (2.78)
$TO_{i,\,t}$	-0.180*** (-13.92)	-0.182*** (-12.03)	0.148* (2.27)	-0.200*** (-12.73)
$VOL_{i,\,t}$	0.0728*** (3.57)	0.0753*** (3.91)	0.0399 (1.55)	0.0949*** (3.64)
$INSI_{i,\,t-1}$	-0.000543 (-0.75)	-0.000654 (-0.97)	0.00304* (2.14)	-0.000857 (-0.70)
$SOE_{i,\,t-1}$	-0.0235*** (-3.92)	-0.0293*** (-4.34)	0.0174 (1.32)	-0.0217 (-1.68)
Cons	-1.784*** (-6.99)	-1.800*** (-6.95)	-0.549 (-0.34)	0
Industry	Yes	Yes	Yes	Yes

续表

	(1) QS	(2) ES	(3) DEP	(4) RS
Year	Yes	Yes	Yes	Yes
N	10,851	10,851	10,851	9,148
R^2	0.652	0.840	0.644	0.539

注：表4-8 呈现了流动性指标有效价差（ES）、相对价差（QS）、市场深度（DEP）、实现价差（RS）和价格影响（PI）对企业社会责任披露的回归结果。回归中建立了企业社会任披露与是否国企的交叉项以探究在不同控股背景对企业社会责任披露与流动性关系的影响。控制变量描述了公司股票和财务的特征：账面价值（SIZE），股票换手率（TO），杠杆率（LEV），股票收益率的波动率（VOL），股价（PRI），机构投资者持股比例（INSI）。本章还控制了国企哑变量（SOE），如果一个企业是国有企业，国企哑变量等于 1，否则为 0。研究时间为 2006 年至 2015 年。由于不平衡面板的影响，本章控制了年份影响和行业影响。＊＊＊，＊＊和＊分别表示系数在 1%、5% 和 10% 的水平上显著。

（五）PSM 样本下企业社会责任披露对股票流动性影响的固定效应模型

以上的实证结果是基于全样本下进行的回归分析，但考虑到中国上市公司的企业社会责任披露主要受 2008 年上交所和深交所的特定板块上市公司强制披露的政策驱动影响，因此披露社会责任的公司很可能来源于特定的市场板块而存在非自然选择的内生性问题。为了充分利用该政策对上市公司披露社会责任报告造成的外生冲击，同时减少由于被强制要求披露的特定板块的公司特质带来的内生性问题，本章选取 2009 年前未披露，2009 年后一直披露的公司作为实验组，同时通过倾向评分模型筛选获得了在与特定板块公司特质类似的对照组样本公司，从而组建了新的 PSM 样本，在 PSM 样本下的回归结果如表 4-9 所示。

表 4-9 中的固定效应模型回归结果显示，企业社会责任报告披露对报价价差的影响依然显著，社会责任的披露能够显著减少约 1.01% 的报价价差。同时，当因变量为实现价差时，企业社会责任披露哑变量的系数显著为 −0.0748，表明企业社会责任报告的披露能够显著减少 7.48% 的实际摩擦成本，与上文中的影响机制研究结论保持一致。总体来看，PSM 样本下的固定效应模型在去除了披露社会责任报告的特定板块的公司特性可能产生的内生性影响后，回归结论与上文的主要发现依然保持一致，表明上市公司企业社会责任

的披露能够显著通过减少流动性提供过程中的实际摩擦成本来改善市场流动性。

表 4-9　PSM 样本下的固定效应模型

	(1) Quote	(2) Effective	(3) Depth	(4) RS
$CSRDISC_{i,\,t-1}$	-0.0101 * (-1.87)	-0.00991 (-1.31)	0.0725 (1.65)	-0.0748 *** (-3.95)
$PRI_{i,\,t}$	-0.465 *** (-15.32)	-0.483 *** (-16.31)	-0.0983 *** (-4.21)	-0.450 *** (-10.17)
$SIZE_{i,\,t-1}$	-0.0532 *** (-5.76)	-0.0521 *** (-5.63)	0.0488 *** (3.49)	-0.0757 *** (-13.18)
$LEV_{i,\,t-1}$	0.00179 (0.21)	0.00343 (0.41)	0.0334 *** (4.89)	0.00982 (0.84)
$TO_{i,\,t}$	-0.190 *** (-10.43)	-0.194 *** (-10.24)	0.125 ** (2.68)	-0.205 *** (-11.65)
$VOL_{i,\,t}$	0.0593 *** (4.25)	0.0608 *** (4.56)	0.0436 ** (2.36)	0.0833 *** (3.64)
$INSI_{i,\,t-1}$	-0.00103 ** (-2.42)	-0.00119 ** (-2.75)	-0.000349 (-0.72)	-0.00209 *** (-5.56)
$SOE_{i,\,t-1}$	0.0311 *** (5.92)	0.0314 *** (6.99)	0.00601 (0.78)	0.0434 *** (5.63)
Cons	-2.710 *** (-8.18)	-2.705 *** (-8.22)	1.033 (1.52)	-3.242 *** (-15.87)
Year	Yes	Yes	Yes	Yes
N	3,967	3,967	3,967	3,966
R^2	0.778	0.779	0.700	0.640

注：表 4-9 中的回归样本采取 PSM 模型筛选后的样本，呈现了流动性指标有效价差（ES）、相对价差（QS）、市场深度（DEP）、实现价差（RS）对企业社会责任披露的回归结果。控制变量描述了公司股票和财务的特征：账面价值（SIZE），股票换手率（TO），杠杆率（LEV），股票收益率的波动率（VOL），股价（PRI），机构投资者持股比例（INSI）。本章还控制了国企哑变量（SOE），如果一个企业是国有企业，国企哑变量等于 1，否则为 0。研究时间为 2006 年至 2015 年。固定效应控制了年份和公司，结果显示的 Driscoll-Kraay 的标准误差对于同一时间公司残差值和同一时间、不同时间公司间的相关性都很稳健。＊＊＊，＊＊和＊分别表示系数在 1%、5%和 10%的水平上显著。

（六）二重差分模型下企业社会责任与股票流动性的影响

为了进一步减少不可观测因素对研究造成的内生性问题，本章借鉴 Chen，Hung 和 Wang（2017）关于强制性社会责任对公司盈利影响的研究，采用双重差分模型来研究相对于 2009 年至今未发布社会责任报告的对照组公司，实验组发布社会责任报告后股票流动性是否产生了显著增长。在上一节 PSM 样本的基础上，本章依旧采取自 2009 年开始发布社会责任报告的公司为实验组（Treated），同时采用前文利用倾向评分模型（PSM）挑选的 2009 年后未发布社会责任报告的公司为对照组（Untreated）。本章选择 2009 年为政策实施年，建立是否实验组与时间哑变量的交叉项（Treat×Pro2009）。并进行了如下回归：

$$LIQ_{i,\,t} = \alpha_0 + \alpha_1 Treat_i + \alpha_2 Treat_i \times Pro2009_t + \alpha_3 SIZE_{i,\,t-1} + \alpha_4 LEV_{i,\,t-1}$$

$$+ \alpha_5 TO_{i,\,t} + \alpha_6 PRI_{i,\,t} + \alpha_7 VOL_{i,\,t} + \alpha_8 INSI_{i,\,t-1} + \alpha_9 SOE_{i,\,t-1}$$

$$+ \sum \beta_q D_q + \sum \gamma_q Z_q + \varepsilon_{i,\,t} \tag{4-9}$$

表 4-10 中展示了方程式（4-9）的回归结果，实验组和政策哑变量的交叉项（Treat×Pro2009）的系数显著为负，表明相对于未披露社会责任报告的公司，在政策实施后披露社会责任报告的公司因此减少了 6.95% 的报价价差并增加了 6.7% 的市场深度，说明社会责任的披露显著改善了公司的市场流动性。此外，本章将因变量换成实现价差，以验证企业社会责任披露对股票流动性的影响机制，交叉项的系数同样可以看出相对于未发布社会责任报告的公司，实验组得益于社会责任的披露，在披露后能够显著减少 8.1% 的实现价差，体现出社会责任披露可以通过减少实际摩擦成本来改善流动性，与上文的研究结果一致。

表4-10　二重差分模型下企业社会责任与股票流动性

	（1） QS	（2） ES	（3） DEP	（4） RS
$Treat_i$	−0.00648 （−0.34）	−0.00412 （−0.21）	−0.00620 （−0.32）	0.0160 （0.57）
$Treat_i \times Pro2009_i$	−0.0644** （−3.04）	−0.0680** （−3.16）	0.0669 （1.35）	−0.128*** （−4.23）
$PRI_{i,t}$	−0.510*** （−10.39）	−0.533*** （−11.21）	−0.100* （−2.00）	−0.532*** （−7.26）
$SIZE_{i,t-1}$	−0.0806*** （−8.55）	−0.0808*** （−8.18）	0.0766* （2.14）	−0.0909*** （−17.93）
$LEV_{i,t-1}$	0.0365*** （3.44）	0.0346** （3.22）	−0.00799 （−0.52）	0.0531*** （4.98）
$TO_{i,t}$	−0.202*** （−10.09）	−0.207*** （−9.43）	0.137 （1.78）	−0.219*** （−10.69）
$VOL_{i,t}$	0.0758** （3.35）	0.0786*** （3.61）	0.0425 （1.67）	0.100** （2.92）
$INSI_{i,t-1}$	0.000976 （1.64）	0.000971 （1.37）	0.00153* （1.99）	0.00111 （1.72）
$SOE_{i,t-1}$	−0.0118 （−1.48）	−0.0147 （−1.78）	−0.00990 （−1.51）	−0.0275*** （−6.85）
Cons	0	0	0	0
Year	Yes	Yes	Yes	Yes
N	3,967	3,967	3,967	3,966
R^2	0.745	0.872	0.643	0.638

注：表4-10呈现了DID模型中流动性指标有效价差（ES）、相对价差（QS）、市场深度（DEP）、实现价差（RS）对企业社会责任披露的回归结果。回归中建立了是否实验组与时间哑变量的交叉项（Treat×Pro2009）来探究相对对照组，公司流动性因为企业社会责任披露的改变。控制变量描述了公司股票和财务的特征：账面价值（SIZE），股票换手率（TO），杠杆率（LEV），股票收益率的波动率（VOL），股价（PRI），机构投资者持股比例（INSI）。本章还控制了国企哑变量（SOE），如果一个企业是国有企业，国企哑变量等于1，否则为0。研究时间为2006年至2015年。由于不平衡面板的影响，本章使用年度固定效应来运行混合OLS回归。结果显示的Driscoll-Kraay的标准误差对于同一时间公司残差值和同一时间、不同时间公司间的相关性都很稳健。＊＊＊，＊＊和＊分别表示系数在1%、5%和10%的水平上显著。

　　为了检验控制组和实验组流动性指标之前的时间趋势是否相同，本章借鉴

Moster 和 Voena（2012）的双重差分模型平行趋势检验方法，允许实验组和对照组的年份哑变量的系数值不同，采取了以下回归方法：

$$\ln quote_{i,t} = \alpha_0 + \alpha_1 Treatment_{i,t} + \alpha_t Year_t \times Treatment_{i,t} + \gamma Control_{i,t}$$
$$+ \sum \beta_q D_q + \varepsilon_{i,t} \tag{4-10}$$

图 4-1 展示了回归方程（4-10）的交叉项系数，该系数捕捉了实验组和对照组在规定颁布前后的流动性时间趋势差异，本章取 2009 年为政策开始执行的年份，可以看出交叉项的回归系数在 2009 年前并不显著，表明本章选取的实验组和对照组在政策前的时间趋势没有显著不同，而在政策发生后，两者的时间趋势产生显著差别，从而表明上述 DID 模型支持事前平行趋势的假设。

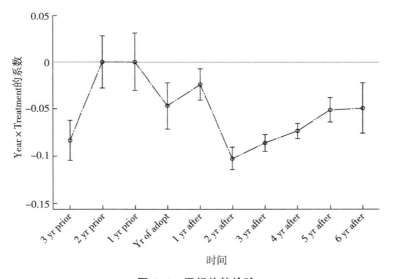

图 4-1　平行趋势检验

五、稳健性检验

（一）利用股票市场交易活动数据进行稳健性分析

前文中本章利用股票市场上的日内高频交易数据计算股票流动性数据并发现上市公司企业社会责任的披露能够显著减少买卖价差并增加市场深度，同时还发现社会责任的披露可以显著减少代表实际摩擦成本的实现价差，通过积累公司的名誉资本吸引社会上的投资者进行投资，从而提高股票的市场交易水平，减少每单的交易成本。许多研究表明，这些实际摩擦成本与贸易活动水平有关（Demsetz，1968；Rubin，2007；Brockman，2009）。因此，本章接下来研究减少的实际摩擦是否与更高的交易活动相关，本章用交易量（TRV）和换手率（TO）衡量股票市场的交易水平，交易量越大和换手率越高，代表交易活动越频繁，实际摩擦成本越小。

表4-11中展示了相关的回归结果，当分别利用股票年交易数量和年平均股票换手率做因变量时，企业社会责任披露哑变量的系数显著为正，企业社会责任报告的披露能够在显著增加13.4%的股票年交易数量和增加6.18%的换手率，而社会责任报告评级报告每增长10分可以显著增加3.48%的股票交易数量和1.99%的换手率。这些结果再次证实了表明上市公司企业社会责任报告的披露以其体现的社会责任履行水平的提高能够显著增加股票市场的交易活动，更加频繁的交易活动降低了平均订单的固定成本（比如指令处理和库存成本），从而减少实际摩擦，促进股票市场的流动性。

表4-11 利用股票市场交易活动数据进行稳健性分析

	(1) TO	(2) TO	(3) TRV	(4) TRV
$CSRDISC_{i,\ t-1}$	-0.0608 *** (-5.18)		0.134 *** (3.41)	
$CSRSCO_{i,\ t-1}$		-0.00199 *** (-4.08)		0.00348 ** (2.94)
$PRI_{i,\ t}$	-0.395 *** (-7.21)	-0.396 *** (-7.16)	-0.918 *** (-17.07)	-0.914 *** (-16.92)
$SIZE_{i,\ t-1}$	-0.152 *** (-8.18)	-0.151 *** (-8.41)	0.317 *** (8.67)	0.318 *** (8.63)
$LEV_{i,\ t-1}$	0.0374 (1.60)	0.0381 (1.65)	-0.0556 (-1.65)	-0.0579 (-1.73)

续表

	（1） TO	（2） TO	（3） TRV	（4） TRV
$VOL_{i,\,t}$	0.274*** （8.21）	0.274*** （8.24）	0.354*** （8.94）	0.353*** （8.79）
$INSI_{i,\,t-1}$	−0.00361* （−2.04）	−0.00362* （−2.03）	0.00171 （0.79）	0.00187 （0.84）
$SOE_{i,\,t-1}$	0.0378 （1.63）	0.0381 （1.63）	−0.00975 （−0.31）	−0.00932 （−0.29）
Industry	Yes	Yes	Yes	Yes
Year	Yes	Yes	Yes	Yes
N	3,967	3,967	3,967	3,967
R^2	0.462	0.462	0.559	0.558

注：表 4-11 呈现了在 PSM 样本下实际摩擦成本（RS）替代指标——股票平均市场交易量（TRV）、股票平均年换手率（TO）对企业社会责任披露的回归结果。控制变量描述了公司股票和财务的特征：账面价值（SIZE），股票换手率（TO），杠杆率（LEV），股票收益率的波动率（VOL），股价（PRI），机构投资者持股比例（INSI）。本章还控制了国企哑变量（SOE），如果一个企业是国有企业，国企哑变量等于 1，否则为 0。研究时间为 2006—2015 年。由于不平衡面板的影响，本章固定效应控制了年份影响和行业影响。＊＊＊，＊＊和＊分别表示系数在 1%、5% 和 10% 的水平上显著。

（二）利用社会责任披露维度和社会捐赠进行稳健性分析

本章之前主要利用社会责任报告披露哑变量来进行回归分析，为了进一步检验企业社会责任对股票流动性的影响，本章接下来选取社会责任披露的维度和社会捐赠额来具体量化企业的社会责任水平。根据证券交易所的披露指引要求，企业社会责任的披露维度分为股东、债权人、职工、供应商、客户、环境、公共关系、社会责任制度、安全生产九大类，本章利用披露的维度数量来衡量公司的社会责任履行水平。同时，社会捐赠额作为公众关系和社会公益事业维度中的数据，有相对较高的公众关注度，本章也将其作为衡量企业社会责任的指标。

本章利用上述两项指标代替回归方程（4-6）中的企业社会责任披露哑变量指标，回归结果如表 4-12 所示，第一列和第三列展示了当因变量为报价价差时的回归结果。可以看出，当利用社会责任披露维度变量衡量企业的社会责任水平时，企业履行的社会责任每增长一个维度时，股票报价价差将在1%的置信水平上显著缩小0.79%，并增加0.84%的市场深度。而当用企业的社会捐赠值衡量企业的社会责任水平时，企业社会捐赠每增加1,000万元，可以显著减少0.16%的股票市场报价价差，并增加0.1%的市场深度。利用更加具体的量化指标衡量企业社会责任水平，以上回归结果表明，不仅企业的社会责任报告是否披露会对股票市场流动性产生显著影响，报告中体现的上市公司企业社会责任履行水平同样对股票流动性有积极影响，从而证实和丰富了本章的主要结论，也进一步说明上市公司企业社会责任报告披露对股票流动性的影响主要源于报告中体现的企业社会责任感对市场上道德投资者和有社会公共目标投资偏好的投资者的吸引，企业社会责任通过报告披露呈现表现更高的公司对流动性有更好的促进作用。

表 4-12　利用社会责任披露维度和社会捐赠进行稳健性分析

	（1） QS	（2） DEP	（3） QS	（4） DEP
$CSRDIM_{i,\ t-1}$	-0.00797^{***} (-7.96)	0.00847^{*} (2.15)		
$CSRDONA_{i,\ t-1}$			-0.00000162^{**} (-3.33)	0.00000109^{*} (1.91)
$PRI_{i,\ t}$	-0.534^{***} (-10.28)	-0.0860 (-1.48)	-0.536^{***} (-10.27)	-0.0838 (-1.43)
$SIZE_{i,\ t-1}$	-0.0988^{***} (-8.25)	0.0916^{*} (2.07)	-0.104^{***} (-9.74)	0.0974^{*} (2.03)
$LEV_{i,\ t-1}$	0.0448^{**} (2.99)	-0.00938 (-0.54)	0.0466^{**} (3.11)	-0.0113 (-0.59)
$TO_{i,\ t}$	0.0886^{**} (3.06)	0.0321 (1.46)	0.0879^{**} (2.98)	0.0327 (1.81)
$VOL_{i,\ t}$	-0.232^{***} (-11.29)	0.165 (1.83)	-0.230^{***} (-11.05)	0.163 (1.82)

续表

	(1) QS	(2) DEP	(3) QS	(4) DEP
$INSI_{i,\ t-1}$	0.00136 * (1.97)	0.000935 (1.51)	0.00116 (1.75)	0.00115 (1.64)
$SOE_{i,\ t-1}$	−0.00424 (−0.47)	−0.00907 (−1.15)	−0.00520 (−0.59)	−0.00798 (−1.07)
Cons	0	0	−2.244 *** (−6.95)	0.400 (0.27)
Industry	Yes	Yes	Yes	Yes
Year	Yes	Yes	Yes	Yes
N	3,967	3,967	3,967	3,967
R^2	0.763	0.667	0.761	0.664

注：表 4-12 呈现了在 PSM 样本下报价价差（QS）和相对价差（ES）对社会责任水平指标——企业社会责任披露维度（CSRDIM）和社会捐赠值（CSRDONA）的回归结果。控制变量描述了公司股票和财务的特征：公司规模（SIZE），股票换手率（TO），杠杆率（LEV），股票收益率的波动率（VOL），股价（PRI），机构投资者持股比例（INSI）。本章还控制了国企哑变量（SOE），如果一个企业是国有企业，国企哑变量等于 1，否则为 0。研究时间为 2006—2015 年。由于不平衡面板的影响，本章固定效应控制了年份影响和行业影响。＊＊＊，＊＊和＊分别表示系数在 1%、5%和 10%的水平上显著。

本章进一步补充了上市公司履行企业社会责任的研究，从股票的市场表现角度支持了利益相关者的利益最大化理论，同时，本章对于股票市场流动性的影响因素作出有益补充，本章发现上市公司企业社会责任的披露能够显著减小股票市场买卖价差，增加市场深度，从而改善市场流动性。

通过分析影响股票流动性的不同机制，本章发现企业社会责任披露能够显著减低流动性提供过程的实际摩擦成本，提高股票的市场交易水平，表明企业社会责任的披露能够带动市场上的道德投资者和有社会目标投资偏好的投资者，另外，本章未发现对信息摩擦成本的显著影响，至于企业社会责任信息能否作为上市公司财务信息的补充以改善企业信息整体披露水平未得到显著验证。同时，为了检验企业社会责任能否为公司积累无形社会资本，本章的研究结果表明当公司财务指标下降时，企业社会责任披露能够减少公司股票流动性受到的冲击。本章认为以上结果在一定程度上表明企业社会责任披露的影响更多来自市场投资者的自发无意行为，社会责任报告中的信息披露价值并未被充分分析和利用，这可能也和目前市场上的报告质量水平整体不高有关。此外，本章还通过分析在不同控股背景下社会责任披露与流动性的关系，发现国有企业的社会责任披露对股票流动性的影响显著被削弱，本章认为这与国有企业一贯维持的最大化社会价值的形象有关，其责任披露产生的边际影响因而被减小。

本章的研究表明企业社会责任披露对公司的股票市场起到正向作用，有利于公司的市场表现，并可能为公司积累无形的名誉资本，为公司抵御不利因素的影响，虽然未发现在流动性信息摩擦的显著影响，但本章认为随着中国上市公司企业社会责任披露质量和披露水平的进一步提高，企业社会责任信息披露能够为市场的分析师和投资者提供更多的信息价值，促进上市公司和股票市场共同良性发展。由于本章的研究主要集中在社会责任披露这一外在表现对公司市场指标的影响上，本章并未充分考虑上市公司披露社会责任报告可能存在的内在动机，随着上市公司自愿披露社会责任报告的比例越来越大，未来的研究可能尝试从公司披露的动机角度分析该动机是否会对公司履行社会责任产生的市场正向作用产生影响。

参考文献

[1] 马超. 机构投资者独立性与股票流动性——基于深圳主板 A 股市场上市公司的实证研究 [J]. 金融经济学研究，2015（4）：65-74.

[2] O'Hara M. Presidential address: Liquidity and price discovery [J]. The Journal of Finance, 2003, 58（4）：1335-1354.

[3] Amihud, Y., Mendelson, H., 1986. Asset pricing and the bid-ask spread [J]. Journal of Financial Economics, 17（2），223-249.

[4] Elliott W B, Jackson K E, Peecher M E, et al. The unintended effect of corporate social responsibility performance on investors' estimates of fundamental value

［J］. The Accounting Review, 2013, 89（1）: 275-302.

［5］Chen Y C, Hung M, Wang Y. The effect of mandatory CSR disclosure on firm profitability and social externalities: Evidence from China ［J］. Journal of Accounting and Economics, 2018, 65（1）: 169-190.

［6］Cheng B, Ioannou I, Serafeim G. Corporate social responsibility and access to finance ［J］. Strategic Management Journal, 2014, 35（1）: 1-23.

［7］Masulis R W, Reza S W. Agency problems of corporate philanthropy ［J］. The Review of Financial Studies, 2014, 28（2）: 592-636.

［8］Bénabou R, Tirole J. Individual and corporate social responsibility ［J］. Economica, 2010, 77（305）: 1-19.

［9］Moser D V, Martin P R. A broader perspective on corporate social responsibility research in accounting ［J］. The Accounting Review, 2012, 87（3）: 797-806.

［10］Social capital, Corporate social responsibility, economic behaviour and performance ［M］. Springer, 2010.

［11］Deng X, Kang J, Low B S. Corporate social responsibility and stakeholder value maximization: Evidence from mergers ［J］. Journal of Financial Economics, 2013, 110（1）: 87-109.

［12］Elliott W B, Jackson K E, Peecher M E, et al. The unintended effect of corporate social responsibility performance on investors' estimates of fundamental value ［J］. The Accounting Review, 2013, 89（1）: 275-302.

［13］Godfrey P C, Merrill C B, Hansen J M. The relationship between corporate social responsibility and shareholder value: An empirical test of the risk management hypothesis ［J］. Strategic Management Journal, 2009, 30（4）: 425-445.

［14］El Ghoul S, Guedhami O, Kwok C C Y, et al. Does corporate social responsibility affect the cost of capital? ［J］. Journal of Banking & Finance, 2011, 35（9）: 2388-2406.

［15］Kim J B, Zhang L. Financial reporting opacity and expected crash risk: Evidence from implied volatility smirks ［J］. Contemporary Accounting Research, 2014, 31 （3）: 851-875.

［16］Stoll H R. Presidential address: friction ［J］. The Journal of Finance, 2000, 55 （4）: 1479-1514.

［17］Dhaliwal D S, Radhakrishnan S, Tsang A, et al. Nonfinancial disclosure and analyst forecast accuracy: International evidence on corporate social responsibility disclosure ［J］. The Accounting Review, 2012, 87 （3）: 723-759.

［18］Kim Y, Park M S, Wier B. Is earnings quality associated with corporate social responsibility? ［J］. The Accounting Review, 2012, 87 （3）: 761-796.

［19］Cheng B, Ioannou I, Serafeim G. Corporate social responsibility and access to finance ［J］. Strategic Management Journal, 2014, 35 （1）: 1-23.

［20］Prior D, Surroca J, Tribó J A. Are socially responsible managers really ethical? Exploring the relationship between earnings management and corporate social responsibility ［J］. Corporate Governance: An International Review, 2008, 16 （3）: 160-177.

［21］Rubin A. Ownership level, ownership concentration and liquidity ［J］. Journal of Financial Markets, 2007, 10 （3）: 219-248.

［22］Brockman P, Chung D Y, Yan X S. Block ownership, trading activity, and market liquidity［J］. Journal of Financial and Quantitative Analysis, 2009, 44 （6）: 1403-1426.

［23］Fombrun C, Shanley M. What's in a name? Reputation building and corporate strategy ［J］. Academy of Management Journal, 1990, 33 （2）: 233-258.

［24］Lange D, Lee P M, Dai Y. Organizational reputation: A review ［J］. Journal of Management, 2011, 37 （1）: 153-184.

［25］Anderson J C, Frankle A W. Voluntary social reporting: An iso-beta portfolio analysis ［J］. Accounting Review, 1980: 467-479.

［26］Ioannou I, Serafeim G. THE IMPACT OF CORPORATE SOCIAL RE-SPONSIBILITY ON INVESTMENT RECOMMENDATIONS ［C］//Academy of Management Proceedings. Briarcliff Manor, NY 10510: Academy of Management, 2010 （1）: 1-6.

［27］Richardson A J, Welker M, Hutchinson I R. Managing capital market reactions to corporate social resposibility ［J］. International Journal of Management Reviews, 1999, 1 （1）: 17-43.

［28］Wang M, Qiu C, Kong D. Corporate social responsibility, investor behaviors, and stock market returns: Evidence from a natural experiment in China ［J］. Journal of Business Ethics, 2011, 101 （1）: 127-141.

［29］Antai Li, Xinping Xia, Shen Xu. Disclosure for Whom? Controlling Shareholders, CSR Disclosure, and FirmValue. Working Paper. 2015.

［30］Zhou L A. The Incentive and Cooperation of Government Officials in the Political Tournaments: An Interpretation of the Prolonged Local Protectionism and Duplicative Investments in China ［J］. Economic Research Journal, 2004, 6 （1）: 2-3.

［31］Barclay, M. J., Hendershott, T. Liquidity externalities and adverse selection: Evidence from trading after hours ［J］. The Journal of Finance, 2004, 59 （2）: 681-710.

［32］Stoll H R, Whaley R E. Transaction costs and the small firm effect ［J］. Journal of Financial Economics, 1983, 12 （1）: 57-79.

［33］Agarwal P. Institutional ownership and stock liquidity ［J］. 2007.

［34］Diamond D W, Verrecchia R E. Disclosure, liquidity, and the cost of capital ［J］. The Journal of Finance, 1991, 46 （4）: 1325-1359.

［35］Chordia T, Roll R, Subrahmanyam A. Market liquidity and trading activity ［J］. The Journal of Finance, 2001, 56 （2）: 501-530.

［36］Chung K H, Elder J, Kim J C. Corporate governance and liquidity ［J］.

Journal of Financial and Quantitative Analysis, 2010, 45（2）: 265-291.

［37］Glosten L R, Milgrom P R. Bid, ask and transaction prices in a specialist market with heterogeneously informed traders ［J］. Journal of Financial Economics, 1985, 14（1）: 71-100.

［38］Chu X, Liu Q, Tian G G. Does control-ownership divergence impair market liquidity in an emerging market? Evidence from China ［J］. Accounting & Finance, 2015, 55（3）: 881-910.

［39］Ding, M. , Suardi, S. Government ownership and stock liquidity. Working paper. 2015.

［40］Driscoll J C, Kraay A C. Consistent covariance matrix estimation with spatially dependent panel data ［J］. Review of Economics and Statistics, 1998, 80（4）: 549-560.

［41］Hoechle D. Robust standard errors for panel regressions with cross-sectional dependence ［J］. The Stata Journal, 2007, 7（3）: 281-312.

第五章 关于投资组合风险价值回溯检验的研究

裴 沛

摘 要：风险价值（Value-at-Risk，VaR）是银行和金融机构衡量投资组合风险的主要手段和进行风险管理的重要工具之一。在巴塞尔协议框架下，满足一定条件并具有相当风险管理能力的银行或金融机构被允许自由地选择模型计算投资组合风险价值（Portfolio VaR），但是，必须对 VaR 模型的准确性进行检验，并规定将检验结果也纳入市场风险资本的计量中。因此，对于作为用来检验投资组合 VaR 模型准确性的一种方法——回溯检验（Backtesting）的研究就具有重大的理论意义和实践意义。本章从理论和实证两个方面分析了风险投资组合的回测检验。从本质上来讲，对投资组合风险价值回溯检验的研究，应该是在一个多元的框架下，对投资组合风险价值进行样本外预测并进行回溯检验的研究。特别地，我们注意到这样一个事实，即投资组合权重也是估计的，由权重估计产生的估计风险也会影响到投资组合风险价值的预测，以及回溯检验的结果，进一步可能会影响到市场风险资本的准确计量。基于此，我们提出了一个广泛适用的、克服了现有理论局限性的投资组合风险价值回溯检验的理论，量化了其中的可能存在的估计风险，并提出了一个在实践中简单且有效的资产组合风险价值回溯检验方法。此外，我们将理论运用于多元广义自回归条件异方差模型（Multivariate Generalized Autoregressive Conditional Heteroscedastic Model）中，并采用了最有效的均值方差偏度的投资组合（Mean-variance-skewness Portfolio）理论和最适用金融资产盈亏数据的广义双曲分布（General Hyperbolic distribution）。最后，我们的模拟分析和实证分析也佐证了文章所提出理论的优点。

一、引言

关于金融风险管理的文献主要集中在给定的或者假设的投资组合上，Giot 和 Laurent（2003），Ferreira 和 Lopez（2005），Bali 和 Theodossiou（2008），很少注意到投资组合的权重是未知的，是运用一些投资组合最优化理论去估计的。因此，在关于投资组合的推导问题中，例如回溯检验投资组合的风险价值（VaR），从估计投资组合权重中产生的额外的不确定性被忽视。本章考虑到投资组合的选择，研究了这些估计风险对回溯检验投资组合的风险价值（VaR）的影响，并且提出了一种实践中简单有效的使回溯检验投资组合的风险价值（VaR），使其免予估计风险。

风险价值（VaR）被定义为在一个给定的置信区间，一个特定的范围内资产的最大期望损失，Jorion（2001）。它不仅提供了一种市场风险的测量方法，而且在现有的监管体制下形成了关于市场风险资本要求（MRCR）的基础。此外，根据巴塞尔协议（1996b）规定，用来检验投资组合 VaR 模型准确性的一种方法——回溯检验（Backtesting）也被纳入市场风险资本的计量中。因此，对于投资风险组合的回溯检验的研究就具有重大的理论意义和实践意义。

回溯检验投资组合的风险价值本质上是一个多元理论框架下的问题，因此本章运用了一个完全多元的框架模型去解决投资组合风险价值回溯检验中的估计风险。正如 Giot 和 Laurent（2003）以及 Bauwens 等（2006）所研究的，无论何时涉及资产投资组合，决定投资组合权重和预测资产回报需要一种多元动态的组合资产回报模型。与一元模型不同，多元模型考虑到了组合资产回报的时变相关性，并且在得到任一投资组合的隐含分布时更加灵活，例如，Rombouts 和 Verbeek（2009），Santos 等（2013）和 Wong 等（2017）。在预测投资组合风险价值时，组合回报是不可观测的，但是可以通过预测资产回报和估计资产权重进行计算。

因此，对投资组合 VaR 进行回测时有两种来源会产生估计风险，一种来自估计资产收益的多元动态模型，另一种来自估计投资组合权重。在标准回测过程中未考虑估计风险的影响时，可能会使用错误的临界值来估计市场风险，请参阅 Escanciano 和 Olmo（2010）。但是，在我们文章的模型框架下，现有的一元框架中的方法已经不再适用。因此，我们提出了一种通用理论来量化回测投资组合 VaR 的多元框架中两个来源的估计风险。本章在多元理论框架下，首次在回溯测试投资组合权重过程考虑了额外的不确定性的估计。

　　事实上，风险管理文献中没有对估计风险问题给予足够的重视。它被复杂的方法忽略或克服了。举例来说，Klein 和 Bawa（1976）首先讨论的估计风险对最优投资组合选择的影响主要使用贝叶斯预测方法进行检验，例如 Kandel 和 Stambaugh（1996）及 Barberis（2000）。Jorion（1996）和 Dowd（2000）研究了 VaR 的估计风险问题，但仅适用于独立同分布收益的情况。Christoffersen 和 Goncalves（2005）及 Spierdijk（2016）使用重采样技术来解释单变量动态模型中参数估计的不确定性。此外，Gao 和 Song（2008）提供了一种分析方法来处理 GARCH VaR 中的估计风险和预期损失估计。Escanciano 和 Olmo（2010）量化了回测 VaR 中的估计风险。Gourieroux 和 Zakoïan（2013）表明，估计值会引起覆盖概率的渐近偏差，并提出了校正后的 VaR。Francq 和 Zakoïan（2015）引入了风险参数的概念，并得出了单变量收益的条件 VaR 的渐近置信区间。但是，以上所有工作仅限于单变量框架。虽然 Francq 和 Zakoïan（2018）研究了多元系统的渐近性质并提供了投资组合的条件 VaR 的置信区间，但并未考虑多元设置中的回测问题。

　　本章提出的一般理论虽然不需要资产收益的特定分布函数形式假设或投资组合选择的特定方法，但我们在应用中也详细考虑了这两个问题。在对资产收益进行建模时，我们集中于最受欢迎的参数多元广义自回归条件异方差模型（MGARCH），可以从金融时间序列中捕获波动率聚类和时变相关性的显著经验特征。关于 MGARCH 的文献很多，可以参见 Bauwens 等（2006）以及 Silvennoinen 和 Terasvirta（2008）。同时，创新的分布函数形式假设是很重要的。我们将使用一般的双曲（GH）分布。正如 Mencia 和 Senntana（2005）所分析的那样，在条件异方差动态回归模型中，GH 分布足以弥补正向超值峰度和金融资产收益的负偏度，并且它是一个包含许多众所周知的子类的相当灵活的分布，包括文献中已经使用的最重要的分布，例如正态分布和偏态分布。此外，GH 分布在线性变换下是封闭的，这在投资组合分配和投资组合 VaR 计算等应用中具有重要意义。

在分配资产时，除了广泛使用的均值方差（MV）分析之外，我们还使用所谓的均值方差偏度（MVS）分析。首先，考虑到要建模的资产收益的不对称性，我们不能忽略高阶矩对资产分配的影响。其次，在我们的模型设置下，资产收益将联合服从 GH 分布，可以表示为位置尺度的法线混合。Mencia 和 Sentana（2009）表明，当投资组合成分资产遵从正态分布的 Location-Scale Mixtures 时，则其所构成投资组合的分布将由均值，方差和偏度的唯一决定。通过我们的 MVS 方法，在我们的模型设置下，可以明确获得最优投资组合权重的封式解。

我们的蒙特卡洛模拟结果支持了我们的理论发现。正如我们的模拟所示，在多元框架下，估计效果可能导致检验置信水平的扭曲高达 42%，而更高的维度则导致更大的检验置信水平的扭曲。它还表明，投资组合权重的估计仅对分布偏斜的无条件回测产生影响，并且随着样本外规模与样本内规模之比越来越小，估计风险对回测投资组合 VaR 的影响趋于消失。

我们的实证应用中的一个说明性例子，表明如果金融机构在不考虑估计风险的影响的情况下实施标准的回测程序，可能会做出错误的推断，计算不合适的乘法因子并因此不满足风险资本要求。因此，我们应使用较小的样本外与样本内规模的比例对投资组 VaR 进行回测，以克服估计风险对回测的影响。

本章的其余部分结构如下。第二部分提供了一种一般理论，该理论量化了在对最优投资组合 VaR 进行回测时的估计风险，而无须针对资产收益的任何特定分布函数形式假设或最优投资组合选择的任何特定方法，并提出了一种克服估计风险对回测的影响的方法。第三部分将一般理论应用于多元参数设置，在该参数设置中，资产收益通过具有标准化 GH 创新的 MGARCH 模型建模，并通过 MVS 方法选择最佳投资组合权重。一系列模拟练习可以说明我们的理论发现。第四部分是三只股票的投资组合的应用，并通过回测最优证券投资组合 VaR 的不同方法比较了推论的差异。第五部分是总结。

二、投资组合 VaR 回测对估计风险具有稳健性：一般理论

回测的实质是将实际交易结果与模型生成的风险度量进行样本外比较。在回溯投资组合 VaR 时，需要同时考虑资产收益率和资产分配。为了检验估计风险对回测资产组合 VaR 的影响，我们需要首先详细说明预测评估问题。

（一）预测评估问题

我们考虑一个具有 d 个资产的投资组合。$r_t = (r_{1t}, r_{2t}, \cdots, r_{dt})'$ 表示投资组合中固定资产收益的 d 维向量。假设在 $t-1$ 时间，投资者的信息集表示为 I_{t-1}，它包含 r_t 的过去值和其他相关的经济，财务变量 z_t，即 $I_{t-1} = (r'_{t-1}, z'_{t-1}, r'_{t-2}, z'_{t-2}, \cdots)$，然而投资组合的比重，$w_t = (w_{1t}, w_{2t}, \cdots, w_{dt})'$，其中 $w_t \in R^d$，$\sum_{i=1}^{d} w_{it} = 1$，是未知的，需要在 t 时间通过使用一些投资组合的选择方法，以 $t-1$ 的可用信息为条件进行估算。为了变得更清晰一点，我们定义 $w_t \equiv w(I_{t-1})$。很明显，一旦我们以在 $t-1$ 时间的信息集为条件，就可以将 w_t 在时间 t 视为常数。需要注意的是，此处未指定特定的投资组合选择方法，因此要介绍的理论涵盖了文献中所有现有的方法。因此，可以通过线性投影 $Y_t(w_t) \equiv w'_t r_t$ 来计算在 t 时刻未观察到的投资组合收益。假设给定 I_{t-1} 的未观察到的投资组合收益 Y_t 的条件分布是连续的，则投资组合 VaR 在给定置信度为 $1-\alpha$ 且给定 I_{t-1} 的条件下，$m_\alpha(w_t, \theta_0, I_{t-1})$ 被定义为 $Y_t | I_{t-1}$ 的分布的第 α 分位数，并满足等式

$$P(Y_t \leq m_\alpha(w_t, \theta_0, I_{t-1}) | I_{t-1}) = \alpha, \ a.s., \ \alpha \in (0, 1), \ \forall t \in Z.$$

$$(5-1)$$

其中参数 θ_0 属于 Θ，Θ 是欧几里得空间 R^p 里的一个紧集。

检查投资组合 VaR 模型 $m_\alpha(w_t, \theta_0, I_{t-1})$ 的准确性非常重要,因为市场风险资本要求与投资组合 VaR 的估计水平以及巴塞尔银行监管委员会规定的投资组合 VaR 模型在回测中的表现都直接相关。Christoffersen(1998)给出的定义(1)的含义之一被视为对投资组合 VaR 预测进行样本外评估的标准,

$\{h_{t,\alpha}(\theta_0)\}$ 是某个 θ_0 的独立同分布 $Ber(\alpha)$ 随机变量 (5-2)

其中 $h_{t,\alpha}(\theta_0) := 1(Y_t \leq m_\alpha(w_t, \theta_0, I_{t-1}))$,$1(\cdot)$ 是指示函数,如果事件 A 发生则记作 $1(A) = 1$,否则记为 0,变量 $\{h_{t,\alpha}(\theta_0)\}$ 被称为"命中"或"超额",$Ber(\alpha)$ 代表具有参数 α 的伯努利随机变量。评估投资组合 VaR 预测准确性的问题可以简化为检查命中序列 $\{h_{t,\alpha}(\theta_0)\}$ 的无条件覆盖率和独立性的问题。基于这种命中序列的统计特性,文献提出了几种检验方法,例如 Kupiec(1995),Christoffersen(1998)及 Engle 和 Manganelli(2004)。

这些测试问题是在样本外预测活动中进行的。预测环境可以描述如下。假设我们有一个用于估计和评估投资组合 VaR 预测的样本 $\{r_t, z_t\}_{t=1}^n$,其大小 $n \geq 1$。为简单起见,我们仅考虑提前一期的预测。众所周知,投资组合选择方法使用资产收益的多元动态模型的估计和预测结果,因此不损失一般性,我们可以假设 θ_0 是资产收益的多元动态模型中的未知参数,权重 w_t 将同时取决于 θ_0 和 I_{t-1},即 $w_t \equiv w_t(\theta_0) = w(\theta_0, I_{t-1})$。假设观察的前 R 个周期用于估计第一个预测中的 $\widehat{\theta}_R$ 和 $\widehat{w}_{R+1}$,然后我们将得到 $P = n - R$ 个预测进行评估。第一个 VaR 预测为 $VaR_{R+1,1}(\widehat{\theta}_R, \widehat{w}_{R+1}) = m_\alpha(w_{R+1}(\widehat{\theta}_R), \widehat{\theta}_R, I_R)$,进一步的预测为 $VaR_{t+1,1}(\widehat{\theta}_t, \widehat{w}_{t+1}) = m_\alpha(w_{t+1}(\widehat{\theta}_t), \widehat{\theta}_t, I_t)$,$R \leq t \leq n - 1$,其中 $\widehat{\theta}_t$ 和 $\widehat{w}_{t+1}$ 是使用观测值 $s = 1, \cdots, t$ 估算的。为简单起见,我们将只专注于研究无条件回测程序,但是类似的方法可以应用于独立性测试。

(二)无条件回测对估计风险具有稳健性

最流行的无条件回测是 Kupiec(1995)基于标准化样本均值提出的

$$K_P \equiv K(P, R) := \frac{1}{\sqrt{P}} \sum_{t=R+1}^n (h_{t,\alpha}(\theta_0) - \alpha)$$

$$= \frac{1}{\sqrt{P}} \sum_{t=R+1}^{n} \left[1(Y_t \leq m_\alpha(w_t, \theta_0, I_{t-1})) - \alpha \right] \quad (5-3)$$

在适当的规则性条件下，$(\alpha(1-\alpha))^{-\frac{1}{2}} K_P$ 收敛到标准正态随机变量。标准回测是在不现实的假设下进行的，其中 θ_0 和 w_t 是已知的，并且投资组合收益 Y_t 是可观察的，并使用标准正态分布的临界值。然而实际上，真实参数 θ_0 和投资组合权重 w_t 都是未知的，必须估计，因此投资组合收益 Y_t 是不可观察的。因此，测试统计量变为

$$S_P \equiv S(P, R) := \frac{1}{\sqrt{P}} \sum_{t=R+1}^{n} \left[1(\widehat{Y}_t \leq m_\alpha(\widehat{w}_t, \widehat{\theta}_{t-1}, I_{t-1})) - \alpha \right] \quad (5-4)$$

其中 $\widehat{w}_t = w_t(\widehat{\theta}_{t-1})$，$\widehat{Y}_t = Y_t(w_t(\widehat{\theta}_{t-1})) = w_t(\widehat{\theta}_{t-1})' r_t$。

在不考虑估计风险的影响的情况下，标准的回测程序可能会使用错误的临界值，例如可以参见 Escanciano 和 Olmo（2010），因此我们必须在考虑估计风险的情况下实施回测。为了量化当前框架中的估计风险，我们必须考虑两个估计值 $\widehat{\theta}_{t-1}$ 和 $\widehat{w}_t$。换句话说，多元风险价值模型的估计风险来自两个方面：一个是资产收益的多元动态模型中未知参数的估计，另一个是未知投资组合权重的估计。

从式（5-4）中的测试统计量的表达式，似乎可以将投资组合 VaR 视为单变量参数 VaR 模型，但是有一个重要的差异，即投资组合权重 w_t 不可观察，必须进行估计。因此投资组合收益 Y_t 也是不可观察的，它是关于 θ_0 的函数，即 $Y_t \equiv Y_t(w_t(\theta_0))$。这种细微的差异对我们的测试问题具有重要意义，并且标志着与现有文献的背离。首先，它表明通常不可能对投资组合 VaR 进行纯粹的单变量方法。其次，这种差异使文献中单变量情况的结果不适用于我们当前的框架。本章会表明，估计参数 θ_0 和估计值 w_t 都在对投资组合回测的估计效果增加了额外项。具体来说，两个分量 $\widehat{\theta}_{t-1}$ 和 $w_t(\widehat{\theta}_{t-1})$ 分别在仍为正态的极限分布中渐进地引入一个额外项，从而改变 S_P 的渐近方差。

正如期望的那样，新渐近方差的主要决定因素之一是用于创建预测的方案。

为了完整起见，我们遵循 West（1996）和 McCraken（2000），并讨论了三种不同的预测方案，即递归，滚动和固定预测方案。它们在估计参数 θ_0 的方式上有所不同。在递归方案中，使用直到时间 t 的所有可用样本来计算 $\widehat{\theta}_t$。在滚动方案中，仅使用序列的最后一个 R 值来估计 $\widehat{\theta}_t$，即，由样本 $s = t - R + 1, \cdots, t$ 构造 $\widehat{\theta}_t$。最后，在固定方案中，当有新观测值可用时，参数不会更新，即对于所有 t，$R \leq t \leq n$，$\widehat{\theta}_t = \widehat{\theta}_R$。

将给定 I_{t-1} 条件下的 $Y_t(w_t(\theta_0))$ 的单变量条件分布表示为 $F_{Y_t(w_t(\theta_0))}(\cdot, w_t(\theta_0), \theta_0, I_{t-1})$，它可以从给定 I_{t-1} 条件下的 r_t 的多变量条件分布中得到，同时将 $m_\alpha(w_t, \theta, I_{t-1})$ 关于 θ 的导数表示为 $g_\alpha(w_t, \theta, I_{t-1})$。

使用这些符号，我们将陈述本章的第一个重要结果。

定理一：基于附录 A 的 A1-A5 假设，

$$S_P = \frac{1}{\sqrt{P}} \sum_{t=R+1}^{n} \left[h_{t,\alpha}(\theta_0) - F_{Y_t(w_t(\theta_0))}(m_\alpha(w_t(\theta_0), \theta_0, I_{t-1})) \right]$$

$$+ \underbrace{E\left[\frac{\partial F_{Y_t(w_t(\theta_0))}(m_\alpha(w_t(\theta_0), \theta_0, I_{t-1}))}{\partial\theta'_0} \right] \frac{1}{\sqrt{P}} \sum_{t=R+1}^{n} H(t-1)}_{\text{估计风险}}$$

$$+ \underbrace{\frac{1}{\sqrt{P}} \sum_{t=R+1}^{n} \left[F_{Y_t(w_t(\theta_0))}(m_\alpha(w_t(\theta_0), \theta_0, I_{t-1})) - \alpha \right]}_{\text{模型风险}} + OP \qquad (5-5)$$

其中估计风险中的分数部分为 $A = E[\partial F_{Y_t(w_t(\theta_0))}(m_\alpha(w_t(\theta_0), \theta_0, I_{t-1}))/\partial\theta'_0]$，可以通过链式法则被分解为两个部分。

$$A = E\left[\underbrace{\frac{\partial F_{Y_t(w_t(\theta_0))}(m_\alpha(w_t(\theta_0), \theta, I_{t-1}))}{\partial\theta'}}_{\text{由于动态估算}} + \right.$$

$$\left. \underbrace{\frac{\partial F_{Y_t(w_t(\theta))}(m_\alpha(w_t(\theta), \theta_0, I_{t-1}))}{\partial\theta'}}_{\text{由于投资组合权重的估算}} \right]\Bigg|_{\theta=\theta_0}$$

请注意，在 A 的第一个分量中，我们仅考虑 w_t 在固定的情况下 θ 的变化。由于分数分量 A 将在 $\theta = \theta_0$ 处求值，并且在权重中，我们有权在区分之前用 θ_0 替

换 θ，因此 A 中的第一个分量仅是由于动态估算。以类似的方式，通过使 w_t 变化并使 w_t 之外的所有其他 θ 保持固定来获得 A 的第二成分，这仅是由于对投资组合权重的估计。

定理 1 量化了无条件回测中的估计风险和模型风险。在本章中，我们假设多元 VaR 模型是正确的，即 $F_{Y_t(w_t(\theta_0))}(m_\alpha(w_t, \theta_0, I_{t-1})) = \alpha$，则模型风险消失了，但我们仍需要处理估计风险。我们需要注意在多元 VaR 模型下，有两种估计风险的来源，一种来自估计资产收益的多元模型中的参数，另一种来自估计投资组合的权重。如果不考虑任何这些组成部分，我们可能会在无条件回测过程中做出错误的推断。另外，该理论可以被应用于最优或次优投资组合，只要估计了投资组合即可。但是，由于估计投资组合权重而导致的估计风险的大小将取决于投资组合优化问题中目标函数的性质。在统计文献中可以知道，当目标函数为线性或对称时，如果估计无偏，估计误差的损失往往很小，因此，预计通过估计投资组合权重得出的估计风险不会足够大到对回测结果产生影响。但是，当目标函数高度非线性且不对称时，由于估计投资组合权重而导致的估计风险往往会降低，请参见 Im，Lim 和 Choi（2007）。我们将在模拟练习中对此进行检验。

推论 1：基于附录 A 和式（5−1）中的假设 A1−A5，

$$S_P \xrightarrow{d} N(0, \sigma_u^2),$$

其中 $\sigma_u^2 = \alpha(1 - \alpha) + 2\lambda_{hl}A\rho + \lambda_{ll}AVA'$，

$\rho = E[(h_{t,\alpha}(\theta_0) - \alpha)l(r_t, I_{t-1}, \theta_0)]$，$V = E[l(r_t, I_{t-1}, \theta_0)l'(r_t, I_{t-1}, \theta_0)]$，$l$ 是附录 A 中定义的关于 $\sqrt{t}(\widehat{\theta}_t - \theta_0)$ 的影响函数，其中

预测方案	λ_{hl}	λ_{ll}
递归方案	$1 - \tau^{-1}\ln(1 + \tau)$	$2[1 - \tau^{-1}\ln(1 + \tau)]$
滚动方案，$\tau \leqslant 1$	$\tau/2$	$\tau - \tau^2/3$
滚动方案，$1 < \tau < \square$	$1 - (2\tau)^{-1}$	$1 - (3\tau)^{-1}$
固定方案	0	τ

推论 1 给出了具有估计风险的 S_p 的渐近分布，提出了一种对无估计风险的条件回测进行有效推断的方法。然而，实施这样的回测程序是一项艰巨的任务。首先，σ_u^2 的解析公式过于复杂，无法通过常规方法直接进行估算。其次，在多元 VaR 模型中，在估计风险中得出分数分量 A 时存在计算复杂性。

从推论 1 中可以明显看出，除非渐近方差 σ_u^2 变为 K_P 的渐近方差 $\alpha(1-\alpha)$，否则标准的无条件回测程序是不可靠的。幸运的是，推论 1 也提出了解决该问题的方法。根据系数 λ_{hl} 和 λ_u 的公式，当参数 $\tau = P/R$ 趋于零时，在所有三种预测方案下，两个系数均趋于零，这意味着随着样本外规模与样本内规模的比值变为零，σ_u^2 变为 $\alpha(1-\alpha)$。换句话说，随着样本外规模与样本内规模之比变为零，估计风险对标准无条件回测的影响趋于消失。因此，为克服估计风险对无条件回测的影响，我们建议金融机构使用样本外规模与样本内规模的较小比率，以便可以进行有效推断。这将在模拟练习中得到确认。

三、特定分布假设下的应用

上面介绍的理论发现是非常笼统的，因为它们不需要资产收益的任何特定分布函数形式假设和投资组合选择的任何特定方法，也不需要构造的投资组合为最优。在本节中，我们将考虑几种特殊设置。为了说明我们的理论发现，我们还使用从最简单到最实际的模型进行了一系列的蒙特卡洛模拟实验，因为上述所有理论发现都是渐近的，我们需要找出它们在有限数量样本中的行为。

(一) 资产收益的多元动态模型

我们要建立具有满足以下属性的特定创新的多元参数动态模型：它不仅考虑了波动性聚类和时变相关性的经验特征，而且还有金融时间序列数据中超额正峰度和负偏度的典型事实；此外，指定的资产收益率多元分布在线性变换下是封闭的，因此，在该框架中建模其成分的任何投资组合的收益率分布仍在同一类别中，这对于在投资组合分配和投资组合 VaR 计算等应用中使用该模型具有重要意义。最流行的多元波动率建模是多元广义自回归条件异方差模型（MGARCH）。一种类型是直接对条件协方差矩阵进行建模，其中包括 Bollerslev, Engle 和 Wooldridge（1988）的 VEC 模型以及 Engle 和 Kroner（1995）中定义的 BEKK 模型。另一种类型是对条件方差和相关性进行建模，而不是直接对条件协方差矩阵进行建模，最简单的一种是 Bollerslev（1990）的常量条件相关性（CCC）-GARCH 模型，由于其可解释的参数和易于估算，因此对从业者具有吸引力。大多数 MGARCH 模型的主要问题是参数的数量会随着模型的维度增加而呈爆炸性增长。因此，为了简化，要素模型假设资产收益是由潜在的有条件的异方差因素产生的，请参见 Diebold 和 Nerlove（1989）及 King 等（1994），或者假设收益的协方差矩阵中存在随时间变化的因子结构，请参见 Engle，Ng 和 Rothschild（1990）。由于这两种设定对套利定价理论和资本资产定价模型都具有重要意义，因此它们在金融上非常有吸引力。至于创新的分布函数形式假设，文献中有几种多元分布可用于多元动态模型，例如，Bauwens 和 Laurent（2005）将多元偏斜学生密度应用于动态条件相关（DCC）模型，Mencia 和 Sentana（2005）在多元动态回归模型中分析了一般双曲线（GH）分布。

为了说明的目的，本章考虑了多元条件异方差单因素模型，因为单因素模型的定价能力与多因素模型完全相同，请参阅 Cochrane（2001）。这个模型采用以下形式

$$r_t = \mu + cf_t + v_t \tag{5-6}$$

其中 f_t 是条件均值为 $E[f_t | I_{t-1}] = 0$ 且时变条件方差 $V(f_t | I_{t-1}) = \lambda_t$ 的公共潜在因子，$v'_t = (v_{1t}, v_{2t}, \cdots, v_{dt})$ 是一个满足 $E[v_t | I_{t-1}] = 0$ 和具有非负对角线元素的 $V[v_t | I_{t-1}] = \Gamma = diag(\gamma_1, \gamma_2, \cdots, \gamma_d)$ 的关于特质风险的 d 维向量，假设 v_t 条件正交于 f_t，μ 是均值收益的 d 维向量，而 $c' = (c_1, v_2, \cdots, v_d)$ 是因子负荷的 d 维向量。这些假设表明以 I_{t-1} 为条件的 r_t 的分布具有均值 μ，并且时变协方差矩阵 $\sum_t = cc'\lambda_t + \Gamma$。因此，$r_t$ 的数据生成过程可以表示为 $r_t = \mu + \sum_t^{1/2} \varepsilon_t$。我们将假设 I_{t-1} 上创新 ε_t 的条件分布是参数为 (η, ψ, b) 的标准化 d 维 GH 分

布，其中 η 和 ψ 允许灵活的尾部建模，并且向量 $b' = (b_1, b_2, \cdots, b_d)$ 引入了偏斜度，有关此分布的详细参数化，请参见附录。特别地，我们假设公共因子的条件方差服从广义二次自回归条件异方差模型 GQARCH（1，1），由

$$\lambda_t = \beta_0 + \omega f_{t-1} + \beta_1 f_{t-1}^2 + \beta_2 \lambda_{t-1} \qquad (5-7)$$

其中 β_0，β_1，$\beta_2 > 0$ 并且 $\omega^2 \leq 4\beta_1\beta_0$ 来确保条件方差是正的。与标准 GARCH 模型相比，最初由 Sentana（1995）提出的 GQARCH 模型具有捕获条件方差的非对称效应和更高的峰度的优势。注意，λ_t 取决于 f_{t-1} 和 f_{t-1}^2 的过去值，它们的真实值不一定属于可用信息集 I_{t-1}，而是可以通过 Kalman 滤波器在可观测值上进行评估，请参见 Harvey 等（1992）。以公因子为状态，很容易得出更新方程：$f_{t|t} = E[f_t | I_t] = \omega_{t-1|t-1} c'\Gamma^{-1} r_{t-1}$，$\omega_{t|t} = E[f_t | I_t] = (\lambda_{t-1} + c'\Gamma^{-1}c)$，进而 GQARCH 模型被修正为

$$\lambda_t = \beta_0 + \omega f_{t-1|t-1} + \beta_1 (f_{t-1|t-1}^2 + \omega_{t-1|t-1}) + \beta_2 \lambda_{t-1} \qquad (5-8)$$

其中 $f_{t-1|t-1}^2 + \omega_{t-1|t-1} = E[f_{t-1}^2 | I_{t-1}]$，并且 $\omega_{t-1|t-1}$ 在因子估计中起校正误差的作用。此类模型在以下方面具有吸引力：首先，因子模型提供了一种相对简约的表示形式，与其他模型（例如 DCC 和 BEKK）相比，所涉及的参数数量要少得多，这使其在大型系统中可行。其次，它能够捕获金融时间序列的所有典型事实。最后，一旦我们确保因子的条件方差是非负的，就可以自动确保 r_t 的正（半）定条件协方差矩阵。但是由于 GH 分布的复杂性，该模型的估计仍然需要计算。

（二）投资组合选择

上述模型的估计和预测结果将作为投资组合选择问题的输入项。在我们的模型设置下，资产收益率联合服从 GH 分布，它可以表示为正态分布的 Location-Scale Mixtures，同时也考虑了资产收益率的偏斜度。因此，我们遵循 Mencia 和 Sentata（2009）的 MVS 分析，该分析表明，组成部分联合服从位置尺度的法线混合的任何投资组合的分布将通过其均值，方差和偏度来唯一表征，并得出最优投资组合权重的封闭解，它可以表示为偏度方差有效投资组合

b 和均值方差有效投资组合 $\sum_{t}^{-1} \iota$ 的线性组合，其中 ι 是一个（$d \times 1$）向量。为了节省空间，我们在正文中不提供公式，详细信息请参阅 Mencia 和 Sentana（2009）。

值得一提的是，文献中很少有文章在投资组合 VaR 的预测中考虑选择投资组合权重，甚至没有论文考虑过估计投资组合权重对回测投资组合 VaR 的估计风险的影响。Francq 和 Zakoïan（2018）用估算的最佳投资组合权重评估投资组合 VaR，尽管他们没有考虑估计对回测 VaR 的影响。据我们所知，本章第一个解释了投资组合权重估计及其对回测投资组合 VaR 的影响。为了模拟，我们假设 $\mu = 0$。因此，投资组合 VaR 的形式为

$$m_{\alpha}(w_t, \theta_0, I_{t-1}) = \sqrt{w'_t \sum_t w_t}\, G^{-1}(\alpha) \qquad (5-9)$$

其中 $G^{-1}(\alpha)$ 是 $\varepsilon_t^* = w'_t \sum_t^{\frac{1}{2}} \varepsilon_t / \sqrt{(w_t \sum_t^{\frac{1}{2}})' \sum_t^{\frac{1}{2}} w_t}$ 单变量标准化 GH 分布的第 α 分位数。

定理 1 允许我们量化无条件回测的估计风险，以便我们可以进行有效的推论。为简单起见，我们仅考虑固定的预测方案。可以根据定理 1 获得当前设置下采用固定预测方案的无条件测试的估计风险项。

（三）模拟练习

这一节的目的是通过一些蒙特卡洛模拟来说明我们的理论发现。表明在不考虑估算风险影响的情况下进行标准的回测程序可能会产生误导，资产组合权重的估计以及不同样本内大小与样本外大小之比的选择对回测具有重要意义。出于说明目的，我们通过使用三个不同的模型实施同一组实验。最简单的模型是具有标准化 Student-t 创新的双变量恒定位置标度模型，可以将其表示为 $r_t = \sum_0^{\frac{1}{2}} \varepsilon_t$，其中 ε_t 服从自由度为 v 的二元 Student-t 分布。第二个是双变量一阶 BEKK 模型，其形式为

$$r_t = \sum_t^{\frac{1}{2}} \varepsilon_t \qquad\qquad (5-10)$$

$$\sum_t = C'_0 C_0 + C'_1 r_{t-1} r'_{t-1} C_1 + D' \sum_{t-1} D \qquad\qquad (5-11)$$

其中 C_0，C_1 和 D 在 $R^{2\times2}$ 中，C_0 是一个上三角矩阵，并且 ε_t 服从一个二元 Student-t 分布，其自由度 ν 取决于信息集 I_{t-1}。第三个是最现实，最复杂的模型，如上一节所述，是条件异方差单因素模型的三变量模型。在分配资产时，我们将 MV 方法应用于两个较简单的模型，将 MVS 方法应用于第三个模型。

至于参数值，我们为 BEKK 模型选择了

$$C_0 = 10^{-3}\begin{pmatrix} 1.15 & 0.31 \\ 0 & 0.76 \end{pmatrix}, C_1 = \begin{pmatrix} 0.282 & -0.050 \\ -0.057 & 0.293 \end{pmatrix}, D = \begin{pmatrix} 0.939 & 0.028 \\ 0.025 & 0.939 \end{pmatrix}, v = 5$$

取自 Hardle，Kleinow 和 Stahl（2002）的估计结果，对于最简单的模型，将 $\sum_0$ 设置为特定 BEKK 模型的无条件协方差矩阵。对于第三个模型，我们设置了模型参数 $c' = (1, 1, 1)$，$\Gamma = \text{diag}(1, 1, 1)$，$\beta_1 = 0.1$，$\beta_2 = 0.6$，$\omega = -0.2771$，并且 $\beta_0 = 1 - \beta_1 - \beta_2$，以及分布的参数 $\eta = 0.5$，$\psi = 0.1$，$b' = (-0.1, -0.1, -0.1)$。

我们基于未经校正的标准无条件回测测试统计量 S_P 进行了一系列模拟实验。为了进行比较，我们设计了四种情况。情况 I 是具有真实参数值和真实投资组合权重的实验，情况 II 是具有估计参数和估算投资组合权重的实验，情况 III 是具有估计参数但具有真实投资组合权重的实验，情况 IV 具有真实参数值但具有估计的投资组合权重。在每种情况下，我们还考虑了四对不同的样本内和样本外规模，以及三种不同的假设检验名义规模水平。我们重复实验并在每种情况下计算 S_P 1,000 次，然后比较不同规模的表现。

我们对这三种模型分别使用固定预测方案，递归预测方案和滚动预测方案，分别针对 $\alpha = 5\%$ 和 $\alpha = 1\%$ 的三种预测方案，进行了设计的模拟实验。为了节省篇幅，我们仅在表 5-1，表 5-2 和表 5-3 中使用固定的预测方案报告结果。

我们的模拟结果有五个主要结论。第一，只有在知道真实参数值的情况

下，标准的无条件回测才能很好地执行。如情况 I 所示，在所有实验中，经验规模都更接近名义规模。毫不奇怪，当使用估计参数时，估计风险确实会对回测结果产生重大影响。如情况 II 的结果所示，在所有实验中，特别是对于 $\tau = 1$ 时，经验规模都与名义规模相差甚远，这种情况通常在实践中使用。例如，在名义规模为 10% 的情况下，回测 BEKK 模型预测的投资组合 VaR 在 $\alpha = 5\%$ 时的经验规模高达 42%。当实际参数值未知且必须估计时，会存在巨大的检验置信水平扭曲，实践中将会是这种情况。因此，不考虑估计风险影响的标准回测程序可能会产生误导。

第二，如理论所预测，随着样本外规模与样本内规模的比值 τ 变为零，无条件检验的经验规模更接近名义规模，参见随着 τ 从 1 到 0.125 情况 II 的结果。随着样本外规模与样本内规模的比值变小，在所有名义规模水平下，结果均得到改善。换句话说，随着样本外规模与样本内规模之比变为零，估计风险对回测投资组合 VaR 的影响趋于消失。因此，我们建议使用相对于样本内大小的较小样本外值，以便对无条件回测进行有效推断。

第三，当参数数量变多时，估计风险往往变得越来越重要。在使用的三个模型中，BEKK 模型的参数最多，而恒定 Location-Scale 模型的参数最少。比较表中的情况 II 的结果，我们发现 BEKK 模型的经验规模最大，而恒定 Location-Scale 模型的经验规模最小。这一结果在一定程度上证实了 Christoffersen 和 Goncalves（2005）的推测，即在参数数量很大的多元建模中，估计风险问题可能甚至更为重要。

第四，情况 I 和情况 IV 之间以及情况 II 和情况 III 之间的唯一区别是是否估计了投资组合的权重。比较结果，附录表 5-1 和表 5-2 中的回测结果不是很明显，而表 5-3 中的结果对是否估计投资组合权重非常敏感。这是由于在 MV 分析中使用了对称目标函数，而在 MVS 分析中使用了非对称目标函数。

第五，对于较小的 VaR 值（例如 $\alpha = 1\%$），S_P 的渐近分布不能提供准确的近似值。在这种情况下，我们需要基于 $\alpha \to 0$ 的不同渐近理论，这超出了本章的范围。

四、应用

如上所述，本章的发现提出了一种简单而有效的方法，可以克服估计风险对金融机构无条件回测的影响，从而使他们可以对回测投资组合 VaR 做出更可靠的推断，这是为了通过使用样本外规模相对于样本内规模的较小值来实现标准的无条件回测程序，并将 VaR 级别设为 5%。

例如，我们将建议的方法应用于美国三个指数的股票投资组合：道琼斯指数：美铝股票（AA），麦当劳股票（MCD）和默克股票（MRK）。Giot 和 Laurent（2003）最初使用的数据范围为 1990 年 1 月至 2002 年 5 月（3000 个日度观测值）。每日收益是对数价格的一阶差分乘以 100。所有收益系列的主要特征包括肥尾，偏度，超额正峰度和波动性聚集。考虑到这些特征，我们拟合了三变量条件异方差单因素模型，并如本章先前所说的，选择了 MVS 方法来获得投资组合权重。我们将最后 250 个观测值作为样本外周期，即 P＝250，样本内周期 R＝2750。为了进行比较，我们还选择了几种不同的样本内大小：R＝250、500、1000 和 2000，并以 1% VaR 实施回测程序。然后，将样本内时间段用于估算模型，计算投资组合权重，并在样本外时间段内进行预测。为简单起见，我们仅考虑固定的预测方案。

表 5-4 报告了回测结果，包括在 VaR 级别 $\alpha=5\%$ 和 $\alpha=1\%$ 的情况下，基于风险资本要求的违规次数，无条件回测测试统计量（S_p）和乘数[1]（mf_t）。

---

[1] 通过将过去 250 天内违反 VaR 的次数 N，划分为三个区域来确定乘数因子。对于 99% 的真实覆盖率，

$$mf_t = \begin{cases} 3.0, & N \leqslant 4, \text{绿色区域}。\\ 3+0.2(N-4), & 5 \leqslant N \leqslant 9, \text{黄色区域}。\\ 4.0, & N > 10, \text{红色区域}。\end{cases}$$

对于 95% 的真实覆盖率，

$$mf_t = \begin{cases} 3.0, & N \leqslant 17, \text{绿色区域}。\\ 3+0.2(N-4), & 18 \leqslant N \leqslant 27, \text{黄色区域}。\\ 4.0, & N > 28, \text{红色区域}。\end{cases}$$

根据巴塞尔银行监管委员会（1996b），黄色区域的起始点是，获得该次数或更少次数违规的概率等于或超过 95%，红色区域的起始点是，获得该次数或更少次数违规的概率等于或超过 99.99%。

结果表明，对于 $\alpha = 5\%$ 和 $R = 2750$，以及 $\alpha = 1\%$ 且 $R = 2000$ 和 2750 时，投资组合 VaR 模型在 5% 显著性水平上被拒绝，但对于样本内规模较小的其他情况则不成立。由于样本外时间段是固定的，因此样本内大小越大，比率 τ 越小。根据我们的理论，估计风险对无条件回测结果的影响随 τ 值的下降而减小，因此，使用更大的样本量得出的结果更加可靠。我们发现，使用大样本内规模和小样本内规模，回测结果有很大不同。如果 R 的值较小，则违反模型预测投资组合 VaR 的次数就会减少，这意味着该模型可以提供足够的交易风险覆盖率，但是，如果 R 的值较大，则违规的数量就会变大，这意味着投资组合 VaR 模型未涵盖过度交易风险。例如，对于 $\tau = 1$，违反模型预测的 5%VaR 的数量仅为 250 中的 9 个，但是对于 $\tau = 0.0909$，我们有 250 个违反模型的 5%VaRs 的预测。最重要的是，正如巴塞尔银行监管委员会所制定的那样，预测的投资组合 VaR 及回测结果与风险资本要求的决定因素直接相关，其中乘数因子对回测具有惩罚作用。乘数因子因回测结果而异。如表 5 - 4 所示，对于 $\tau = 0.0909$，乘数因子为 3.3，这比其他具有相对较大 τ 的情况的乘数因子略大。这是因为更频繁地违反预测的 VaR 会导致较大的乘数，因此会产生较大的风险资本要求。因此，如果金融机构使用较大的 τ 值进行回测，则估计风险将对其回测结果产生影响，因此它们可能会做出错误的推论，计算不适当的乘数，从而不满足风险资本要求。正如本文所建议的，我们应使用较小的 τ 值对投资组合 VaR 进行回测，以克服估计风险对回测的影响。对于当前的应用，在确定风险资本要求时，我们将使用至少等于 3.3 的乘数。

五、结论

本章提出了一种通用的无条件回测方法，该方法对于投资组合 VaR 的估计风险具有稳健性，并且考虑了投资组合权重的估计。它将量化回测程序中估计风险的理论从单变量情况扩展到本质上是回测投资组合 VaR 框架的多变量的情况。我们还将这种通用理论应用于特定环境，在该环境中，资产收益通过具有标准化 GH 创新的多元 Location-Scale 动态模型进行建模，并使用 MVS 分析得到投资组合分配。本章中的模拟练习支持了我们的理论。为了克服估计风险对回测资产组合 VaR 的影响，我们建议一种简单、实用但有效的方法，即通过使用较小的样本外与样本内规模之比以及 5% 的 VaR 水平来实施标准的无条件回测程序。我们提出的方法在实践中非常重要，可以帮助从业人员设置更精准的风险资本要求。本章的研究结果表明，对投资组合的推论存在估计风险。尽管我们仅研究估计风险对回测资产组合 VaR 的影响，但我们的方法可以应用于涉及估计资产组合的其他样本外问题。

参考文献

[1] Bali, T. G. and Theodossiou, P. 2008. Risk Measurement Performance of Alternative Distribution Functions [J]. Journal of Risk and Insurance, Vol. 75, No. 2, 411-437.

[2] Basel Committee on Banking Supervision. 1996a. Amendment to the Capital Accord to Incorporate Market Risks. Bank for International Settlements.

[3] Basel Committee on Banking Supervision. 1996b. Supervisory Framework for the Use of Backtesting in Conjunction with the Internal Models Approach to Market Risk Capital Requirements. Bank for International Settlements.

[4] Bauwens, Luc and Sebastien Laurent. 2005. "A new class of multivariate skew density, with application to GARCH models." Journal of Business & Economic Statistics, 23 (3): 346-354.

[5] Bauwens, Luc, Sebastien Laurent and Jeroen V. K. Rombouts. 2006. Multivariate GARCH models: A survey. Journal of Applied Economics, 21, 79-109.

[6] Barberis, Nicholas. 2000. Investing for the long run when returns are predictable. Journal of Finance, 55, 225-264.

［7］ Bollerslev, T. , 1990, Modeling the Coherence in Short-Run Nominal Exchange Rates a multivariate generalized ARCH model. Review of Economics and Statistics, Vol. 72, No. 3, pp. 498-505.

［8］ Bollerslev, T. , R. F. Engle and J. M. Wooldridge. 1988. A capital asset pricing model with time - varying covariances. Journal of Political Economy, 96, 116-131.

［9］ Christoffersen, P. 1998. Evaluating Interval Forecasts, International Economic Review, 39, 841-862.

［10］ Christoffersen, P. and S. Gonçlves. 2005. Estimation risk in financial risk management, Journal of Risk, 7, 1-28.

［11］ Cochrane, John H. 2001. Asset Pricing, Princeton University Press.

［12］ Delgado, M. A. and Escanciano, J. C. 2006. Nonparametric Tests for Conditional Symmetry in Dynamic Models, Journal of Econometrics, 141, 652-682.

［13］ Diebold, Francis X. and Nerlove Marc. 1989. The Dynamics of Exchange Rate Volatility: A Multivariate Latent Factor Arch Model, Journal of Applied Econometrics, 4 (1): 1-21.

［14］ Dowd, K. 2000. Assessing VaR accuracy. Derivatives Quarterly, 6, 61-63.

［15］ Engle, R. F. and K. F. Kroner. 1995. Multivariate simultaneous generalized ARCH. Econometric Theory, 11, 122-150.

［16］ Engle, R. F. and S. Manganelli. 2004. CAViaR: Conditional Autoregressive Value at Risk by Regression Quantiles, Journal of Business & Economic Statistics, 22 (4): 367-381.

［17］ Engle, R. F. , V. K. Ng and M. Rothschild. 1990. Asset pricing with a factor ARCHcovariance structure: empirical estimates for treasury bills. Journal of Econometrics, 45, 213-238.

［18］ Escanciano, J. C. , Olmo, J. , 2010. Backtesting parametric Value -

at – Risk with estimation risk. Journal of Business and Economics Statistics 28, 36–51.

[19] Ferreira, M. A. and J. A. Lopez. 2005. Evaluating Interest Rate Covariance Models Within a Value – at – Risk Framework, Journal of Financial Econometrics, 3, 126–168.

[20] Francq, C. and Zakoïan, J. M. , 2015. Risk–parameter estimation in volatility models. Journal of Econometrics 184, 158–173.

[21] Francq, C. and Zakoïan, J. M. , 2018. Estimation risk for the VaR of portfolios driven by semi – parametric multivariate models. Journal of Econometrics 205, 381–401.

[22] Gao, Feng and Fengming Song. 2008. Estimation risk in GARCH VaR and ES estimations. Econometric Theory, 24, 2008, 1404–1424.

[23] Giot, Pierre and Laurent, Sebastien. 2003. Value–at–Risk for long and short trading positions. Journal of Applied Economics, 18, 641–664.

[24] Gouriéroux, C. and Zakoïan, J. M. , 2013. Estimation adjusted VaR. Econometric Theory 29, 735–770.

[25] Hall, P. and Heyde, C. 1980. Martingale Limit Theory and Its Application. Probability and Mathematical Statistics, Academic Press. New York.

[26] Hardle, W. , Kleinow, T. and Stahl, G. 2002. Applied Quantitative Finance: Theory and Computational Tool. Originally published by Springer–Verlag Berlin Heidelberg New York.

[27] Harvey, Andrew, Ruiz, Esther and Sentana Enrique. 1992. Unobserved component time series models with ARCH disturbances. Journal of Econometrics 52, 129–157, North–Holland.

[28] Im, Ji Jung, Hyun Soo Lim and Sung Sub Choi. 2007. Portfolio Selection under Parameter Uncertainty Using a Predictive Distribution. Annals of Economics and Finance, 8–2, 305–312.

〔29〕Jennrich, R. I. 1969. Asymptotic Properties of Nonlinear Least Square Estimators. Annals of Mathematical Statistics, 40, 633-643.

〔30〕Jorion, P. 1996. Risk: Measuring the risk in value-at-risk. Financial Analysts Journal, 52, 47-56.

〔31〕Jorion, P. 2001. Value-at-Risk: the New Benchmark for Controlling Market Risk. McGraw-Hill, New York.

〔32〕Kandel, shmuel, and Robert Stambaugh. 1996. On the predictability of stock returns: An asset allocation perspective. Journal of Finance, 51, 385-424.

〔33〕Klein, R., and V. Bawa. 1976. The Effect of Estimation Risk on Optimal Portfolio Choice. Journal of Financial Economics, 3, 215-231.

〔34〕Kupiec, P. (1995). Techniques for verifying the accuracy of risk measurement models. The Journal of Derivatives, 3, 73-84.

〔35〕McCracken, Michael W. 2000. Robust Out-of-sample Inference. Journal of Econometrics, 99, 5, 195-223.

〔36〕McNeil, Alexander J., Rudiger Frey and Paul Embrechts. 2005. Quantitative Risk Management, Princeton University Press, Princeton and Oxford.

〔37〕Mencia, F. Javier and Enrique Sentana. 2005. Estimation and Testing of Dynamic models with generalized Hyperbolic innovations. Discussion Paper No. 5177, CEPR.

〔38〕Mencia, F. Javier and Enrique Sentana. 2009. Multivariate location-scale mixtures of normals and mean-variance-skewness portfolio allocation. Journal of Econometrics, 153, 105-121.

〔39〕Rombouts, Jeroen V. K. and Marno Verbeek. 2009. Evaluating Portfolio Value-at-Risk using Semi-Parametric GARCH Models. Quantitative Finance, 9 (6), 737-745.

〔40〕Santos, A. A. P., Nogales, F. J. and Ruiz, E., 2013. Comparing univariate and multivariate models to forecast portfolio Value-at-Risk. Journal of Financial

Econometrics 11, 400-441.

　[41] Sentana, Enrique. 1995. Quadratic ARCH models, The Review of Economic Studies, 62 (4): 639-661.

　[42] Silvennoinen, Annastiina and Terasvirta, Timo. 2008. Multivariate GARCH models. To appear in T. G. Andersen, R. A. Davis, J. - P. Kreiss and T. Mikosch, eds. Handbook of Financial Time Series, New York: Springer.

　[43] Spierdijk, L. , 2016. Confidence intervals for ARMA - GARCH Value - at-Risk: the case of heavy tails and skewness. Computational Statistics and Data Analysis 100, 545-559.

　[44] West, K. D. 1996: Asymptotic Inference about Predictive Ability. Econometrica, 64, 5, 1067-1084.

　[45] Wong, S. F. , Tong, H. , Siu, T. K. and Lu, Z. (2017): A New Multivariate Nonlinear Time Series Model for Portfolio Risk Measurement: The Threshold Copula-Based TAR Approach. Journal of Time Series Analysis, 38 (2): 243-265.

附录

表 5-1　Constant Location-scale 模型的经验假设检验水平　　　　　单位:%

τ	假设检验名义水平	$\alpha=5\%$				$\alpha=1\%$			
		情况 I	情况 II	情况 III	情况 IV	情况 I	情况 II	情况 III	情况 IV
1	10%	9.0	19.0	17.0	8.9	9.1	42.0	39.2	9.6
	5%	4.7	12.8	11.2	5.1	5.0	35.8	33.4	5.2
	1%	1.4	5.3	4.3	1.3	1.2	25.8	22.2	1.5
0.5	10%	8.6	12.5	12.6	8.5	8.8	30.6	30.6	8.3
	5%	4.9	7.9	7.2	4.9	4.3	24.3	24.3	4.4
	1%	1.2	2.0	2.4	1.3	0.6	16.9	15.5	0.6
0.25	10%	9.0	10.9	10.1	8.9	9.3	19.6	19.3	9.2
	5%	4.9	6.9	6.4	4.7	4.7	12.6	12.4	4.8
	1%	1.6	2.2	2.1	1.3	0.8	6.8	5.8	0.7
0.125	10%	8.8	9.0	9.0	8.5	9.3	14.3	13.6	9.0
	5%	4.4	4.4	4.2	4.2	4.4	7.7	7.7	4.2
	1%	1.0	1.7	1.5	1.2	1.0	3.1	2.8	0.9

表 5-2　BEKK 模型的经验假设检验水平　　　　　单位:%

τ	假设检验名义水平	$\alpha=5\%$				$\alpha=1\%$			
		情况 I	情况 II	情况 III	情况 IV	情况 I	情况 II	情况 III	情况 IV
1	10%	9.1	42.0	39.2	9.6	2.3	33.0	26.6	2.0
	5%	5.0	35.8	33.4	5.2	2.3	33.0	26.6	2.0
	1%	1.2	25.8	22.2	1.5	0.4	26.5	19.9	0.3
0.5	10%	8.8	30.6	30.6	8.3	2.3	22.9	20.9	2.5
	5%	4.3	24.3	24.3	4.4	2.3	22.9	20.9	2.5
	1%	0.6	16.9	15.5	0.6	0.6	16.8	14.3	0.6
0.25	10%	9.3	19.6	19.3	9.2	1.6	17.5	16.1	1.7
	5%	4.7	12.6	12.4	4.8	1.6	17.5	16.1	1.7
	1%	0.8	6.8	5.8	0.7	0.6	9.1	8.0	0.5
0.125	10%	9.3	14.3	13.6	9.0	1.7	12.6	11.9	1.7
	5%	4.4	7.7	7.7	4.2	1.7	12.6	11.9	1.7
	1%	1.0	3.1	2.8	0.9	0.5	6.2	6.2	0.5

表 5-3 因子模型的经验假设检验水平   单位:%

τ	假设检验名义水平	$\alpha=5\%$				$\alpha=1\%$			
		情况 I	情况 II	情况 III	情况 IV	情况 I	情况 II	情况 III	情况 IV
1	10%	9.9	20.6	15.3	15.3	5.1	6.1	13.0	5.1
	5%	5.9	16.2	10.3	13.1	5.1	6.1	13.0	5.1
	1%	1.2	11.4	4.2	9.7	2.2	2.6	7.1	2.3
0.5	10%	8.5	17.8	12.5	15.2	5.7	4.4	9.0	5.4
	5%	4.6	12.8	7.7	10.7	5.7	4.4	9.0	5.4
	1%	1.0	8.7	3.4	7.9	1.6	2.6	5.0	2.2
0.25	10%	7.9	13.7	9.1	11.8	4.2	4.5	6.1	4.5
	5%	4.3	8.5	5.4	7.4	4.2	4.5	6.1	4.5
	1%	0.9	5.3	1.7	5.0	1.2	1.6	2.8	1.5
0.125	10%	9.2	9.7	9.5	9.4	5.6	5.4	8.3	5.4
	5%	4.5	5.9	6.1	4.9	5.5	5.3	8.2	5.4
	1%	1.0	2.6	1.9	2.2	1.9	2.3	3.2	2.2

表 5-4 实证分析结果

R	τ	$\alpha=5\%$			$\alpha=1\%$		
		超约次数	S_P	mf_t	超约次数	S_P	mf_t
2750	0.0909	20	2.1764	3.3	6	2.2247	3.4
2000	0.1250	17	1.3059	3.0	6	2.2247	3.4
1000	0.2500	12	0.1451	3.0	3	0.3178	3.0
500	0.5000	10	0.7255	3.0	3	0.3178	3.0
250	1.0000	9	0.4353	3.0	4	0.9535	3.0

第六章　非主流融资渠道对企业经营绩效有多大影响？

冉齐鸣　郑芬芬

摘　要： 企业融资难，难就难在通过银行融资受到了很多限制，要想进一步发展必须通过非主流融资渠道。本章以 2012 年世界银行企业调查报告所采集的中国数据进行分析，这是根据行业、公司大小以及所在地区三个指标分层抽样所得，涵盖了我国 25 个主要经济城市，19 个行业共 2,848 个公司。我们沿用 Ayyagari 等（2010）的方法，以销售收入增长率作为衡量企业绩效的指标，把中国企业融资渠道分成三大类，银行融资、商业信用和内部融资。研究发现，除了银行融资以外，通过商业信用融资的占比越高，对企业的业绩增长越有利，而通过内部融资的占比越高，对企业增长越不利。我们进一步发现对于民营企业，银行融资与商业信用对企业绩效都有显著的促进作用，但是内部融资却有显著的反作用。对于国有企业，所有融资途径对企业绩效的影响传导机制失灵。

关键词： 企业绩效　银行融资　商业信用　内部融资

一国或者一个经济体资金配置的效率与其金融体系的完善程度息息相关，一般来说，经济越发达的国家和地区，金融体系发展得越完善，正式金融机构在整个金融体系中占据的分量越大，对资源配置的能力越强，越有利于经济的健康发展。然而我国却是一个特例，我国的金融体系不够完善，但是近年来经济发展却十分迅速，这一反常现象激发了不少国内外学者的研究热情。在一个金融体系不健全，金融机构不完善的发展中国家，究竟是什么因素支撑了我国经济的发展？

一、研究背景

（一）我国金融体系与企业融资现状

目前，我国的金融体系仍是由银行主导，尤其是我国的四大国有银行无论是在体量上还是在范围上都占据绝对优势，银行吸收存款能力远远大于非正式金融部门。但是我国企业总融资中来自银行融资的比重极低，仅有6%的营运资本和5%的新投资来自银行融资，低于被调查的139个国家的平均水平，并且大大低于中等收入国家的平均水平（2012年中国企业调查报告）[①]。Ayyagari等（2010a）指出相对于其他发展中国家，我国股权融资占总融资的比重很大（12.39%），但是股票市场对资源的配置效率低下。近年来，我国一直在大力支持和完善正式金融系统，并且也取得了一定的成绩，我国银行的不良贷款率在2001年达到顶峰之后开始慢慢降低，银行配置资产的能力得到显著提升。我国的股票市场虽然近年来取得了显著发展，但是其对市场资源的配置作用仍然受限严重，银行一家独大的情况依然持续，银行体系外的股票市场，债券市场以及保理和租赁等业务的发展都大大低于国际平均水平。Allen等（2014）认为近年来我国金融系统中发展得最快最成功，为经济增长作出重大贡献的部门是非正式金融部门，非正式金融部门为企业尤其是我国的中小企业提供了更多的融资渠道，对企业的发展至关重要，并且非正式金融机构还将会长期存在，支撑我国经济发展。

（二）我国融资模式、经营障碍与业绩表现的国际性对比

表6-1数据来源于世界银行企业调查[②]2010—2017年，各经济体最近一期

[①] 数据来源：Enterprise Surveys（http：//www.enterprisesurveys.org），The World Bank.

[②] 数据来源：Enterprise Surveys（http：//www.enterprisesurveys.org），The World Bank.

的调查报告,国家层面的百分比数据通过对所有被调查的制造业企业进行简单平均得到,"东亚和太平洋地区"以及"所有国家"的数据通过对国家层面的数据进行简单平均得到。

表 6-1 融资模式、经营障碍与业绩表现的国际性对比

指标	经济体		
	中国	东亚和太平洋地区	所有国家
内部融资（%）	89.6	77.8	71.2
银行融资（%）	4.5	10.2	14.3
商业信用（%）	1.9	3.2	4.7
产能利用率（%）	87	78.5	72.3
实际年销售额增长（%）	5.4	1.1	1.3
全职员工数年增长率（%）	9.1	4.9	4.9
劳动生产率年增长率（%）	-3.4	-3.2	-2.8

表 6-1 中,纵列的前三个指标分别表示用于新投资项目的融资总额中,分别来源于内部融资、银行融资与商业信用的百分比,最后一个指标表示,认为融资是阻碍企业发展的企业占被调查企业的百分比。可以看出,与东亚和太平洋地区以及全球平均水平相比,我国的制造企业更多地使用内部融资作为新投资资金来源,而更少地使用银行融资和商业信用。我国企业的产能利用率、实际年销售额增长和全职员工数年增长率均显著高于东亚和太平洋地区以及全球平均水平,劳动生产率年增长率略低于其他两个。

二、融资方式的分类与其对企业经营绩效的影响

融资可以分为正式融资与非正式融资。正式融资是指从从事金融行业的专门机构和金融市场获得的,得到法律的认可和保护的融资活动。大部分研究文献中仅将银行融资划分为正式融资。非正式融资指的是处于监管当局视线之外的、非正式组织的民间金融活动,在我国,非正式融资的表现形式主要有以下几种。一是亲友之间或者通过亲友关系取得的借款,通过这种形式取得的款项

利息往往不高或者没有利息。二是通过典当行或地下钱庄取得的借款，通过这种方式获得的资金成本往往很高，对企业来说负担很大。三是通过拖欠企业货款，企业通过这种形式虽然能在一定程度上缓解融资困境，但是这会对企业的信用会产生很不利的影响，不利于企业长期的稳定和发展。还有一种企业与企业之间的一种融资途径是商业信用，商业信用包括从企业赊购的货款，预收的预收款，以及商业汇票等。相对于拖欠货款来讲，商业信用是基于企业与企业之间的相互信任获得的款项，对企业来说是一种很有利的资金来源，另外从成本来讲，商业信用一般无息或者利息很低。另外，商业信用相对于其他的融资方式来说，更容易取得。无论是对大、中、小企业还是国企或者民企，都无须办理复杂的手续，便可以轻松取得商业信用。中小企业在融资的可得性和成本与及时性上和大企业相比都处于弱势，带息预收款是中小企业融资很好的途径之一，首先，企业生产服务对象一般是大企业或者消费者，保证资金来源；其次，从融资成本来讲，当预收款的利息高于买方可获得的基准贷款利息，买方愿意用自己的自有资金，甚至是从借贷市场上借款垫付。另外，还有一些合会，如民间互助会、非法集资、网络信贷、非金融机构之间的相互拆借等，只要满足非正式金融定义的均可以界定为非正式金融。

不同的融资方式主要从以下几个方面影响企业的经营绩效。

(一) 融资方式与融资成本

从融资成本看，普遍观点认为受银行信贷政策高门槛的影响，很多企业尤其是民营中小企业想获得银行融资十分困难，才使这些企业不得不转向融资成本更高的非正式融资，正式融资比非正式融资成本低，但是 McMillion 和 Woodruff（1999）对越南首都河内 259 家民企的调查发现，1995—1996 年，大约 22% 的企业获得了银行贷款，57% 的买方关系与 53% 的卖方关系涉及商业信用，如应付账款和预收账款。相对于银行贷款来说，商业信用作为一种融资方式，其最大的特点是在于容易取得，它无须办理正式手续，而且如果没有现金折扣或使用带息票据，它还不需支付筹资成本，大、中、小企业以及个体工商户都能够轻易取得。当被问到哪种融资途径成本最低，多数被调查公司说是长期和短期银行贷款，约 60% 的公司认为是商业信用（调查中有多项融资途径可选）。除此之外，从亲人朋友处所取得的贷款一般利率为零或者极低利率，所以从融资成本来看正式与非正式融资优劣还未可知。Mcleod（1991）对印度尼西亚日惹地区所有银行的银行经理，以及 120 个小型公司（并没有特别定义小型公司，其中也有大公司）所有人或高级经理的调查，指出尽管银行等金融机构倾向于给名声好有抵押品的公司贷款，但是这并不意味着银行等金融机构对小公司来说不是社会最优的。随着企业资产的增加和声誉的提高，企业融资选择也会增多，融资成本也随之降低，从这个方面来看，企业融资渠道受限并不是制约企业发展的问题。Cull 等（2009）通过对中国工业企业的分析指出，业绩不好的国企很有可能通过商业信用贷款，相比之下，国内发展业绩好的民营公司更有可能比业绩不好的公司更多地获取商业信贷，所以对于不能获得银行融资的企业来说，商业信用是很好的替代品，银行贷款的再分配并不是中国经济爆炸式增长的主要原因。此外能否获得非正式融资主要靠社会关系，从亲人和朋友获得的贷款利率基本上很低（Tsai，2015），而从私人放贷者或钱庄放款主要出于信任或者名声方面的考虑，并且通过暴力回收贷款，通常不需要抵押品或者担保人，贷款利率很高。

（二）融资方式与金融监管和执行

从监管和执行方面来看，无论是银行还是非正式放债人或贷款机构在发放贷款时都会从风险和收益两方面考虑。相对于非正式融资来说，正式融资在信息方面有天然的劣势，由于信息不对称以及出于风险规避的目的，银行在发放贷款时往往要求借款者提供担保品，担保品的存在有利于遏制"投资赚的钱是自己的，亏的话是亏别人的"从而投资高风险项目的行为，对企业的经营绩效有积极的影响。而对基于声望与信任的非正式融资来说，由于融资双方都比较熟悉或者有共同的关系，出于对自己名声的考虑，借款人往往会很谨慎地对待融资款项。正式融资看重的是企业的过往业绩，如信用历史、信用评级、税收支付、公司的规模和生产规模等，而非正式融资更看重的是公司现阶段的业务，如应收账款的金额等（Tanaka，2008）。

（三）融资式与税收规避和政府监管

从税收规避和政府监管方面考虑，在转型经济体中，税收执行成本越高，企业越会降低自己对银行贷款的依赖，更多地寻找其他融资途径（Koeda，2008）。在对全球 57 个国家公司研究时，发现当用银行贷款进行融资的时候更有可能做不到规避税收并且通常还需要支付贿赂，但是当通过其他方式进行融资的时候，企业不仅不需要支付贿赂，而且更有可能规避税收（Ayyagari，2010b）。公司注册程序越复杂，越少的公司会登记注册，税收程序越复杂，政府公共收入就越少。商业法规越复杂，花费越高，政府部门人员寻租行为越活跃的地方，企业越会试图寻找其他途径融资，放弃获得银行贷款的机会（Safavian，2007）。

除此之外，正式的金融机构虽然对企业的融资影响很大，但是企业是否能获得成本低廉的银行贷款，还与非正规金融网络有很大的关系。在控制了经纪人选择的内生性条件下，雇佣一个经纪人可以大幅度提高企业获得银行贷款的可能性（从 40%提高到 58%）。这种情况不仅仅在金融发展程度不够的国家和地区如此，在资本市场高度发展的美国，非正式金融关系在获得融资方面也起着很重要的作用（Garmaise，2003）。

还有一种很重要的非正式融资途径——内部融资，顾名思义，内部融资指的是来自公司内部的融资，主要有公司内部成立的投资基金，资产的折旧，以及公司的留存收益。内部融资满足上文所述非正式融资的诸多特点，但是又与其他类型的非正式融资途径（商业信用、亲友借款等）有所不同。由于内部融资有自身的独特性并且占比很大，本章认为，直接将内部融资划分为非正式融资有失偏颇，因此单独划分出来研究。Modigliani 和 Miller 的 MM 理论认为不管是通过什么途径融资，对企业的价值都没有变化，只不过是在资本所得和股息所得之间分配而已。但是因为该理论的假设过于严格，在现实生活中往往情况不同。企业的融资方式会对企业产生影响，并且这种影响并不是总会通过另一种途径被抵消。银行融资与商业信用是企业外部融资的形式，而内部融资是企业从自身的留存收益和企业的内部基金中抽出来的用作融资的部分。对于企业的管理者来说，内部融资有一个很大的特点，就是保密性，除了企业的所有人外，企业的管理者不需要外部公布有关企业的信息。企业管理者可以在自己的职权范围内支配企业的内部基金以及留存收益等，不会受到任何限制。但是内部融资不具有减税效应，成本较高。另外内部融资很大一部分来自企业的留存收益，当企业将更多的利润用于留存而不是给股东发放股息或者给员工发放奖金时，会削弱股息对企业绩效的促进作用，打消企业员工的生产积极性，不利于企业的发展。Ayyagari 等（2010a）认为，银行融资与企业的销售增长率水平有显著的正相关关系。Myers 和 Majluf 于 1984 年提出的优序融资理论以及均衡理论都认为企业更加偏向内部融资而不是外部融资，更加偏向债权融资而不是股权融资。该理论认为在信息不对称的情况下，企业的所有者和管理者比外部的投资者更加了解企业的信息，企业如果想通过外部途径为一项新项目融资时，会给市场传递一种负面信号，因为外部投资者认为如果该项目是盈利的，企业会优先把机会给企业的内部投资者，而不是获取外源融资，所以公司往往更偏好内部融资。即使是通过外部途径融资，企业也会优先选择债券融资而不是股权融资。由于上述原因，当企业试图通过股权融资时，外部投资者会认为公司的股价被高估，企业所有人想通过发行价值被高估的股票获利，从而引起公司股价的下跌。由于对于所有类型的企业（不论是国企还是民企，大型企业还是中小型企业）来说，企业来自非银行金融机构和其他途径（典当行、亲友借款等）的平均融资比例只有百分之一点多，通通都不到百分之二，来自内部融资，银行融资以及商业信用的平均融资比例之和达到了总融资比例的百分之九十八点多，因此本章着重研究以下三种最主要的企业融资途径：（1）正式融资，一般指银行融资；（2）非正式融资中的内部融资；（3）非正式融资中的商业信用。

三、数据的选取

本章采用的数据主要来源于 2012 年世界银行企业调查（The Enterprise Surveys）（中国）。选择世界银行企业调查而不是国泰安、万得等数据库作为本章的主要数据来源是出于以下几个方面的考虑：

（一）数据的全面性

世界银行企业调查是由世界银行及其合作伙伴在全球各个地区各个行业，对涵盖所有大小规模的企业做的调查。该调查的前身是世界银行投资环境调查，自 2002 年以来，世界银行通过对公司管理人员和公司所有者面对面采访，收集了全球 148 个经济体 155,000 个公司的大量定量和定性信息。调查从公司特征，基础设施，销售供应，竞争，土地和权证，企业安全，融资，经济政治关系，劳动力，企业经营状况，企业业绩表现等方面探究企业的经济社会地位与情况。涵盖了公司经营阻碍，基础设施，金融，劳动力，腐败和监管，合同执行，法律和秩序，创新和技术，企业生产力等数百个指标的数据。综合起来，这些定性和定量的数据有助于了解一个国家的投资环境特征与公司的生产力和业绩表现。

与其他数据库相比，世界银行企业调查（1）覆盖全球大量的经济体，有助于在相同的测量方法下，将我国的企业状况与别的国家进行横向比较；（2）包含丰富的企业具体融资模式的百分比数据，不只包含正式融资途径的融资数据，还有非正式融资，如商业信用、亲友借款，民间的放债人等在其他数据库中不易取得的融资数据；（3）每一份调查报告包含了企业数百个指标（287 个变量），包含了企业规模、年龄、所有权结构、市场竞争情况，如是否有不合规竞争者和竞争企业数量以及员工技能熟练程度等数据，这些数据可以用作控制变量；（4）该调查报告不仅包含了大量大中型企业的数据，还包含了其他数据库容易忽略的大量的微型企业与小型企业的数据，不仅包含了上市公司数据，还包含了股份制未上市、合资、独资等各种类型企业的数据。

（二）数据的可靠性

世界银行企业调查单元是一个由经济学家和企业调查方面的专家组成的团队，由于调查问卷中涉及一些企业与政府关系，贿赂等敏感性问题，世界银行聘请私人承包商而不是政府机构或者与政府有关的机构收集数据。调查对被调查企业信息严格保密，鼓励被调查对象最大限度的参与，以确保调查的质量和完整性。世界银行企业调查在世界范围内收集一个地区的关键的制造业和服务业的数据，采用标准化的调查工具以及同样的采样方法，以最小化测量误差，在世界经济的范围内，得到可比较的企业数据。

本章需要用到的数据主要有：首先衡量公司业绩表现的变量，选取的是销售增长率指标。其次，参考 2012 年（会计年度 2011 年）世界银行企业调查（中国），对企业的融资方式主要分为五类：1. 银行融资（包括国有银行，其他商业银行，城市信用社和农村信用社，外资商业银行贷款）；2. 商业信用；3. 内部融资（内部基金或留存收益）；4. 非银行金融机构贷款（包括来自小额信贷机构、信用合作社、信贷联盟、金融公司等的融资）；5. 其他。最后是公司水平的控制变量，主要有公司规模，公司存续年限、公司所有权结构、法人组织形式和产能利用率等。

四、实证分析

（一）变量的选取

本章沿用 Ayyagari 等（2010a）的做法，选取销售增长率 Y 为被解释变量：即两年间销售收入比值的对数。选取不同的融资途径 X 为解释变量，X 分别选取（1）营运资本中来自银行融资的百分比变量 *Bank*；（2）营运资本中来自内部融资的百分比变量 *Intern*；（3）营运资本中来自商业信用的百分比变量 *Trade*。控制变量的选取如下：

1）公司规模变量 *Size*，沿用世界银行企业调查的分类标准，根据公司员工

数分为大型企业 *Big*，中型企业 *MidSize*，小型企业 *Small* 三类公司，其中小于 20 个员工的为小公司，20~99 个员工为中等大小公司，100 人或以上的为大公司。并对其设置两个虚拟变量。

2）公司存续年限变量 *Age*，我们把到 2011 年度末总共存续了 0~6 年的企业定义为新企业 *Young*，7~12 年为中龄企业 *Midage*，12 年以上的为老龄企业 *OLD*。并对其设置两个虚拟变量。

3）行业变量 *Industry*，行业分为制造业 *Manufa*，零售业 *Retail* 和其他服务业 *Otherser*。选取两个虚拟变量 *Manufa*，*Retail*。*Manufa* = 1 如果为制造业，否则 *Manufa* = 0。*Retail* = 1 如果为零售业，否则 *Retail* = 0。

4）区域变量 *Zone*，本文将被调查的 25 个城市按地域划分为以下西部地区（*West*）、中部地区（*Central*）、东部地区（*East*）和沿海开放地区（*Coastal*），取三个虚拟变量。

5）主营业务占比 *Main*，为主营业务占总销售的百分比。

6）技能熟练变量 *Skill*，选取技能熟练的全职生产性员工数与全职生产性员工总数的比值 *Skill* 作为变量。

7）竞争变量 *Competition*，如果市场上有未注册或者非正式的公司与其竞争，则取 *Competition* = 1，否则 *Competition* = 0。

8）所有权结构虚拟变量 *State*，如果是国有企业取 *State* = 1，否则取 *State* = 0。

（二）研究假设

假设一：银行融资和商业信用与企业销售收入增长率正相关，内部融资与销售收入增长率负相关。

假设二：无论何种融资途径，都对国有企业销售收入增长率的影响小于对非国有企业销售收入增长率的影响。

假设三：不同融资途径对小企业销售收入增长率的影响大于对中型企业销售增长率的影响并大于对大型企业销售增长率的影响。

（三）研究方法

本章采用 *OLS* 回归分析的方法，由于 *OLS* 估计模型存在异方差性，所以本章对经过检验存在异方差性的模型做异方差稳健性回归，得出异方差稳健标准误①，文中用到的主要回归模型如下所示：

$$Y = \alpha_0 + \alpha_1 X + \alpha_2 Age + \alpha_3 Industry + \alpha_4 Zone + \alpha_5 Main + \alpha_6 Skill$$
$$+ \alpha_7 Competition + \alpha_8 Size + \alpha_9 State + \varepsilon \tag{6-1}$$

其中 *Y* 代表销售增长率，*X* 代表不同的融资途径，分别取 *Bank* 、*Intern* 和 *Trade* 。其余变量为控制变量，$\varepsilon \sim (0, \sigma^2)$。

（四）实证分析结果

1. 融资途径与销售增长率的综合分析结果。

表 6-2　销售增长率 **Y** 与融资方式回归结果

Variables	Y	Y	Y
Bank	0.0458 ** (0.0184)		
Intern		−0.0449 *** (0.0127)	
Trade			0.0539 * (0.0291)
…	…	…	…
Constant	0.178 *** (0.0253)	0.219 *** (0.0254)	0.185 *** (0.0253)
Observations	2,412	2,417	2,411
R-Squared	0.036	0.039	0.034

Robust standard errors in parentheses * * * p<0.01，* * p<0.05，* p<0.1。

表 6-2 综合展示了销售增长率 Y 与融资方式的回归结果，回归模型为：$Y = \alpha_0 + \alpha_1 X + \alpha_2 Age + \alpha_3 Industry + \alpha_4 Zone + \alpha_5 Main + \alpha_6 Skill + \alpha_7 Competition + \alpha_8 Size + \alpha_9 State + \varepsilon$，第 2-4 列为销售收入分别与不同的融资方式 X 进行回归的系数，X 分别取 *Bank* 、*Intern* 和 *Trade* 。其中控制变量的回归系数结果已省略。

表 6-2 展示销售增长率 Y 与各融资变量的回归结果，结果显示，银行融资 *Bank* 系数为 0.0458，在 0.05 的显著性水平下显著为正，说明是否拥有银行融

---

① 本节的回归模型如有异方差，均照此方法处理，不再赘述。

资能够对企业的销售收入增长率产生显著的正向影响。内部融资变量 *Intern* 的回归系数为 -0.0449，在 0.01 的显著性水平下显著为负。说明内部融资变量 *Intern* 与销售收入增长率之间有显著的负相关关系，内部融资不利于企业的业绩增长。商业信用 *Trade* 的回归系数为 0.0539，在 0.1 的显著性水平下显著为正。说明商业信用 *Trade* 与销售收入增长率之间有显著的正相关关系，商业信用有利于企业的业绩增长。综合以上内容，验证了本文的第一个假设：银行融资和商业信用与企业销售收入增长率正相关，内部融资与销售收入增长率负相关。

2. 融资途径与销售增长率——基于所有权结构分析结果。

首先我们将样本按照企业所有权形式分成国企与非国企两个样本组，然后分别对两个样本组进行回归。

表 6-3　销售增长率 Y 与融资方式回归结果——基于所有权结构

Variables	Y		Y		Y	
	民企	国企	民企	国企	民企	国企
Bank	0.0520*** (0.0192)	-0.0403 (0.0475)				
Intern			-0.0471*** (0.0131)	0.0057 (0.0423)		
Trade					0.0509* (0.0305)	0.103 (0.0858)
...	...	...	...	...	...	...
Constant	0.181*** (0.0264)	0.162* (0.0920)	0.224*** (0.0264)	0.144 (0.0960)	0.188*** (0.0265)	0.156* (0.0906)
Observations	2,283	129	2,288	129	2,282	129
R-Squared	0.037	0.057	0.040	0.052	0.034	0.063

Robust standard errors in parentheses

* * * $p<0.01$，* * $p<0.05$，* $p<0.1$

表 6-3 综合展示了将企业按照所有权结构分成民企和国企两组样本之后，分别对销售增长率 Y 与不同融资方式 X 的回归结果。对国企的回归模型为：$Y = \alpha_0 + \alpha_1 X + \alpha_2 Age + \alpha_3 Industry + \alpha_4 Zone + \alpha_5 Main + \alpha_6 Skill + \alpha_7 Competition + \alpha_8 Size + \varepsilon$，对民企的回归模型为：$Y = \beta_0 + \beta_1 X + \beta_2 Age + \beta_3 Industry + \beta_4 Zone + \beta_5 Main + \beta_6 Skill + \beta_7 Competition + \beta_8 Size + \varepsilon$。通过回归得到三组 α_1 与 β_1 的值，其中第 2-3 列为销售收入 Y 与银行融资 *Bank* 的回归结果，第 4-5 列为销售收入 Y 与内部融资 *Intern* 的回归结果，第 6-7 列为销售收入 Y 与商业信用 *Trade* 的回归结果。其中控制变量的回归系数结果已省略。

表6-3显示，对于民企来说，银行融资的系数 $\alpha_1 = 0.0520$ 在 0.01 的显著性水平下为正，也就是说，用于日常生产经营的融资中来自银行融资的比重越高，企业的销售收入增长得越快。但是对于国企来说，系数 β_1 不显著，说明银行融资对国企的销售增长率没有显著影响。民企内部融资变量的系数 $\alpha_1 = -0.0471$ 在 0.01 的显著性水平下小于 0，也就是说，用于日常生产经营的融资中来自内部融资的比重越高，企业的销售收入增长得越慢。但是对于国企来说，系数 β_1 不显著，说明内部融资对国企的销售增长率没有显著影响。民企商业信用的系数 $\alpha_1 = 0.0509$ 在 0.1 的显著性水平下为正，也就是说，用于日常生产经营的融资中来自商业信用的比重越高，企业的销售收入增长得越快。国企商业信用的系数 β_1 不显著，说明商业信用对国企的销售增长率没有显著影响。综合以上三个内容，可以发现这三种不同的融资方式（ $Bank$ 、$Intern$ 和 $Trade$ ）都能对我国民企的销售增长了产生显著的影响，但是不能对我国的国有企业的销售增长率产生显著影响。

由于 α_1 与 β_1 两者的置信区间有重叠的部分，因此我们不能简单地得出 $\alpha_1 > \beta_1 = 0$ 的结论，而必须通过检验，本章采用引入交叉项的 $Chow$ 进行检验。定义虚拟变量 $D = 1$，如果样本来自国企，否则 $D = 0$。设定检验模型：

$$Y_i = \alpha + \gamma \cdot D_i + \beta X_i + \delta(D_i \times X_i) + \gamma \Omega_i + \varepsilon_i \tag{6-2}$$

其中 X_i 为融资方式变量，Ω_i 为控制变量，$\varepsilon \sim (0, \sigma^2)$。

表6-4　加入交叉项的 Chow 检验——基于所有权形式

Variables	Y	Y	Y
Bank	0.0527 *** (0.0153)		
D×Bank	−0.103 * (0.0580)		
Intern		−0.0477 *** (0.0111)	
D×Intern		0.0613 * (0.0328)	

续表

Variables	Y	Y	Y
Trade			0.0515 ** (0.0226)
D×Trade			0.0506 (0.104)
D	−0.00837 (0.0107)	−0.0702 (0.0477)	−0.0159 (0.0101)
…	…	…	…
Constant	0.178 *** (0.0250)	0.222 *** (0.0258)	0.185 *** (0.0250)
Observations	2,412	2,417	2,411
R−Squared	0.037	0.039	0.034

Robust standard errors in parentheses

$* * * p<0.01$，$* * p<0.05$，$^* p<0.1$

表 6-4 综合展示了用带有交叉项的 Chow 检验组间系数差异的回归结果，回归模型为 $Y = \alpha_0 + \alpha_1 X + \alpha_2 D + \delta D \times X + \alpha_3 Industry + \alpha_4 Zone + \alpha_5 Main + \alpha_6 Skill + \alpha_7 Competition + \alpha_8 Size + \alpha_9 \times Age + \varepsilon$。其中控制变量的回归系数结果已省略。

检验结果显示，银行融资 $Bank$ 与虚拟变量 D 的 $Bank \times D$ 的系数 $\delta = -0.103$，并且在 0.1 的显著性水平下小于 0。因此通过检验，我们可以认为 $\alpha_1 > \beta_1$，说明银行融资对我国民营企业的销售增长率的影响要高于对我国国有企业的销售增长率的影响。内部融资变量 $Intern$ 与虚拟变量 D 的 $Intern \times D1$ 的系数 $\delta = 0.0613$，并且 δ 在 0.1 的显著性水平下大于 0。由于内部融资系数为负，因此通过检验我们可以认为 $|\alpha_1| > |\beta_1|$，说明内部融资对我国民营企业的销售增长率的负向影响要大于对我国国有企业销售增长率的负向影响。商业信用变量 $Trade$ 与虚拟变量 $D1$ 的 $Trade \times D$ 的系数 $\delta = 0.0506$，但是 δ 的系数不显著，因此我们不能认为 $\alpha_1 > \beta_1$，也就是说，Chow 检验的结果没有显示出商业信用对我国民营企业的销售增长率的影响要高于对我国国有企业的销售增长率的影响。

综合以上的结果，银行融资、内部融资和商业信用能显著影响我国民营企业的销售增长率，但不会对我国国有企业的销售增长率产生显著影响，另外通过加入交叉项的 $Chow$ 检验部分验证了本文的第二个假设：银行融资、内部融资都对我国非国有企业销售收入增长率的影响大于对国有企业销售收入增长率的影响，当银行融资或者内部融资变化相同的量时，我国的民营企业的销售增长率将比国有企业的销售增长率波动更大。

3. 融资途径与销售增长率——基于企业规模分析结果。

首先我们将样本按照企业规模分成小型、中型与大型企业三个样本组，然后分别对三个样本组进行回归：

表 6-5　销售增长率 Y 与融资方式回归结果——基于企业规模

Variables	Y			Y			Y		
	小型企业	中型企业	大型企业	小型企业	中型企业	大型企业	小型企业	中型企业	大型企业
Bank	0.0720* -0.0419	0.0269 -0.0274	0.0428** -0.0211						
Intern				-0.0623** -0.0246	-0.0208 -0.0188	-0.0514** -0.0169			
Trade							0.0238 -0.0356	0.0476 -0.0405	0.0979** -0.039
...	...	...	...	...	...	...	...	...	...
Constant	0.240*** -0.0463	0.163*** -0.0481	0.135*** -0.038	0.297*** -0.0483	0.183*** -0.049	0.181*** -0.0392	0.251*** -0.0455	0.163*** -0.048	0.141*** -0.0379
Observatic	863	849	700	866	851	700	863	849	699
R-squared	0.062	0.038	0.032	0.065	0.039	0.039	0.056	0.039	0.035

Robust standard errors in parentheses ***$p<0.01$, **$p<0.05$, *$p<0.1$

表 6-5 综合展示了将企业按照所有权结构分成小型企业、中型企业和大型企业三组样本之后，分别对销售增长率 Y 与不同融资方式 X 的回归结果，对小型企业的回归模型为：$Y = \alpha_0 + \alpha_1 X + \alpha_2 Age + \alpha_3 Industry + \alpha_4 Zone + \alpha_5 Main + \alpha_6 Skill + \alpha_7 Competition + \alpha_8 State + \varepsilon$，对中型企业的回归模型为：$Y = \beta_0 + \beta_1 X + \beta_2 Age + \beta_3 Industry + \beta_4 Zone + \beta_5 Main + \beta_6 Skill + \beta_7 Competition + \beta_8 State + \varepsilon$，对大型企业的回归模型为：$Y = \gamma_0 + \gamma_1 X + \gamma_2 Age + \gamma_3 Industry + \gamma_4 Zone + \gamma_5 Main + \gamma_6 Skill + \gamma_7 Competition + \gamma_8 State + \varepsilon$。通过回归得到三组 α_1、β_1 与 γ_1 的值，其中第 2-4 列为销售收入 Y 与银行融资 Bank 的回归结果，第 5-8 列为销售收入 Y 与内部融资 Intern 的回归结果，第 9-11 列为销售收入 Y 与商业信用 Trade 的回归结果。其中控制变量的回归系数结果已省略。

表 6-5 结果显示，对于小企业，银行融资 Bank 与销售增长率 Y 的系数 $\alpha_1 = 0.0720$ 并且在 0.1 的显著性水平下显著为正；对于中型企业，银行融资 Bank 与销售增长率 Y 的系数 $\beta_1 = 0.0269$，但是系数不显著；对于大企业，银行融资 Bank 与销售增长率 Y 的系数 $\gamma_1 = 0.0428$ 并且在 0.05 的显著性水平下显著为正。

由于我们无法一次性对三个系数进行大小比较，因此我们需要先生成三个样本组，即：（1）小型企业加中型企业样本组 S_1；（2）中型企业加大型企业样本组 S_2；（3）小型企业+大型企业样本组 S_3。经过加入交叉项的 Chow 检验得出，α_1 显著大于 γ_1，从而我们可以认为银行融资越多，对小企业销售收入增长率的提高作用要比对大型企业更明显。内部融资与销售收入增长率的系数 $\alpha_1 = -0.0623$ 并且在 0.05 的显著性水平下显著为负；对于中型企业，内部融资与销售收入增长率的系数 $\beta_1 = -0.0208$，但是系数不显著；对于大企业，内部融资与销售收入增长率的系数 $\gamma_1 = -0.0514$ 并且在 0.01 的显著性水平下显著为正。经过加入交叉项的 Chow 检验，可以认为 $|\alpha_1|$ 显著大于 $|\gamma_1|$，从而我们可以得出内部融资对小型企业销售收入增长率的负向作用要比对大型企业的销售增长率的负向作用更明显。对于小企业，商业信用与销售收入增长率的系数 $\alpha_1 = -0.0238$ 并且系数不显著；对于中型企业，内部融资与销售收入增长率的系数 $\beta_1 = 0.0476$ 并且系数不显著；对于大企业，内部融资与销售收入增长率的系数 $\gamma_1 = 0.0979$ 并且在 0.01 的显著性水平下显著为正。经过加入交叉项的 Chow 检验，我们不能得出 α_1 显著大于 γ_1，从而我们不能认为商业信用对小型企业销售收入增长率的影响要大于对大型企业的销售增长率的影响。

综合以上内容，部分验证了本章第三个假设的内容，银行融资对我国小型企业的正向影响要大于对我国大型企业的正向影响。内部融资对我国小型企业的负向影响要大于对我国大型企业的负向影响。

（五）内生性问题

本章使用的方程探讨的是融资方式与企业绩效的一种一般性的正向或者负向的相关关系，但是这种相关关系很有可能是一种反向的因果关系，也就是说银行融资对销售收入的正向影响很有可能是因为银行偏向于向经营业绩好的企业发放贷款，这种影响很有可能是由于银行的放款选择决定的。虽然即便如此，根据显示性偏好原理，增长较快的企业更愿意选择银行融资，可见比起非正式融资，银行融资是企业首选的融资方式。但是为了探讨这种因果关系，我们进一步考虑到银行融资决策的内生性以及银行贷款决定的选择效应。本章想要探讨的问题是银行的放款选择对企业绩效的影响，也就是获得银行融资的企业与没有获得银行融资的企业业绩表现之间的差别，我们将这种差别定义为"平均选择效应"。我们用 Y_{i1} 表示有银行融资的企业的业绩表现，用 Y_{i0} 表示没有银行融资的企业的业绩表现，定义 $BankD = 1$ 如果企业有银行融资，否则 $BankD = 0$。那么平均选择效应为

$$\pi\big|_{BankD=1} = \mathrm{E}\left(Y_{i1} \mid BankD_i = 1\right) - \mathrm{E}\left(Y_{i0} \mid BankD_i = 1\right) \qquad (6\text{-}3)$$

由于我们不能直接观察到没有获得银行融资的企业在假如有银行融资情况下的业绩表现，即 $\mathrm{E}\left(Y_{i0} \mid BankD_i = 1\right)$，因此我们估计以下方程：

$$\pi = \mathrm{E}\left(Y_{i1} \mid BankD_i = 1\right) - \mathrm{E}\left(Y_{i0} \mid BankD_i = 0\right) \qquad (6\text{-}4)$$

由于银行的贷款决定并不是随机的，因此式（6-4）是式（6-3）的有偏估计。Heckman 两阶段模型用逆米尔斯比率表示期望非零的误差项，可以解决由于回归变量与某些没被考虑到的变量之间存在相关性引起的误差问题，因此本章在这里选取该模型。银行是否发放贷款的选择是由一系列的信息决定的，其中某些信息是我们观察不到而银行能够观察到的，我们在 Heckman 两阶段模型中用逆米尔斯比率来表示这些信息。另外，由于抵押品与银行融资决定高度相关，与企业的业绩表现不直接相关，因此本文选取抵押品变量作为工具变量。

我们对抵押品变量作出如下定义：$Collateral = 1$ 如果企业表明融资需要抵押品；定义 $Collateral = 0$ 如果企业表明或者没有申请贷款因为银行有非常严格的抵押品要求，或者由于缺少抵押品被银行拒绝放款。也就是说，$Collateral$ 表现的是企业提供抵押品的能力。

我们假设银行的放款决定是根据银行所观察的信息作出，并且银行观察到的某些信息是银行能观察到我们观察不到的，此外，银行的最终放款决定遵循一定的标准，如果超过这一标准企业便可以获批银行贷款，低于此标准则会被拒绝放款。因此，$BankD = 1$，如果：

$$\alpha_0 + \alpha_1 Collateral + \alpha_2 Age + \alpha_3 Industry + \alpha_4 Zone + \alpha_5 Main + \alpha_6 Skill$$

$$+\alpha_7 Competition + \alpha_8 Size + \alpha_9 State + \theta > 0 \tag{6-5}$$

其中，$\theta \sim (0, \sigma^2)$ 表示银行能观察到的独有信息。以上方程为两阶段模型的第一步，也被称为选择效应方程。以下为第二阶段方程：

$$Y = \alpha_0 + \alpha_1 BankD + \alpha_2 Age + \alpha_3 Industry + \alpha_4 Zone + \alpha_5 Main + \alpha_6 Skill$$

$$+\alpha_7 Competition + \alpha_8 Size + \alpha_9 State + \lambda + \varepsilon \tag{6-6}$$

由于抵押品变量并不会影响企业的销售收入，就算放入方程中抵押品的系数也将为零，因此抵押品变量不出现在第二阶段方程里。我们首先通过选择效应方程计算逆米尔斯比率 λ，然后代入第二阶段方程。

表 6-6 选择效应模型回归结果

Variables	Y	BankD
BankD	0.345 *** −0.125	
Collateral		1.020 *** −0.232
Midage	−0.0139 ** −0.00657	−0.0505 −0.0951
Old	−0.0170 ** −0.00696	0.0811 −0.0979
Manufa	−0.0158 *** −0.00525	−0.0724 −0.0751
Retail	0.001 −0.0108	−0.18 −0.18
West	0.0515 *** −0.0192	−1.263 *** −0.252
Central	−0.000575 −0.0102	−0.508 *** −0.0956
East	0.00572 −0.0114	−0.678 *** −0.0757

续表

Variables	Y	BankD
Main	−0.0309 −0.0304	−1.065*** −0.351
Skill	−0.00083 −0.00684	−0.0604 −0.0998
Competition	0.0129*** −0.00475	0.074 −0.0685
Small	0.0276*** −0.0101	−0.574*** −0.0914
Midsize	0.0206*** −0.00705	−0.243*** −0.0799
State	−0.00463 −0.0112	−0.194 −0.163
Lambda	−0.204*** −0.0776	
Constant	−0.0922 −0.102	−0.137 −0.422
Observations	1.995	1.995
R−Squared	0.04	

Standard errors in parentheses $***$ $p<0.01$, $**$ $p<0.05$, $*p<0.1$

表 6-6 展示选择效应模型回归结果，回归分两步进行，第一步的回归方程为：$BankD = \alpha_0 + \alpha_1 Collateral + \alpha_2 Age + \alpha_3 Industry + \alpha_4 Zone + \alpha_5 Main + \alpha_6 Skill + \alpha_7 Competition + \alpha_8 Size + \alpha_9 State$。通过进行第一步的 probit 回归得到一系列 hazard lambda 值，然后代入第二步方程：$Y = \alpha_0 + \alpha_1 BankD + \alpha_2 Age + \alpha_3 Industry + \alpha_4 Zone + \alpha_5 Main + \alpha_6 Skill + \alpha_7 Competition + \alpha_8 Size + \alpha_9 State + \lambda$。

表 6-6 结果显示，逆米尔斯比率系数为−0.204，而且系数在 0.01 的置信水平下显著，说明回归模型存在选择误差，并且低估了银行融资对企业销售收入的影响。同时，银行融资系数显著为正，即银行融资能显著促进企业的销售收入增长。另外，工具变量 *Collateral* 的系数显著为正，进一步说明企业提供抵押品的能力越高，越能够获得银行贷款。回归结果说明了用抵押品变量作为工具变量结合 Heckman 两步法纠正模型选择偏误以及回归模型中银行融资变量的内生性问题的合理性。

五、总结

通过第四部分的实证研究，主要得出以下几点内容。首先，与 Ayyagari 等 （2010a）研究银行融资与企业绩效的结果一致，银行融资与企业的销售增长率水平有显著的正相关关系。

其次，内部融资与销售收入增长率显示出显著负相关关系。优序融资理论先内部融资后外部融资，先股权融资后债权融资的思想并没有在这里体现，这是因为优序融资理论只从内部融资对市场发出积极信号这一方面展开讨论，并没有考虑到企业为什么需要内部融资，以及内部融资的来源这两个问题。第一个问题，本章选取的内部融资变量是内部融资占营运资本的百分比，内部融资变量与外部融资变量是一种此消彼长的关系。本章在研究背景部分已经详细阐述了我国企业普遍遇到的融资难的问题，当企业无法通过外部融资筹集到所需的资金时，它就只能转向内部融资。第二个问题是内部融资来源问题，企业的内部融资主要来源于企业的留存收益、企业内部成立的基金以及固定资产的折旧等。当企业将更多的收益用于留存就意味着将更少的资金给股东发放股息，给员工提高工资、发放奖金等。Wang（2016）认为企业的内部控制与现金股利政策均有利于企业短期绩效与长期绩效的提高，当内部控制与现金股利政策协同作用时，将进一步促进企业长期绩效的提高。Huang（2012）认为发放现金股利的次数与企业的业绩表现有显著的正相关关系，在上市的三年内发放过两次或两次以上现金股利的企业比只发放过一次或者没有发放过现金股利的企业有更好的长期绩效。可见，内部融资一方面会通过少发放股利抑制股利对企业绩效的积极作用，一方面通过更少的支付奖金打消企业员工的积极性，对企业的销售增长率产生负面影响。另一方面企业的内部融资不具有减税效应，成本较高。

再次，商业信用与企业的销售收入增长率显示出显著的正相关关系，即商业信用可以促进企业销售收入水平的增长。商业信用是一种基于企业间的相互信任的融资，是一种门槛很低的融资方式，无论是对于国企还是民企，大企业还是中小企业，商业信用都很容易取得的，商业信用最主要的表现形式就是企业的预收款以及应付账款。除此之外，一般来说，商业信用不需要利息或者利息很低，是一种成本很低的融资方式。Fisman 和 Love（2003）认为在金融机构发展不完善的国家，那些更多依赖商业信用融资的行业具有更高的增长率水平。Cull 等（2009）从商业信用的供给端出发进行研究，认为在中国，企业与企业之间的借贷决定是存在偏见的，国企在获得正式融资上有显著的优势，表现不佳的国企更有可能通过给没有优势的其他企业提供商业信用的形式二次分配资金，另外，高盈利的民企也更有可能向表现业绩不佳的企业通过商业信用的形式为其提供资金支持。因为这种借贷偏见的存在，一些得不到银行融资的企业通过商业信用的形式获得了资金，对整体经济起到积极的促进作用，但是随着这种借贷上的偏见慢慢减小，商业信用对经济的积极影响也会逐渐减弱。本章的研究表明，对于商业信用的接受者而言，商业信用对企业的积极促进作用仍然显著存在。

最后，实证分析结果表明，当我们按照所有权结构将企业分成国企与民企两组样本进行分析发现，对于民企，银行融资和商业信用对销售收入增长率有显著的正向影响，内部融资对销售收入具有显著的负向影响。但是对于国企，这三种融资方式对销售收入的影响都不显著。普遍观点认为，企业的融资途径与企业的经营绩效之间存在一个如图 6-1 所示的传导机制。

融资途径 ⟺ 所有制特征 ⟺ 治理结构 ⟺ 决策模式 ⟺ 企业绩效

图 6-1　企业融资的传导机制

首先，融资途径影响企业的所有权特征，继而影响企业的治理结构，即企业的代理人，代理人的决策最终影响企业绩效，同时这种影响是相互的，反向传导也应该成立。但是对我国国企来说，这种传导机制很难实现。谢和张（2003）认为我国国有企业代理人的效用并不直接与业绩的好坏挂钩，我国国企管理人有很大一部分是通过考核政治思想、业务能力等委托任命，并不与其经营决策水平直接挂钩。另外，我国的国企虽然基本实现了股份制改造，但是股权比例仍然太过集中，政企难分问题依旧严重，同时国有股的代表大多是由政府官员担任，监督制约机制难以发挥作用。

其次，我国虽然在努力推行国企产权结构多元化改革，但是依然存在国有企业和国有银行产权主体一致的问题，我国国企与国有银行关系密切，这就导致了银行的信贷约束难以发挥作用。

再次，我国的国企与政府之间存在隐形的契约关系，由于我国的社会保障体系还不完善，政府出于社会稳定的考虑，很难让经营不善的国企倒闭，这就进一步导致了传导机制的失效，使融资方式不能对我国的国有企业绩效产生显著影响。

最后，实证分析结果表明，不同的融资方式针对不同规模的企业影响不同。银行融资对小型企业的影响要大于对大型企业的影响，并且这些影响都是正向的。内部融资对小型企业的影响要大于对大型企业的影响，并且这些影响都是负向的。这一结果是符合常理并且很好理解的，因为我国的小企业受到的融资约束一般来说比大企业要多，迫使小企业更合理地分配资金，使企业融资结构的改变对小企业的影响更显著。

综上所述，本章以 2012 年世界银行企业调查报告中中国的数据进行分析，采用了实证分析的办法，探讨不同的融资方式对我国企业绩效的影响。研究发现通过银行融资与商业信用融资的百分比越高，对企业的销售收入增长越有利，内部融资的百分比越高，对企业的销售收入增长越不利。将样本分为国企与民企进行分析时，发现融资对企业绩效的促进作用失效了，这也印证了我国国企存在的资源利用率低、代理问题等诸多弊端，导致融资途径对企业绩效影响的传导机制失效。但是对于民营企业，银行融资与商业信用对企业绩效的积极性影响依然显著，内部融资对企业绩效的负向影响显著。将样本按企业规模分为大中小企业进行分析时，发现银行融资与内部融资对小企业的影响要大于对大型企业的影响，一定程度上印证了我国的小型企业面临着比大型企业更严峻的融资困境。

参考文献

［1］王书芬．非正式金融研究综述［J］．沿海企业与科技，2009（10）：1-6．

［2］谢敏莉，张本照．国企融资结构对企业绩效传导机制失效现象的分析［J］．技术经济与管理研究，2003（4）：25-26．

［3］许文斌．带息预收款是中小企业融资的途径之一［J］．中国农业会计，2012（3）：12-13．

［4］Allen F，Qian J Q．China's Financial System and the Law［J］．Cornell International Law Journal，2014，47（3）：499-553．

［5］Allen，F．，J．Qian，and M．Qian．Law，Finance，and Economic Growth in China［J］．Journal of Financial Economics，2005（77）：57-116．

［6］Ayyagari，Meghana，Asli Demirgüç-Kunt，and Vojislav Maksimovic．Are Innovating Firms Victims or Perpetrators？Tax Evasion，Bribe Payments，and the Role of External Finance in Developing Countries［J］．Ssrn Electronic Journal，2010b，37（5389）：21-23．

［7］Ayyagari，Meghana，Asli Demirgüç-Kunt，and Vojislav Maksimovic．Formal versus Informal Finance：Evidence from China，Review of Financial Studies，2010a，23（8）：3048-3097．

［8］Beck T，Demirgüç-Kunt A，Maksimovic V．Bank Competition and Access to Finance：International Evidence［J］．Journal of Money Credit & Banking，2004，36（3）：627-648．

［9］Berger，A．，and G．Udell．Relationship Lending and Lines of Credit in Small Firm Finance［J］．Journal of Business，1995（68）：351-381．

［10］Bertrand，M．，A．Schoar，and D．Thesmar．Banking Deregulation and

Industry Structure: Evidence from the French Banking Reforms of 1985 [J]. Journal of Finance, 2007 (2): 597-628.

[11] Cull R, Xu L C, Zhu T. Formal finance and Trade credit during China's transition [J]. Journal of Financial Intermediation, 2009, 18 (2): 173-192.

[12] Cole, S. A. Financial Development, Bank Ownership, and Growth. Or, Does Quantity Imply Quality? [J]. Review of Economics and Statistics, 2009 (91): 33-51.

[13] Fisman R, Love I. Trade Credit, Financial Intermediary Development, and Industry Growth [J]. Journal of Finance, 2003, 58 (1): 353-374.

[14] Garmaise, M. J. and T. J. Moskowitz. Informal Financial Networks: Theory and Evidence [J]. The Review of Financial Studies, 2003 (4): 1007-1040.

[15] Gregory, N., and Stoyan Tenev. The Financing of Private Enterprise in China [J]. Finance of Development, 2001 (38): 14-17.

[16] Huang X. The Long-run IPO Performance, Frequency of Cash Dividend and Signal Effect: Evidences from China [M]. 2012.

[17] Koeda J., Dablanorris E. Informality and Bank Credit: Evidence from Firm-Level Data [J]. Social Science Electronic Publishing, 2008 (94): 1-37.

[18] Lee, S., and P. Persson. Financing from Family and Friends [J]. Social Science Electronic Publishing, 2012 (29): 2341-2386.

[19] Mcleod R H. Informal and formal sector finance in Indonesia: the financial evolution of small business [J]. Savings & Development, 1991, 15 (2): 187-209.

[20] Mcmillan J., and C. Woodruff. Interfirm relationships and informal credit in vietnam [J]. The Quarterly Journal of Economics, 1999, 114 (4): 1285-1320.

[21] Myers S C, Majluf N S. Corporate financing and investment decisions when firms have information that investors do not have [J]. Social Science Electronic Publishing, 1984, 13 (2): 187-221.

[22] Robert Cull, Colin Xu, Tian Zhu, Formal Finance and Trade Credit during

China's Transition ［J］. Journal of Financial Intermediation, 2009.

［23］ Safavian M, Wimpey J. When Do Enterprises Prefer Informal Credit? ［J］. Policy Research Working Paper, 2007.

［24］ Tanaka K, Molnar M. What Is Different about Informal Finance? Financing of Private Firms in China ［J］. Revue Économique, 2008, 59 (6): 1131-1143.

［25］ Tsai K S. Financing Small and Medium Enterprises in China: Recent Trends and Prospects Beyond Shadow Banking ［J］. Social Science Electronic Publishing, 2015.

［26］ Wang Y, Lei R. A research on Internal control, cash dividends and enterprise performance based on economic consequences ［J］. Filomat, 2016, 30 (15): 4223-4234.

第七章　外国投资者背景与公司风险管理决策

丁明发　侯鸿昌　刘哲哲　傅亨尼

摘　要：使用 2006—2018 年的中国 A 股上市公司样本，本章研究了外国投资者对公司风险管理的影响，以及由文化和经验所造成的异质性影响。结果表明：外国投资者投资份额的增多会降低被投资公司的风险水平，具体表现为现金比率、利息保障倍数、现金流利息保障倍数的上升和杠杆水平的下降；当投资者来自伊斯兰国家时，其会加强对风险管理的参与，当投资者来自个人主义较强或者法治水平较高的国家时，其对风险管理的干预程度会降低；当外国投资者投资一家公司时间越长时或者外国投资者之前具有越多的投资经验时，其对公司风险管理的参与就越低。本章也进一步验证了文中结果是外国投资者主动进行风险管理的结果，而非进行风险选择或者由投融资决策带来的连带反应。

本章研究了外国投资者对公司的风险管理带来的影响，并且探究了经验方面和文化方面的异质性影响，补充了关于外国投资者对公司治理影响的经验证据，也拓展了文化因素如何影响风险偏好的研究。

关键词：外国投资者　风险管理　风险偏好　文化　经验

一、引言

企业财务风险是指企业在生产经营的资金流动中面临的风险，生产经营活动包括融资、投资、资本回收和收入分配等。财务风险会影响企业生产和运营活动的持续性，也会影响到企业利润的稳定性和企业能否在特定环境下成功存续。作为财务管理的核心，现金、现金等价物等流动资产对公司来说具有重要的意义。在短期来看，一个企业能否生存下去不仅在于企业的盈利，也在于是否有足够的能力去支付已经产生的费用。

已有的经典研究（Opler 等，1999；Foley 等，2007；Bates 等，2009；Pinkowitz 等，2012）将企业持有现金的动机分为三类。第一类是预防性动机，即为了避免未来出现现金流短缺导致财务危机，特地持有多余现金；第二类是投资动机，即为了及时抓住潜在的投资机会；第三类是成本动机，当出现投资机会时，由于融资约束和投资不确定性的存在，在资本市场上进行紧急融资的成本很高，在这种情况下，持有多余的现金可以有效地减小投资的成本。因此，持有一定水平的现金可以减少公司面临的财务风险，避免其将来发生财务危机，也会使公司能够迅速且低成本地抓住潜在的投资机会。

很多研究表明，机构投资者由于有很强的动机去收集企业的信息并且监督企业披露信息，因此会有效地增加企业的信息透明度。Boone 和 White（2015）发现，当一个公司股东中机构投资者持股占比增加时，公司会有更高的信息披露水平，也会有更多的分析师去关注这家企业，股票的流动性也会增加，企业和投资者之间的信息不对称水平会减小。程昕等（2018）发现机构投资者可以显著地提高企业的信息透明度，也会降低股价的波动，并且，像公募基金和QFII 这种积极机构投资者所产生的效果要更大一些。甄红线和王瑾乐（2016）指出，机构投资者占比的增多会有效地降低企业和投资者之间的信息不对称程度，从而降低企业的融资成本，可以有效缓解企业的融资约束。

通常来说，不同类型的机构投资者在公司治理中会起着不同的作用（朱玉杰和倪晓然，2014）。长期投资者会积极参与公司治理，但短期投资者就不会参与进来。长期机构投资者会监督公司董事会和管理层的日常表现和决策行为，也会加强公司的风险管理水平，减少公司的不规范行为和短视行为，因此长期机构投资者会提升所投资公司的公司管理水平，从而增加公司价值。但对于短期机构投资者来说，为了实现短期投资收益或者降低投资风险，他们会选择"用脚投票"的方式，并不会积极参与到公司的管理过程和投资决策过程中。并且，长期机构投资者会限制企业对短期利益的追逐，相应地也会减少企业的短视行为。Wahal 和 Mcconnell（2004）发现，当机构投资者占比增加时，公司的研发支出会增加，这表明机构投资者会使管理层更加关注公司的长期价值而非短期利润。除此之外，机构投资者也会影响到公司的盈余管理，即公司通过选择会计办法来操控利润，Koh（2007）指出，长期机构投资者会对公司的盈余管理产生显著的影响，而追逐短期收益的机构投资者则不会有显著的影响。梅洁和张明泽（2016）指出，在克服了内生性问题后，机构投资者尤其是证券投资基金对公司盈余管理产生的影响十分有限。对于外国机构投资者的研究表明，通过对公司的积极监督，外国机构投资者为公司管理者提供了关于创新失败的保险，并且促进了公司对发达经济体技术外溢的吸收，从而公司相对轻松地实现技术进步并且拥有更高的价值（Luong 等，2017）。

当机构投资者来自不同的国家具有不同的文化背景时，其对于风险和价值的考量、对于所投资公司管理层的信任以及对所投资公司的干预可能会有所差异。但目前尚无研究关注"文化—风险偏好—公司风险管理"这一完整链条，目前的文献多集中在研究国家文化特征与经济特征的关系，如 James（2019）通过对文化因素和金融发展程度之间关系的研究发现，个人主义更高的国家其金融发展程度会越高，这是因为个人主义强的国家会更重视对于私有产权的保护。Stulz 等（2003）指出文化之所以能够影响金融发展程度，是因为文化会影响人的价值观、信仰、制度偏好以及资源如何分配。也有文献涉及"文化—风险偏好"，Weber 和 Hsee（1998）指出文化差异可以明显地影响人们的风险偏好，从而影响他们的决策。除此之外，国内也有文献关注文化差异对于外资进入模式的影响（刘兴亚等，2009；潘镇和鲁明泓，2006），研究发现，其主要关注点在于文化差异对于技术转移困难程度的影响以及对信息不对称的影响方面。

可以看出，目前尚无研究关注外国投资者对风险管理的影响，也鲜有研究关注文化因素导致的异质性，因此本章旨在研究外国机构投资者对所投资公司风险管理的干预以及文化差异所导致的异质性影响。之所以研究风险管理，是因为我国市场对于外国投资者的限制较大，外国投资者投资受到限制并且退出投资也有很多限制，并且中国的股票市场透明性较差，外国投资者对所投资公司的风险会很敏感。因此，在外国投资者投资一家中国公司后，他们会积极地参与公司的风险管理过程以尽可能地减少风险。而不同的文化背景会使外国投资者具有不同的风险偏好，对所投资公司管理层的信任程度也会产生差异，从而影响他们对公司风险管理的参与程度。

通过对 2006—2018 年中国上市公司的研究发现，外国投资者投资份额的增多会降低被投资公司的风险水平，具体表现为现金比率、利息保障倍数、现金流利息保障倍数的上升和杠杆水平的下降；并且发现外国投资者对公司风险管理的参与程度与投资者在此公司投资时间和在华投资经验相关，当外国投资者投资一家公司时间越长时或者外国投资者之前具有越多的投资经验时，其对公司风险管理的参与就越低；同样地，文化因素同样会影响外国投资者对风险管理的参与程度，当投资者来自伊斯兰国家时，其会加强对风险管理的参与，当投资者来自个人主义较强或者法治水平较高的国家时，其对风险管理的干预程度会降低。

进一步地，本章研究发现只有超过 5% 的外国投资者才会影响到公司的风险管理，并且主要是其中占股最大的外国股东在起作用。本章也通过更换外国投资者数据验证了本章结论的稳健性；通过使用滞后设定的办法证明了实证结果是"风险治理"的结果，而非"风险选择"的结果；通过排除投融资方面的变化证明了风险水平的降低是主动进行风险治理的结果，而非投融资情况变动带来的连带影响。

与以往文献相比，本章主要有以下贡献：第一，目前关于公司治理的研究大多关注于本国各类型的机构投资者，而关于外国机构投资者的研究大多集中在其对于股市的影响，本章研究了外国机构投资者和公司风险管理之间的关系，丰富了相关的研究；第二，目前有关文化与经济特征的研究大多集中在国家层面，鲜有研究关注文化特征对该国投资者的影响，本章研究了不同的文化背景对外国投资者参与所投资公司风险管理的异质性影响，丰富了文化对于经济的影响范畴，即文化不仅能影响经济体整体的特征，也会影响到其中的个体参与者的风格特征；第三，本章验证了财务风险水平降低是公司进行风险管理的结果，而非削减投资的连带效应，增加了本章结论的严谨性，这也为相关研究提供了增强可靠性的方法。

本章结构部分安排如下：第二部分为理论假说；第三部分为模型与数据；第四部分为实证结果及分析；第五部分为稳健性检验；第六部分为进一步讨论；最后为结论部分。

二、理论假说

由于我国市场对于外国投资者的限制较大，外国投资者投资受到限制并且退出投资也有很多限制，外国投资者对所投资公司的风险会很敏感。因此，在外国投资者投资一家中国公司后，他们会积极地参与公司的风险管理过程以尽可能地减少风险，在此提出本章第一个假设：

H1：当外国投资者持股比例增加时，被投资公司的财务风险水平会降低，具体表现为现金比率上升、杠杆水平下降、利息保障倍数上升、现金量保障倍数上升。

而由于外国投资者具有不同的文化背景，文化因素会影响他们的风险偏好，也会影响到他们对于公司管理层的信任程度，因此拥有不同文化背景的外国投资者对于所投资公司的风险管理有着不同的参与程度。特别地，本章关注了伊斯兰宗教。不同于其他的金融形式，伊斯兰金融是建立在古兰经和伊斯兰法律的基础上的（朱颖和罗英，2015）。伊斯兰金融建立在避免过多不确定性的基础上，对风险有着高度的厌恶程度。为了减少不确定性，伊斯兰金融禁止投机活动或者卖空。

除此之外，个人主义和法治指数也会影响投资者的风险偏好。个人主义强的国家倾向于保护私有产权，强调自我发展与自我责任承担，对风险有着较低的厌恶程度。而法治水平高的国家同样注重对私有产权的保护，并且被代理人与代理人之间的矛盾较小，对代理人有着更高的信任水平。因此本章在此提出文化异质性假设：

H2：外国投资者的文化特征会影响其对于被投资公司的风险管理，具体表现为来自伊斯兰国家的投资者会更大程度地干预风险管理，而来自个人主义强或者法治水平高的国家的投资者有着更小的干预水平。

除了文化因素，外国投资者对于被投资公司的了解和在华投资经验也会影响其对公司治理的干预水平。当外国投资者在一个公司内投资时间越长时，对公司的运行状况、人事任命及未来发展就越了解，双方之间的信息不对称就越小，因此外国投资者加强公司风险管理的可能性就越小；同时当外国投资者在华投资经验丰富，对中国的制度环境、人文特征以及市场环境越了解时，其对未来在华投资不确定性的担忧就越少，也就会减少对公司风险管理的参与。在此提出经验异质性假设：

H3：当外国投资者在一个公司投资时间越长或者在华投资经验越丰富时，其对公司风险管理的参与程度就越低。

三、模型与数据

（一）模型

为了探究外国投资者持股比例如何影响公司的风险管理水平，本章使用模型如下：

$$risk = \beta_0 + \beta_1 fshare + \beta_X controls + \varepsilon \tag{7-1}$$

模型（7-1）中被解释变量为公司的风险水平，本章采用四种变量进行衡量，分别是现金持有比率（*cashratio*），即现金及现金等价物/（总资产-现金及现金等价物）；杠杆水平（*leverage*），即总负债/总资产；利息保障倍数（*intcover*），即（净利润+所得税费用+财务费用)/财务费用；现金流利息保障倍数（*csfcover*），即经营活动产生的现金流量净额/财务费用。其中现金持有比率、利息保障倍数和现金流利息保障倍数代表了企业对其债务水平成本的承担能力以及在发生财务危机时的自救能力，当这些变量上升时，公司的风险水平降低，而公司的杠杆水平的降低则代表着风险水平的降低。

其中解释变量为外国投资者持股比例（*fshare*），即一家中国上市公司中所有外国投资者所占份额之和。控制变量方面，参考陈德球等（2011），选取企业性质（*soe*），营运资本比例（*workratio*），贷款比例（*bankloan*），规模（*lasset*），杠杆水平（*leverage*），非流动负债比例（*nonliquiratio*），账面市值比（*MB*），投资支出水平（*capex*），营运现金流比率（*ocfratio*），是否发放现金股利（*d_divi*），第一大股东持股比例（*shrcr1*）。其中当被解释变量为杠杆水平时，本章将不再控制杠杆水平作为控制变量，同时为了减少变量间的因果关系导致的内生性问题，本章控制变量均采用滞后一阶的设置。

同时为了探究外国投资者的投资经验以及文化特征对其参与公司风险管理的异质性影响，本章使用模型（7-2）、模型（7-3）进行探究。

$$risk = \beta_0 + \beta_1 fshare + \beta_2 fshare + \beta_3 fshare \times culture + \beta_X controls + \varepsilon \quad (7-2)$$

$$risk = \beta_0 + \beta_1 fshare + \beta_2 jingyan + \beta_3 fshare \times jingyan + \beta_X controls + \varepsilon \quad (7-3)$$

其中模型（7-2）中的文化变量有宗教指数（*religion*），即经过持股比例加权平均之后的宗教指数，个人主义指数（*idv*），法治指数（*lawindex*）。由上文分析可知，对风险表现出极强厌恶程度投资者，指数越大，外国投资者对风险管理的干预程度越大；而个人主义和法治指数强的地区注意对私有产权的保护，强调自我的风险承担，并且个人对代理机构的信任感较强，因此可以推断来自个人主义和法治指数较强地区的外国投资者对风险管理的干预程度较小。

模型（7-3）中代表投资经验的变量有第几年在此公司进行投资（*lyearth*），即 ln（在此公司第几年投资+1）；在此之前在中国进行过多少年次的投资，即 ln（此前投资年次+1）。当外国投资者在一个公司内投资时间越长时，对公司的运行状况、人事任命及未来发展就越了解，双方之间的信息不对称就越小，因此外国投资者加强公司风险管理的可能性就越小；同时当外国投资者在华投资经验丰富，对中国的制度环境、人文特征以及市场环境越了解时，其对未来在华投资不确定性的担忧就越少，也就会减少对公司风险管理的参与。

变量名称及具体定义如表 7-1 所示。

表 7-1　变量名称及其定义

变量类型	变量名称	定义
被解释变量	*cashratio*	现金及现金等价物/（总资产-现金及现金等价物）
	leverage	总负债/总资产
	intcover	净利润+所得税费用+财务费用)/财务费
	csfcover	经营活动产生的现金流量净额/财务费用
解释变量	*fshare*	外国投资者持股比例之和
	f5share	超过5%的外国投资者持股比例之和
	fn5share	没有超过5%的外国投资者持股比例之和
	f5share_biggest	超过5%的最大外国投资者的持股比例
	f5share_nonbiggest	超过5%的外国投资者持股比例之和（除最大投资者）
	lyearth	ln（在此公司第几年投资+1）
	ltargets	ln（此前投资年次+1）
	religion	经过持股比例加权平均的宗教指数
	idv	经过持股比例加权平均的个人主义指数
	lawindex	经过持股比例加权平均的法治指数
	inscount	公司内部的外国投资者的个数
控制变量	*soe*	虚拟变量，当公司为国企时为1，否则为0
	workratio	营运资本/（总资产-现金及现金等价物）
	bankloan	（总资产-现金及现金等价物）
	lasset	ln（总资产）
	nonliquiratio	非流动负债/总负债
	MB	账面市值比
	capex	（为构建固定资产、无形资产和其他长期资产所支付的现金-处置固定资产、无形资产和其他长期资产而收回的现金）/（总资产-现金及现金等价物）
	ocfratio	经营活动产生的现金流量净额/（总资产-现金及现金等价物）
	d_divi	虚拟变量，公司发放现金红利时为1，否则为0
	*shrcr*1	公司第一大股东的持股比例

（二）数据

本章的上市公司层面的数据来自 CSMAR 数据库，外国投资者持股信息来自东方财富网，宗教信息为手动收集，个人主义指数来自 Hofstede 中心，法治指数来自世界银行。

其中本章在核对外国投资者持股信息的时候发现，有相当一部分外国投资者并非是真正的外国投资者，一些是中国内地的本章金融机构在香港等地的分支机构，也有一些是上市公司的实控人家族通过海外避税天堂成立的投资公司，为了剔除这一部分"伪外资"对结果的影响，本章对样本中出现的外国投资者通过谷歌搜索公司实控人、相关报告以及新闻报道等进行了一一核查，剔除了其中的"伪外国投资者"。

在将公司数据、外国投资者持股信息和各国家文化数据合并后，样本选择遵循以下原则：（1）选取 2006—2018 年的中国 A 股上市公司数据；（2）参考陈德球等（2011），去除金融类以及公共事业类上市公司；（3）剔除数据缺失的样本；（4）对主要连续变量进行［1%，99%］的缩尾处理。经过筛选，最终获得包含 14,395 个观测值的公司—年份样本，其中有外国投资者投资的样本包含 2,741 个观测值。

（三）描述性统计

对于本章主要变量，统计结果如表7-2、表7-3所示，其中表7-2为对全样本进行统计的结果，表7-3为有外国投资者投资的样本的统计结果。

表7-2　全样本描述性统计

Variable	Obs	Mean	Std. Dev.	Min	Max
cashratio	21,901	0.223	0.239	0.005	1.711
leverage	21,894	0.464	0.207	0.061	1.208
intcover	16,708	14.231	34.354	−21.885	419.676
csfcover	16,693	9.734	31.880	−77.581	354.818

续表

Variable	Obs	Mean	Std. Dev.	Min	Max
fshare	22,334	0.012	0.063	0	0.990
soe	22,334	0.452	0.498	0	1
workratio	21,878	0.037	0.253	−0.995	0.643
bankloan	18,969	0.172	0.138	0	0.630
lasset	21,878	21.954	1.214	19.046	25.781
nonliquiliratio	22,097	0.149	0.151	0	0.674
MB	20,974	1.976	1.136	0.904	8.792
capex	21,263	0.057	0.057	−0.060	0.292
ocfratio	21,880	0.057	0.093	−0.242	0.432
d_divi	20,185	0.735	0.441	0	1
*shrcr*1	22,333	36.026	15.348	2.197	89.986

注：数据来自 CSMAR、东方财富网。

表 7-3　外资样本文化变量及经验变量统计结果

Variable	Obs	Mean	Std. Dev.	Min	Max
fshare	2,741	0.102	0.152	0.001	0.990
lyearth	2,741	1.115	0.526	0.693	2.996
ltargets	2,741	2.610	1.755	0.693	5.283
religion	2,741	0.051	0.212	0	1
idv	2,741	56.418	30.203	0	91
lawindex	2,741	1.342	0.625	−0.860	2.030
inscounts	2,741	1.436	0.932	1	8

注：数据来自东方财富网、Hofstede 中心、世界银行。

由表 7-2 可以看出，在全样本中，现金比率、杠杆水平、利息保障倍数、现金流利息保障倍数的均值分别为 22.3%、46.4%、14.2、9.7，变量的标准差、最大值与最小值也在合理范围之内。而在缩尾之后，控制变量的最大值和最小值也处于合理范围之内，消除了极端值对结果的影响，同时适中的标准差也保证了控制变量对风险变量的解释力度。

由表 7-3 可以看出，在有外国投资者投资的样本中，外国投资者平均持有约 10% 的股权。变量 *lyearth*、*ltargets*、*muslim*、*idv*、*lawindex* 的均值分别为 1.115、2.610、0.051、56.418、1.342，而 *inscounts*1.436 的均值则表明大部分公司的外国投资者仅有一位，含有最多的外国投资者的数目为 8 位。

四、实证结果

在此部分，本章对所提基准假设以及经验、文化异质性假设进行了回归检验，结果如下所示。

（一）基准假设

对基准假设进行的回归分析结果如表 7-4 所示。

表 7-4　基准假设回归结果

	（1） *cashratio*	（2） *leverage*	（3） *intcover*	（4） *csfcover*
fshare	0.098*** (0.038)	−0.057*** (0.014)	15.591* (8.861)	14.248** (6.279)
soe	0.010*** (0.003)	0.013*** (0.002)	0.244 (0.636)	2.362*** (0.601)
workratio	−0.109*** (0.012)	−0.236*** (0.007)	17.530*** (2.223)	10.184*** (2.120)
bankloan	−0.216*** (0.015)	0.541*** (0.011)	−49.086*** (3.487)	−29.360*** (3.328)
lasset	−0.002 (0.002)	0.043*** (0.001)	3.473*** (0.432)	2.025*** (0.369)
leverage	−0.263*** (0.015)		−12.977*** (3.000)	−13.829*** (2.694)
nonliquiliaratio	−0.054*** (0.011)	−0.002 (0.008)	−13.680*** (2.097)	−12.615*** (1.848)
MB	0.006** (0.002)	−0.005*** (0.001)	3.643*** (0.568)	1.824*** (0.432)

	(1) cashratio	(2) leverage	(3) intcover	(4) csfcover
capex	−0.151 *** (0.029)	−0.213 *** (0.020)	2.948 (5.471)	12.493 ** (5.429)
ocfratio	0.401 *** (0.025)	−0.203 *** (0.014)	43.008 *** (3.979)	58.720 *** (4.108)
d_divi	0.021 *** (0.003)	−0.030 *** (0.003)	2.189 *** (0.609)	0.426 (0.624)
shrcr1	0.001 *** (0.000)	0.000 *** (0.000)	0.052 ** (0.022)	0.014 (0.020)
Constant	0.341 *** (0.045)	−0.506 *** (0.029)	−60.436 *** (9.583)	−31.792 *** (8.043)
年份固定效应	YES	YES	YES	YES
行业固定效应	YES	YES	YES	YES
Observations	14,395	14,493	11,304	11,266
R^2_adjusted	0.258	0.614	0.142	0.109

注：（）内为稳健标准误；＊＊＊、＊＊、＊代表的显著性水平分别为1%、5%、10%。

表7-4的（1）～（4）分别为将现金持有比率、杠杆水平、利息保障倍数、现金流利息保障倍数作为被解释变量的回归结果。可以看出，外国投资者持股比例的增加会显著地增加公司的现金持有水平、利息保障倍数和现金流利息保障倍数，同时会显著地降低杠杆水平，这验证了本章的基准假设：外国投资者持股比例的增加会提高公司的风险管理水平。在定量分析上，考虑到四项风险衡量方式的均值，当外国投资者持股比例每增加10%时，现金持有比率相对增加4.4%（10%×0.098/22.3%），杠杆水平相对降低1.2%（10%×0.057/46.4%），利息保障倍数相对增加11.0%（10%×15.591/14.2），现金流保障倍数相对增加14.7%（10%×14.248/9.7）。可以发现当现金及现金等价物在一种风险指标中起到的作用越大时，该指标受外国投资者的影响越大，这说明了现金作为流动性最强的资产，对公司财务风险的影响是其他资产不能比拟的（于泽等，2014），而且其相对容易受到调节的特征也会使其成为外国投资者进行风

险管理的主要调节变量。

控制变量方面，（1）～（4）的结果基本符合预期。以结果（1）为例进行分析，国企变量的系数显著为正，这是因为相比于私企，国企有着更好的融资渠道，国企内部有着更充足的现金储备；杠杆水平显著为负的系数则说明当负债率的增多会使企业进行一些高收益活动，而不是持有大量低收益的现金及现金等价物；投资支出显著为负的系数则说明，投资支出的增加直接使用了公司的现金储备，从而降低了现金比率；经营现金流比率的系数说明，当公司从经营活动中获得现金的能力提高时，公司的现金比率会上升。

（二）文化异质性假设

来自世界各地的外国投资者有着不同的文化属性，宗教、制度等文化因素都会对他们的风险偏好产生影响，表7-5即对本章文化异质性假设的回归结果。

表7-5　文化异质性假设回归结果

	（1）	（2）	（3）	（4）	（5）	（6）
	cashratio			*leverage*		
	religion	*idv*	*lawindex*	*religion*	*idv*	*lawindex*
fshare	0.073**	0.213***	0.228***	-0.047***	-0.079***	-0.072***
	(0.035)	(0.070)	(0.063)	(0.014)	(0.021)	(0.019)
culture	-0.046**	0.000	0.004	0.002	-0.000	-0.003
	(0.021)	(0.000)	(0.004)	(0.014)	(0.000)	(0.002)
fshare×culture	0.539*	-0.004**	-0.181***	-0.156***	0.001*	0.030
	(0.309)	(0.001)	(0.048)	(0.044)	(0.000)	(0.020)
控制变量	YES	YES	YES	YES	YES	YES
年份固定效应	YES	YES	YES	YES	YES	YES
行业固定效应	YES	YES	YES	YES	YES	YES
Observations	14,395	14,395	14,395	14,493	14,493	14,493
R^2_adjusted	0.259	0.259	0.260	0.614	0.614	0.614

注：（）内为稳健标准误；***、**、*代表的显著性水平分别为1%、5%、10%；篇幅有限，不再显示控制变量系数，下同。

结果（1）（4）使用宗教指数作为文化指标，（2）（5）使用个人主义指数作为文化指标，（3）（6）使用法治指数作为文化指标。这验证了本章的文化异质性假设：文化特征会影响外国投资者的风险偏好，来自风险厌恶文化环境下的投资者会更多地干预公司的风险管理水平，来自风险喜好文化环境下的投资者会更少地干预公司的风险管理水平。

（三）经验异质性假设

当外国投资者对中国越了解或者对所投资的公司越了解时，其参与被投资公司风险管理的动机就越弱，由于篇幅有限，本部分只选取了风险指标中最具代表性的现金持有比率和杠杆水平进行此部分的经验异质性研究，表7-6为回归结果。

表7-6　经验异质性假设回归结果

	（1）	（2）	（3）	（4）
	cashratio		leverage	
fshare	0.521 *** (0.130)	0.163 *** (0.058)	−0.226 *** (0.055)	−0.105 *** (0.024)
lyearth	−0.003 (0.004)		−0.005 * (0.003)	
fshare×lyearth	−0.262 *** (0.069)		0.120 *** (0.032)	
ltargets		0.001 (0.002)		−0.002 (0.001)
fshare×ltargets		−0.072 ** (0.036)		0.055 ** (0.023)
控制变量	YES	YES	YES	YES
年份固定效应	YES	YES	YES	YES
行业固定效应	YES	YES	YES	YES
Observations	14,395	14,395	14,493	14,493
R^2_adjusted	0.259	0.258	0.614	0.614

注：（）内为稳健标准误；＊＊＊、＊＊、＊代表的显著性水平分别为1%、5%、10%。

结果（1）（2）的被解释变量为现金持有比率，（3）（4）的被解释变量为杠杆水平。结果（1）（3）中外资持股比例和交乘项显著的系数表明，外国投资者持股比例的增加会显著降低公司的风险水平，但随着外国投资者在这个公司投资时间的增加，公司的风险水平会慢慢恢复到外国投资者进驻之前的水平。结果（2）（4）表明，当一个外国投资者之前在华投资经历越多时，其对之后所投资公司的风险管理过程参与就越少。结果表明，当外国投资者的在华投资经验越多时，或者外国投资者对所投资公司越了解时，外国投资者与公司间的信息不对称会减少，从而降低了外国投资者参与风险管理过程的动机，验证了本章的经验异质性假设。

五、稳健性检验

（一）使用原外国投资者持股信息

前文的研究使用了经过本章作者剔除"伪外资"之后的外国投资者数据，在此部分本章将使用未经处理的外国投资者数据进行稳健性检验，结果如表 7-7 所示。

表 7-7　使用未经处理的外国投资者持股信息回归结果

	(1) cashratio	(2) leverage	(3) intcover	(4) csfcover
np_fshare	0.071 *** (0.027)	-0.049 *** (0.011)	11.300 ** (5.739)	13.435 *** (4.774)
控制变量	YES	YES	YES	YES
年份固定效应	YES	YES	YES	YES
行业固定效应	YES	YES	YES	YES
Observations	14,395	14,493	11,304	11,266
R^2_adjusted	0.258	0.614	0.142	0.109

注：（ ）内为稳健标准误；＊＊＊、＊＊、＊代表的显著性水平分别为 1%、5%、10%。

表 7-7 的结果仍然表明，外国投资者持股比例的增加会降低公司的风险水平，具体表现为现金持有比率、利率保障倍数、现金流利率保障倍数的增加和杠杆水平的降低，证明了本章结论的稳健性。

（二）使用滞后项

在机构投资者与公司治理的研究中，关于选择和治理的讨论一直存在，究竟是机构投资者选择了好公司还是机构投资者让公司变得更好，或者是两者都存在？本章的基础假设是外国投资者参与公司的风险管理，从而降低了公司的风险水平，但仅靠基准假设的回归无法排除选择效应对本章结论的影响。而前文所做的文化异质性和经验异质性研究在一定程度上说明了本章结果确是由于外国投资者的治理效应而非选择效应，并且在此部分，本章将参考唐越军和宋渊洋（2010）区分机构投资者"价值选择"和"价值创造"的办法，使用滞后项对本章假设进行研究。影响外国投资者在 t 期选择一个公司的信息应当是 $t-1$、$t-2$ 期的信息，而外国投资者在 t 期参与公司治理影响的则是 $t+1$、$t+2$ 期的表现，因此本部分将外国投资者持股比例滞后进行研究，结果如表 7-8 所示。

表 7-8　使用滞后项回归结果

	（1）	（2）	（3）	（4）
	cashratio		*leverage*	
l. fshare	0.083 ** （0.034）		-0.052 *** （0.013）	
l2. fshare		0.044 （0.030）		-0.047 *** （0.013）
控制变量	YES	YES	YES	YES
年份固定效应	YES	YES	YES	YES
行业固定效应	YES	YES	YES	YES
Observations	14,395	13,671	14,493	13,761
R^2_adjusted	0.258	0.249	0.614	0.605

注：（）内为稳健标准误；＊＊＊、＊＊、＊代表的显著性水平分别为 1%、5%、10%。

表 7-8 的结果表明，外国投资者持股比例的一阶滞后项仍然会显著地影响现金比率和杠杆水平，而二阶滞后只会显著地影响杠杆水平，并且二阶滞后对杠杆水平的影响也略小于一阶之后，这说明外国投资者就起到改善风险管理的作用，并且效果主要体现在短期。整体而言，此部分结果验证了本章"外国投

资者参与公司治理"假设的可靠性。

六、进一步研究

(一) 大股东研究

由前文关于外国投资者持股比例的统计可知,持股比例的范围从 0.1% 到 99%,而均值仅有 10%,这说明大部分投资者都是占股比例较小的投资者,而占股比例的多少直接决定了在公司治理中的话语权,因此本部分将探究究竟是哪些外国投资者能在公司治理中起到作用。结果如表 7-9 所示。

表 7-9 大股东研究回归结果

	(1)	(2)	(3)	(4)	(5)	(6)
	cashratio			*leverage*		
fshare	0.098*** (0.038)			−0.057*** (0.014)		
f5share		0.102*** (0.040)			−0.056*** (0.014)	
fn5share		0.004 (0.154)	0.005 (0.154)		−0.084 (0.102)	−0.075 (0.102)
f5share_biggest			0.100** (0.044)			−0.068*** (0.017)
f5share_nonbiggest			0.123 (0.202)			0.061 (0.053)
控制变量	YES	YES	YES	YES	YES	YES
年份固定效应	YES	YES	YES	YES	YES	YES
行业固定效应	YES	YES	YES	YES	YES	YES
Observations	14,395	14,395	14,395	14,493	14,493	14,493
R^2_adjusted	0.258	0.258	0.258	0.614	0.614	0.614

注:( ) 内为稳健标准误;* * *、* *、* 代表的显著性水平分别为 1%、5%、10%。

结果 (1) (4) 使用了全部的外资持股比例, (2) (5) 则将外资分成了单个投资者超过 5% 的大股东之和（*f5share*）和未超过 5% 的小股东之和（*fn5share*），（3）（6）则是在（2）（5）的基础上对 *f5share* 进行了进一步的细分，分为最大的外国投资者（*f5share_biggest*）和其他大股东之和（*f5share_non-biggest*）。结果显示，并非所有的外国投资者都能参与到公司的风险管理之中，仅有持股比例超过 5% 的最大股东才会对公司的风险水平产生影响。

（二）主动性研究

公司现金比率的增加有可能并不只是风险管理的结果，企业的投融资活动也会影响企业的现金水平。而且由于外国投资者的价值发现作用，外国投资者的进入会为企业提供一个良好的信号，从而有助于其获得信贷等金融资源，从而带来现金持有量的上升，而外国投资者进入公司之后也有一定的可能性对企业的投资活动进行干预，减少一些不必要的投资。这些投融资活动上的变化也会带来本章中的结果，因此本部分将验证投融资方面的变化。本章选取银行贷款（*bankloan*）作为融资变量，选取新增投资支出（*capex*）作为投资变量，参考徐业坤等（2013），选取 *soe*，*lasset*，*leverage*，*ocfratio*，*shrcr*1，*Q*，*ROE* 作为控制变量，研究外资持股比例对投融资的影响。结果如表 7-10 所示。

表 7-10　主动性研究回归结果

	（1） *bankloan*	（2） *capex*	（3） *cash_loan*	（4） *cash_invest*
fshare	0.056*** （0.014）	0.022*** （0.007）	0.075* （0.040）	0.109*** （0.040）
soe	−0.017*** （0.002）	−0.012*** （0.001）	0.010*** （0.004）	0.005 （0.003）
workratio			−0.098*** （0.013）	−0.119*** （0.012）
bankloan			−0.997*** （0.018）	−0.208*** （0.016）
lasset	−0.001 （0.001）	0.003*** （0.000）	−0.003 （0.002）	−0.002 （0.002）

续表

	（1） *bankloan*	（2） *capex*	（3） *cash_loan*	（4） *cash_invest*
leverage	0. 392 *** （0. 006）	−0. 038 *** （0. 002）	−0. 303 *** （0. 017）	−0. 286 *** （0. 016）
nonliquiliaratio			−0. 025 * （0. 013）	−0. 045 *** （0. 012）
MB			0. 006 ** （0. 003）	0. 005 ** （0. 002）
capex			−0. 262 *** （0. 034）	0. 367 *** （0. 031）
ocfratio	−0. 207 *** （0. 009）	0. 100 *** （0. 005）	0. 474 *** （0. 027）	0. 440 *** （0. 026）
d_divi			0. 020 *** （0. 004）	0. 027 *** （0. 004）
*shrcr*1	−0. 000 ** （0. 000）	0. 000 *** （0. 000）	0. 001 *** （0. 000）	0. 001 *** （0. 000）
Q	−0. 007 *** （0. 001）	−0. 001 *** （0. 000）		
ROE	0. 003 （0. 002）	0. 001 ** （0. 001）		
Constant	0. 123 *** （0. 023）	0. 005 （0. 010）	0. 323 *** （0. 050）	0. 361 *** （0. 046）
年份固定效应	YES	YES	YES	YES
行业固定效应	YES	YES	YES	YES
Observations	16,311	18,186	13,497	14,047
R^2_adjusted	0. 436	0. 192	0. 527	0. 291

注：（ ）内为稳健标准误；＊＊＊、＊＊、＊代表的显著性水平分别为1%、5%、10%。

结果（1）（2）显示，外资持股比例显著增加了公司的信贷量和投资支出，这便否定了上述"因降低投资而增加现金"的怀疑，但无法否定融增量上升带来的现金量增加。进一步地，本部分引入变量 *cash_loan*（*cashratio* 与 *bankloan* 之差），*cash_invest*（*cashratio* 与 *capex* 之和），并且参考对现金比率的回归对两变量进行关于外资持股比例的回归。结果（3）（4）显示，在充分考虑了投融资方面的变化之后，企业的现金持有水平仍然会随着外资持股比例的增加而增加，验证了本章的结果是外国投资者进行风险管理的结果。

七、结论

通过对中国上市公司的研究，本章发现外国投资者投资份额的增多会降低被投资公司的风险水平，具体表现为现金比率、利息保障倍数、现金流利息保障倍数的上升和杠杆水平的下降；并且发现外国投资者对公司风险管理的参与程度与投资者在此公司投资时间和在华投资经验相关，当外国投资者投资一家公司时间越长时，或者外国投资者之前具有越多的投资经验时，其对公司风险管理的参与就越低；同样地，文化因素同样会影响外国投资者对风险管理的参与程度，当投资者来自伊斯兰国家时，其会加强对风险管理的参与，当投资者来自个人主义较强或者法治水平较高的国家时，其对风险管理的干预程度会降低。

进一步地，本章研究发现只有超过5%的外国投资者才会影响到公司的风险管理，并且主要是其中占股最大的外国股东在起作用。本章也通过更换外国投资者数据验证了本章结论的稳健性；通过使用滞后设定的办法证明了实证结果是"风险治理"的结果，而非"风险选择"的结果；通过排除投融资方面的变化证明了风险水平的降低是主动进行风险治理的结果，而非投融资情况变动带来的连带影响。

本章清晰地指出了外国投资者对公司的风险管理带来的影响，并且探究了经验方面和文化方面的异质性影响，补充了关于外国投资者对公司治理影响的经验证据，也拓展了文化因素如何影响风险偏好的研究。

参考文献

[1] 陈德球，李思飞，王丛．政府质量、终极产权与公司现金持有 [J]．管理世界，2011（11）：127-141．

[2] 程昕，杨朝军，万孝园．机构投资者、信息透明度与股价波动 [J]．投资研究，2018，37（6）：55-77．

[3] 刘兴亚，李湘宁，缪仕国，等．资产专用性、文化差异与外资进入模式选择——基于交易成本框架的分析 [J]．金融研究，2009（3）：72-84．

[4] 梅洁，张明泽．基金主导了机构投资者对上市公司盈余管理的治理作用？——基于内生性视角的考察 [J]．会计研究，2016（4）：55-60，96．

[5] 唐跃军，宋渊洋．价值选择 VS. 价值创造——来自中国市场机构投资者的证据 [J]．经济学，2010（2）：223-246．

[6] 潘镇，鲁明泓．在华外商直接投资进入模式选择的文化解释 [J]．世界经济，2006（2）：53-63．

[7] 王福胜，宋海旭．终极控制人、多元化战略与现金持有水平 [J]．管理世界，2012（7）：124-136，169．

[8] 温军，冯根福．异质机构、企业性质与自主创新 [J]．经济研究，2012，47（3）：53-64．

[9] 于泽，杜安然，钱智俊．公司持有现金行为的理论与证据：争论和进展 [J]．经济学动态，2014（4）：141-151．

[10] 甄红线，王谨乐．机构投资者能够缓解融资约束吗？——基于现金价值的视角 [J]．会计研究，2016（12）：51．

[11] 朱颖，罗英．伊斯兰金融框架和政策效应 [J]．金融教学与研究，2015（5）：21-25．

[12] 朱玉杰，倪骁然．机构投资者持股与企业风险承担 [J]．投资研

究，2014，33（8）：85-98.

［13］Beck，T.，A. Demirguc-Kunt，and R. Levine. Law and Finance：Why Does Legal Origin Matter？［J］. Journal of Comparative Economics，2003，31（4）：653-675.

［14］Boone，Audra L.，and J. T. White. The effect of institutional ownership on firm transparency and information production［J］. Journal of Financial Economics，2015：S0304405X15000914.

［15］Guiso，L.，P. Sapienza，and L. Zingales. Trusting the Stock Market ［J］. Journal of Finance，2008，63（6）：2557-600.

［16］Han，Liyan，Zheng，et al. Do foreign institutional investors stabilize the capital market？［J］. Economics Letters，2015，136：73-75.

［17］James B. Ang. Culture，legal origins，and financial development［J］. Economic Inquiry. Vol. 57，No. 2，April 2019：1016-1037.

［18］John J. McConnell，Sunil Wahal . "Do Institution Investors Exacerbate Managerial Myopia？" Purdue University Economics Working Papers，2004.

［19］Koh P S. Institutional investor type，earnings management and benchmark beaters［J］. Journal of Accounting and Public Policy，2007，26（3）：0-299.

［20］Luong H，Moshirian F，Nguyen L，et al. How Do Foreign Institutional Investors Enhance Firm Innovation？［J］. Journal of Financial and Quantitative Analysis，2017：1-42.

［21］Shiu H C Y . Local Effects of Foreign Ownership in an Emerging Financial Market：Evidence from Qualified Foreign Institutional Investors in Taiwan［J］. *Financial Management*，2009，38（3）：567-602.

［22］Stulz，R. M.，and R. Williamson. Culture，Openness，and Finance ［J］. Journal of Financial Economics，2003，70（3）：313-349.

［23］Weber E U，Hsee C . Cross-Cultural Differences in Risk Perception，but Cross-Cultural Similarities in Attitudes Towards Perceived Risk［J］. Management Science，1998：44.

第八章 因子投资以及公司债券收益横截面变化

王　凯

　　摘　要：本章研究了公司债券市场进行因子投资获利的可能性以及公司债券收益横截面变动的决定因素。我们发现基于债券构建的低风险因子、流动性因子、利率因子、信用风险因子和规模因子能够提供经济上和统计上均显著的风险调整后超额收益，月收益大小取决于所投资的因子模拟组合，从 0.20% 至 0.43% 不等。对于公司债券收益横截面变动的分析显示传统的股票市场中的因子以及宏观信用因子均不能有效解释公司债券收益横截面的变动，随后本章基于所构建的前述因子模拟投资组合提出了基于债券的特定的五因子模型，实证结果表明，本章此五因子模型能够显著地解释公司债券收益横截面的变动，平均 R^2 为 22%，并且五个因子对应的风险溢价均在统计上显著。

　　关键词：因子投资　公司债券收益横截面变动　债券五因子模型

一、引言

　　股票市场中"聪明贝塔"（Smart Beta）策略已经得到了充分的研究，然而这一流行于股票市场的策略直到近几年才引起信贷市场投资者的关注（如 Israel，Palhares 和 Richardson，2018）。本章将延续这种趋势，分析聪明贝塔策略在公司债券市场中的表现。聪明贝塔策略在本章中是指在债券市场中的"风格（Styles）投资"或者"因子（Factors）投资"——在这类投资中，被投资资产列表中的证券根据某些有据可查的"风格"或" 因子"而被标注为权重过大或者权重过低。

对股票市场中因子投资的研究事实上自 Sharpe（1964）和 Lintner（1965a）在 20 世纪 60 年代中期提出系统性市场因子时就开始了快速发展。从那时起，研究者陆续发现了许多不同的风格因子和市场异常：[1]如 Basu（1977）引入的"价值异象"，Banz（1981）发现的"规模异象"，Jegadeesh 和 Titman（1993）记录的"动量异象"，Pastor 和 Stambaugh（2003）提出的"流动性因子"，Piotroski（2002）首先提出的，随后由 Novy-Marx（2013）和 Asness，Frazzzini 和 Pedersen（2013）标准化的"质量因子"，Titman，Wei 和 Xie（2004）以及 Cooper，Gulen 和 Schill（2008）提出的"投资因子"，Frazzzini 和 Pedersen（2014）提出的"低风险异象"。然而这些股票市场中的"异象"研究直到最近才在债券市场中变得流行主要有以下几方面的原因：首先，股票市场和固定收益市场有很大的不同；一方面股票是无限生存的资产，通常在公开的流动性强的市场上交易，并且每个公司通常都会发行一种独特的证券；另一方面债券具有特定的到期日，并且在流通量要低得多的场外交易市场上进行交易，而且发行人通常会发行许多不同类型的债券。其次，鉴于债券存在许多不同的细分市场，如主权债券、联邦机构债券、投资级公司债券、高收益公司债券、资产支持债券和担保债务凭证（CDO），可以说固定收益类债券市场要比股票市场丰富且复杂得多。而伴随着债券市场的这种复杂性，Bai，Bali 和 Wen（2018）指出债券可能还具有更复杂的特征，如债券附带的期权特征、等级特征和类股票特征，这些特征使得债券定价以及对资产定价模型检验变得更具挑战性。[2] 再次，由于股票交易所通常具有公开特征，所以长期以来股票的价格等数据一直在连续可靠地进行存储、披露和公布。相反，由于缺乏可靠、透明

---

① 市场异象在某些情况下可以转变为系统性风险因子。二者的区别主要在于风险因子应该能够持续地为持有该风险的投资者提供回报，而市场异象只是投资者投资行为的一种结果，并且这种异象能够很容易就被市场中的套利者给利用而消失（参见 Cazalet 和 Roncalli，2014）。

② 债券有时会嵌入权权：例如，可以转换为权益的债券（可转换债券），可以在特定日期由发行人赎回的债券（可赎回债券）或持有人可以触发的提前偿还名义金额的债券（可回售债券）。至于类股票特征，是指某些结构性债券的定价可能会受到股价走势的严重影响，而不是债券的基本面。这种情况一般发生在可转换债券或其他结构化债券如无到期日或发行人有权决定是否支付票息的情况。

和可用的数据来源，特别是公司债券和结构化债券产品，研究者通常没办法在固定收益领域进行充分的实证研究。最后，Asvanunt，Brooks 和 Richardson（2015）还暗示了限制该领域发展的另一个原因，即对固定收益类债券进行风格或者因子投资的一定程度的怀疑态度。他们指出固定收益行业并不像 15～20 年前的股票行业那样易于接受和尝试新的东西，比如流行于股票市场中的策略。

　　然而这种情况在近些年得到了极大的改观，根据《经济学人》（2018）的报道，贝莱德于 2015 年推出了旗下首个聪明贝塔债券产品，他们主要是试图利用质量和价值两个因子来构建一些被动型债券 ETF。传统上只专注于股票市场的 AQR Capital Management 于 2016 年推出了第一只债券基金，其基于因子的投资策略在头两年分别获得了比其基准高出 2.1% 和 2.6% 的业绩。富达（Fidelity）于 2018 年 3 月推出了两种基于债券因子的 ETF。类似地，景顺（Invesco）也在同年 7 月推出了 8 只基于债券的 ETF。正如 Staal，Corsi，Shores 和 Woida（2015）所表明的，这一最新变化背后的动机是双重的：一方面，由于金融危机和随后采用的量化宽松之类的非传统政策导致低利率环境，从而引导从业人员寻找新的方法和投资解决方案以获取超额回报；另一方面，法规的变化使固定收益债券的交易数据变得更加可靠和可得。① 在这样的情况下，基于 Fama 和 French（1993）早期对于期限因子（TERM）和违约因子（DEF）预测公司债券收益的研究，其他研究人员开始借用股权因子投资文献中因子的构建技巧和方法，并将其应用于固定收益类债券的研究中。

　　特别是美国债券市场在过去的 20 多年间经历了高速发展之后，② 考虑到债券市场庞大的规模，将聪明贝塔策略应用于此市场就显得至关重要。事实上，自 Houweling 和 van Zundert（2017）开始，近几年已有如 Bektic，Wenzler，Wegener，Schiereck 和 Spielmann（2018），Bai，Bali 和 Wen（2018），以及

---

　　① 在 2002 年联邦要求提高债券交易过程中价格和数量的透明度；同样新的欧洲法规旨在披露固定收益交易。

　　② 美国公司债券发行量从 1996 年的 3,430 亿美元增加到 2015 年的 1.49 万亿美元，年均增长达到了约 8%。Brooks，Palhares 和 Richardson（2018）指出，截至 2017 年底彭博巴克莱全球综合指数（仅包括投资级债务）未偿债务总额约为 45 万亿美元。

Brooks，Palhares 和 Richardson（2018）证明了聪明贝塔策略在债券市场中的优异表现。这些研究不仅展示了通过采用风格投资获得更高的风险调整收益的可能性，而且证明了这种因子驱动的投资组合可以提供巨大的多元化收益。然而与股票市场的研究相比，关于聪明贝塔投资在债券市场中的研究还有很大的局限。在此背景下，我们对于聪明贝塔策略这一主题以及其潜在的在债券市场中的应用的研究将能够帮助投资者取得更优异的投资表现。同时，本章在分析因子投资的基础上，更进一步研究了债券市场横截面收益变化的决定因素。

　　本章通过分析 2004 年 7 月至 2018 年 3 月 TRACE 和 Mergent FISD 数据库中的美国公司债券数据探究了对固定收益债券构建因子投资组合从而获得经风险调整后的超额收益的能力。具体来看，我们重点研究了以下特定于债券的因子：低风险，流动性，利率，信用风险和规模。在对因子的构建上，和传统股票市场中通过构建多空投资组合来构建因子的方法不同，本章结合实际债券市场中进行卖空交易的高成本特点，创新的使用仅构建多头组合的方式来构建前述投资因子。① 除此之外，本章更重要的目的是探究能够解释公司债券横截面超额收益的主要因素。鉴于股票价值与公司债券价值之间的紧密联系 [如 Merton（1974）]，本章首先检验了传统股票市场因子对债券横截面超额收益的解释能力，分析了 Fama 和 French（2015）提出的五因子模型。其次，基于 Fama 和 French（1993）我们检验了宏观信用模型是否可以更好地预测公司债券收益。本章不仅检验了传统的 TERM 和 DEF 两因子模型，更是根据 Lin，Wang 和 Wu（2011）以及 Acharya，Amihud 和 Bharath（2013）对于流动性因素的研究，探究了流动性因子（LIQ）增强的宏观信用模型。最后，在本章因子投资分析的基础上，我们提出了一个特定于债券的五因子模型，该模型利用上述五种风格投资组合构建特定于公司债券市场的五个因子，并检验了该模型对于债券横截面收益的解释能力。

　　就债券市场中的因子投资而言，我们发现本章所构建的五个特定于债券的

---

　　① Houweling 和 van Zundert（2017），Brooks，Palhares 和 Richardson（2018）及 Israel，Palhares 和 Richardson（2018）采用了类似的仅创建多头投资组合的方式来考察债券市场中的因子投资行为。

因子模拟投资组合均获得了显著的风险调整后收益。具体来看，经 Fama-French-Carhart 四因子以及 TERM 和 DEF 因子模型调整后的因子模拟组合月收益从低风险因子模拟组合的 0.198% 到信用风险因子的 0.425% 不等，并且它们均值统计意义上（1% 置信水平）显著不为零。另外，除了低风险因子模拟投资组合外，所有其他四个因子模拟组合的表现均优于公司债券市场指数的表现。因此，本章论证了在债券市场进行因子或者风格投资而获得超额收益的可能性，并由此改善投资者投资固定收益组合的绩效。这些发现也与 Houweling 和 van Zundert（2017），Bektic 等（2018）的结果相一致。在资产定价检验方面，本章运用 Fama-MacBeth 两步法检测了如下三类模型：（1）传统股票市场中的因子模型；（2）宏观信用以及宏观信用增强模型；（3）本章提出的特定于债券构建的债券多因子模型。我们发现传统的股票市场中流行的因子并不能很好地解释公司债券收益在横截面上的变化，比如 Fama-French 提出的五因子模型平均来看并不能解释公司债券的收益，公司债券收益对应的 Fama-French 五因子回归系数平均来看并不显著异于零，而且此五因子对应的 Fama-MacBeth 方法估计的风险溢价（Gamma）均在统计上不显著，且经此五因子调整后的风险溢价（Gamma_0）达到月度 0.38%，且在统计上显著不为零。另外，本章还发现尽管宏观信用模型相比于传统股票市场的因子模型在解释公司债券横截面收益变动方面有更好的表现，但是我们仍旧发现宏观信用两因子模型中的 TERM 和 DEF 因子所对应的估计的风险溢价并不显著，而且类似地，我们发现经此两因子调整后的风险溢价 Gamma_0 仍达到月度 0.25%，并且在统计上显著不为零。即便在宏观信用两因子模型中加入流动性因子（LIQ），这个流动性增强的宏观信用三因子模型仍旧不能解释公司债券收益的横截面变化，而且此三因子对应的风险溢价系数皆不显著。对前述两类模型的检测发现，它们均不能很好地解释公司债券收益的变化，为此本章提出了基于债券构建的特定于债券的五因子模型，本章用前述因子模拟投资组合构建的特定于债券的因子作为解释变量，经检测我们发现本章提出的特定于债券的五因子模型能够很好地解释公司债券收益的横截面变化。一方面，此特定于债券的五因子对应的 Fama-

MacBeth 估计的风险溢价系数均在统计上显著异于零，表明此五因子能够很好地捕捉影响公司债券收益变化的风险源。另一方面，经此五因子调整后的风险溢价系数 Gamma_0 明显低于前述两类模型中风险因子调整后的 Gamma_0，只有月度 0.18%。值得指出的是，尽管本章提出的五因子模型显著优于传统股票市场因子模型以及宏观信用因子模型，以及此基于债券的五因子对应的风险溢价系数皆显著异于零，但是经此模型调整后的风险溢价系数尽管很低，但是仍旧在统计上不为零，这表明本章提出的特定于债券的五因子模型并不能完全捕获所以影响公司债券收益横截面变化的风险源。

本章的章节安排如下。第二部分主要进行相关文献回顾。第三部分介绍本章用到的方法，并阐述我们因子的构建以及被检验定价模型的类型。第四部分介绍了本章使用的数据，以及公司债券样本和所选因子的描述性统计分析。第五部分从因子投资组合表现和资产定价模型检验两个方面展示了我们的实证分析结果。最后，第六部分总结了本章的结论。

二、文献综述

本部分我们将重点回顾介绍因子投资以及因子模型研究的主要成果。自 Sharpe（1964）和 Lintner（1965a）提出资本资产定价模型（CAPM）并把市场风险被当作唯一被定价因子以来，因子投资以及因子模型在股票市场中的研究得到了广泛的关注。由于股票收益率与市场因子 Beta 系数之间的关系过于平坦，CAPM 的批评者认为唯一的市场因子不能够完全解释股票收益率的波动，随后更多的股票市场"异象"的发现则引发了因子研究的高潮。Basu（1977），Stattman（1980）以及 Rosenberg，Reid 和 Lanstein（1985）分别用不同的指标研究了股票市场中的"价值异象"。而对于"规模异象"的研究，最早则可以追溯到 Banz（1981），他发现小型股票的表现要优于大型股票，并且无论二者承受什么样的市场风险。随后 Fama 和 French（1992，1993）则对前述异象进行了全面的分析，并提出了著名的三因子模型。另外，Jegadeesh 和

Titman（1993）发现了"动量异象"；Pastor 和 Stambaugh（2003）则对流动性因子进行了深入的分析，他们证明把股票按照流动性因子 Beta 系数排序，通过构建多空组合（多头流动性 Beta 最大的 10%的股票，同时空头流动性 Beta 最小 10%的股票），该组合能够得到经 Fama-French-Carhart 四因子调整后年化 7.5%的收益。除此之外，近期股票市场中引起研究者关注的因子则是投资因子和质量/利润因子，Titman，Wei 和 Xie（2004）以及 Cooper，Gulen 和 Schill（2008）发现了投资增长与收益之间的负相关性，而 Piotroski（2000），Novy－Marx（2013）以及 Asness，Frazzini 和 Pedersen（2013）则详细分析了质量/利润因子在股票市场定价中的表现。随后 Fama 和 French（2015）通过将这两个因子（投资和盈利能力因子）添加到其原始三因子模型中而得到五因子模型。除了与股票特征相关的上述异象外，Ang，Hodrick，Xing 和 Zhang（2006）首次分析了异质性波动异象，而 Black，Jensen 和 Scholes（1972）以及 Frazzini 和 Pedersen（2014）则对低 Beta 异象进行了剖析。由此可见，学者们已对股票市场用的因子投资以及因子定价模型自 20 世纪 60 年代中期开始就进行了广泛的研究。

相反，对于债券市场中因子模型的研究以及债券市场中的因子投资则相对滞后。尽管最早 Fama 和 French（1993）就已经全面研究了债券因子，并重点分析了 TERM 和 DEF 两个因子在债券市场中的表现，指出这两个因子可以解释除非投资级债券外的大多数债券收益的横截面的变化。但是在随后的 20 多年间，关于因子投资以及因子模型的研究并没有在债券市场得到足够的重视。作为对股票市场中低 Beta 异象的拓展，Pilotte 和 Sterbenz（2006）分析了美国国债市场中的夏普比率（SR）和特雷诺比率（TR）后发现短期票据和债券的比率更高，且这种负向关系随着债券的期限结构快速降低，由此他们找到了支持正的 Alpha 的证据。在公司债券领域，Derwall，Huij 和 de Zwart（2009）同样的发现短期债券具有正 Alpha 和更高的 Sharpe 比率。Frazzini 和 Pedersen（2014）也在债券市场中发现了低 Beta 异象，表明对债券市场指数敏感度较低的债券比敏感度较高的债券获得了更高的风险调整后收益。但是 Carvalho，Dugnolle，Xiao 和 Moulin（2014）认为上述研究仅集中在波动率，Beta 和期限等个别指标的方式并不是最佳的，因为它们经常随时间变化，并且研究发现的异象主要集中在短期债券中，而不是代表更普遍的低风险效应。为此，他们分析了更广泛的债券市场以及采用了更丰富的指标：到期收益率，修正的久期，久期乘以收益率（DTY），期权调整利差（OAS）和久期乘以利差（DTS）。[①] 他们的研究表明，DTY 是评估风险的最佳方法，因为最低风险的投资组合（DTY 衡量的第一个五分位数）始终提供较高的 Alpha 和夏普比率以及较低的波动率和 Beta。

另一个由股票市场衍生而来的异象则是"动量异象"，Jostova，Nikolova，Philipov 和 Stahel（2013）采用 Jegadeesh 和 Titman（1993）类似的方法，详细分析了动量因子在美国公司债券市场中的表现。他们发现，通过多头赢家空头输家构建的策略在债券市场上的获利能力取决于所投债券的评级。该策略在非投资级债券上能够有着很好的表现，相反，对于高评级债券的动量策略则无法盈利。而对于流动性因子在债券市场中的探讨，代表性的研究包括Lin，Wang 和 Wu（2011）以及 Acharya，Amihud 和 Bharath（2013）。[②] 前者证明了公司债券市场中流动性溢价的存在，并且表明总流动性因子能够解释公司债券收益横截面的变化。特别地，他们发现对此流动性因子具有较高敏感性的公司债券每年可获得比具有较低敏感性的公司债券高约 4% 的收益。后者主要考察了股票和美国国债市场的流动性冲击。他们通过引入机制转换模型证明了流动性溢价的时变特征。特别地，他们采用四因子模型（即包含股票流动性冲击，国库券流动性冲击，TERM 和 DEF）的检验结果表明该模型能够解释超过75% 的债券收益的变化。除此之外，Correia，Richardson 和 Tuna（2012）也研究了何种模型能够预测和解释 CDS 信用利差和信用回报的横截面变化。对于股

---

① DTY 或收益率弹性是 Fisher（2006）提出的，由于修正的久期考虑了收益率水平，因此是表达利率风险的一种较好的方法；它等于到期收益率乘以修正的久期。OAS 是参考曲线（通常是国债曲线）与使债券贴现现金流等于市场价格的收益率之差。这个指标对嵌入选项的债券（例如可赎回债券或可投资债券）来说是唯一有意义的。DTS 是由 Ben Dor，Dynkin，Hyman，Houweling，van Leeuwen，and Penninga（2007）提出的，它是 DTY 信用风险的对手方，因为它是债券价值对利差变化 1% 的敏感性；它等于 OAS 乘以利差久期（它测量债券对 OAS 的敏感性）。

② 除此之外，Houweling，Mentink 和 Vorst（2005），Diaz 和 Navarro（2002），Fruhwirth，Schneider 和 Sogner（2010），Aussenegg，Goetz 和 Jelic（2015）分析了流动性溢价在欧洲债券市场上的表现。

票市场中新近提出的投资和盈利因子在债券市场中的表现，Franke，Muller 和 Muller（2017）通过分析 1995—2011 年的公司债券的数据发现"盈利"因子的定价为负（即获利能力更高的公司的债券获得的回报较低），并且在金融衰退期间这种关系更为牢固；相反，他们没有发现证据证明投资因子被显著定价。相比之下，Choi 和 Kim（2017）则证明公司的盈利能力对于公司债券的表现并不重要，而资产增长则是被显著的负向定价的。Chordia，Goyal，Nozawa，Subrahmanyam 和 Tong（2017）则证明了盈利能力和资产增长两个因子都可以显著地预测债券收益的横截面变化。和前述研究关注个别股票市场中的因子不同，Bektic 等（2018）则根据所用的债券样本重建了 Fama 和 French（2015）提到的所有五个因子。通过分析 1996—2016 年美国投资级（IG）和高收益（HY）的 BAML 债券指数以及 2000—2016 年欧洲 IG 债券的 BAML 债券指数，他们发现这些因子（特别是盈利和投资因子）在预测美国高收益债券的收益方面具有统计上显著的意义，而对美国投资级债券而言这些因子则不显著；对于欧洲投资级债券而言，只有投资因子似乎具有一定的解释力。

除此之外，Houweling 和 van Zundert（2017）首次将股票市场中的规模因子概念引入债券市场，并分析包括规模，低风险，价值和动量四个因子的投资组合在投资级债券和高收益债券中的表现。他们表明这些因子能够产生经济上和统计上均显著的风险调整后收益 Alpha 以及更高的夏普比率。并且基于上述四个因子的多因子投资组合即便在考虑了传统股票市场因子的影响之后仍能提供统计上显著的超额收益。Israel，Palhares 和 Richardson（2018）则对影响公司债券收益的共同因素进行了全面研究。他们分析了 1997 年至 2015 年美国公司债券收益率的月度数据，并提出了包括利差（套利）、低风险、动量以及价值的四因子模型。他们不仅构成了传统的价值加权多头—空头五分之一投资组合，而且还构建了只有多头的投资组合，以反映公司债券的真实交易成本和卖空限制。他们发现所提出的模型可以解释约 15% 的横截面债券收益率，并且对除利差（套利）因子以外的所有因子都显示出正向的和统计学上显著的风险溢价。与前述两篇文章的出发点不同，Bai，Bali 和 Wen（2018）在研究债券风险溢价时首次提出了下行风险因子。通过分析 2002—2016 年从 Enhanced TRACE 数据库获得的公司债券收益，他们证明了下行风险因子在债券市场中的存在，并以经验分布函数的 5% 风险价值（VaR）来衡量。根据此度量对公司债券进行分类，他们的研究表明，最高的五分位数（即下行风险最大）债券每年的表现要比最低的五分位数中的债券高出近 12%。即使经过现有的股权和债券因子（例如债券市场收益，DEF，TERM，债券动量，债券流动性）风险调整并控制债券特征（例如评级，规模和久期）之后，它们仍然具有经济和统计上均显著的 8.64% 的年回报率差异。① 此外，他们还建立了一个横截面回归模型，在模型中考虑了下行风险因子、信用风险（由债券评级替代）、债券市场因子、流动性因子和回报反转因子，该模型显示出较高的预测能力以及具有统计上显著的风险溢价。

三、因子构建与检验模型

本部分将会详细介绍对特定于债券市场的因子构建以及因子模拟投资组合的构建，并对本章所检验的三类模型进行阐述。在检验资产定价模型时，相当大一部分研究是建立在市场指数或者投资组合，特别是在对公司债券的因子模型的研究中，早期检验较多地使用了债券总指数和债券投资组合，如 Fama 和 French（1993），Elton，Gruber 和 Blake（1995），以及 Blume，Keim 和 Patel（1991）等。然而 Lewellen，Nagel 和 Shanken（2010）以及 Daniel 和 Titman（2012）的研究则指出针对检验资产定价模型时使用资产组合进行检验的缺点和由此产生的估计偏差。② 另外，Ang，Liu 和 Schwarz（2018）认为在 Fama-MacBeth 两步回归估计框架中，研究人员通常认为将单个资产分类到投资组合

---

① 此外，作者还研究了这种下行风险溢价的决定因素：更具体地说，他们将其波动性、偏度和峰度因素分开。结果表明，波动率对收益具有较强的正预测能力，偏态对收益具有显著的负预测作用。

② Lewellen，Nagel 和 Shanken（2010）以及 Daniel 和 Titman（2012）表明任何因子似乎都可以解释基于某些特征排序的投资组合的收益，这仅仅是因为资产总体对应的因子负荷与这些资产的特征相关而已，而与任何理性的经济解释无关。

中可以更好地对因子敏感性进行时序估计，因此可以更好地对因子风险溢价进行横断面评估。尽管第一个论点无疑是正确的，即形成投资组合减少了单个资产的异质性波动性，因此提供了具有较低标准误的"贝塔"估计值，但作者证明这对第二步进行风险溢的价估计并不成立。类似的观点也被 Jegadeesh，Noh，Pukthuanthong，Roll 和 Wang（2018）所证实。随着此类研究的增多，近些年越来越多的研究者开始使用单个证券的收益来进行定价模型的检验，比如Gebhardt，Hvidkjaer 和 Swaminathan（2005），Lin，Wang 和 Wu（2011），Klein和 Stellner（2014）等。因此在本章的研究中，我们在前述分析的基础上决定使用单个公司债券的收益来进行横截面收益变化决定因素的分析。这种选择一方面与现有近期的研究相一致，便于将本章结果与现有文献相比较；另一方面它允许我们控制某些债券特有的特征。①

（一）因子构建

在对债券市场中进行因子投资获得超额收益可能性的分析中，本章在现有文献的基础上主要考虑如下五个因子：低风险因子、流动性因子、利率因子、信用风险因子以及规模因子。接下来将介绍每个因子以及因子模拟投资组合的构建，并简述评价因子模拟投资组合表现的常用衡量指标。

1. 低风险因子

低风险因子异象在早期的研究中通常被视为仅存在于短期的债券市场中（Pilotte 和 Sterbenz，2006；Derwall，Huij 和 de Zwart，2009），它指的是期限较短的国债和公司债券吸引了更高的回报。近些年学者们则通过不同的其他策略证明了低风险溢价的存在，如 Frazzini 和 Pedersen（2014）采用了低 Beta 策略，而 Soe 和 Xie（2016）采用债券收益率的波动性来定义低风险异象。相比于这些研究，Carvalho 等（2014）是第一个全面分析低风险异象在不同固定收益资产类别和市场中表现的研究，他们证明了在不同的指标如到期收益率、期权

---

① 使用债券指数的另一个缺点是，债券成分经常在指数之间重叠，使横断面分析非常局限于少数债券。

调整利差（OAS）、久期乘以利差（DTS）以及久期乘以收益率（DTY）中，DTY 是衡量低风险的最佳指标。因此本章参照 Carvalho 等（2014）的做法，按样本中每个公司债券的 DTY 值每月对它们进行排序并构建均等加权的五分位投资组合，然后我们的低风险因子被定义为第一个五分位数（最低的 20% 债券）投资组合，即包含那些具有最低 DTY 值的公司债券的组合。①

2. 流动性因子

流动性因子的构建主要是基于如下假定，即流动性较高的资产风险较小，因此相对于流动性较低的资产它们应获得较低的回报。在固定收益领域，为了刻画流动性风险，作者经常使用单只债券对国债和股票市场流动性变化（De Jong 和 Driessen，2007）或者对更广泛的市场流动性冲击的敏感性（Lin，Wang 和 Wu，2011）来衡量。而这些衡量方式通常并不考虑债券本身的特征，为此 Soe 和 Xie（2016）提出了采用如总发行人的未偿债务规模、债券规模、买卖价差或交易规模和交易量等更具有债券特征的变量来衡量债券的流动性风险。为了更好地捕捉债券本身的特征，我们采用 Soe 和 Xie（2016）的做法，为了构建流动性因子，我们将各个债券按其每月平均买卖价差进行排名，然后建立月度更新的等权重五分位数投资组合。随后，本章的流动性因子模拟投资组合被定义为排名最高的（20%）五分位数组合，即那些承受流动性风险最高的债券组合。

3. 利率因子

自 Litterman 和 Scheinkman（1991）以及 Fama 和 French（1993）的开创性研究以来，利率风险一直被认为是信贷市场系统风险的基本决定因素。这种风险来源的经济原理是期限较长的债券更容易受到利率期限结构变化的影响，因此这种较大风险敞口的投资者应该获得更高的回报。在本章中为了构建特定于债券的因子模拟组合，我们使用修正久期来代替单个公司债券的利率风险。每

---

① Edwards，Harris 和 Piwowar（2007）以及 Asquith，Au，Covert 和 Pathak（2013）的研究表明了进行债券卖空交易的高成本特性，导致在债券市场创建多空投资组合策略的实际可操作性较低。因此，本章参照 Bektic 等（2018），Israel，Palhares 和 Richardson（2018）以及 Houweling 和 van Zundert（2017）的做法采用仅多头的投资策略来构建因子。

个月对所有债券按照修正久期大小进行排序，然后创建等权重的五分位投资组合。而本章使用的利率因子则被定义为排名最高的（20%）五分位数投资组合，即那些对于此类风险敞口最大的债券组合。

4. 信用风险因子

除利率风险外，信用风险则被视为公司债券领域系统风险的另一个重要组成部分（Weinstein，1981；Fama 和 French，1992 等）。信用度较低的债券，即不完全履行其合同付款义务的可能性较高的债券，应被认为具有较高的风险，因此应为此类债券的投资者带来更高的回报。与 Fama 和 French（1993）采用宏观因子描述信用风险的做法不同，本章为了构建特定于债券的信用风险因子，我们采用 Bai，Bali 和 Wen（2018）的做法，选择信用等级作为我们对每个债券信用度的代理指标。每个月我们按照标准普尔（S&P）对每个债券的评级来对所有公司债券进行排序，然后构建等权重的五分位数投资组合。随后，我们的信用风险因子则被定义为最高的（20%）五分位数投资组合，即那些信用评级最低的债券组合。

5. 规模因子

规模异象假设小公司比大公司承担更高的风险，因此应以更高的收益回报投资者。对这种异象可能的理性经济学的解释是较小的公司通常具有较少的投资者覆盖范围，披露的信息较少，因此较小的公司通常更容易遭受下行风险和行为偏见。尽管这种异象自 Banz（1981）以及 Fama 和 French（1992）开始已在股票市场中得到了广泛的分析，但它在固定收益领域却很少受到关注。最早发现公司债券市场规模异象的是 Houweling 和 van Zundert（2017）。因此我们采用与其类似的方法，将每个公司债券按每月未偿还金额进行排名，并以此构建等加权的五分位数投资组合。随后，我们的规模因子被定义为最低的（20%）五分位数投资组合，即那些包括未偿还金额最小的公司债券的投资组合。

基于上述构建的特定于债券的五个因子，本章首先分析了各个因子模拟投资组合的表现。为了衡量不同因子模拟组合的绩效，我们采用和现有文献如 Houweling 和 van Zundert（2017），Bai，Bali 和 Wen（2018），Brooks，Palhares

和 Richardson （2018） 等类似的方法，主要分析如下衡量指标：（1） 夏普比率
（SR）；（2） 经风险调整后的收益 Alpha；（3） 在评估基金和基金经理业绩时常
用的超额业绩表现、跟踪误差波动率 （TEV） 和信息比率 （IR）。而针对风险
调整后的 Alpha，本章主要考虑了债券市场风险 （用债券市场指数风险溢价衡
量）、Fama 和 French （1993） 的三因子模型、Carhart （1997） 提出的动量风
险，以及宏观信贷 TERM 和 DEF 两个风险因子。

（二） 模型检验及方法

在因子投资分析的基础上，本章更主要的目的是分析公司债券横截面收益
变动的决定因素。为此，我们主要检验了三类资产定价模型。首先，我们分析
了传统股票市场中的因子模型对于公司债券收益横截面变动的解释能力。其
次，我们研究了与信贷市场相关的宏观经济指标是否能够解释公司债券收益的
横截面变化。最后，我们根据前述因子模拟投资组合的分析结果，提出并检验
了特定于债券的五因子模型。

1. 股票市场中的因子模型

鉴于股票价值与公司债券价值之间的紧密联系 （Merton，1974），研究者们
最早在研究债券收益变动的决定因素时，通常是借鉴股票市场中的活跃因子
（或因子模型）。因此，本章采用如 Fama 和 French （1993），Chordia 等 （2017）
和 Bektic 等 （2018） 类似的做法，首先检验传统的股票市场中的因子模型对于
公司债券收益变动的解释能力。为此，我们主要考虑了 Fama 和 French （2015）
建立的五因子模型：

$$r_{i,\,t} = \alpha + \beta_{i,\,MKT}MKT_t + \beta_{i,\,SMB}SMB_t + \beta_{i,\,HML}HML_t$$
$$+ \beta_{i,\,RMW}RMW_t + \beta_{i,\,CMA}CMA_t + e_t \qquad (8-1)$$

其中 $r_{i,\,t}$ 表示第 i 个公司债券的超额收益，而 MKT、SMB、HML、RMW 和
CMA 则分别是股票市场中的市场因子、规模因子、价值因子、盈利 （获利能
力） 因子以及投资因子。

2. 宏观信用模型

信用风险作为影响债券收益的一种主要风险因素，我们将重点检验宏观信用风险是否能够解释公司债券收益横截面的变化。特别是考虑到公司股票和债券价值的紧密联系，以及宏观信用风险对股票收益变化具有较强的解释能力的事实，我们将根据 Fama 和 French（1993）的研究结果，主要考虑如下宏观信用模型：

$$r_{i,\,t} = \alpha + \beta_{i,\,TERM}TERM_t + \beta_{i,\,DEF}DEF_t + e_t \qquad (8\text{-}2)$$

同时考虑到流动性因子对提高资产定价模型解释力的事实，[1] 我们采用类似于 Aussenegg，Goetz 和 Jelic（2015）的做法，构建了如下流动性增强的宏观信贷模型：

$$r_{i,\,t} = \alpha + \beta_{i,\,TERM}TERM_t + \beta_{i,\,DEF}DEF_t + \beta_{i,\,LIQ}LIQ_t + e_t \qquad (8\text{-}3)$$

在上述两个模型中，其中 $r_{i,\,t}$ 表示第 i 个公司债券的超额收益，而 $TERM$、DEF 和 LIQ 则分别指宏观期限因子、违约因子以及流动性因子。具体来看，$TERM$ 被定义为美国 10 年期政府债券指数收益与美国 1 个月期国库券利率之差；DEF 被定义为美国长期债券指数收益与前述美国长期政府债券指数收益之差；而对于宏观流动性因子 LIQ，则被定义为 3 个月美元伦敦银行同业拆借利率与有效联邦基金利率之间的差额。

3. 债券特定的五因子模型

不同于以往大多数文献仅考虑股票市场中的因子或者市场宏观风险因子，本章在这些研究的基础上更进一步，探究了反映特定于债券的风险来源对于债券收益横截面变动的解释力。而为了捕捉特定于债券的风险源，我们采用传统股票市场中构建因子的方法，在公司债券市场中构建了上述五个特定于债券的因子，即低风险因子、流动性因子、利率因子、信用风险因子以及规模因子。同时我们检测了由此特定于债券的五因子构成的模型对于公司债券收益横

---

[1] 众多研究已经证明了流动性因子能够提高资产定价模型的解释力，如 Diaz 和 Navarro（2002），Houweling，Mentink 和 Vorst（2005），Fruhwirth，Schneider 和 Sögner（2010），Lin，Wang 和 Wu（2011），Acharya，Amihud 和 Bharath（2013），Aussenegg，Goetz 和 Jelic（2015）。

截面变化的解释能力。具体来看，我们分析了如下模型：

$$r_{i,\ t} = \alpha + \beta_{i,\ Lr}LowRisk_t + \beta_{i,\ Liq}Liquidity_t + \beta_{i,\ Ir}InterestRate_t$$
$$+ \beta_{i,\ Cr}CreditRisk_t + \beta_{i,\ Size}Size_t + e_t \qquad (8-4)$$

其中 $r_{i,\ t}$ 表示第 i 个公司债券的超额收益，$LowRisk_t$、$Liquidity_t$、$InterestRate_t$、$CreditRisk_t$ 以及 $Size_t$ 则分别指前述构建的特定于债券的低风险因子、流动性因子、利率因子、信用风险因子以及规模因子。

为了检验上述三类模型对公司债券收益横截面变动的解释能力，我们主要采用了 Fama 和 MacBeth（1973）提出的两步法。在第一步我们对每个公司债券进行时间序列回归，估计出公司债券收益对上述各个被检测模型中因子的风险敞口 Beta 系数。随后在第二步中我们利用所有的债券收益对第一步得到的 Beta 系数进行横截面回归，估计各个风险因子对应的风险溢价 Gamma，以及经风险因子调整后的风险溢价 Gamma_0，并分析估计得到的风险溢价参数的显著性。

四、数据及描述性分析结果

（一）数据来源

为了分析因子/风格投资在债券市场中的可行性，本章主要集中分析美国公司债券数据。具体来看，本章分析了美国公司债券 2002 年 7 月至 2018 年 3 月的月度收益数据。本章的数据来源主要是 WRDS 的公司债券数据库，它整合了 TRACE Standard，TRACE Enhanced 和 Mergent FISD 三个第三方数据库的详细数据。针对公司债券的收益，WRDS 在按照 Asquith 等（2013）以及 Dick 和 Niels-en（2009）提出的步骤对数据清理的基础上提供了三种不同的收益：（1）"ret_eom"，该收益使用整个月的最新可用价格计算所得；（2）"ret_l5m"，该收益使用该月最后 5 天（如果有）中的最后价格计算所得；（3）"ret_ldm"，该收益使用当月最后一天的最后价格（如果有）计算所得。在本章中，我们采用 "ret_l5m" 来作为债券的收益衡量指标，因为它优化了观测数量与数据质量之间的平衡。[①]

除了债券收益数据外，Mergent FISD 提供了有关公司债券的如下信息：信用等级，期限，票面利率，收益率，利差。我们通过债券唯一的 CUSIP 编码将 WRDS 债券收益数据与 Mergent FISD 的债券赎回和债券发行数据合并获得了本章需要的所有债券特征数据。在获得原始数据的基础上，本章参照现有文献如 Lin，Wang 和 Wu（2011）以及 Franke，Muller 和 Muller（2017）的做法，对数据进行了如下清理：我们删除了所有具有内含期权和类权益特征的债券、具有奇特特征的债券以及以下类别的债券：可赎回，可沽售，可交换，可转换，资产支持，永续债券以及期限超过 20 年的债券。除此之外，我们删除那些缺少关键数据如收益、债券评级、期限、买卖差价等的债券观测值。为了获得仅包含"纯"公司债券的样本，我们还删除了发行人为政府实体、外国机构或超国家机构的债券。最后，为了保证每个债券有合理足够的月观察量，我们删除了交易历史少于 12 个月的债券。值得注意的是，与前述两篇论文不同，我们采用 Chordia 等（2017）的做法，在我们的样本中我们并不排除任何零售规模的交易，而这些交易通常低于 100,000 美元。

除了上述债券数据来自 WRDS，本章所用的股票五因子数据来自 Kenneth French 的个人网站，而 TERM 因子定义为 Thomson Reuters DataStream 中美国 10 年期政府债券指数收益与 1 个月国库券利率之差，DEF 因子定义为 Merrill Lynch 美国长期公司债券总指数和上述长期美国国债指数收益之差，LIQ 因子定义为 3 个月美元伦敦银行同业拆借利率与有效联邦基金利率之间的差额。

（二）描述性统计分析

表 8-1 中报告了公司债券收益的描述性分析结果。其中面板 A 展示了美国公司债券样本的主要描述性统计数据。从面板 A 可知，整体上我们有 156,250

---

① 事实上，原始的 WRDS Bond 数据集包括：ret_eom 的 1,326,385 个观测值，ret_l5m 的 954,674 个观测值，以及 ret_ldm 469,837 个观测值。尽管 ret_eom 可以提供一个更大的样本，但是它也可能导致不准确和不重要的月度收益数据。例如，如果在第 t 月没有更多的数据的话，那么数据集中的收益可能是在 $t-1$ 月第 31 天和在 t 月第 8 天之间的收益，而这种收益并不具有代表性，也没有任何意义。

个观测样本，而这些观测样本的平均月回报率为 0.41%，月度标准差为 3.75%。同时我们也发现，在所有样本中，投资级债券占到整个样本的 87.5%，而且如预期一致，与投机债券（高收益债券）相比，投资级债券的平均月收益和标准差更低，分别为 0.34% 和 2.86%，而对应的高收益债券则为 0.90% 和 7.41%。另外，由于我们的样本跨越了 2008 年的国际金融危机，所以我们同样对比了金融危机前后公司债券的平均收益情况，发现金融危机后公司债券的平均收益和标准差都略高于金融危机前的相应值。

为了进一步了解不同评级债券的收益表现，表 8-1 中的面板 B 报告了按照评级进一步分组的债券数据的描述性分析结果。我们发现评级为 A，AA 和 BBB 的债券占据全部样本的绝大部分比例，而且与上文发现一致，低评级债券提供更高的平均月度收益。例如，评级为 CC，CCC 和 D 的债券平均每月收益分别为 2.98%，1.61% 和 1.96%，与之相比那些最高评级的债券（A，AA 和 AAA）仅提供每月 0.20%~0.30% 的平均回报。和面板 B 不同，面板 C 提供了按行业分类的公司债券的收益统计特征。面板 C 的结果显示保险行业的债券实现了最高的月均收益，达到 1.41%，而房地产行业则获得了最低的收益，为 0.28%，尽管前者收益的标准差也同样高出后者两倍之多。最后值得一提的是，除储蓄和贷款以及燃气部门外，所有行业的收益分布都存在正的偏度（Skewness）。

表 8-1　公司债券的描述性统计分析

面板 A：全部样本统计特征						
	样本量	均值	中位数	最小值	最大值	标准误	偏度
债券总样本	156,250	0.0041	0.0016	−0.9713	1.0000	0.0375	4.3084
投资级债券	136,777	0.0034	0.0014	−0.9713	0.9999	0.0286	2.0065
高收益债券	19,473	0.0090	0.0053	−0.6622	1.0000	0.0741	3.4826
金融危机前	71,773	0.0032	0.0011	−0.9713	0.9994	0.0323	5.9480
金融危机后	84,477	0.0048	0.0020	−0.7932	1.0000	0.0413	3.4992

续表

面板 B：按等级划分债券统计特征						
债券等级	样本量	均值	中位数	最小值	最大值	标准误	偏度
A	70,893	0.0030	0.0013	−0.8941	0.9999	0.0266	1.9361
AA	23,262	0.0022	0.0009	−0.4119	0.5808	0.0201	0.9506
AAA	6,220	0.0020	0.0010	−0.2586	0.1607	0.0172	−0.0817
B	5,828	0.0076	0.0055	−0.4757	0.9505	0.0612	1.5314
BB	10,599	0.0075	0.0048	−0.3975	0.5290	0.0420	0.9975
BBB	36,402	0.0050	0.0023	−0.9713	0.9994	0.0370	1.8776
C	99	−0.0049	−0.0456	−0.4372	0.9307	0.2349	1.0663
CC	254	0.0298	0.0131	−0.6090	0.9990	0.2281	2.0768
CCC	2,575	0.0161	0.0107	−0.6622	1.0000	0.1229	2.3587
D	118	0.0196	−0.0100	−0.6031	0.9997	0.2728	1.8612
面板 C：按行业划分债券统计特征						
产业行业	样本量	均值	中位数	最小值	最大值	标准误	偏度
制造业	26,067	0.0044	0.0022	−0.9713	0.9999	0.0399	3.4497
媒体和通信	9,656	0.0056	0.0030	−0.6622	0.4626	0.0352	0.4171
油气	2,562	0.0040	0.0012	−0.2486	0.3006	0.0300	1.1752
铁路	342	0.0056	0.0034	−0.0919	0.2226	0.0244	2.5692
零售	6,459	0.0060	0.0025	−0.4684	0.9998	0.0449	4.5414
服务和休闲	7,677	0.0053	0.0024	−0.7329	0.9989	0.0389	1.6518
交通运输	2,234	0.0060	0.0017	−0.8941	1.0000	0.1151	3.1013
电话	42,017	0.0031	0.0014	−0.4195	0.9994	0.0239	7.3468
银行	24,412	0.0030	0.0012	−0.6208	0.9997	0.0344	3.0628
信贷和融资	20,188	0.0035	0.0015	−0.7932	0.9999	0.0315	1.9862
金融服务	8,571	0.0052	0.0022	−0.4090	0.9998	0.0439	2.6445
保险	833	0.0141	0.0041	−0.4031	1.0000	0.0883	5.1815
房地产	350	0.0028	0.0010	−0.3085	0.3739	0.0329	1.8274
储蓄和贷款	249	0.0031	0.0036	−0.6485	0.5153	0.0633	−2.7991
租赁	3,089	0.0046	0.0013	−0.5941	0.9989	0.0485	3.7252
电力	1,150	0.0094	0.0060	−0.2496	0.5865	0.0563	1.5314
燃气	394	0.0037	0.0012	−0.2039	0.2009	0.0268	−0.4418

在表 8-1 对债券收益分析的基础上，表 8-2 报告了样本中公司债券各个特征变量的描述性统计分析情况。总体来看（面板 A），所有公司债券的平均修正久期大约为 3.6 年，平均到期收益率约为 4.4%，而平均期限则约为 4.8 年，平均息票利率则约为 5.8%。另外，面板 B 报告了按等级分类的债券平均特征，而面板 C 报告了按行业分类的债券平均特征。与投资级债券相比，评级较低的债券的发行量（投融资金额）也较低，这是由于高收益债券投资者愿意购买持有较少数量的此类高风险债券。但是，此类债券投资者获得了更高的票息回报率，比如 D 级债券的平均年票息率约为 8.1%，而 AAA 级债券则为 4.7%。同样地，我们发现平均买卖利差也随着债券的风险程度单调递增，较安全的债券对应的利差较低，而风险较高的债券对应的利差较高，这是由于投机级债券的流动性低于投资级债券。另外，由于评级较低债券的风险更高，其对应的到期收益率也比投资级债券高得多。在行业分组方面，从平均来看电话，银行，信贷和融资领域的债券筹集到了更多的资金，其发行量范围从大约 840,000 美元至 960,000 美元不等。相比之下，发行量最低的债券属于保险，储蓄和贷款部分，平均债券规模约为 18 万美元。就年度固定票息而言，交通运输行业债券提高了最高的息票利率，约为 8.0%，而息票率最低的债券则来自房地产行业，约为 5.0%。另外，我们也发现按照行业划分的公司债券的期限以及平均买卖价差表现出较大的行业差异，一方面这与行业特征相关，另一方面也说明了不同行业债券流动性的差异较大。

表 8-2　公司债券各个特征的统计结果

面板 A：全部样本结果					
全部样本	3.5980	0.0440	4.8232	0.0073	667,975	5.8013

面板 B：按等级划分结果					
债券等级	修正久期	到期收益率	期限	平均买卖价差	投融资金额（美元）	息票利率（%）
A	3.4675	0.0369	4.4251	0.0062	678,788	5.5032
AA	2.8441	0.0245	3.4368	0.0050	822,576	4.5434
AAA	3.3194	0.0339	4.1377	0.0050	1,133,793	4.6635

续表

面板 B：按等级划分结果					
债券等级	修正久期	到期收益率	期限	平均买卖价差	投融资金额（美元）	息票利率（%）
B	4.0585	0.0868	6.4449	0.0118	422,044	7.4476
BB	4.0729	0.0680	6.0439	0.0110	416,839	7.0691
BBB	4.1276	0.0473	5.7467	0.0084	605,829	6.5571
C	2.7792	0.3944	9.7027	0.0396	259,821	9.4932
CC	2.4674	0.3177	4.6887	0.0236	504,607	8.1720
CCC	4.3375	0.1458	7.8990	0.0183	361,446	8.0136
D	3.5387	0.2892	7.8821	0.0389	398,668	8.0858

面板 C：按行业划分结果					
产业行业	修正久期	到期收益率	期限	平均买卖价差	投融资金额（美元）	息票利率（%）
制造业	4.6053	0.0521	6.7245	0.0091	408,136	6.7770
媒体和通信	4.7311	0.0580	7.0737	0.0095	389,352	7.3797
油气	4.1586	0.0417	5.9748	0.0070	390,547	7.2301
铁路	4.2455	0.0363	5.7054	0.0053	364,491	7.6747
零售	4.5636	0.0584	6.8083	0.0104	360,971	6.8179
服务和休闲	3.6468	0.0553	5.0631	0.0082	481,416	6.5965
交通运输	3.7953	0.1023	6.5573	0.0162	308,589	8.0381
电话	3.1559	0.0302	3.7899	0.0054	890,398	4.8735
银行	2.6330	0.0401	3.1103	0.0052	839,172	4.8158
信贷和融资	3.1396	0.0378	3.8278	0.0065	960,962	5.3049
金融服务	4.3460	0.0496	6.1757	0.0097	372,154	6.3162
保险	4.5473	0.0765	7.5003	0.0099	180,930	6.8245
房地产	2.3801	0.0384	2.7241	0.0056	459,023	5.0193
储蓄和贷款	1.9200	0.0690	2.2581	0.0136	181,064	6.5520
租赁	3.0301	0.0568	4.1344	0.0085	237,807	6.7285
电力	4.7771	0.0740	7.1458	0.0110	347,900	7.4057
燃气	2.3941	0.0470	2.9270	0.0081	386,192	7.1634

表 8-3　股权以及债权因子的描述性统计

面板 A：因子统计结果							
股权因子	均值	中位数	最小值	最大值	标准误	偏度	超额峰度
FF_MKT	0.0075	0.0118	−0.1723	0.1135	0.0403	−0.6826	4.7151
FF_SMB	0.0022	0.0021	−0.0627	0.0693	0.0241	0.0898	2.8715
FF_HML	0.0007	−0.0009	−0.1110	0.0827	0.0236	−0.1685	5.7760
FF_RMW	0.0014	0.0028	−0.0915	0.0606	0.0207	−0.7253	6.1091
FF_CMA	0.0005	−0.0008	−0.0334	0.0516	0.0147	0.4698	3.3026
宏观信用因子	均值	中位数	最小值	最大值	标准误	偏度	超额峰度
TERM	0.0027	0.0023	−0.0719	0.0978	0.0219	0.1316	4.8808
DEF	0.0009	0.0003	−0.0756	0.0691	0.0170	−0.4048	7.8686
LIQ	0.0029	0.0019	−0.0010	0.0309	0.0031	4.8994	37.7605
债券特定因子	均值	中位数	最小值	最大值	标准误	偏度	超额峰度
Low Risk	0.0022	0.0015	−0.0199	0.0191	0.0035	0.2390	13.4537
Liquidity	0.0064	0.0063	−0.1968	0.1142	0.0253	−1.5955	23.7428
Interest Rate	0.0069	0.0086	−0.0741	0.0895	0.0189	−0.3416	5.9441
Credit Risk	0.0076	0.0070	−0.1106	0.1766	0.0275	0.7879	12.5766
Size	0.0052	0.0052	−0.0727	0.0599	0.0132	−0.4292	10.0212

面板 B：因子间相关系数											
	FF_MKT	FF_SMB	FF_HML	FF_RMW	FF_CMA	TERM	DEF	LIQ	Low Risk	Liquidity	Interest Rate	Credit Risk
FF_SMB	0.38	1.00									
FF_HML	0.20	0.29	1.00								
FF_RMW	−0.55	−0.41	−0.07	1.00							
FF_CMA	0.17	0.21	0.36	−0.38	1.00						
TERM	−0.15	−0.11	−0.08	0.00	0.15	1.00					
DEF	0.28	0.08	0.04	−0.11	−0.05	−0.69	1.00				
LIQ	−0.24	0.03	−0.04	0.19	−0.03	0.05	−0.37	1.00			
Low Risk	−0.11	−0.07	−0.02	−0.02	0.15	0.18	0.19	−0.14	1.00		
Liquidity	0.20	−0.02	0.07	−0.13	0.13	0.14	0.47	−0.39	0.64	1.00	
Interest Rate	0.12	−0.07	−0.01	−0.12	0.18	0.55	0.15	−0.30	0.53	0.82	1.00
Credit Risk	0.25	0.01	0.02	−0.14	0.07	−0.09	0.62	−0.35	0.41	0.86	0.66	1.00
Size	0.25	−0.01	0.04	−0.15	0.13	0.23	0.44	−0.41	0.59	0.92	0.88	0.85

除了对公司债券收益进行统计分析之外，表 8-3 报告了本章用到的其他风险因子的描述性统计结果。通过面板 A 我们可得，股票市场中的市场因子（MKT）在股票五因子中具有最高的平均月度超额收益，达到 0.75%，标准差为每月 4.03%，而投资因子（CMA）则具有最低的月超额回报，为 0.05%，每月标准差为 1.47%。另外，图 8-1 展示了股票市场中的五因子在样本期内的累积回报，从图 8-1 也能清晰地看出市场因子的表现要远优于其他四个股票市场因子。

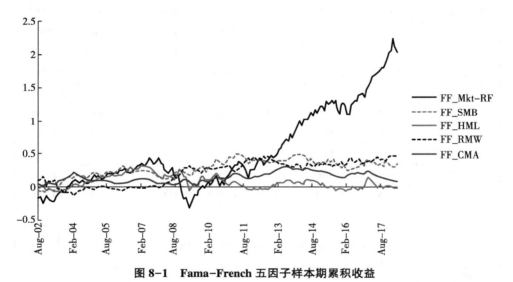

图 8-1　Fama-French 五因子样本期累积收益

至于宏观信贷模型中的各个因子，期限结构（TERM）因子显示每月平均值为 0.27%，违约因子（DEF）的平均值则为 0.09%，而流动性（LIQ）因子的平均值 0.29%。同样地，我们在图 8-2 中展示了宏观信贷模型的各个因子在样本期内的累积表现。我们发现 TERM 和 LIQ 两个因子的累积收益非常接近，均优于 DEF 的表现。

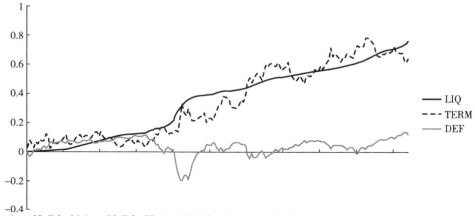

图 8-2　宏观信用模型因子样本期累积收益

关于本章构建的债券特定因子模拟投资组合的表现，我们发现其月平均范围从低风险因子的 0.22% 到信用风险因子的 0.76%。另外，我们发现其中 Liquidity，Interest Rate 以及 Credit Risk 三个因子模拟组合具有类似的样本期表现，而这一特征也可从图 8-3 中轻易地得出。综合三类模型中的所有因子，我们发现就偏度而言，MKT，HML，RMW，DEF，Liquidity，Interest Rate 和 Size 因子均具有负偏度，而其他所有因子均呈正偏度。最后，面板 B 展示了不同因子之间的相关系数矩阵：值得注意的是，RMW 和 LIQ 因子，它们几乎与所有其他因子呈负相关。另外，我们还发现本章构建的债券特定的因子之间均具有较显著的正相关系数，而它们与其他因子之间的显著性则较弱。

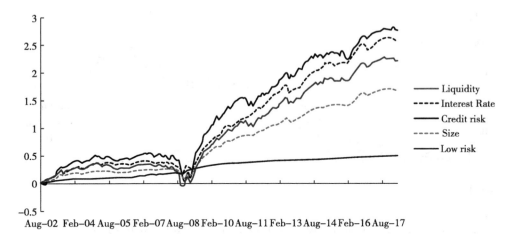

图 8-3　债券特定五因子样本期累积收益

五、实证结果

在本部分我们将主要报告本章的实证结果，首先我们展示所构建的特定于债券的因子模拟投资组合的表现，来说明在债券市场进行因子投资获利的可能性。其次，我们提供对于公司债券收益横截面变化决定因素的检验结果。

（一）特定于债券的因子模拟投资组合表现

表 8-4 报告了本章构建的特定于债券的五因子模拟投资组合的表现。采用 Carvalho 等（2014），Houweling 和 van Zundert（2017），Bektic 等（2018），以及 Bai，Bali 和 Wen（2018）类似的做法，我们计算了每个因子最低和最高五分位数投资组合的平均超额收益和波动率以及夏普比率。结果显示，除了低风险因子模拟组合之外，其他四个风险因子模拟组合的平均收益均优于对应的五分位数投资组合，且同时优于多空（P5-P1）策略组合的收益。具体来看，信用风险因子模拟投资组合在所有五个模拟投资组合中获得了最高的月均收益，达到 0.75%，而与之对应的五分位数组合以及多空策略组合仅获得了 0.25% 和 0.50% 的收益率。利率因子模拟投资组合和流动性因子模拟投资组合也同样表

现优异，平均月收益达到 0.70% 和 0.66%，且二者均显著优于与之对应的五分位组合和多空组合。而对于规模因子而言，我们构建的模拟投资组合获得了月均 0.53% 的收益率，而与之对应的多空组合策略收益为-0.17%。与前述四个因子不同，对于低风险因子模拟组合，与之相对应的五分位数组合表现胜过了低风险因子模拟组合的表现，月均收益分别为 0.51% 和 0.21%；但是，在风险调整的基础上，低风险因子模拟组合的表现要远优于与之对应的五分位组合，二者的夏普比率分别为 0.60 和 0.17。而且在所有五个因子模拟组合中，低风险因子模拟组合具有最高的夏普比率。这与 Carvalho 等（2014）以及 Houweling 和 van Zundert（2017）的结果相一致。另外，就夏普比率而言，其他四个因子模拟组合相比于它们各自对应的五分位组合以及多空策略组合也同样具有更好的表现。简而言之，表 8-4 的结果表明了在公司债券市场进行本章构建的特定于债券因子投资获得超额收益是可行的。

表 8-4　因子模拟投资组合的描述性统计分析

面板 A				面板 B			
Low Risk	P5	P1	P5-P1	Liquidity	P5	P1	P5-P1
均值	0.5095%	0.2151%	0.2944%	均值	0.6588%	0.2126%	0.4461%
t 统计量	2.40	8.27	1.46	t 统计量	3.39	4.71	2.77
中位数	0.7923%	0.1379%	0.5415%	中位数	0.6448%	0.1944%	0.4358%
方差	2.9137%	0.3566%	2.756%	方差	2.6668%	0.6190%	2.209%
夏普比率	0.1749	0.6033	0.1068	夏普比率	0.2470	0.3435	0.2020
面板 C				面板 D			
Interest Rate	P5	P1	P5-P1	Credit Risk	P5	P1	P5-P1
均值	0.6956%	0.1841%	0.5116%	均值	0.7481%	0.2487%	0.4993%
t 统计量	4.94	4.05	4.20	t 统计量	3.55	4.15	2.64
中位数	0.8250%	0.1059%	0.6503%	中位数	0.7033%	0.2804%	0.3386%
方差	1.9291%	0.6235%	1.670%	方差	2.8870%	0.8227%	2.591%
夏普比率	0.3606	0.2952	0.3063	夏普比率	0.2591	0.3023	0.1927

续表

面板 E						
Size	P5	P1	P5-P1			
均值	0.3631%	0.5316%	-0.1685%			
t 统计量	3.42	5.29	-2.18			
中位数	0.3470%	0.5204%	-0.1423%			
方差	1.4566%	1.3782%	1.059%			
夏普比率	0.2493	0.3857	-0.1592			

在描述性统计分析基础上，我们在表 8-5 中报告了经传统定价模型调整后的因子-模拟投资组合的表现，并用不同衡量指标分析了我们构建的因子-模拟投资组合的绩效。具体来看，面板 A 展示了经 CAPM 模型调整后的收益 Alpha 和回归的 R^2，这里的市场因子是公司债券市场指数的超额收益。我们发现，经公司债券市场指数调整后的五个因子-模拟投资组合均表现出统计上显著的风险调整后收益 Alpha。例如，低风险因子-模拟组合获得了最低的 Alpha 为 0.19%，而信用风险因子-模拟组合调整后的 Alpha 最高为 0.43%。同时 R^2 显示，公司债券市场指数超额收益能够解释五个特定于债券的因子-模拟组合超额收益至少 20% 的变动，而且对于利率因子-模拟投资组合而言，债券市场指数所代表的风险能够解释其收益变动的 84%。类似地，我们在面板 B 中报告了经 Fama-French 三因子以及 Carhart 提出的动量因子和 TERM 以及 DEF 共六个因子调整后的因子-模拟组合收益 Alpha，结果表明即便经过这些常用因子进行风险调整，我们的因子-模拟投资组合仍然获得了显著的调整后收益。例如，信用风险因子-模拟投资组合在经过此六个因子调整后，仍获得了 0.43% 的月超额收益。另外，和前述单因子-模型相比，多因子-模型显著提高了对于我们五个因子-模拟投资组合收益变动的解释能力。例如，单因子-模型对于信用风险因子-模拟投资组合收益变动的解释为 28.9%，而多因子-模型则为 70.8%。而这些发现也与 Houweling 和 van Zundert（2017）的结果相一致。

表 8-5　因子模拟投资组合风险调整后表现

面板 A：经债券市场因子调整结果					
CAPM 模型	Low Risk	Liquidity	Interest Rate	Credit Risk	Size
Alpha	0.190%***	0.243%***	0.298%***	0.432%***	0.286%***
Beta	0.10	1.12	1.10	0.93	0.65
R^2	19.90%	49.30%	84.20%	28.90%	61.60%
面板 B：经 Fama-French-Carhart 四因子和 TERM 以及 DEF 调整结果					
Fama-French-Carhart 模型	Low Risk	Liquidity	Interest Rate	Credit Risk	Size
Alpha	0.198%***	0.235%***	0.300%***	0.425%***	0.267%***
R^2	26.10%	68.6%	85.5%	70.8%	76.3%
面板 C：相对于公司债券指数的表现					
超额表现	Low Risk	Liquidity	Interest Rate	Credit Risk	Size
Outperformance	-0.13%	0.29%	0.33%	0.41%	0.16%
Tracking Error Volatility	1.46%	1.81%	0.77%	2.33%	0.98%
Information Ratio	-0.09	0.16	0.43	0.18	0.17

注：*，**，***分别表示在 10%，5%以及 1%显著。

表 8-5 中的面板 C 评估了我们的五个因子模拟投资组合相对于公司债券市场指数的超额表现。结果显示除低风险因子模拟投资组合之外，所有其他模拟因子组合均优于债券市场指数的表现。这样的结果与 Houweling 和 van Zundert（2017）以及 Bektic 等（2018）的发现一致。另外，我们同时也汇报了各个投资组合对应的跟踪误差波动率（TEV）以及信息比率（IR），结果显示尽管利率风险因子模拟投资组合所获得超过债券市场指数的收益并不是最高的，但是由于 TEV 较低，其对应的 IR 是所有五个因子模拟投资组合中最高的。此外，从 TEV 的值来看，五个因子模拟投资组合对应的 TEV 均高于公司债券市场指数的波动（约 0.46%），因此在考虑短期风险或者根据市场指数表现评估投资组合时，这些特定于债券市场构建的投资因子可能被视为"风险较高"的因子。

（二）公司债券收益横截面变动的决定因素

在前述因子投资分析的基础上，本章重点探究了公司债券收益横截面变动的决定因素，为此本章主要检验了三类模型：（1）传统股票市场中的因子模型；（2）宏观信用及其增强模型；（3）特定于债券的多因子模型。

对于传统股票市场中的因子模型而言，我们主要分析了 Fama-French 提出的五因子模型对于公司债券收益变动的解释能力。表 8-6 中的面板 A 报告了对单个公司债券进行时间序列回归估计后得到参数的平均值，而面板 B 则展示了利用所有公司债券进行联合估计得到的估计结果。结果显示，Fama-French 五因子模型仅能解释所有公司债券收益 0.60% 的变动，尽管联合估计得到的各因子系数显著不为零。而且联合估计得到的风险调整后 Alpha 仍然显著不为零，达到 0.39%。另外，平均来看，尽管五因子模型对单个债券收益变动解释的平均水平达到了 22%，但是针对单个公司债券回归的各个因子的系数平均来看并不显著。为了进一步分析 Fama-French 五因子对公司债券收益横截面变动的解释能力，我们在面板 C 中报告了 Fama-MacBeth 两步法估计得到的各个因子对应的风险溢价 Gamma，结果显示与五因子对应的估计系数均不显著，而且经五因子风险调整后的风险溢价 Gamma_0 则显著异于零。综合三个面板的结果，表 8-6 的分析说明了 Fama-French 的五因子模型既不能解释公司债券收益时间序列上的变化，更不能解释公司债券收益横截面上的变动。

表 8-6 股票市场 Fama-French 五因子模型估计结果

面板 A：单个债券回归的平均结果					
债券样本量	R^2	平均样本量	参数名称	参数估计值	p 值
3,299	22%	47	Alpha	0.0038	0.28
			β_MKT	0.0138	0.43
			β_SMB	−0.0591	0.42
			β_HML	−0.0302	0.40
			β_RMW	−0.0225	0.46
			β_CMA	0.0912	0.47
面板 B：全部债券联合回归结果					
债券样本量	R^2	观测样本量	参数名称	参数估计值	p 值
3,299	0.60%	156,250	Alpha	0.0039	0.00
			β_MKT	0.0434	0.00

续表

面板 B：全部债券联合回归结果					
债券样本量	R^2	观测样本量	参数名称	参数估计值	p 值
			β_SMB	−0.0784	0.00
			β_HML	0.0123	0.01
			β_RMW	−0.0245	0.00
			β_CMA	0.1214	0.00
面板 C：横截面回归结果					
样本长度（月）	R^2	平均样本数	参数名称	参数估计值	p 值
188	14%	831	Gamma_0	0.0038	0.00
			Gamma_MKT	0.0028	0.24
			Gamma_SMB	−0.0003	0.42
			Gamma_HML	−0.0009	0.32
			Gamma_RMW	0.0000	0.49
			Gamma_CMA	0.0006	0.30

　　类似地，我们在表 8-7 和表 8-8 中分别报告了宏观信用模型以及流动性增强的宏观信用模型的表现。与上述 Fama-French 五因子模型相比，不管是两因子的宏观信用模型，还是三因子的流动性增强的宏观信用模型都对解释公司债券收益的变动有了很大的改善。从面板 B 的结果来看，两因子（三因子）宏观信用模型解释了公司债券收益变动的 8.66%（8.66%），而且值得指出的是我们发现 TERM 和 DEF 因子回归得到的系数均为正值，这是与现有文献的发现相一致的，但是不可否认的是经此模型调整后的收益 Alpha 仍然显著异于零，约为0.16%。另外就单个公司债券的两因子（三因子）宏观信用模型回归来看，平均 R^2 达到 31%（34%），但是平均而言，各个因子对应的回归系数并不显著。同样地，我们在面板 C 中报告了 Fama-MacBeth 横截面回归的结果来验证宏观信用模型是否能够解释公司债券收益横截面的变动。结果显示，不管是两因子还是三因子宏观信用模型，其中各个因子估计得到的风险溢价系数 Gamma 均不显著。例如，在两因子模型中，TERM 和 DEF 因子对应的横截面回归系数均值Gamma_TERM 和 Gamma_DEF 分别为 0.02% 和 0.16%，而相应的 p 值则分别为

0.44 和 0.17，表明二者并不能解释公司债券收益横截面的变化。而在三因子模型中，三个因子对应的风险溢价系数均值 Gamma_TERM，Gamma_DEF 和 Gamma_LIQ 则分别为 -0.01%，0.17% 和 0.04%，且均不显著，对应 p 值分别为 0.48，0.16 和 0.13。另外值得指出的是，尽管两因子（三因子）模型横截面回归得到的平均 R^2 达到 12%（14%），但是经模型调整后的风险溢价系数 Gamma_0 仍然显著异于零。综合来看，宏观信用模型相比于传统股票中的 Fama-French 五因子模型在解释公司债券收益横截面变动方面并没有根本性的改善，即它们同样不能很好地解释公司债券收益横截面的变动。

表 8-7 宏观信用两因子模型回归结果

面板 A：单个债券回归的平均结果					
债券样本量	R^2	平均样本量	参数名称	参数估计值	p 值
3,299	31%	47	Alpha	0.0014	0.46
			β_TERM	0.5521	0.14
			β_DEF	0.7551	0.21
面板 B：全部债券联合回归结果					
债券样本量	R^2	观测样本量	参数名称	参数估计值	p 值
3,299	8.66%	156,250	Alpha	0.0016	0.00
			β_TERM	0.6388	0.00
			β_DEF	0.8371	0.00
面板 C：横截面回归结果					
样本长度（月）	R^2	平均样本量	参数名称	参数估计值	p 值
188	12%	831	Gamma_0	0.0025	0.00
			Gamma_TERM	0.0002	0.44
			Gamma_DEF	0.0016	0.17

表 8-8 流动性因子增强的宏观信用三因子模型回归结果

面板 A：单个债券回归的平均结果					
债券样本量	R^2	平均样本量	参数名称	参数估计值	p 值
3,299	34%	47	Alpha	0.0019	0.44
			β_TERM	0.5399	0.17

续表

面板 A：单个债券回归的平均结果					
债券样本量	R²	平均样本量	参数名称	参数估计值	p 值
			β_DEF	0.7337	0.23
			β_LIQ	−0.2593	0.47
面板 B：全部债券联合回归结果					
债券样本量	R²	观测样本量	参数名称	参数估计值	p 值
3,299	8.66%	156,250	Alpha	0.0016	0.00
			β_TERM	0.6386	0.00
			β_DEF	0.8367	0.00
			β_LIQ	−0.0034	0.92
面板 C：横截面回归结果					
样本长度（月）	R²	平均样本量	参数名称	参数估计值	p 值
188	14%	831	Gamma_0	0.0027	0.00
			Gamma_TERM	−0.0001	0.48
			Gamma_DEF	0.0017	0.16
			Gamma_LIQ	0.0004	0.13

除了前述两类模型，我们最后检测的模型则是建立在本章提出的因子模拟投资组合的基础上。使用前文构建的特定于债券的五个因子，我们检测了此特定于债券的五因子模型对于公司债券收益变动的解释能力。表 8-9 报告了回归结果。其中面板 A 报告了针对所有单个公司债券回归结果的平均值，而面板 B 则报告了利用所有债券进行联合估计得到的回归结果，面板 C 则报告了横截面回归估计参数的平均值。首先从面板 B 的结果我们发现，本章提出的特定于债券的五因子模型能够解释 10.89% 的公司债券收益的变动，而且不仅所有五个因子对应的回归系数均在统计上显著，更重要的是经此五因子调整后的 Alpha 为 0.00%，且在统计上不在显著，表明本章提出的特定于债券的五因子模型能够捕捉到决定公司债券收益变动的风险源，远优于上述 Fama-French 五因子模型以及宏观信用模型。另外，就单个债券的回归而言，特定于债券的五因子模型也获得了平均为 46% 的 R²，也同样地远大于前述两类模型的平均 R²。最后面板 C 的横截面回归结果显示，特定于债券的五因子对应的风险溢价系数 Gamma 分

别为低风险因子的 0.06%，流动性因子的 0.38%，利率因子的 0.36%，信用风险因子的 0.41%以及规模因子的 0.26%，而更重要的是所有五个因子对应的系数均在统计上显著，表明了此五因子模型对公司债券收益横截面变化的显著的解释能力。同时面板 C 也显示本章提出的特定于债券的五因子模型平均能够解释大约 22%的公司债券收益横截面的变动。另外值得一提的是，尽管时间序列回归显示经特定于债券的五因子模型调整后的 Alpha 不在显著异于零，但是横截面回归显示经此五因子调整后的风险溢价估计值 Gamma_0 仍然显著不为零，达到 0.18%，因此也表明尽管本章提出的特定于债券的五因子模型相对于前述两类模型已经极大地改善了对于公司债券收益变动的解释能力，但是它们仍然不能完全解释公司债券收益横截面的变动，表明了仍然存在其他潜在的风险因子能够决定公司债券收益横截面的变化。

表 8-9　债券特定五因子模型回归结果

面板 A：单个债券回归的平均结果					
债券样本量	R^2	平均样本量	参数名称	参数估计值	p 值
3,299	46%	47	Alpha	−0.0010	0.50
			β_low risk	0.9747	0.36
			β_liquidity	0.1461	0.39
			β_interest rate	0.1835	0.36
			β_credit risk	0.0140	0.36
			β_size	0.1065	0.39
面板 B：全部债券联合回归结果					
债券样本量	R^2	观测样本量	参数名称	参数估计值	p 值
3,299	10.89%	156,250	Alpha	0.0000	0.97
			β_low risk	0.2268	0.00
			β_liquidity	0.3715	0.00
			β_interest rate	0.2332	0.00
			β_credit risk	−0.0709	0.00
			β_size	0.3296	0.00

续表

面板 C：横截面回归结果					
样本长度（月）	R^2	平均样本量	参数名称	参数估计值	p 值
188	22%	831	Gamma_0	0.0018	0.00
			Gamma_Low Risk	0.0006	0.02
			Gamma_Liquidity	0.0038	0.05
			Gamma_Interest Rate	0.0036	0.01
			Gamma_Credit Risk	0.0041	0.06
			Gamma_Size	0.0026	0.02

　　总体而言，本章的实证分析发现传统的股票市场中的因子模型如 Fama-French 的五因子模型以及宏观信用及其增强模型都不能很好地解释公司债券收益的变化，特别是对公司债券收益横截面的变动。而本章提出的构建于债券的五因子模型则能够很好地解释公司债券收益的变化。具体来看，特定于债券的五因子模型能够解释平均大约 22% 的公司债券收益横截面的变动，而且所有五个因子对应的估计的风险溢价系数均在统计上显著不为零。

六、结论

　　本章的研究主要有两个目的：一方面是公司债券市场中因子/风格投资组合的表现；另一方面是研究哪些因素可以更好地解释公司债券收益的横截面变化。对于第一点，本章构建并主要分析了如下五个特定于债券的因子：低风险、流动性、利率、信用风险和规模，实证分析发现，所有五个因子模拟投资组合均获得了显著的经风险调整后超额收益（Alpha），月超额收益从 0.20% 到 0.43% 不等。而且除了低风险因子之外，其他四个因子均获得了比公司债券指数更高的月均收益，特别是利率因子模拟组合，其相对于公司债券指数的信息比率达到 0.43。而就夏普比率来看，尽管低风险因子月均收益比较低，但是考虑到其波动较低，所以以利率因子模拟投资组合的夏普比率也同样远远优于公司债券市场指数的表现。这样的结果表明在公司债券市场进行因子投资获得超额收益是可行的。针对第二点，本章主要检验了三类资产定价模型，结果显示传统股票市场中的因子如 Fama 和 French（2015）的五因子无法解释公司债券收益的变化，正如 Bektic 等（2018）所发现的那样。同样地我们发现宏观信用模型及其增强模型也一样不能解释公司债券收益的横截面变化，经过此类模型调整后的 Alpha 以及风险溢价参数 Gamma_0 仍旧显著不为零，且该模型中因子对应的估计参数均不显著。最后，发现基于本章构建的特定于债券的五因子模型能够很好地解释公司债券收益的变化。首先时间序列的回归显示经此五因子模型调整的 Alpha 不再显著，而更重要的是横截面回归显示五个因子对应的风险溢价参数均在统计上显著不为零，而且平均来看，特定于债券的五因子能够解释大约 22% 的债券收益横截面的变动。但值得指出的是，经过此特定于债券的五因子模型调整后的风险溢价参数 Gamma_0 仍然显著，表明仍然存在其他潜在的风险因子能够决定公司债券收益横截面的变动，而这一点将留作未来研究的方向。

参考文献

［1］Acharya, V., Amihud, Y. and Bharath, S. T., 2013. Liquidity risk of corporate bond returns: conditional approach ［J］. Journal of Financial Economics, 110, 358-386.

［2］Ang, A., Hodrick, R. J., Xing., Y. and Zhang., X., 2006. "The cross-section of volatility and expected returns" ［J］. Journal of Finance, 61, 259-299.

［3］Ang, A., Liu, J., and Schwarz, K., 2018. "Using individual stocks or portfolios in tests of factor models" ［J］. Columbia Business School, Working Paper.

［4］Asness, C. S., Frazzini A. and Pedersen, L. H., 2013. "Quality minus Junk" ［J］. Review of Accounting Studies (rev. 2018), 1-79.

［5］Asquith, P., Au, A. S., Covert, T. and Pathak, P. A., 2013.

"The market for borrowing corporate bonds"［J］. Journal of Financial Economics，107，155-182.

［6］Asvanunt，A.，Brooks，J. And Richardson，S.，2015. "Style investing in fixed income markets"［J］. AQR Capital Management，Research Paper.

［7］Aussenegg，W.，Goetz，L. and Jelic，R.，2015. "Common factors in the performance of European corporate bonds-evidence before and after the financial crisis". European Financial Management，21，265-308.

［8］Bai，J.，Bali，T. G. and Wen Q.，2018. "Common risk factors in the cross-section of corporate bond returns"［J］. Journal of Financial Economics，forthcoming.

［9］Banz，R. W.，1981. "The relationship between market value and return of common stocks"［J］. Journal of Financial Economics，9，3-18.

［10］Basu，S.，1977. "Investment performance of common stocks in relation to their price-earnings ratios：a test of the efficient market hypothesis"［J］. Journal of Finance，32，663-682.

［11］Bektic'，D.，Wenzler，J.S.，Wegener，M.，Schiereck，D. and Spielmann，T.，2018. "Extending Fama-French factors to corporate bond markets"［J］. Journal of Portfolio Management，forthcoming.

［12］Ben Dor，A.，Dynkin，L.，Hyman，J.，Houweling，P.，van Leeuwen，E. and Penninga，O.，2007. "DTSSM（Duration Times Spread）"　［J］. Journal of Portfolio Management，33，77-100.

［13］Black，F.，Jensen，M. C. and Scholes，M.，1972. "The capital asset pricing model：some empirical tests"［J］. In Studies in the Theory of Capital Markets，Praeger Publishers.

［14］Blume，M. E.，Keim，D. B. and Patel，S. A.，1991. "Returns and volatility of low-grade bonds 1977-1989"［J］. Journal of Finance，46，49-74.

［15］Brooks，J.，Palhares，D. and Richardson，S.，2018. "Style investing in fixed income" [J]. Journal of Portfolio Management, 44, 127-139.

[16] Carhart, M. M., 1997. "On persistence in mutual fund performance" [J]. Journal of Finance, 52, 57-82.

[17] Carvalho, R., Dugnolle, P., Xiao, L. and Moulin, P., 2014. "Low-risk anomalies in global fixed income: evidence from major broad markets" [J]. Journal of Fixed Income, 23, 51-70.

[18] Cazalet, Z. and Roncalli, T., 2014. "Facts and fantasies about factor investing" [J]. Lyxor Asset Management, Research Paper.

[19] Choi, J. and Kim, Y., 2017. "Anomalies and market (dis) integration" [J]. University of Illinois at Urbana-Champaign, Working Paper.

[20] Chordia, T., Goyal, A., Nozawa, Y., Subrahmanyam, A. and Tong, Q., 2017. "Are capital market anomalies common to equity and corporate bond markets?" [J]. Journal of Financial and Quantitative Analysis, 52, 1301-1342.

[21] Cooper, M. J., Gulen, H. and Schill, M., 2008. "Asset growth and the cross-section of stock returns" [J]. Journal of Finance, 63, 1609-1651.

[22] Correia, M., Richardson, S. and Tuna, I., 2012. "Value investing in credit markets" [J]. Review of Accounting Studies, 17, 572-609.

[23] Daniel, K. and Titman, S., 2012. "Testing factor-model explanations of market anomalies" [J]. Critical Finance Review, 1, 103-139.

[24] Derwall, J., Huij, J. and de Zwart, G., 2009. "The short-term corporate bond anomaly" [J]. Maastricht University, Working Paper.

[25] Diaz, A. and Navarro, E., 2002. "Yield spread and term to maturity: default vs. liquidity" [J]. European Financial Management, 8, 449-477.

[26] Dick-Nielsen, J., 2009. "Liquidity biases in TRACE" [J]. Journal of Fixed Income, 19, 43-55.

[27] Edwards, A. K., Harris, L. E. and Piwowar, M. S., 2007. "Corporate bond market transaction costs and transparency" [J]. Journal of Finance,

62, 1421-1451.

［28］Elton E. J. , Gruber M. J. and Blake C. R. , 1995. "Fundamental eco-nomic variables, expected returns, and bond fund performance" ［J］. Journal of Fi-nance, 40, 1229-1256.

［29］Fama, E. F. and French, K. R. , 1992. "The cross-section of expec-ted Stock Returns" ［J］. Journal of Finance, 47, 427-466.

［30］Fama, E. F. and French, K. R. , 1993. "Common risk factors in the returns on stocks and bonds" ［J］. Journal of Financial Economics, 17, 3-56.

［31］Fama, E. F. and French K. R. , 2015. "A five-factor asset pricing model" ［J］. Journal of Financial Economics, 116, 1-22.

［32］Fama, E. F. and MacBeth, J. , 1973. "Risk, return, and equilibrium: some empirical tests" ［J］. Journal of Political Economy, 81, 607-636.

［33］Franke, B. , Muller, S. and Muller, S. , 2017. "The q-factors and expected bond returns" ［J］. Journal of Banking and Finance, 83, 19-35.

［34］Frazzini A. and Pedersen, L. H. , 2014. "Betting against beta" ［J］. Journal of Financial Economics, 111, 1-25.

［35］Frühwirth, M. , Schneider, P. and Sögner, L. , 2010. "The risk mi-crostructure of corporate bonds: a case study from the German corporate bond market" ［J］. European Financial Management, 16, 658-685.

［36］Gebhardt, W. R. , Hvidkjaer, S. and Swaminathan, B. , 2005. "The cross-section of expected corporate bond returns: betas or characteristics?" ［J］. Journal of Financial Economics, 75, 85-114.

［37］Houweling, P. and van Zundert, J. , 2017. "Factor investing in the cor-porate bond market" ［J］. Financial Analyst Journal, 73, 100-115.

［38］Houweling, P. , Mentink, A. and Vorst, T. , 2005. "Comparing possi-ble proxies of corporate bond liquidity" ［J］. Journal of Banking and Finance, 29, 1331-1358.

［39］ Israel, R., Palhares D. and Richardson, S., 2018. "Common factors in corporate bond returns" ［J］. Journal of Investment Management, 16, 17–46.

［40］ Jegadeesh, N. and Titman, S., 1993. "Returns to buying winners and selling losers: implications for stock market efficiency" ［J］. Journal of Finance, 48, 65–91.

［41］ Jegadeesh, N., Noh, J., Pukthuanthong, K., Roll, R. and Wang, J. L., 2018. "Empirical tests of asset pricing models with individual assets: resolving the errors–in–variables bias in risk premium estimation" ［J］. Journal of Financial Economics, forthcoming.

［42］ Jostova, G., Nikolova, S., Philipov, A. and Stahel, C. W., 2013. "Momentum in corporate bond returns" ［J］. Review of Financial Studies, 26, 1649–1693.

［43］ Klein, C. and Stellner, C., 2014. "The systematic risk of corporate bonds: default risk, term risk and index choice" ［J］. Financial Markets and Portfolio Management, 28, 29–61.

［44］ Koijen, R. S. J., Moskowitz, T. J., Pedersen, L. H. and Vrugt, E. B., 2016. "Carry". University of Chicago–Booth School of Business, Working Paper.

［45］ Lewellen, J., Nagel, S. and Shanken, J., 2010. "A sceptical appraisal of asset pricing tests" ［J］. Journal of Financial Economics, 96, 175–194.

［46］ Lin, H., Wang, J. and Wu, C., 2011. "Liquidity risk and expected corporate bond returns" ［J］. Journal of Financial Economics, 99, 628–650.

［47］ Lintner, J., 1965a. "Security prices, risk and maximal gains from diversification" ［J］. Journal of Finance, 20, 587–615.

［48］ Litterman, R. B. and Scheinkman, J., 1991. "Common factors affecting bond returns" ［J］. Journal of Fixed Income, 1, 54–61.

［49］ Merton, R. C., 1974. "On the pricing of corporate debt: the risk structure of interest rates. " [J]. Journal of Finance, 29, 449–470.

[50] Novy–Marx, R., 2013. "The other side of value: the gross profitability premium" [J]. Journal of Financial Economics, 108, 1–28.

[51] Pastor, L. and Stambaugh, R. F., 2003. "Liquidity risk and expected stock returns" [J]. Journal of Political Economy, 111, 642–685.

[52] Pilotte, E. A. and Sterbenz, F. P., 2006. "Sharpe and Treynor ratios on Treasury bonds" [J]. Journal of Business, 79, 149–180.

[53] Piotroski, J. D., 2000. "Value investing: the use of historical financial statement information to separate winners from losers" [J]. Journal of Accounting Research, 38, 1–41.

[54] Rosenberg, B., Reid, K. and Lanstein R., 1985. "Persuasive evidence of market inefficiency" [J]. Journal of Portfolio Management, 11, 9–17.

[55] Sharpe, W. F., 1964. "Capital asset prices: a theory of market equilibrium under conditions of risk" [J]. Journal of Finance, 19, 425–442.

[56] Soe, H. and Xie, A., 2016. "Factor–Based Investing in Fixed Income" [J]. S&P Dow Jones Indices, Research Paper.

[57] Staal, A., Corsi, M., Shores, S. and Woida, C., 2015. "A factor approach to smart beta development in fixed income" [J]. Journal of Index Investing, 6, 98–110.

[58] Stattman, D., 1980. "Book values and stock returns" [J]. The Chicago MBA: A Journal of Selected Papers, 4, 25–45.

[59] The Economist, 2018. "Factor–based investing spreads from stocks to bonds" [J]. Print Edition, August 11th, 2018.

[60] Titman, S., Wei J. and Xie, F., 2004. "Capital investments and stock returns" [J]. The Journal of Financial and Quantitative Analysis, 39, 677–700.

[61] Weinstein, M., 1981. "The systemic risk of corporate bonds" [J]. Journal of Financial and Quantitative Analysis, 16, 257–278.

第九章　中美贸易摩擦对供应商客户关系的影响
——基于中国上市公司的实证研究

乐华昭　齐　晨　何重达

摘　要：随着全球化经济进程的加速发展，美国推行的贸易保护主义对我国产生巨大影响，对两国经济带来冲击。本章从 2018 年中美贸易摩擦出发，实证研究了中美贸易摩擦冲击在供应链上下游间的传导对供应商—客户关系的影响，并进一步探究了供应链结构变动的影响因素。研究发现，中美贸易摩擦对客户企业形成负面冲击，超额累计收益率下降；不利冲击通过供应链向上游传递，对供应商企业的短期股票市场表现形成负向影响，随客户方贸易风险敞口、会计业绩不利变动的增加而加剧；贸易摩擦对客户企业的负面冲击影响供应商—客户关系，供应商从客户方得到的销售收入占总销售额的比例下滑，客户企业的股票市场表现越差、会计业绩受损程度越大，供应商企业的销售额结构变动越显著。稳健性检验中，更换事件研究中代表性时间点计算公司超额累计收益率，为供应链结构的变动及其影响因素提供了相似证据；供应商议价能力的增加可以减小贸易摩擦为供应商带来的负向冲击；面对来自供应链下游的贸易摩擦冲击，国企性质为供应商企业自身带来了保护作用，而非国有企业仍会受到显著的负向影响。

关键词：中美贸易摩擦　供应商—客户关系　累计超额收益率　销售额结构

一、引言

中国是美国最大的贸易伙伴国，也是美国的第二大出口市场。中美贸易往来对两国的经济发展具有深远影响。伴随着全球经济发展、产业结构优化升级，中美两国在全球价值链上的位置由互补合作逐渐向趋同竞争转变。自中国加入 WTO 以来，美国多次单方面发起"反倾销"调查、挑起贸易争端，中美经贸过程中的摩擦因素日益凸显，中美两国间的贸易关系也逐渐由友好转向紧张（薛熠等，2020）。至特朗普入主白宫，美国贸易保护主义抬头，此举严重损害了国际自由贸易体系，致使中美贸易局势愈加严峻。因中美两国之间贸易体量巨大，加之中国对美国呈持续贸易顺差，经贸限制政策令中国的出口行业首当其冲。2018 年 3 月，美国政府第一次发出正式公告，宣布对自中国进口的铝、钢铁等产品加征关税，中美贸易冲突随即爆发。至此之后，美方不断挑起争端，采取签署加征关税等对华贸易备忘录、基于此前的"301 调查"公布征税清单等一系列关税措施，中方也予以相应反制。2018 年 4 月，美国商务部表示，明令禁止本国对中国中兴企业出口零部件产品，2018 年 12 月对华为实施打压。贸易关税不断加码，对华实施特定产业和对象限制，中美贸易摩擦逐步升级。

枪响之后，没有赢家。贸易争端对中美两国的稳定发展和世界经济的平稳运行产生深远影响，在供应商—客户的链式传播作用下更为显著。供应商与客户间具有利益共同体关系，当不良事件发生时，供应链一端所受到的负面影响将伴随着上下游企业间的交易活动，在企业关系范围内传播扩散（Garleanu等，2015）。该传染效应使得供应商与客户在面临不利冲击时都难以独善其身，同时增加了双方所面临的风险。具体而言，中美贸易摩擦对客户形成的不利影响可能沿着价值链向上游传递，祸及其贸易关系范围内的供应商，放大了贸易争端对相关企业、行业甚至经济整体的影响，反之则相反。因此，供应商为避免风险的波及，在贸易冲击之时会对客户方发生的不良事件采取措施，主动增加或减少与其交易额度，尽可能地规避贸易摩擦通过供应链渠道的传导。

本章选取 2017—2018 年沪深两市共 433 个供应商—客户年关系对，供应链双方均为 A 股上市公司，以企业前五大客户、供应商关系数据为样本，探讨中美贸易摩擦冲击对供应商—客户关系的影响。文章的主要贡献为：（1）检验贸易争端使客户企业短期股票市场表现受挫，超额累计收益率下降；（2）证实客户端的负面冲击通过供应链条向上游传递，对上市供应商产生不利影响；（3）验证供应商通过改变其销售结构，主动规避来自供应链客户端的负面冲击，引起供应商—客户关系变动；（4）证实了不利冲击下客户方的贸易风险暴露程度、会计业绩受损程度与供应商市场表现变动影响程度间存在正向关系；（5）探究了供应链结构变动的影响因素，客户方企业的股票市场表现越差、会计业绩状况越差，供应商—客户关系变动越显著；（6）进一步更换事件研究中代表性时间点，控制供应商对供应链关系的依赖性、企业产权性质等，考察中美贸易摩擦的纵向传染效应，以及供应商销售结构的主观变动。本章的研究结论为经贸争端的负面影响在供应链上下游间的传导路径提供了证据，展示了中美贸易摩擦冲击下供应商—客户关系的变动，丰富了中美贸易摩擦、供应链传染效应以及供应商—客户关系等领域的研究。

二、文献综述与研究假设

（一）文献综述

中美贸易争端的相关问题是近期学术界的热点。现有的研究成果在中美贸易摩擦的原因、演进、影响、对策等方面，通过理论分析和实证检验进行了详细探讨。冯伟业和卫平（2017）从中美制度差异化、贸易结构失衡和防御意识缺位三个角度，详细阐述了两国经贸摩擦的来源。姚洋和邹静娴（2018）认为，中美两国经常账户长期、大规模失衡的背后，反映了国家间经济增速的差异和生产率提升节奏的不同，长期经济基础的变动引发了贸易纷争。陈继勇（2018）则将中美贸易摩擦的根本归因于传统资本帝国与新兴经济体发展战略上的交锋博弈在经贸领域的体现，是发展模式的根本对立。林毅夫（2019）认为，中国经济成功转型的过程伴随着中美两国在全球价值链上关系和地位的变化。经济结构的优化升级引导中国在世界产业链的位置向中高端攀升，逐渐打破了两国原先形成的互补型国际分工关系，产业领域重叠性增加，导致中美贸易冲突不断升级。薛熠等（2020）指出，中美贸易摩擦对中国的宏观经济层面的影响相对有限，但在行业和企业层面却带来较大冲击，其通过五驱动因素分析法，论证了外部环境不确定引起企业营商环境的强烈变动，严重影响企业的人才引进、技术升级战略，增加企业的融资约束，很大程度上增加了企业的经营风险。周政宁和史新鹭（2019）则应用动态 GTAP 模型，模拟分析了中美两国在不同情形下加征关税的举措对两国经济的影响，证实了中国经济增速降幅在短期和长期范围内都将显著高于美国。中美贸易摩擦严重损害了中国企业发展和中国经济增长。

现有文献对供应商—客户关系的研究多聚焦于客户供应商集中度，即在没有外生冲击时，供应商与客户关系的特殊性对供应链一方企业的影响；或供应链关系伴生的传染效应，也就是外生负面事件在直接影响某些企业的同时波及与之相关联的其他企业。客户供应商集中度标志着供应链一端企业的议价能力，紧密的供应商—客户关系赋予企业在银行授信可得性（王迪等，2016）、盈余管理程度（Raman 和 Shahrur，2008）、绩效水平（Lanier 等，2009）、杠杆率（Kale 和 Shahrur，2007）等方面更大的空间。关于传染效应，Hertzel 等（2008）发现，企业发出的财务困境负面信号能够沿着供应链条同时传染其上游供应商和下游客户，引起供应链多企业的股价下跌。Lian 和 Yili（2017）的研究结果进一步证实，破产风险依托于企业间的供销关系，能够从客户端转移到供应商端，对上游供应商形成显著、持久的影响；当该客户财务形势严峻，或该客户为供应商的主要销售对象，抑或是产品为独家生产定制时，供应商与客户企业出现财务困境概率的正相关关系尤为显著。Pandit 等（2011）论述了公司盈余公告的信息外部性特征，短期内即能引起供应商和客户市值的同向变动。王雄元和高曦（2017）以中国市场数据验证了公司盈余公告在价值链上的传染性与企业供销关系的依赖程度高度相关，彭旋和王雄元（2018）也证实了股价崩盘风险在紧密、专有、稳定、良性的供应商—客户关系中具有显著的供应链传染效应，论证了供应商—客户负向市场表现的联动性。

综上所述，客户与供应商间的特殊关系已充分得到现有文献的论证，供销链条涉及的传染效应的存在性也无须质疑。然而，当前研究很少涉及对供应商为规避传染效应而对客户方采取主动措施、调整销售结构这一领域的考察，更鲜有文献将供应商—客户关系与中美贸易摩擦相结合分析。本章以中国 A 股上市公司数据验证了中美贸易摩擦冲击对供应商—客户关系的影响，并进一步探究供应链结构变动的影响因素。

（二）研究假设

中美两国间的经贸摩擦带来极大的不确定性，改变了国内和国际经济形势，增加了我国经济增速下滑的风险；美方的贸易遏制行为将会影响中国企业的国际机遇和国际竞争力，降低企业的盈利水平，阻碍企业发展；全球经贸格局的变化引发国内外营商环境的变动，很大程度上增加了企业的经营风险。贸易摩擦带来的外生负面冲击严重影响我国上市企业，引起股市动荡，造成企业市值和股价的异常波动，出现负的超额累计收益率。企业的进出口业务规模越大、境外收入占比越高，其对外贸易性越强，贸易风险暴露程度越大。当经贸冲击影响到客户方企业时，对于存在较大贸易摩擦风险敞口的上市企业，其股票的短期市场反应将更加强烈，更难以抵御贸易摩擦冲击。

综上所述，本章提出假说：

假说Ⅰ：客户企业在中美贸易摩擦负面冲击下超额累计收益率下降，股票的短期市场表现随企业贸易风险敞口的增加而恶化。

供应链关系赋予供应商和客户之间更紧密的联系。这种超脱于普通企业彼此间的关系，使不良事件的传染效应更加显著。当客户端面临中美经贸摩擦，不利影响将沿供销链条向上游企业传递，祸及其贸易关系范围内的供应商（Intintoli 等，2017）。上市供应商股票的市场表现将会对其客户所受到的不利冲击做出反应，形成供应商股票价格异常波动。

中美纷争对两国间的经贸合作与沟通造成了巨大考验，显著影响我国企业的进出口业务（汪春霞，2020）。当客户企业的对外贸易规模越大，境外收入所占比重越高时，客户受到的负面冲击越大，在供应链传染效应作用下，更容易对上市供应商企业的股市表现带来负面影响，降低企业的股票回报率。同时，中美双方的经贸摩擦严重损害我国企业的生产经营状况，削弱了企业的盈利水平及稳定性，反映于企业相关会计业绩指标的恶化。因此，会计业绩指标也是衡量企业所受负面冲击程度的有效方式。

本章在此提出第二个假说：

假说Ⅱ：中美贸易摩擦对客户的负面冲击将通过供应链条传递给供应商，影响供应商企业的短期股票市场表现。随着客户企业的贸易摩擦风险敞口、业绩受损程度增加，供应商企业的超额累计收益率下降，股票市场表现越差。

传染效应发生后，供应商—客户关系会产生相应变动。当客户受到贸易争端的冲击，企业盈利能力受损，财务状况下降、市场表现恶化，风险水平相应提升。供应商为维护自身的财务状况与业绩表现，避免外部风险的波及，将会在客户方所受不良影响的传染效应到达供应商一端时采取措施。上游供应商通过主动减少与高风险交易对象的交易额，或放弃经营状况较差的客户、寻找新的替代者，调整自身销售结构，尽可能地降低贸易摩擦通过供应链渠道的传导。当客户企业的股价异常波动越显著、会计业绩状况下降越明显时，来自客户端的传染性风险越强，供应商—客户关系的变动也将更为显著。

本章提出第三个假说：

假说Ⅲ：中美贸易摩擦对客户的负面冲击将影响供应商的销售额结构，引起供应商—客户关系变动。客户企业的股票市场表现越差、会计业绩受损程度越大，供应商企业将更显著地减少与该客户的交易关系。

三、样本选择与研究设计

（一）数据来源和样本选择

本章采用事件研究法，将2018年4月16日美国商务部下令禁止美国公司向中兴公司出口电信零部件产品的公告日作为事件发生的时间节点，所选取的事件窗口与估计窗口都是以此时间点为基础。同时，本章使用 CSMAR 数据库的前五大客户和供应商关系数据，手动筛选 2018 年沪深两市上市的供应商公司和上市客户公司，共计 182 对，贸易风险暴露与其他控制变量均选取 2017 年年末数据。本章数据主要来源于国泰安数据库和万得数据库，在 STATA13.0 和 SAS9.4 中进行统计与回归分析。

(二) 股票市场表现度量

本章通过事件研究法，根据 Fama（1969）选取上市公司的累计超额收益率 CAR 来衡量上市公司受到贸易摩擦后股票的市场表现。事件研究法的原理是选择某一事件，研究事件发生前后样本股票收益的变化，解释特定时间对股票的影响。

首先，为了得到上市公司的超额收益率，我们选取美国商务部下令禁止美国公司向中兴公司出口电信零部件产品这一事件，考虑到事件可能提前泄露或发生滞后效应，选择事件前后的一段时间作为事件窗口，来计算上市公司实际收益与正常收益的差值以得到超额收益。在本章中，我们对事件窗口长度采取事件日前后各 10 个、5 个、1 个交易日三种不同长度进行计算。同时，本章选取事件窗口前 100 个交易日到事件窗口前 10 个交易日作为估计窗口，以计算正常收益率。

本章选取市场模型计算累计超额收益率，每个公司股票的收益数据从 CASMR 的日个股回报率获得，市场收益为 CASMR 中的日市场回报率。以 R_{it} 表示个股在时间 t 的收益率，以 R_{mt} 表示市场在时间 t 的收益率，在预设好的估计窗口内，通过（9-1）中的回归模型得到市场模型中参数 α_t 与 β_t 的估计值 $\hat{\alpha}_t$ 和 $\hat{\beta}_t$：

$$R_{it} = \alpha_i + \beta_t R_{mt} + \varepsilon_{it} \tag{9-1}$$

接下来我们计算事件窗口期内公司的正常收益率。将式（9-1）中回归得到的参数估计值 $\hat{\alpha}_t$ 和 $\hat{\beta}_t$ 代入式（9-2）中，利用窗口期内市场收益率 R_{mt} 计算事件窗口内每个公司的正常收益率 ER_{it}：

$$ER_{it} = \hat{\alpha}_i + \hat{\beta}_t R_{mt} \tag{9-2}$$

最后一步是计算事件窗口期内公司的累计超额收益率。超额收益为股票在时间 t 的异常收益率，计算方法为公司的实际收益率与式（9-2）中得出的公司正常收益率做差，即 $AR_t = R_t - ER_t$。为了研究事件对整体股票定价的影响，需要计算累计超额收益率 $CAR_i(t_1, t_2)$，具体方法为将时间段 $[t_1, t_2]$ 内公司 i 的所有超额收益率进行加总，即 $CAR_i(t_1, t_2) = \sum_{t_1}^{t_2} AR_t$。在本章中，我们分别计算事件公告日前后 1 个、5 个、10 个交易日的累计超额收益率，得到 $CAR_i(-1, 1)$、$CAR_i(-5, 5)$ 和 $CAR_i(-10, 10)$。计算得到的累计超额收益率大多为负值，其值越小（即绝对值越大），表明受到中美贸易摩擦带来的负收益程度越深。

（三）变量设计

1. 贸易摩擦带来的风险敞口

本章选取上市公司年报中披露的境外收入来衡量贸易风险敞口，用 *foreigntrade* 表示。境外收入的数值越大，风险暴露的程度越高，本章对其进行对数化处理。

2. 供应商销售额结构

为了考察贸易摩擦对客户的负面冲击沿着供应链条如何向上影响，我们用供应商与该客户的销售额占其总销售额比重的变化来衡量其销售额结构的变化，用 *rlt_pro* 表示。

3. 控制变量

参考现有文献，本章主要选取了以下控制变量：（1）*opeincmgrrt*：公司营收增长率代表其经营能力，自身实力越强，中美贸易摩擦造成的负面影响越小。（2）*size*：随着企业规模的增长，抵御中美贸易摩擦的负面冲击能力增强。（3）*roa*：公司对投入资金的运作回报能力越高，越有能力应对贸易摩擦。（4）*age*：上市时间越长，公司应对贸易摩擦能力越高。（5）*lev*：公司的资产负债水平也会影响贸易摩擦下的表现。（6）*tobinq*：托宾 Q 值衡量了企业的成长能力。（7）*div*：股利发放水平反映了股本获利能力。（8）*ownership*：股权集中度越高，越能激励股东应对负面冲击。我们对客户和供应商的以上指标均进行控制，同时，为了防止行业不同带来的影响，对行业进行控制。

表 9-1　主要变量解释表

变量	变量名称	变量符号	意义
解释变量 & 被解释变量	客户方累计超额收益率	$c\_CAR_i(t_1, t_2)$	事件窗口内客户的累计超额收益率
	供应商方累计超额收益率	$s\_CAR_i(t_1, t_2)$	事件窗口内供应商的累计超额收益率
	境外收入	*foreigntrade trade*	境外收入的对数值
	销售额比重变化	*rlt_pro*	供应商与该客户的销售额占其总销售额比重的变化
	会计业绩	*ROEchange*	客户方 ROE 的变化
控制变量	供应商方营业收入增长率	*s_opeincmgrrt*	（营业收入本年本期金额/营业收入上年同期金额）-1
	客户方营业收入增长率	*c_opeincmgrrt*	
	供应商方公司规模	*s_size*	期末总资产账面价值的自然对数值
	客户方公司规模	*c_size*	
	供应商方资产收益率	*s_roa*	净利润/平均资产总额
	客户方资产收益率	*c_roa*	
	供应商方公司年龄	*s_age*	公司上市以来的年份
	客户方公司年龄	*c_age*	
	供应商方资产负债率	*s_lev*	负债总额/资产总额
	客户方资产负债率	*c_lev*	
	供应商方托宾 Q 值	*s_tobinq*	公司市值/（资产总计-无形资产净额-商誉净额）
	客户方托宾 Q 值	*c_tobinq*	
	供应商方股权集中度	*s_ownership*	前五大股东持股比例
	客户方股权集中度	*c_ownership*	
	供应商方股利发放水平	*s_div*	每股股利数量
	客户方股利发放水平	*c_div*	
	行业虚拟变量	*industry*	控制

四、实证分析结果

（一）模型设计

首先，为了探究客户企业在中美贸易摩擦负面冲击下的股票市场表现，我们把客户方的累计超额收益率作为因变量，考察其受贸易风险敞口的影响情况。本章采用以下线性回归模型对假说Ⅰ进行分析：

$$c\_CAR_i(t_1, t_2) = C + \delta_1 foreign_i + \gamma_i Control_i + \varphi_i industry_i + \varepsilon_i \qquad (9-3)$$

为了探究贸易摩擦对客户的负面冲击是否通过供应链条向上游传递从而对供应商形成负向影响，我们分别把供应商方的累计超额收益率作为因变量，把客户企业的贸易摩擦风险敞口、业绩受损程度作为自变量，考察客户受到贸易摩擦的影响。本章采用以下线性回归模型对假说Ⅱ进行分析：

$$s\_CAR_i(t_1, t_2) = C + \delta_1 foreign_i + \gamma_i Control_i + \varphi_i industry_i + \varepsilon_i \qquad (9-4)$$

$$s\_CAR_i(t_1, t_2) = C + \delta_1 ROEchange_i + \gamma_i Control_i + \varphi_i industry_i + \varepsilon_i \qquad (9-5)$$

对于累计超额收益率，本章选取了事件窗口为 1 个、5 个、10 个交易日的三个时间段，并依次进行回归分析，得到三组回归结果。

为了探究贸易摩擦对客户的负面冲击是否影响供应商的销售额结构，我们分别把客户方的市场表现和会计指标表现作为自变量，采用以下线性回归模型对假说Ⅲ进行分析：

$$rlt\_pro_i = C + \delta_1 c\_car(-1, 1)_i + \gamma_i Control_i + \varphi_i industry_i + \varepsilon_i \qquad (9-6)$$

$$rlt\_pro_i = C + \delta_1 ROEchange_i + \gamma_i Control_i + \varphi_i industry_i + \varepsilon_i \qquad (9-7)$$

（二）描述性统计

表 9-2 呈现了本章中出现变量的描述性统计。从表 9-2 中可以看出，贸易摩擦给客户和供应商平均带来了负的超额收益，均值在 $-0.34\% \sim -1.01\%$。供应商与对应客户的销售额占比均有下降，平均下降了 1.726%。客户方的境外收

入取对数后均值为 14.22，受到贸易风险暴露较大，其会计表现在样本期内不佳，ROE 平均下降了 1.72%。

表 9-2 主要变量描述性统计表

变量符号	均值	标准差	最小值	最大值
s_car (-1, 1)	-0.340	4.730	-23.25	10.96
s_car (-5, 5)	-0.940	9.480	-39.36	52.96
s_car (-10, 10)	-1.010	13.56	-61.18	74.91
c_car (-1, 1)	-0.110	3.050	-14.36	11.64
c_car (-5, 5)	-0.600	6.540	-32.32	21
c_car (-10, 10)	-0.530	8.450	-60.41	25.30
foreigntrade	14.22	10.55	0	25.50
rlt_pro	-1.726	6.613	-27.71	13.88
ROEchange	-1.720	8.930	-69.36	22.67
s_opeincmgrrt	13.82	31.58	-97.13	240.1
c_opeincmgrrt	11.21	15.81	-69.96	70.50
s_size	22	1.360	19.80	27.49
c_size	25.36	2.480	20.38	30.89
s_roa	1.770	16.64	-185.9	21.20
c_roa	3.770	5.260	-20.55	32.16
s_age	12.53	7.850	3	27
c_age	14.83	6.720	3	29
s_lev	40.68	22.35	6.100	122.9
c_lev	59.49	18.49	18.24	93.40
s_tobinq	2.540	1.860	0	13.45
c_tobinq	1.140	1.150	0	7.200
s_ownership	0.530	0.160	0.210	0.890
c_ownership	0.670	0.200	0.220	1
s_div	0.090	0.100	0	0.500
c_div	0.210	0.270	0	1.830

（三）实证结果分析

1. 贸易风险暴露对客户影响分析

为了探究贸易摩擦对客户的冲击，我们选取境外收入的对数值来测度公司受此事件的贸易风险暴露程度，由客户超额累计收益率表示其受到的负向影响。为了保证结果的普遍性，事件窗口长度采取事件日前后 1 个、5 个和 10 个交易日三种不同长度进行计算，结果见表 9-3。

客户方的结果显示，三个事件窗口累计超额收益率的系数显著为负，分别为 -0.079、-0.075 和 -0.127，且在 10% 的置信区间内显著，说明客户企业在中美贸易摩擦负面冲击下，其股票的短期市场表现随企业贸易风险敞口的增加而恶化，证明了假说 I。

表 9-3　贸易摩擦冲击与客户累计超额收益率回归结果

	(1) c_car (-1, 1)	(2) c_car (-5, 5)	(3) c_car (-10, 10)
foreigntrade	-0.079** (-1.98)	-0.075* (-1.84)	-0.127* (-1.88)
c_size	1.609*** (5.25)	-0.180 (-0.63)	-0.670 (-0.80)
s_size	0.403 (0.99)	0.677 (1.47)	0.494 (1.10)
s_opeincmgrrt	-0.002 (-0.31)	-0.008 (-0.64)	-0.010 (-0.44)
c_opeincmgrrt	0.018 (0.98)	0.022 (0.75)	0.011 (0.24)
s_roa	0.074*** (3.47)	-0.012 (-0.35)	-0.109* (-1.90)
c_roa	0.143 (1.08)	-0.569*** (-4.98)	0.044 (0.23)
s_age	0.034 (0.65)	-0.050 (-0.81)	0.147 (1.45)

续表

	(1) c_car (−1, 1)	(2) c_car (−5, 5)	(3) c_car (−10, 10)
c_age	0.052 (0.86)	−0.149** (−2.22)	0.098 (0.88)
s_lev	0.000 (0.01)	0.017 (0.74)	0.008 (0.19)
c_lev	0.008 (0.23)	−0.084*** (−2.67)	−0.093* (−1.70)
s_ownership	−5.177** (−2.05)	−5.430* (−1.90)	−4.846 (−1.01)
c_ownership	8.378*** (3.47)	−9.712*** (−3.84)	3.026 (0.74)
s_tobinq	−0.401* (−1.85)	0.510** (2.01)	−0.480 (−1.14)
c_tobinq	0.973** (2.08)	0.474 (0.98)	0.444 (0.57)
s_div	1.159 (0.31)	6.732 (1.60)	11.814* (1.67)
c_div	1.228 (0.76)	1.759 (1.01)	−4.345 (−1.47)
_cons	−52.971*** (−4.50)	0.946 (0.07)	4.788 (0.23)
N	182	182	182
R^2	0.506	0.387	0.174
Industry	Y	Y	Y

t statistics in parentheses

* $p<0.1$, ** $p<0.05$, *** $p<0.01$

2. 贸易风险暴露对供应商影响分析

接下来关注供应商的表现，首先，我们仍选取境外收入的对数值来测度客户的贸易风险暴露程度，事件窗口长度采取事件日前后 1 个、5 个和 10 个交易日三种不同长度进行计算，结果见表 9-4。当事件窗口为 1 时，风险暴露变量的系数为−0.0085，显著为负。当事件窗口为 5 个交易日时，系数为−0.09，在 10%的水平下显著。当事件窗口为 10 个交易日时，风险暴露变量的系数也显著为负。这说明随着客户贸易风险的增加，贸易摩擦对客户的负面冲击通过供应链条向上游传递，对供应商的市场表现形成负向影响。

控制变量方面，第一列供应商的规模、年龄和股利发放水平均显著为正，说明了这些因素对供应商收益的正向作用。从第二列、第三列可以看出供应商的资产收益率对供应商五个交易日窗口下的超额收益的正向作用。

表 9-4　贸易摩擦冲击与供应商累计超额收益率回归结果

	(1) s_car (−1, 1)	(2) s_car (−5, 5)	(3) s_car (−10, 10)
foreigntrade	−0.085* (−1.76)	−0.090* (−1.70)	−0.118* (−1.93)
c_size	0.380 (0.91)	0.321 (0.82)	0.142 (0.36)
s_size	1.103** (2.10)	−0.407 (−0.77)	0.044 (0.07)
c_opeincmgrrt	0.006 (0.29)	0.032 (1.27)	0.014 (0.46)
s_opeincmgrrt	−0.003 (−0.37)	0.003 (0.31)	−0.006 (−0.60)
s_age	0.153** (2.48)	0.010 (0.13)	−0.164* (−1.80)
c_age	−0.010 (−0.14)	−0.068 (−0.88)	−0.059 (−0.60)
s_ownership	−2.071 (−0.68)	−2.478 (−0.75)	2.588 (0.61)
c_ownership	0.414 (0.14)	0.694 (0.23)	−7.259* (−1.94)
s_tobinq	0.355 (1.40)	−0.335 (−1.16)	0.211 (0.57)

续表

	(1) s_car (−1, 1)	(2) s_car (−5, 5)	(3) s_car (−10, 10)
c_tobinq	0.412 (0.70)	0.130 (0.22)	−0.323 (−0.44)
s_div	15.893*** (3.46)	8.118 (1.60)	5.424 (0.84)
c_div	−1.355 (−0.80)	0.288 (0.14)	2.234 (0.82)
s_roa	0.037 (0.53)	0.063** (2.20)	0.062* (1.68)
c_roa	−0.019 (−1.11)	−0.140 (−0.87)	−0.237 (−1.18)
s_lev	−0.007 (−0.31)	0.019 (0.70)	−0.027 (−0.74)
c_lev	−0.007 (−0.19)	0.022 (0.48)	−0.038 (−0.88)
_cons	−41.537*** (−2.85)	0.139 (0.01)	4.355 (0.24)
N	182	182	182
R^2	0.298	0.129	0.127
Industry	Y	Y	Y

t statistics in parentheses

* $p<0.1$, * * $p<0.05$, * * * $p<0.01$

为了保证结果的稳健性，除了客户方境外收入，我们关注从客户方业绩受损的角度来考察，ROE 变化越大，公司的表现越好，贸易风险暴露小。同样，为了保证结果的普遍性，事件窗口长度采取事件日前后 1 个、5 个和 10 个交易日三种不同长度进行计算。当事件窗口为 1 个交易日时，会计指标的系数显著为正，说明了客户方业绩受损程度越小，对供应商企业的短期股票市场表现带来的负向影响越小。当事件窗口为 5 个、10 个交易日时，系数为正但不再显著。以上结果证明了假说 Ⅱ。

表 9-5　以会计指标衡量回归结果

	(1) s_car (-1, 1)	(2) s_car (-5, 5)	(3) s_car (-10, 10)
ROEchange	0.126** (2.06)	0.007 (0.06)	0.019 (0.29)
c_size	0.036 (0.15)	-0.485 (-1.15)	0.124 (0.39)
s_size	0.824* (1.96)	1.054 (1.46)	-0.137 (-0.22)
s_opeincmgrrt	-0.003 (-0.40)	0.023** (2.24)	0.004 (0.38)
c_opeincmgrrt	-0.026 (-0.91)	-0.038 (-0.70)	0.024 (0.96)
s_roa	0.148* (1.66)	0.264 (1.46)	0.247** (2.21)
c_roa	0.191 (1.56)	0.464** (2.28)	-0.017 (-0.12)
s_age	0.114* (1.91)	0.290*** (2.73)	0.001 (0.01)
c_age	-0.065 (-1.02)	-0.024 (-0.20)	-0.018 (-0.21)
s_lev	0.062** (2.36)	0.020 (0.41)	0.016 (0.58)
c_lev	0.020 (0.74)	0.097* (1.67)	0.064* (1.94)
s_ownership	2.546 (0.76)	1.747 (0.35)	-1.477 (-0.40)
c_ownership	1.173 (0.49)	7.689* (1.89)	0.404 (0.13)
s_tobinq	0.310 (1.22)	0.033 (0.08)	-0.304 (-0.73)

续表

	(1) s_car (−1, 1)	(2) s_car (−5, 5)	(3) s_car (−10, 10)
c_tobinq	−0.101 (−0.19)	−0.555 (−0.72)	0.061 (0.12)
s_div	12.727*** (2.72)	17.408** (2.23)	1.258 (0.22)
c_div	−2.542** (−1.98)	−2.876 (−1.20)	0.105 (0.05)
_cons	−32.584** (−2.60)	−32.171 (−1.59)	−7.434 (−0.42)
N	182	182	182
R^2	0.251	0.218	0.127
Industry	Y	Y	Y

t statistics in parentheses

* $p<0.1$, * * $p<0.05$, * * * $p<0.01$

3. 贸易摩擦冲击供应商的销售额结构分析

分析出贸易风险暴露对客户、供应商会带来负面冲击后，我们继续探究此冲击对供应商的销售额结构带来的影响。我们分别用客户的超额累计收益率（事件窗口为 1 个交易日）和客户的 ROE 变化来衡量其市场表现、会计表现。首先关注客户市场表现对供应商的影响，其系数为 0.469，显著为正；同样，客户的会计表现也和供应商销售额占比呈正向关系。这说明贸易摩擦对客户的负面冲击影响供应商的销售额结构，供应商从客户方得到的销售收入占总销售额的比例下滑，客户企业的股票市场表现越差、会计业绩受损程度越大，供应商企业将更显著地减少与该客户的交易关系，证明了假说Ⅲ。

表 9-6　贸易摩擦冲击供应商的销售额结构回归结果

	(1) rlt_pro	(2) rlt_pro
c_car	0.469* (1.99)	

续表

	（1） rlt_pro	（2） rlt_pro
ROEchange		0.172* （1.97）
c_size	1.053** （1.99）	0.600 （1.17）
s_size	1.123 （1.20）	0.651 （0.70）
s_opeincmgrrt	−0.007 （−0.22）	−0.004 （−0.11）
c_opeincmgrrt	0.069* （1.68）	0.070* （1.74）
s_roa	−0.121 （−0.81）	−0.148 （−1.00）
c_roa	−0.574** （−2.23）	−0.459 （−1.60）
s_age	−0.074 （−0.62）	−0.091 （−0.75）
c_age	0.020 （0.18）	0.021 （0.17）
s_lev	0.050 （1.17）	0.056 （1.41）
c_lev	−0.131** （−2.01）	−0.089 （−1.44）
s_ownership	5.037 （1.01）	7.610 （1.50）
c_ownership	−14.400** （−2.55）	−13.593** （−2.48）
s_tobinq	0.418 （1.00）	0.453 （1.10）
c_tobinq	1.233 （1.04）	0.841 （0.67）

续表

	(1) rlt_pro	(2) rlt_pro
s_div	−0.850 (−0.12)	0.929 (0.12)
c_div	4.931 (1.32)	2.535 (0.68)
_cons	−41.965* (−1.77)	−23.836 (−1.04)
N	103	103
R^2	0.222	0.225
Industry	Y	Y

t statistics in parentheses

* $p<0.1$, * * $p<0.05$, * * * $p<0.01$

五、稳健性检验

(一) 不同贸易冲击时间

为了保证结果的稳健性，我们另外选取有代表性的日期：2018 年 6 月 15 日（美国发布加征关税清单，次日中方决定对美加征关税）作为事件研究法的事件日。同样，我们选取境外收入的对数值来测度公司受此事件的贸易风险暴露程度，由客户、供应商超额累计收益率分别表示其受到的负向影响，事件窗口长度采取事件日前后 1 个、5 个和 10 个交易日三种不同长度进行计算。从客户方角度来看，三个事件窗口累计超额收益率的系数显著为负，分别为 −0.083、−0.177和 −0.161，且在 5% 的置信区间内显著，说明客户股票的短期市场表现随贸易风险敞口的增加而恶化，与假说 I 一致。

表 9-7　不同事件时间检验（客户表现）

	（1） c_car（−1，1）	（2） c_car（−5，5）	（3） c_car（−10，10）
foreigntrade	−0.083 ** (−2.08)	−0.177 ** (−2.56)	−0.161 ** (−2.03)
c_size	1.573 *** (5.13)	1.029 ** (2.17)	0.837 (1.54)
s_size	0.302 (0.78)	0.556 (0.72)	0.449 (0.51)
s_opeincmgrrt	−0.002 (−0.40)	0.002 (0.13)	−0.000 (−0.01)
c_opeincmgrrt	0.014 (0.78)	0.049 (1.38)	0.062 (1.53)
s_roa	0.071 *** (3.33)	0.090 * (1.77)	0.114 * (1.96)
c_roa	0.157 (1.18)	0.519 ** (2.29)	0.273 (1.05)
s_age	0.033 (0.62)	0.015 (0.15)	−0.122 (−1.03)
c_age	0.044 (0.73)	0.218 * (1.93)	0.296 ** (2.29)
s_lev	0.001 (0.06)	−0.008 (−0.18)	−0.000 (−0.00)
c_lev	0.010 (0.29)	0.149 *** (3.06)	0.096 * (1.72)
s_ownership	−5.121 ** (−2.05)	−7.825 (−1.62)	−6.931 (−1.25)
c_ownership	7.073 *** (2.97)	8.178 * (1.91)	10.351 ** (2.11)
s_tobinq	−0.358 * (−1.67)	−0.618 (−1.44)	−0.691 (−1.40)

续表

	(1) c_car (-1, 1)	(2) c_car (-5, 5)	(3) c_car (-10, 10)
c_tobinq	0.761 (1.63)	0.818 (0.99)	2.015** (2.12)
s_div	1.002 (0.27)	-0.533 (-0.07)	1.654 (0.20)
c_div	1.155 (0.71)	-1.222 (-0.39)	-5.835 (-1.65)
_cons	-49.400*** (-4.40)	-49.964** (-2.25)	-36.390 (-1.43)
N	182	182	182
R^2	0.486	0.324	0.273
Industry	Y	Y	Y

t statistics in parentheses

$* p<0.1, ** p<0.05, *** p<0.01$

接下来我们关注供应商的表现，当事件窗口为 1 天时，风险暴露变量的系数为-0.083，显著为负；当事件窗口为 5 天和 10 天时，系数为负但不显著。这说明随着客户贸易风险的增加，贸易摩擦对客户的负面冲击通过供应链条向上游传递，影响供应商企业的短期股票市场表现。

当以客户方会计指标的变化作为自变量时，其系数均为负，且当事件窗口为 1 个交易日时，系数在 5% 的水平下显著，进一步证实了贸易摩擦对客户的负面冲击通过供应链条向上游传递，随着客户业绩受损程度的增加，供应商企业出现负的超额累计收益率，与假说 II 一致。

表 9-8　不同事件时间检验（供应商表现）

	(1) s_car (-1, 1)	(2) s_car (-5, 5)	(3) s_car (-10, 10)	(4) s_car (-1, 1)	(5) s_car (-5, 5)	(6) s_car (-10, 10)
foreigntrade	-0.083* (-1.68)	-0.040 (-0.52)	-0.018 (-0.18)			

续表

	（1） s_car （−1, 1）	（2） s_car （−5, 5）	（3） s_car （−10, 10）	（4） s_car （−1, 1）	（5） s_car （−5, 5）	（6） s_car （−10, 10）
ROEchange				0.352** (2.45)	0.012 (0.15)	0.019 (0.16)
c_size	0.258 (0.60)	−0.512 (−0.78)	−0.374 (−0.42)	0.718 (1.36)	0.898* (1.69)	0.609 (0.78)
s_size	1.192** (2.27)	2.025** (2.29)	2.848** (2.38)	−4.721*** (−5.53)	−1.256* (−1.67)	−1.929* (−1.80)
s_opeincmgrrt	−0.003 (−0.35)	0.019 (1.57)	0.011 (0.66)	−0.012 (−0.65)	−0.002 (−0.13)	0.024 (0.97)
c_opeincmgrrt	0.007 (0.34)	−0.013 (−0.39)	0.003 (0.07)	−0.002 (−0.03)	−0.045 (−0.86)	−0.093 (−1.13)
s_roa	0.036 (0.52)	0.194* (1.66)	0.363** (2.29)	−0.355 (−1.48)	−0.006 (−0.04)	0.261 (1.02)
c_roa	−0.015 (−0.90)	−0.038 (−1.29)	−0.070* (−1.77)	−0.643** (−2.14)	0.008 (0.03)	0.173 (0.43)
s_age	0.171*** (2.70)	0.283** (2.60)	0.239 (1.62)	0.098 (0.66)	0.017 (0.14)	−0.007 (−0.04)
c_age	−0.009 (−0.12)	0.008 (0.06)	0.013 (0.08)	−0.332** (−2.06)	−0.004 (−0.03)	0.243 (1.29)
s_lev	−0.005 (−0.23)	−0.083** (−2.17)	−0.114** (−2.21)	0.096 (1.55)	0.153*** (3.01)	0.134* (1.81)
c_lev	0.004 (0.11)	0.075 (1.22)	0.025 (0.30)	0.040 (0.73)	−0.050 (−0.98)	−0.066 (−0.84)
s_ownership	−2.528 (−0.81)	−3.528 (−0.66)	−11.033 (−1.53)	−14.692*** (−2.62)	5.533 (0.84)	8.473 (1.01)
c_ownership	0.481 (0.16)	9.737* (1.92)	10.827 (1.57)	−4.853 (−0.90)	−4.865 (−1.06)	−1.582 (−0.25)
s_tobinq	0.392 (1.50)	0.326 (0.73)	0.464 (0.77)	0.001 (0.00)	0.813 (1.31)	1.078 (1.22)

续表

	(1) s_car (−1, 1)	(2) s_car (−5, 5)	(3) s_car (−10, 10)	(4) s_car (−1, 1)	(5) s_car (−5, 5)	(6) s_car (−10, 10)
c_tobinq	0.414 (0.70)	−0.366 (−0.38)	−1.044 (−0.80)	2.524 ** (2.38)	0.923 (0.80)	2.410 (1.56)
s_div	16.665 *** (3.57)	21.761 *** (2.83)	19.413 * (1.86)	27.214 *** (2.73)	1.431 (0.18)	1.081 (0.11)
c_div	−1.204 (−0.71)	−1.285 (−0.43)	−4.037 (−1.00)	1.282 (0.35)	−2.305 (−0.64)	−4.277 (−0.76)
_cons	−42.272 *** (−2.69)	−47.344 * (−1.92)	−59.405 * (−1.78)	110.670 *** (4.53)	0.564 (0.02)	18.014 (0.50)
N	182	182	182	182	182	182
R^2	0.319	0.252	0.189	0.421	0.125	0.141
Industry	Y	Y	Y	Y	Y	Y

t statistics in parentheses

* $p<0.1$，* * $p<0.05$，* * * $p<0.01$

(二) 供应商议价能力

进一步，我们考虑供应商的议价能力影响。我们引入供应商的议价能力指标，加入一个供应商议价能力与贸易风险暴露的交乘项，并重点关注其表现。

根据 Fabbri, D. & Klapper, L. F. (2016)，我们构建两个供应商议价能力指标。一是 *large*，即供应商公司向它的第一大客户供货占供应商销售额的比重，其比重越大，代表客户的贡献越高，即供应商的议价能力越低。二是 *dhhi*，它是一个虚拟变量，首先我们根据公司所在的行业，计算每个公司对应的赫芬达尔—赫希曼指数（HHI）。如果公司对应的 HHI 小于其中位数，指标 *dhhi* 取值为 1，否则为 0。HHI 越小，市场集中度越低，供应商相对于客户的议价能力低，所以 *dhhi* 越大，供应商议价能力越低。

1. 以第一大客户销售额占比衡量议价能力

我们用境外收入额和会计指标变化衡量贸易摩擦风险敞口、客户业绩受损程度，因变量仍然选取事件日前后 1 个、5 个和 10 个交易日为时间窗口来计算供应商的累计超额收益率。

首先，我们用境外收入与议价能力的交乘项进行回归，结果如表 9-9（1）（3）（5）列所示，可以看出交乘项的系数分别为 -0.047、-0.080 和 -0.008，均显著为负，说明供应商议价能力越低，本公司在贸易摩擦中更容易处于劣势地位，取得负的收益。接下来用会计业绩指标反映贸易风险暴露，结果如表 9-9（2）（4）（6）列所示，议价能力交乘项均显著为负，再次证明了供应商低议价能力的负向冲击风险。

表 9-9　议价能力影响分析（以第一大客户销售额占比衡量）

	（1） s_car （-1, 1）	（2） s_car （-1, 1）	（3） s_car （-5, 5）	（4） s_car （-5, 5）	（5） s_car （-10, 10）	（6） s_car （-10, 10）
foreigntrade	-0.123 * （-1.92）		-0.187 （-1.53）		0.318 ** （2.45）	
foreigntrade×large	-0.047 ** （-2.06）		-0.080 * （-1.66）		-0.008 ** （-2.08）	
ROEchange		-0.158 ** （-2.59）		0.109 （0.87）		0.284 （1.55）
ROEchange×large		-0.073 *** （-2.82）		-0.004 * （-1.73）		-0.008 * （-1.88）
c_size	-0.045 （-0.17）	0.235 （1.17）	-0.470 （-0.99）	-0.406 （-1.01）	-0.246 （-0.35）	-0.306 （-0.48）
s_size	0.242 （0.50）	0.901 ** （2.15）	-0.175 （-0.20）	1.157 （1.56）	-3.293 *** （-2.72）	1.985 * （1.85）
s_opeincmgrrt	-0.004 （-0.60）	-0.003 （-0.36）	0.021 * （1.69）	0.024 ** （2.42）	0.017 （0.91）	0.018 （1.05）
c_opeincmgrrt	-0.024 （-1.14）	-0.012 （-0.41）	-0.048 （-1.30）	-0.033 （-0.64）	-0.096 * （-1.77）	-0.014 （-0.29）
s_roa	-0.018 （-0.73）	-0.023 （-0.92）	0.002 （0.05）	-0.013 （-0.14）	0.184 *** （2.89）	-0.049 （-0.84）

续表

	(1) s_car (-1, 1)	(2) s_car (-1, 1)	(3) s_car (-5, 5)	(4) s_car (-5, 5)	(5) s_car (-10, 10)	(6) s_car (-10, 10)
c_roa	0.284** (2.13)	0.309*** (2.71)	0.436* (1.86)	0.462*** (2.65)	-0.150 (-0.43)	0.743** (2.27)
s_age	0.121** (2.03)	0.108* (1.87)	0.319*** (3.05)	0.273** (2.57)	0.019 (0.12)	0.208 (1.45)
c_age	-0.070 (-1.05)	-0.058 (-0.93)	-0.077 (-0.67)	-0.046 (-0.44)	0.126 (0.74)	-0.014 (-0.09)
s_lev	0.051** (2.04)	0.032 (1.35)	0.047 (1.04)	-0.000 (-0.00)	0.176*** (2.77)	-0.048 (-0.84)
c_lev	0.052* (1.75)	0.025 (0.95)	0.122** (2.32)	0.102* (1.92)	-0.129* (-1.76)	0.103 (1.48)
s_ownership	5.199* (1.81)	2.243 (0.67)	5.294 (1.01)	0.950 (0.19)	12.671 (1.60)	-4.475 (-0.64)
c_ownership	1.374 (0.55)	0.339 (0.15)	6.792 (1.58)	6.842 (1.63)	5.039 (0.77)	4.885 (0.86)
s_tobinq	0.338 (1.38)	0.301 (1.38)	0.144 (0.33)	0.108 (0.27)	0.837 (1.31)	0.211 (0.37)
c_tobinq	-0.344 (-0.72)	-0.066 (-0.12)	-0.631 (-0.75)	-0.490 (-0.60)	1.682 (1.30)	-0.951 (-0.81)
s_div	14.987*** (3.46)	14.128*** (3.42)	24.432*** (3.22)	23.595*** (3.09)	4.188 (0.37)	20.074** (1.98)
c_div	-3.143* (-1.70)	-2.943** (-2.34)	-3.229 (-1.00)	-3.009 (-1.28)	-2.566 (-0.54)	-5.113 (-1.18)
_cons	-18.754 (-1.54)	-36.299*** (-3.02)	-9.317 (-0.43)	-34.281* (-1.69)	64.799** (1.99)	-47.090 (-1.61)
N	182	182	182	182	182	182
R^2	0.234	0.230	0.216	0.213	0.189	0.145
Industry	Y	Y	Y	Y	Y	Y

t statistics in parentheses

* $p<0.1$, * * $p<0.05$, * * * $p<0.01$

2. 以市场集中度的虚拟变量做议价能力

同样，选取贸易风险暴露指标为自变量，因变量仍然选取事件日前后 1 个、5 个和 10 个交易日为时间窗口来计算供应商的累计超额收益率。可以看出无论贸易风险的度量方式如何改变，议价能力交乘项均为负，证明了供应商议价能力的增加有助于减小贸易摩擦冲击。

表 9-10　议价能力影响分析（以 dhhi 衡量）

	(1) s_car (-1, 1)	(2) s_car (-1, 1)	(3) s_car (-5, 5)	(4) s_car (-5, 5)	(5) s_car (-10, 10)	(6) s_car (-10, 10)
foreigntrade	0.052 (1.18)		0.082 (1.00)		0.018 (0.15)	
foreigntrade×dhhi	-0.136*** (-2.88)		-0.207** (-2.47)		-0.262** (2.10)	
ROEchange		-0.023 (-0.29)		0.128 (1.33)		0.032 (0.75)
ROEchange×dhhi		-0.137 (-1.29)		-0.228* (-1.79)		-0.237*** (-2.92)
c_size	0.213 (0.99)	0.166 (0.77)	-0.159 (-0.34)	-0.393 (-0.99)	-0.039 (-0.06)	-0.097 (-0.32)
s_size	0.714* (1.73)	0.835** (2.00)	0.256 (0.31)	1.104 (1.51)	-2.514** (-2.18)	-0.470 (-0.74)
s_opeincmgrrt	-0.001 (-0.09)	-0.001 (-0.09)	0.025** (1.99)	0.026** (2.50)	0.016 (0.86)	0.003 (0.38)
c_opeincmgrrt	-0.013 (-0.48)	-0.013 (-0.46)	-0.041 (-1.12)	-0.029 (-0.56)	-0.089 (-1.65)	0.029 (1.22)
s_roa	-0.017 (-0.68)	-0.017 (-0.70)	-0.000 (-0.01)	-0.020 (-0.21)	0.168*** (2.65)	0.059* (1.87)
c_roa	0.279** (2.39)	0.213* (1.75)	0.442* (1.92)	0.465*** (2.77)	0.021 (0.06)	-0.209* (-1.69)
s_age	0.082 (1.48)	0.125** (2.15)	0.285*** (2.73)	0.298*** (2.77)	0.051 (0.32)	0.025 (0.34)

续表

	(1) s_car (-1, 1)	(2) s_car (-1, 1)	(3) s_car (-5, 5)	(4) s_car (-5, 5)	(5) s_car (-10, 10)	(6) s_car (-10, 10)
c_age	-0.103* (-1.66)	-0.070 (-1.12)	-0.111 (-0.96)	-0.045 (-0.41)	0.207 (1.20)	-0.070 (-0.99)
s_lev	0.029 (1.29)	0.037 (1.61)	0.015 (0.35)	0.001 (0.03)	0.162** (2.60)	0.018 (0.70)
c_lev	0.036 (1.51)	0.023 (0.85)	0.108** (2.10)	0.107** (2.00)	-0.139* (-1.90)	0.052 (1.64)
s_ownership	1.754 (0.52)	1.932 (0.58)	-0.153 (-0.03)	1.071 (0.22)	9.125 (1.22)	-3.292 (-0.90)
c_ownership	-0.667 (-0.29)	0.987 (0.44)	4.704 (1.11)	6.964* (1.67)	4.174 (0.64)	1.545 (0.53)
s_tobinq	0.271 (1.17)	0.193 (0.87)	-0.012 (-0.03)	0.072 (0.18)	0.790 (1.25)	-0.546 (-1.24)
c_tobinq	-0.020 (-0.03)	-0.014 (-0.03)	-0.298 (-0.36)	-0.364 (-0.44)	1.769 (1.38)	0.191 (0.34)
s_div	13.927*** (3.39)	14.312*** (3.61)	25.206*** (3.37)	24.322*** (3.24)	6.848 (0.61)	6.747 (1.35)
c_div	-2.765** (-2.00)	-1.996 (-1.46)	-3.391 (-1.06)	-2.874 (-1.22)	-3.824 (-0.81)	1.666 (0.72)
_cons	-29.975** (-2.53)	-33.104*** (-2.75)	-19.620 (-0.95)	-34.617* (-1.70)	42.813 (1.40)	9.336 (0.55)
N	182	182	182	182	182	182
R^2	0.250	0.227	0.231	0.214	0.187	0.132
Industry	Y	Y	Y	Y	Y	Y

t statistics in parentheses

* $p<0.1$, * * $p<0.05$, * * * $p<0.01$

(三) 国有企业的影响分析

因为中国特色的企业体制,在分析贸易冲击的影响时这种因素要纳入考虑,因此,我们将样本中的企业分为国有企业和非国有企业,分别探究不同的产权背景下受贸易摩擦的影响。

当供应商为国有企业时，贸易风险暴露系数不显著，在贸易摩擦的背景下，国企性质为企业自身带来了保护作用，发挥了平台作用，在贸易风险中维持自身经营，有利于我国经济的长远发展。而非国企供应商的贸易摩擦系数为负，贸易摩擦时客户受到的负面冲击通过供应链条向上游传递，自身会受到负向影响。

表 9-11　产权性质与累计超额收益率分析

	（1）	（2）	（3）	（4）	（5）	（6）
	SOE			non-SOE		
	s_car (−1, 1)	s_car (−5, 5)	s_car (−10, 10)	s_car (−1, 1)	s_car (−5, 5)	s_car (−10, 10)
foreigntrade	0.144 (1.28)	0.166 (1.56)	0.212 (1.39)	−0.107** (−2.15)	−0.204** (−2.07)	−0.117 (−1.49)
c_size	0.155 (0.13)	2.274* (2.01)	3.008* (1.84)	−0.152 (−0.34)	−1.449* (−1.71)	0.236 (0.49)
s_size	1.385 (0.99)	−1.265 (−0.97)	−4.665** (−2.47)	0.603 (1.03)	1.276 (1.16)	0.484 (0.54)
c_opeincmgrrt	0.013 (0.28)	0.027 (0.63)	−0.009 (−0.15)	−0.035 (−1.61)	−0.029 (−0.70)	0.027 (0.69)
s_opeincmgrrt	0.007 (0.18)	−0.029 (−0.80)	−0.103* (−1.95)	−0.005 (−0.73)	0.019 (1.43)	−0.006 (−0.53)
s_roa	−0.025 (−0.19)	−0.216* (−1.74)	−0.030 (−0.17)	0.168* (1.95)	0.208 (1.24)	0.034 (0.84)
c_roa	−0.018 (−0.65)	0.018 (0.71)	0.060 (1.62)	−0.004 (−0.09)	−0.129 (−1.36)	−0.188 (−0.76)
s_age	0.062 (0.41)	0.124 (0.87)	0.104 (0.51)	0.190** (2.58)	0.297** (2.15)	−0.110 (−0.89)
c_age	−0.082 (−0.47)	0.127 (0.77)	0.459* (1.94)	−0.080 (−1.01)	0.003 (0.02)	−0.046 (−0.37)
s_lev	0.033 (0.64)	0.160*** (3.27)	0.188** (2.67)	0.007 (0.30)	−0.084* (−1.95)	−0.062 (−1.20)

续表

	(1)	(2)	(3)	(4)	(5)	(6)
	SOE			non-SOE		
	s_car (−1, 1)	s_car (−5, 5)	s_car (−10, 10)	s_car (−1, 1)	s_car (−5, 5)	s_car (−10, 10)
c_lev	−0.014 (−0.16)	−0.161* (−1.86)	−0.234* (−1.87)	0.022 (0.57)	0.105 (1.40)	−0.032 (−0.60)
s_ownership	−7.088 (−1.05)	−11.654* (−1.84)	−10.564 (−1.16)	−1.753 (−0.41)	−1.588 (−0.20)	16.022** (2.30)
c_ownership	−4.755 (−0.72)	−12.979** (−2.10)	1.746 (0.20)	−1.332 (−0.39)	2.178 (0.34)	−5.916 (−1.29)
s_tobinq	0.748 (0.64)	−1.359 (−1.24)	−3.617** (−2.29)	0.435* (1.72)	0.839* (1.78)	0.057 (0.13)
c_tobinq	−0.061 (−0.04)	0.708 (0.51)	3.591* (1.81)	0.280 (0.45)	−0.949 (−0.82)	−0.266 (−0.31)
s_div	10.352 (0.90)	33.207*** (3.07)	46.997*** (3.02)	15.523*** (3.14)	27.492*** (2.92)	14.462* (1.83)
c_div	2.379 (0.57)	−0.137 (−0.03)	0.242 (0.04)	−2.080 (−1.16)	−2.836 (−0.85)	0.525 (0.17)
_cons	−36.284 (−0.84)	−23.884 (−0.59)	26.117 (0.44)	−18.134 (−1.06)	−7.409 (−0.23)	−11.893 (−0.50)
N	50	50	50	132	132	132
R^2	0.316	0.668	0.626	0.317	0.304	0.180
Industry	Y	Y	Y	Y	Y	Y

t statistics in parentheses

* $p<0.1$, ** $p<0.05$, *** $p<0.01$

为了保证公司产权性质结果的稳健性，我们再次从客户会计指标探讨。因变量的事件窗口长度依然采取事件日前后 1 个、5 个和 10 个交易日三种不同长度进行计算。作为供应商的国企回归系数为正但不显著，说明客户方受到贸易风险冲击的负向影响时，国有性质供应商的收益不会有显著为负的变化。而非国企的结果则表明下游客户的贸易风险对产业上游的非国有企业有着显著的负向影响，上游企业应关注贸易摩擦带来的风险。

表 9-12　产权性质与会计指标衡量结果分析

	（1）	（2）	（3）	（4）	（5）	（6）
	SOE			non-SOE		
	s_car （-1, 1）	s_car （-5, 5）	s_car （-10, 10）	s_car （-1, 1）	s_car （-5, 5）	s_car （-10, 10）
ROEchange	0.032 （0.39）	0.082 （0.81）	0.074 （0.30）	0.220** （1.99）	0.326** （2.31）	0.767*** （3.34）
c_lcurass	-0.093 （-0.23）	1.084** （2.17）	1.424 （1.17）	0.420 （1.06）	0.333 （0.66）	0.222 （0.27）
s_lcurass	-2.305*** （-3.71）	-2.163*** （-2.85）	-3.492* （-1.89）	-0.883 （-1.37）	-0.440 （-0.53）	-3.579*** （-2.67）
s_opeincmgrrt	-0.044** （-2.16）	-0.021 （-0.84）	-0.049 （-0.81）	-0.003 （-0.43）	0.010 （0.93）	-0.005 （-0.29）
c_opeincmgrrt	0.034 （1.00）	-0.035 （-0.82）	0.001 （0.01）	-0.018 （-0.66）	-0.033 （-0.96）	-0.046 （-0.83）
s_roa	-0.042 （-0.34）	0.098 （0.64）	0.856** （2.30）	-0.288** （-2.32）	-0.322** （-2.03）	-0.805*** （-3.12）
c_roa	-0.454 （-1.58）	0.377 （1.07）	-0.049 （-0.06）	-0.170 （-0.81）	-0.438 （-1.62）	-0.765* （-1.75）
s_age	0.097 （1.15）	0.006 （0.06）	0.101 （0.40）	-0.052 （-0.63）	0.023 （0.22）	0.111 （0.65）
c_age	-0.063 （-0.70）	-0.084 （-0.76）	0.210 （0.79）	-0.092 （-0.97）	-0.313** （-2.59）	-0.611*** （-3.11）
s_lev	0.079** （2.48）	0.121*** （3.09）	0.186* （1.96）	0.030 （0.86）	-0.106** （-2.37）	-0.015 （-0.21）
c_lev	-0.037 （-0.97）	-0.010 （-0.22）	-0.058 （-0.51）	0.025 （0.45）	0.064 （0.90）	0.218* （1.89）
s_ownership	-4.834 （-1.20）	-1.093 （-0.22）	-14.437 （-1.21）	-0.882 （-0.17）	-0.407 （-0.06）	8.027 （0.76）
c_ownership	5.794* （1.83）	-5.097 （-1.32）	-2.405 （-0.26）	-2.407 （-0.66）	0.610 （0.13）	-4.035 （-0.53）

续表

	(1)	(2)	(3)	(4)	(5)	(6)
	SOE			non-SOE		
	s_car (−1, 1)	s_car (−5, 5)	s_car (−10, 10)	s_car (−1, 1)	s_car (−5, 5)	s_car (−10, 10)
s_tobinq	0.584 (0.93)	−0.430 (−0.56)	−3.813* (−2.03)	0.464 (1.60)	0.268 (0.72)	−0.102 (−0.17)
c_tobinq	0.403 (0.55)	1.396 (1.56)	2.898 (1.34)	1.036 (1.59)	0.894 (1.07)	2.282* (1.69)
s_div	5.584 (0.62)	−2.042 (−0.19)	24.560 (0.92)	7.881 (1.31)	10.786 (1.40)	35.784*** (2.86)
c_div	3.369 (0.88)	−9.428* (−2.00)	−0.949 (−0.08)	−2.811 (−1.29)	−1.004 (−0.36)	1.194 (0.26)
_cons	52.885*** (2.82)	20.109 (0.88)	38.122 (0.68)	10.646 (0.64)	12.760 (0.60)	78.139** (2.27)
N	50	50	50	132	132	132
R^2	0.599	0.674	0.540	0.240	0.306	0.354
Industry	Y	Y	Y	Y	Y	Y

t statistics in parentheses
$*p<0.1$, $**p<0.05$, $***p<0.01$

企业的性质也会影响其销售结构。我们对样本中的国有企业和非国有企业进行回归,关注其市场表现和会计表现对销售额结构的影响。当供货商是国有企业时,市场表现和会计表现系数均为正但不显著。而当供应商为非国有企业,控制公司特征与行业,系数显著为正,说明了客户方表现会顺着供应链向上传导,影响供应商的销售结构,若客户方受到贸易摩擦的负向冲击,供应商从客户方得到的销售收入占总销售额的比例下滑,与假说Ⅲ的关系一致。

表 9-13 产权性质与供应商的销售额结构分析

	（1） SOE rlt_pro	（2） non-SOE rlt_pro	（3） SOE rlt_pro	（4） non-SOE rlt_pro
c_car (-1, 1)	0.696 (0.42)	0.600* (1.93)		
ROEchange			0.326 (0.63)	0.191* (1.75)
c_size	3.253 (0.81)	1.712** (2.22)	0.818 (0.50)	0.443 (0.44)
s_size	-2.603 (-0.75)	2.186* (1.71)	-1.529 (-0.61)	2.043 (1.39)
s_opeincmgrrt	0.036 (0.49)	-0.019 (-0.46)	-0.011 (-0.26)	-0.019 (-0.43)
c_opeincmgrrt	-0.093 (-0.37)	0.077 (1.44)	0.184 (1.47)	0.050 (0.86)
s_roa	0.590 (0.91)	-0.190 (-0.90)	-0.199 (-0.36)	-0.129 (-0.54)
c_roa	0.445 (0.27)	-0.676** (-2.27)	-2.618 (-1.85)	-0.339 (-0.84)
s_age	-0.285 (-0.41)	0.029 (0.17)	-0.509 (-1.09)	-0.005 (-0.03)
c_age	0.481 (0.64)	-0.115 (-0.87)	-0.228 (-0.42)	-0.028 (-0.22)
s_lev	0.171 (1.70)	-0.002 (-0.03)	0.089 (0.75)	0.063 (1.23)
c_lev	-0.305 (-1.67)	-0.089 (-1.22)	-0.553** (-3.17)	-0.060 (-0.60)
s_ownership	15.366 (0.67)	16.952** (2.13)	29.436 (1.75)	17.585 (1.56)
c_ownership	-9.736 (-0.88)	-17.494** (-2.11)	-74.492** (-2.50)	-11.562 (-1.47)

续表

	（1） SOE rlt_pro	（2） non-SOE rlt_pro	（3） SOE rlt_pro	（4） non-SOE rlt_pro
s_tobinq	−0.633 （−0.22）	0.650 （1.14）	−4.858* （−1.90）	0.863 （1.19）
c_tobinq	3.118 （0.56）	1.959 （1.37）	0.543 （0.17）	−0.258 （−0.15）
s_div	−37.052 （−0.66）	4.367 （0.43）	33.776 （0.80）	4.263 （0.45）
c_div	−15.997 （−0.65）	5.738 （1.53）	19.383 （1.02）	2.356 （0.62）
_cons	−10.629 （−0.09）	−86.976** （−2.20）	96.570 （1.37）	−64.352 （−1.24）
N	28	75	29	74
R^2	0.671	0.238	0.789	0.276
Industry	Y	Y	Y	Y

t statistics in parentheses

$*p<0.1$，$**p<0.05$，$***p<0.01$

六、研究结论

本章分析了中美贸易摩擦冲击在供应链上下游间的传导对供应商—客户关系的影响，并进一步探究了供应链结构变动的影响因素。研究发现，中美贸易摩擦导致客户企业短期股票市场表现受挫，超额累计收益率下降；不利冲击通过供应链向上游传递，对供应商企业的短期股票市场表现造成负向影响，随客户方贸易风险敞口、会计业绩不利变动的增加而加剧；贸易摩擦对客户企业的负面冲击影响供应商—客户关系，供应商从客户方得到的销售收入占总销售额的比例下滑，客户企业的股票市场表现越差、会计业绩受损程度越大，供应商企业的销售额结构变动越显著。在稳健性检验中，更换事件研究中代表性时间点计算公司超额累计收益率，为供应链结构的变动及其影响因素提供了相似证据；供应商议价能力的增加可以减小贸易摩擦为供应商带来的负向冲击；面对来自供应链下游的贸易摩擦冲击，国企性质为供应商企业自身带来了保护作用，而非国有企业仍会受到显著的负向影响。

以上研究可见，在对外开放的过程中，收益与风险并存，在如今的社会背景下，贸易风险是不可被忽略的一大因素，随着中国经济的快速发展，贸易摩擦现象时有发生，公司应采取措施合理规避风险。本章的不足之处在于手动筛选供应商客户对过程中有效数据较少，供应商—客户对在 2018 年仅为 182 对，随着上市公司披露愈加充分，此问题将有效缓解，有助于我们得出更加普遍性的结论。未来可以深入挖掘客户端对供应商贸易冲击的传导路径，找出关键所在，对症下药，有利于我国企业控制风险；对客户方和供应商方贸易风险敞口的评估机制有待升级，以得出更加准确的结论。

参考文献

[1] 陈继勇. 中美贸易摩擦的背景、原因、本质及中国对策 [J]. 武汉大学学报（哲学社会科学版），2018，71（5）：72-81.

[2] 冯伟业，卫平. 中美贸易知识产权摩擦研究——以"337 调查"为例 [J]. 中国经济问题，2017（2）：118-124.

[3] 林毅夫. 中国的新时代与中美贸易争端 [J]. 武汉大学学报（哲学社会科学版），2019，72（2）：159-165.

[4] 彭旋，王雄元. 客户股价崩盘风险对供应商具有传染效应吗？ [J]. 财经研究，2018，44（2）：141-153.

[5] 汪春霞. 中美贸易摩擦的经济背景及其对中国经济的影响分析 [J]. 中国商论，2020（2）：77-78.

[6] 王迪，刘祖基，赵泽朋. 供应链关系与银行借款——基于供应商/客户集中度的分析 [J]. 会计研究，2016（10）：42-49，96.

［7］王雄元，高曦．客户盈余公告对供应商具有传染效应吗？［J］．中南财经政法大学学报，2017（3）：3-13，158.

［8］薛熠，金枫，李经纬．中美贸易关系的演进、影响与我国企业的应对［J］．宏观质量研究，2020，8（1）：1-18.

［9］姚洋，邹静娴．从长期经济增长角度看中美贸易摩擦［J］．国际经济评论，2019（1）：146-159，8.

［10］周政宁，史新鹭．贸易摩擦对中美两国的影响：基于动态 GTAP 模型的分析［J］．国际经贸探索，2019，35（2）：20-31.

［11］Fabbri, Daniela, and Leora F. Klapper. Bargaining power and trade credit［J］. Journal of Corporate Finance, 2016（41）：66-80.

［12］Fama, Eugene, Fisher, F. L., Jensen, M. and Roll, R. The Adjustment of Stock Prices of New Information［J］. International Economic Review, 1969, 10（1）：1-21.

［13］Garleanu N., Panageas S, Yu J. Financial Entanglement：A Theory of Incomplete Integration, Leverage, Crashes, and Contagion［J］. Social Science Electronic Publishing.

［14］Hertzel, M. G., Li, Z., Officer, M. S., Rodgers, K. J., Inter-firm linkages andthe wealth effects of financial distress along the supply chain.［J］. Financ. Econ. 2008, 87（2）：374-387.

［15］Intintoli V. J., Serfling M, Shaikh S. CEO Turnovers and Disruptions in Customer-Supplier Relationships［J］. Journal of Financial and TOBIN Quantitative Analysis, 2017, 52（6）：2565-2610.

［16］Kale J R., Shahrur H. Corporate capital structure and the characteristics of suppliers and customers［J］. Journal of Financial Economics, 2007, 83（2）：321-365.

［17］Lanier D., Wempe W. F., Zacharia Z G. Concentrated supply chain membership and financial performance：chain-and firm-level perspectives［J］. Journal of Operations Management，2010，28（1）：1–16.

［18］Lian，Yili. Financial distress and customer–supplier relationships ［J］. Journal of Corporate Finance，2017，43：397–406.

［19］Pandit S，Wasley C E，Zach T. Information Externalities along the Supply Chain：The Economic Determinants of Suppliers' Stock Price Reaction to Their Customers' Earnings Announcements ［J］. Contemporary Accounting Research，2011，28（4）：1344–1348.

［20］Raman K，Shahrur H. Relationship–Specific Investments and Earnings Management：Evidence on Corporate Suppliers and Customers ［J］. Accounting Review，2008，83（4）：1041–1081.

第十章　被关注度与公司内部人交易

孔令天　　张豆豆

摘　要：内部人交易是公司信息传播的一个重要途径。内部人交易的大小和频率受到包括公司信息环境在内的很多因素影响。在本章中，我们研究的是公司被关注度这一侧面对内部人交易的影响。研究表明，内部人的交易随着公司被关注度的增加而增加。其次，这种影响随着机构持股人的比重增加而增加，揭示了信息不对称作为以上结果的机理的可能性。我们的研究对厘清内部人交易的驱动公司治理方面的因素具有启发意义。

关键词：内部人交易　信息不对称　机构投资者

一、引言

内幕交易和内部人交易是两个既有区别又有联系的概念。内幕交易通常指利用"重要的非公开信息"（material and nonpublic information）进行买卖证券的行为。与内幕交易不同，内部人交易指公司董事、监事和高管或者其亲属在二级市场买卖本公司股票的行为。内幕交易一直是我国证券法监管的重点。内部人交易则是比较新生的事物，在 2006 年才开始可以合法进行。所以对内部人交易的研究有很大的现实意义。

社会和市场的关注在公司治理方面具有重要作用（Dyck 等，2008；Giglio 和 Shue，2014），学界一般认为，被关注的公司往往可以减缓经理人和股东之间的信息不对称，从而减弱二者之间的代理人问题。

内部人交易作为一个特殊的公司治理侧面，其意义是复杂的。一方面，较多的内部人交易可以代表企业薪酬激励的有效性——只有薪酬中有较多的股票等，才能产生较多的内部人交易。另一方面，内部人交易可能会促使经理人操控公司的盈余等业绩指标，从而达到高点卖出的目的——从这个方面，它又会对公司治理产生不利影响。因此，当有更多的关注，公司信息不对称降低的情况下，内部人交易究竟是更频繁还是会减弱，归根结底是一个实证的问题。

以往内部人交易研究领域较为关注的问题是其交易是否能够获得超额收益，比如 Finnerty（1976），Lakonishok 和 Lee（2001）的研究表明，内部人交易能够获得短期甚至长期超常回报。国内的研究，比如曾庆生（2008）和朱茶芬等（2011），也表明我国上市公司的内部人交易能获得显著的超常回报。这些研究的共性在于专注于超额收益，而对交易活动行为本身的研究比较少。在文章中，我们关注的是内部人交易的强度和频度。交易的获利更多地反映的是资本市场的信息整合，但是交易行为本身反映的是代理人也就是经理人的动机和公司治理的效果。从另外一个角度，交易利润和交易量也存在互补关系——如果利润率下降，那么内部人就需要通过提高交易量的方式来维持总的交易利润。

我们的研究发现，受关注度越高的上市公司，内部人交易量的大小和频率都越高。每多一个分析师追踪，交易量大小和交易频率会显著增加。一个可能的解释是，关注度越高的公司，其经理人和股东的信息不对称更小（Aboody 和 Lev，2000），内部人交易利润更低，所以需要更多的交易量来满足个人需求。还有一种可能，就是关注度越高的公司，市场流动性越大，内部人在进行交易的时候价格压力更小。

我们接下来探究以上两种可能的机制。如果关注度是经由经理人和股东的信息不对称来影响交易量，那么更加有金融知识的股东应该会减弱信息不对称，从而强化这一作用。反之，如果是经由流动性发生作用，则不会有这方面的影响。我们用机构投资者持有来表征股东的金融知识。我们发现，机构投资者持有更多的公司，其关注度对交易量的影响更强。这给我们以上提出的第一种信息不对称机制提供了支持。

本章拓宽了内部人交易研究的广度，从内部交易的交易量入手，补充了现有的，以交易收益为主的研究。在本章的基础上，可以更进一步地探究内部人交易其他方面的策略。

本章剩余的部分分成以下三节。在第二节，我们介绍本章采用的数据，方法；接下来的第三节，我们讲述论文的结果；在第四节，我们进行讨论，结论，并构想了将来可能的研究方向。

二、数据与方法

（一）研究样本与数据来源

本章样本区间为 2011 年 1 月 1 日至 2017 年 12 月 31 日，数据包含了我国全部 A 股上市公司董监高及其亲属在二级市场买卖本公司股票的交易，以公司日为观测单位。同时做了以下处理：（1）剔除金融业公司，（2）剔除摘牌公司，（3）剔除当年 ST 或 ST＊的公司。同时，剔除交易时距离公司上市不足一年的交易，剔除成交均价在当日股票最高价和最低价区间之外的交易，剔除交易量大于当日股票总交易量的交易，剔除了市值账面比为负的观测值，剔除了个别交易股数为 0 的观测值，剔除了控制变量异常或缺失的观测值。最终样本数为 46,356 个公司日的交易观测值，包含了 2,172 家 A 股上市公司。内部人交易数据来自 CSMAR 数据库。其他数据均来自 Wind。

（二）变量介绍

1. 被解释变量交易行为（Trade_behavior），包含交易金额和交易频率两个。

1）交易规模（Tradesize）：为单笔交易的交易金额，具体计算方法为该笔交易的交易股数×交易均价，并取自然对数，即 ln（交易金额）。

2）交易频率（Tradefrequency）：为交易前 ［－365，－1］ 区间内该公司董监高及亲属交易的次数，并取自然对数，即 ln（1+次数）。

2. 分析师跟踪数量（Analyst）：为了与被解释变量的时间区间匹配，统计了两个分析师跟踪数量的值，Analyst1 为截至交易前一天，发布了该公司交易年度每股收益预测的机构数量；Analyst2 为截至交易上年度末，发布了该公司交易年度每股收益预测的机构数量，可以理解为交易上一年度的分析师跟踪数量。当分析交易规模时，用 Analyst1 更加匹配，当分析交易频率时，用 Analyst2 更加匹配。本章用分析师跟踪数量来表征关注度。

3. 机构持股比例（INST）：为交易上年度末机构持股比例。

4. 国有控股（SOE）：根据上市公司实际控制人属性衡量，如果实际控制人属性包含地方政府、地方国有企业、中央国家机关、中央国有企业、国资委等字样，则为 1，否则为 0。

5. 控制变量。除机构持股比例和国有控股外，本章还加入了上市公司市值、市值账面比、股票收益率、股票回报波动、研发支出哑变量、上市公司年龄、总资产收益率、资产负债比、第一大股东持股比例等控制变量。

表 10-1 显示了各控制变量具体计算方法。

表 10-1　控制变量定义

变量符号	变量名称	变量定义
Firmsize	公司市值	ln（上市公司交易上年度末的市值（万元））
MB	市值账面比	上市公司交易上年度末的权益市场价值比权益账面价值
Volatility	股票收益波动率	交易前窗口期［-365，-1］公司股票收益率的年化波动率
Return	股票收益率	交易前窗口期［-365，-1］公司股票的年化收益率
RD dummy	研发支出哑变量	若交易上年度公司年报中计入了正的研发支出，则为 1，否则为 0
Age	上市公司年龄	样本年份与上市年份之差
ROA	总资产报酬率	交易上年度净利润（含少数股东损益）×2 /（交易上年度年初总资产+交易上年度末总资产）
Lev	资产负债率	交易上年度的：年末总负债/年末总资产
Hold	第一大股东持股比例	截至交易前一天公司第一大股东持股比例

(三) 研究模型

$$Trade\_behavior_{it} = \alpha + \beta_1 Analyst_{it} + \beta_2 INST_{it} + \beta_3 SOE_{it} + \beta_{CV} ControlVariables_{it}$$
$$+ \sum Year + \sum Industry + \varepsilon_{it} \qquad (10-1)$$

$$Trade\_behavior_{it} = \alpha + \beta_1 Analyst_{it} + \beta_2 INST_{it} + \beta_3 INST_{it} \times Analyst_{it}$$
$$+ \beta_{CV} ControlVariables_{it} + \sum Year + \sum Industry + \varepsilon_{it}$$
$$\qquad (10-2)$$

$$Trade\_behavior_{it} = \alpha + \beta_1 Analyst_{it} + \beta_2 SOE_{it} + \beta_3 SOE_{it} \times Analyst_{it}$$
$$+ \beta_{CV} ControlVariables_{it} + \sum Year + \sum Industry + \varepsilon_{it}$$
$$\qquad (10-3)$$

其中，Trade_behavior 包含了交易规模（Tradesize）和交易频率（Tradefrequency）两个变量，当被解释变量为 Tradesize 时，解释变量为 Analyst1，当被解释变量为 Tradefrequency 时，解释变量为 Analyst2，模型均控制了年份和行业固定效应。

(四) 描述性统计

表 10-2 显示了变量的描述性统计，单笔交易金额均值约为 41.7 万元，交易前一年内交易次数均值约为 6.4 次，两个分析师跟踪数量均值差别不大，Analyst1 为 5.6，Analyst2 为 5.7，机构持股比例均值为 33.7%，国有企业占比约为 17.3%。

表 10-2 描述性统计

变量	均值	标准差	最小值	中位数	最大值	样本数
Tradesize	12.94	2.270	2.069	13.07	20.99	46,356
Tradefrequency	1.995	1.055	0	2.079	4.949	46,356
Analyst1	5.606	5.785	0	4	35	46,356
Analyst2	5.713	5.817	0	4	40	46,356
INST	0.337	0.237	0	0.313	1.123	46,356

续表

变量	均值	标准差	最小值	中位数	最大值	样本数
SOE	0.173	0.379	0	0	1	46,356
Firmsize	13.33	0.930	10.50	13.25	18.02	46,356
MB	4.582	15.09	0.424	3.477	2789	46,356
Return	0.420	0.858	−0.746	0.215	19.27	46,356
Volatility	0.475	0.146	0	0.447	1.590	46,356
RD dummy	0.889	0.314	0	1	1	46,356
Age	7.067	5.621	1	5	27	46,356
ROA	0.060	0.059	−0.537	0.055	1.193	46,356
Lev	0.371	0.202	0.009	0.348	0.996	46,356
Hold	0.319	0.137	0.003	0.298	0.894	46,356

（五）相关系数

表 10-3 显示了两两变量之间的相关系数，显示对应的分析师跟踪数量和交易规模与交易频率均呈正相关关系。

表 10-3　相关系数表

变量	（1）	（2）	（3）	（4）	（5）	（6）	（7）
（1）Tradesize	1.000						
（2）Tradefrequency	0.123***	1.000					
（3）Analyst1	0.104***	0.103***	1.000				
（4）Analyst2	0.088***	0.106***	0.840***	1.000			
（5）INST	−0.069***	0.004	0.342***	0.343***	1.000		
（6）SOE	−0.185***	−0.113***	−0.007	0.000	0.299***	1.000	
（7）Firmsize	0.096***	0.045***	0.491***	0.488***	0.364***	0.146***	1.000
（8）MB	0.025***	−0.019***	0.010**	0.002	−0.001	−0.032***	0.054***
（9）Return	0.063***	0.070***	−0.013***	−0.080***	0.019***	−0.022***	0.088***
（10）Volatility	0.002	0.063***	−0.138***	−0.168***	−0.088***	−0.062***	0.021***
（11）RD dummy	0.068***	0.054***	−0.001	−0.019***	−0.155***	−0.200***	0.038***
（12）Age	−0.160***	−0.152***	−0.029***	−0.032***	0.312***	0.436***	0.261***

变量	（1）	（2）	（3）	（4）	（5）	（6）	（7）
（13）ROA	0.114***	0.095***	0.398***	0.400***	0.103***	-0.066***	0.313***
（14）Lev	-0.084***	-0.014***	0.037***	0.038***	0.257***	0.243***	0.221***
（15）Hold	-0.064***	-0.079***	0.006	0.007	0.201***	0.093***	0.053***

Variables	（8）	（9）	（10）	（11）	（12）	（13）	（14）	（15）
（1）Tradesize								
（2）Tradefrequency								
（3）Analyst1								
（4）Analyst2								
（5）INST								
（6）SOE								
（7）Firmsize								
（8）MB	1.000							
（9）Return	0.013***	1.000						
（10）Volatility	0.076***	0.214***	1.000					
（11）RD dummy	-0.017***	0.023***	0.066***	1.000				
（12）Age	0.001	0.020***	-0.058***	-0.316***	1.000			
（13）ROA	0.023***	-0.049***	-0.107***	0.056***	-0.146***	1.000		
（14）Lev	0.014***	0.005	-0.073***	-0.297***	0.403***	-0.328***	1.000	
（15）Hold	-0.012***	-0.009*	0.002	-0.035***	-0.083***	0.036***	0.062***	1.000

注：括号内为经过异方差稳健调整后的标准误，*** 表示 $p<0.01$，** 表示 $p<0.05$，* 表示 $p<0.1$。

（六）实证结果

表 10-4 显示了基础回归的结果，根据前两列，以交易规模为因变量时，无论是否加入控制变量，分析师跟踪数量均在 1% 的水平下显著为正，表明分析师跟踪数量越多，内部人交易的金额越大。同理，后两列显示以交易规模为因变量时，分析师跟踪数量也均在 1% 的水平下显著为正，表明分析师跟踪数量越多，内部人交易的次数也越大。

表 10-4 分析师跟踪与交易规模、交易频率

	(1) Tradesize	(2) Tradesize	(3) Tradefrequency	(4) Tradefrequency
Analyst1	0.044*** (0.002)	0.011*** (0.002)		
Analyst2			0.020*** (0.001)	0.006*** (0.001)
INST		-0.540*** (0.054)		0.135*** (0.025)
SOE		-0.734*** (0.032)		-0.161*** (0.016)
Firmsize		0.394*** (0.017)		0.090*** (0.008)
MB		0.002*** (0.001)		-0.002** (0.001)
Return		0.207*** (0.015)		0.055*** (0.007)
Volatility		-0.504*** (0.100)		0.613*** (0.045)
RD dummy		-0.012 (0.041)		0.145*** (0.019)
Age		-0.054*** (0.003)		-0.033*** (0.001)
ROA		1.054*** (0.253)		1.026*** (0.112)
Lev		-0.173** (0.068)		0.394*** (0.032)
Hold		-0.964*** (0.079)		-0.781*** (0.037)
Constant	11.995*** (0.156)	8.270*** (0.264)	1.660*** (0.069)	0.578*** (0.124)
Observations	46,356	46,356	46,356	46,356

续表

	(1) Tradesize	(2) Tradesize	(3) Tradefrequency	(4) Tradefrequency
R-squared	0.026	0.085	0.038	0.086
Year Dummy	YES	YES	YES	YES
Industry Dummy	YES	YES	YES	YES

注：括号内为经过异方差稳健调整后的标准误，＊＊＊表示 $p<0.01$，＊＊表示 $p<0.05$，＊表示 $p<0.1$。

表 10-5 显示了加入机构持股比例与分析师跟踪的交乘项的结果。首先对于交易规模，不加入控制变量时，交乘项系数并不显著，加入控制变量后，交乘项系数在5%的水平上显著为正，表明在机构持股比例高的公司，分析师跟踪对于内部人交易金额的正向影响越大。对于交易频率，未加入控制变量时，分析师跟踪数量和交乘项系数均在1%的水平上显著为正，加入控制变量后，分析师跟踪数量变为在5%的水平上显著为负，但交乘项系数依旧在1%的水平上显著为正，表明在机构持股比例高的公司，分析师跟踪对于内部人交易次数的正向影响越大，或者说机构持股会减弱分析师跟踪对于内部人交易次数的负向影响。

表 10-5　机构投资者持股、分析师跟踪与交易行为

	(1) Tradesize	(2) Tradesize	(3) Tradefrequency	(4) Tradefrequency
Analyst1	0.056＊＊＊ (0.004)	0.005 (0.004)		
INST×Analyst1	0.007 (0.008)	0.015＊＊ (0.008)		
Analyst2			0.014＊＊＊ (0.002)	-0.004＊＊ (0.002)
INST×Analyst2			0.020＊＊＊ (0.004)	0.023＊＊＊ (0.004)
INST	-1.150＊＊＊ (0.065)	-0.622＊＊＊ (0.069)	-0.282＊＊＊ (0.031)	0.011 (0.032)
SOE		-0.733＊＊＊ (0.032)		-0.160＊＊＊ (0.016)

续表

	（1） Tradesize	（2） Tradesize	（3） Tradefrequency	（4） Tradefrequency
Firmsize		0.394*** （0.017）		0.090*** （0.008）
MB		0.002*** （0.001）		−0.002** （0.001）
Return		0.208*** （0.015）		0.054*** （0.007）
Volatility		−0.502*** （0.100）		0.618*** （0.045）
RD dummy		−0.013 （0.041）		0.141*** （0.019）
Age		−0.054*** （0.003）		−0.033*** （0.001）
ROA		1.073*** （0.253）		1.049*** （0.112）
Lev		−0.172** （0.068）		0.393*** （0.032）
Hold		−0.969*** （0.079）		−0.789*** （0.037）
Constant	12.317*** （0.159）	8.301*** （0.264）	1.746*** （0.070）	0.637*** （0.125）
Observations	46,356	46,356	46,356	46,356
R−squared	0.037	0.085	0.040	0.087
Year Dummy	YES	YES	YES	YES
Industry Dummy	YES	YES	YES	YES

注：括号内为经过异方差稳健调整后的标准误，＊＊＊表示 p<0.01，＊＊表示 p<0.05，＊表示 p<0.1。

表 10-6 显示了加入国有控股与分析师跟踪的交乘项的结果。首先对于交易规模，无论是否加入控制变量，分析师跟踪数量和交乘项均在 1% 的水平上显著为正，表明在国有企业中，分析师跟踪对于内部人交易金额的正向影响更大。对于交易频率，分析师跟踪数量在 1% 的水平上显著为正，交乘项不显著，表明

国有控股性质对于分析师跟踪对内部人交易次数的正向作用没有显著影响。

表 10-6 国有控股、分析师跟踪与交易行为

	(1) Tradesize	(2) Tradesize	(3) Tradefrequency	(4) Tradefrequency
Analyst1	0.035 *** (0.002)	0.007 *** (0.003)		
SOE×Analyst1	0.044 *** (0.005)	0.028 *** (0.005)		
Analyst2			0.020 *** (0.001)	0.007 *** (0.001)
SOE×Analyst2			0.001 (0.002)	−0.001 (0.002)
SOE	−1.299 *** (0.037)	−0.888 *** (0.040)	−0.330 *** (0.019)	−0.154 *** (0.021)
INST		−0.531 *** (0.054)		0.134 *** (0.025)
Firmsize		0.384 *** (0.017)		0.091 *** (0.009)
MB		0.002 *** (0.001)		−0.002 ** (0.001)
Return		0.208 *** (0.015)		0.055 *** (0.007)
Volatility		−0.486 *** (0.100)		0.612 *** (0.045)
RD dummy		0.003 (0.041)		0.144 *** (0.019)
Age		−0.053 *** (0.003)		−0.033 *** (0.001)
ROA		1.075 *** (0.252)		1.025 *** (0.112)
Lev		−0.160 ** (0.068)		0.393 *** (0.032)

续表

	（1） Tradesize	（2） Tradesize	（3） Tradefrequency	（4） Tradefrequency
Hold		−0.964*** （0.079）		−0.781*** （0.037）
Constant	12.262*** （0.150）	8.397*** （0.264）	1.730*** （0.067）	0.571*** （0.125）
Observations	46,356	46,356	46,356	46,356
R-Squared	0.057	0.086	0.050	0.086
Year Dummy	YES	YES	YES	YES
Industry Dummy	YES	YES	YES	YES

注：括号内为经过异方差稳健调整后的标准误，＊＊＊表示 $p<0.01$，＊＊表示 $p<0.05$，＊表示 $p<0.1$。

（七）稳健性检验

本章进行了如下稳健性检验，新加入了衡量公司信息环境和公司治理的三个控制变量，分别是是否经四大会计师事务所审计（Big 4），如果交易上年度为公司财报签署审计意见的单位属于四大会计师事务所，包括普华永道中天、德勤华永、安永华明和毕马威华振，则为1，否则为0；两职合一变量（CEO chair），若公司董事长和总经理为同一人，则为1，否则为0；独立董事比例（IND），独立董事比例占公司董事会人数比例。

结果如表10-7所示，（1）（2）列表明，无论被解释变量为交易规模还是交易频率，分析师跟踪数量系数均在1%的水平上显著为正。（3）（4）列表明机构投资者与分析师跟踪数量交乘项依旧显著为正，（5）（6）列表明国有控股与分析师跟踪数量的交乘项仅在被解释变量为交易规模时显著为正，而在被解释变量为交易频率时不再显著。与前述结果均相同。

表 10-7 稳健性检验

	(1) Tradesize	(2) Tradefrequency	(3) Tradesize	(4) Tradefrequency	(5) Tradesize	(6) Tradefrequency
Analyst1	0.011*** (0.002)		0.003 (0.004)		0.007*** (0.003)	
Analyst2		0.006*** (0.001)		−0.005*** (0.002)		0.006*** (0.001)
INST×Analyst1			0.018** (0.008)			
INST×Analyst2				0.025*** (0.004)		
SOE×Analyst1					0.028*** (0.004)	
SOE×Analyst2						−0.001 (0.002)
INST	−0.546*** (0.054)	0.105*** (0.025)	−0.645*** (0.069)	−0.030 (0.032)	−0.538*** (0.054)	0.105*** (0.025)
SOE	−0.725*** (0.032)	−0.168*** (0.016)	−0.724*** (0.032)	−0.166*** (0.016)	−0.883*** (0.040)	−0.163*** (0.021)
Firmsize	0.434*** (0.018)	0.111*** (0.009)	0.434*** (0.018)	0.111*** (0.009)	0.424*** (0.018)	0.112*** (0.009)
MB	0.002*** (0.001)	−0.002** (0.001)	0.002*** (0.001)	−0.002** (0.001)	0.002*** (0.001)	−0.002** (0.001)
Return	0.207*** (0.015)	0.056*** (0.007)	0.208*** (0.015)	0.055*** (0.007)	0.207*** (0.015)	0.056*** (0.007)
Volatility	−0.541*** (0.100)	0.602*** (0.045)	−0.540*** (0.100)	0.607*** (0.045)	−0.523*** (0.100)	0.602*** (0.045)
RD dummy	−0.006 (0.041)	0.141*** (0.019)	−0.008 (0.041)	0.136*** (0.019)	0.008 (0.041)	0.140*** (0.019)
Age	−0.053*** (0.003)	−0.033*** (0.001)	−0.053*** (0.003)	−0.033*** (0.001)	−0.052*** (0.003)	−0.033*** (0.001)

续表

	(1) Tradesize	(2) Tradefrequency	(3) Tradesize	(4) Tradefrequency	(5) Tradesize	(6) Tradefrequency
ROA	0.858 *** (0.254)	0.930 *** (0.111)	0.878 *** (0.254)	0.951 *** (0.111)	0.877 *** (0.253)	0.930 *** (0.111)
Lev	-0.166 ** (0.068)	0.393 *** (0.032)	-0.164 ** (0.068)	0.392 *** (0.032)	-0.152 ** (0.068)	0.393 *** (0.032)
Hold	-0.946 *** (0.080)	-0.726 *** (0.037)	-0.951 *** (0.080)	-0.735 *** (0.037)	-0.944 *** (0.080)	-0.727 *** (0.037)
Big 4	-0.548 *** (0.062)	-0.204 *** (0.033)	-0.556 *** (0.062)	-0.214 *** (0.033)	-0.554 *** (0.062)	-0.204 *** (0.033)
CEO chair	0.037 (0.023)	-0.021 ** (0.010)	0.036 (0.023)	-0.022 ** (0.010)	0.034 (0.023)	-0.021 ** (0.010)
IND	-0.094 (0.196)	-1.043 *** (0.090)	-0.109 (0.196)	-1.056 *** (0.090)	-0.110 (0.195)	-1.043 *** (0.090)
Constant	7.790 *** (0.279)	0.707 *** (0.129)	7.826 *** (0.279)	0.767 *** (0.130)	7.920 *** (0.279)	0.702 *** (0.129)
Observations	46,356	46,356	46,356	46,356	46,356	46,356
R-Squared	0.087	0.090	0.087	0.091	0.087	0.090
Year Dummy	YES	YES	YES	YES	YES	YES
Industry Dummy	YES	YES	YES	YES	YES	YES

注：括号内为经过异方差稳健调整后的标准误，*** 表示 $p<0.01$，** 表示 $p<0.05$，* 表示 $p<0.1$。

三、结论

在本章中，我们探究了公司被关注度对内部人交易的影响。我们的研究表明，内部人的交易随着公司被关注度的增加而增加。其次，这种影响随着机构持股人的比重增加而增加，这说明信息不对称作为以上结果的机理的可能性。这一研究对阐释内部人交易的驱动的公司治理方面的因素具有启发意义。接下来的研究可以在内部人交易的一些其他方面展开，比如亲属关联交易等。

参考文献

［1］曾庆生. 公司内部人具有交易时机的选择能力吗? ——来自中国上市公司内部人卖出股票的证据［J］. 金融研究, 2008, 10: 117-135.

［2］朱茶芬, 姚铮, 李志文. 高管交易能预测未来股票收益吗? ［J］. 管理世界, 2011, 9: 141-152.

［3］Giglio S, Shue K. No news is news: do markets underreact to nothing? ［J］. The Review of Financial Studies, 2014, 27 (12): 3389-3440.

［4］Frankel R, Li X. Characteristics of a firm's information environment and the information asymmetry between insiders and outsiders ［J］. Journal of Accounting and Economics, 2004, 37 (2): 229-259.

［5］Dyck A, Volchkova N, Zingales L. The corporate governance role of the media: Evidence from Russia ［J］. The Journal of Finance, 2008, 63 (3): 1093-1135.

［6］Finnerty J E. Insiders and market efficiency ［J］. The Journal of Finance, 1976, 31 (4): 1141-1148.

［7］Lakonishok J, Lee I. Are insider trades informative? ［J］. The Review of Financial Studies, 2001, 14 (1): 79-111.

［8］Ding, Rong, and Wenxuan Hou. Retail investor attention and stock liquidity ［J］. Journal of International Financial Markets, Institutions and Money, 2015, 37: 12-26.

［9］Glosten L R, Milgrom P R. Bid, ask and transaction prices in a specialist market with heterogeneously informed traders ［J］. Journal of Financial Economics, 1985, 14 (1): 71-100.

［10］Aboody D, Lev B. Information asymmetry, R&D, and insider gains

[J]. The Journal of Finance, 2000, 55 (6): 2747-2766.

[11] Rozeff M S, Zaman M A. Overreaction and insider trading: Evidence from growth and value portfolios [J]. The Journal of Finance, 1998, 53 (2): 701-716.

[12] Bushman R M, Indjejikian R J. Voluntary disclosures and the trading behavior of corporate insiders [J]. Journal of Accounting Research, 1995, 33 (2): 293-316.

第十一章　中美贸易摩擦对中国股市的影响

郭　枫　邢佳荣

摘　要： 本章主要研究中美贸易摩擦期间，中美双方采取不同政策对中国股市的影响。通过分析沪深 300 指数的累计收益率我们发现，贸易摩擦中的正面事件会对累计收益率产生正向影响，负面事件会对累计收益率产生负向影响，且两种事件的系数都在统计上显著。本章还发现贸易摩擦中的负面事件对所有行业都具有普遍影响，而对于正面事件，仅有信息行业的系数是不显著的。

关键词： 中美贸易摩擦　股市　收益率　事件研究法

一、引言

自特朗普出任美国总统以来，美国政府贸易保护主义盛行，力图通过贸易保护政策保护本国制造业。早在 2016 年 6 月 28 日竞选总统期间，特朗普就曾威胁称，要根据《美国贸易法》第 201 条和第 301 条的规定对中国产品征收关税。2017 年 8 月 14 日，特朗普下令依据《美国贸易法》"301 条款"对中国是否侵犯美国知识产权展开调查。2018 年 3 月 22 日，特朗普宣布"因知识产权问题对中国商品征 500 亿美元关税，并实施投资限制"，此举被认为是美国政府对中国发动贸易摩擦的开始。

名义上，美国宣称此举是为了保护知识产权，实际上则是通过征税来抑制来自中国的进口商品，迫使中国政府调整现有进出口政策，从而保护本国制造业，增加就业机会（Grossman 和 Rossi，2006）。在世界经济格局中，各国公司通过进出口贸易往来实现互利共赢，而政府采取的关税或非关税壁垒会抬高进口产品价格，降低外贸公司的竞争力。此举虽然增加了对本国产品的需求，但也提升了本国消费者的成本。

自中美贸易摩擦开始以来，中美双方进行了数个回合的"较量"，对双方金融市场都产生了巨大的影响。股市一直都是一个对信息极为敏感的市场，在市场有效性理论下，股价能够快速吸收新的信息，从而反映出信息对经济金融的预期影响。本章通过研究 2016 年 6 月特朗普竞选以来中美贸易摩擦中双方的数次重要表态和事件，采用事件研究法，分析贸易摩擦对中国股市产生的影响。

由于贸易摩擦中中美双方除征加关税外，还存在阶段性磋商和关税延期等博弈，本章将双方政府的行动分为正面事件（GOOD）和负面事件（BAD）。本章主要研究中美贸易摩擦对沪深 300 指数和上证行业指数收益率的影响，从而分析贸易摩擦对中国股票市场产生的影响。为了确定中美"较量"举动的时间和性质，我们手动收集了从 2016 年 6 月到 2019 年 7 月中美贸易摩擦时间线，并区分了正面事件和负面事件，以及在事件窗口外的日期，从而分析不同时间股指累计收益率的变化情况。

参考 Lucca 和 Moench（2015），本章首先计算了事件前后 5 天的窗口内累计收益率，通过比较不同事件窗口内的累计收益率来探索贸易摩擦中中美双方的不同举措对股市的影响。之后，参考 Huang，Lin 和 Tang（2018），我们对事件前后 1 天的累计超额收益率进行回归分析，从而定量研究上述事件对股市收益的冲击。通过 Dickey-Fuller 检验，我们发现股指的累计超额收益率时间序列存在异方差情况。在某些时间段，累计超额收益率会出现方差聚集的现象，所以本章在回归分析中采用 GARCH 模型。

从事件研究法的结果可以发现，负面事件发生后，沪深 300 的累计收益率低于没有事件发生日期内的累计收益，且二者差异统计显著。正面事件发生时的累计收益率则显著高于没有事件发生的累计收益率。通过回归分析我们可以看出，中美贸易摩擦期间双方的征税或征税威胁等负面事件对沪深 300 指数的累计超额收益率产生负向的影响，而正面磋商或者延期关税等积极事件则产生正向的影响，上述两个结果在统计意义上均显著。

目前有多种理论可以解释贸易摩擦进程对于股市的影响。一是贸易摩擦加征关税或者提高投资准入门槛等一系列负面事件会对中国企业经营带来不利影响。直接相关的外贸企业将面临收入减少（对于出口）或成本增加（对于进口）的不利局面，其上下游公司的生产与收入皆会受影响，因此公司股价便会随之下跌。二是在市场有效性假设下，股票价格能够及时反映所有信息。贸易摩擦带来的冲击虽不会使公司的经营立刻受到影响，但由于在可预期的将来利润增长空间被挤压，现阶段股价将会立刻做出反应，表现为收益率下跌。

为了与中国股市进行对比，本章还研究了上述事件对标准普尔 500 指数累计超额收益率的影响。通过回归分析笔者发现，负面事件对标准普尔 500 的累计收益率产生负向影响，并且统计显著。但是，正面事件并不显著影响标准普尔 500 累计超额收益率。

由于贸易摩擦中中美双方的征税政策并不针对所有商品及产业，本章也进行了分行业的回归分析，从而探讨贸易摩擦对于不同行业的异质性影响。本章采用上证行业指数累计超额收益率作为研究对象，通过回归分析发现，对于负面事件，所有行业的模型系数估计都为负，并且达到或超过 95% 的置信度。笔者猜测，由于中国股市多投机行为，故贸易摩擦冲击会对整个市场都有影响。对于正面事件的影响，除信息行业外，其他行业的回归系数都在 95% 的置信度下显著。

本章由以下几个部分组成。第二部分介绍了相关文献的研究方法及结果，第三部分介绍了本章的研究方法和数据，第四部分展示了事件研究法和回归模型的实证结果，第五部分是结论和政策建议。

二、文献综述

本章主要研究 2016 年到 2019 年中美贸易摩擦中双方不同博弈手段对资本市场带来的冲击和影响。贸易保护行为中最主要的措施就是关税壁垒。

Autor，Dorn 和 Hanson（2013），Pierce 和 Schoot（2016）曾研究过贸易政策冲击对公司的影响。他们发现美国减少关税会增加进口，使美国公司的收入减少，削减员工，从而提高失业率。更有学者认为实施自由贸易后发展中国家的福利增长是以发达国家的福利损失为代价的（Samuelson，2004）。尽管关税的减少会让本国公司面临更加激烈的竞争，但不可否认，在全球化进程中，各国公司之间的联系更加紧密。在国际竞争中，公司可以通过贸易寻求更低价格的原材料，降低生产成本；同时，全球贸易也让公司拥有了更大的市场，产品的需求量不断上升。对于涉及跨国贸易的公司，中美贸易摩擦会直接导致他们的股票收益率降低，而通过供需连接国内进出口公司的企业则会对贸易摩擦做出适当调整（Huang，Lin 和 Tang，2018）。

根据市场有效性理论，股票价格会先行于冲击对实体经济的影响。Lucca 和 Moench（2015）发现，在联邦公开市场委员会（FOMC）举行定期会议前，美国股票平均会有一个较大的超额收益。有研究发现不同类别的资产对宏观经济新闻会有不同的反应（Fleming 和 Remolona，1999，Andersen 等，2003）。Jones，Lamont 和 Lumsdaine（1998）研究了一般固定收益资产的收益率是否在宏观经济数据公布时异常波动。Savor（2012）研究了主要资产价格波动对股价的影响，他发现包含信息的价格变动总会伴随着一个永久的收益，而不包含信息的价格变动会使股价在波动之后又回归到原来的位置。Cunado 和 Fernando（2014）发现国际石油价格变动带来的冲击会对欧洲股票市场的收益率产生负向影响，并且统计显著。他们进一步探究了影响渠道，发现股票市场的收益率更多会被石油供给所左右。Wagner，Zeckhauser 和 Ziegler（2017）研究了美国上市公司股价对 2016 年特朗普选举成功的反应，他们发现个股收益率反映了美股投资者对于经济、赋税以及贸易政策的预期，从而反映在每个行业不同收益率上。受政策影响，重工业和金融业获得正的超额收益率，而医疗保健、医疗设备、纺织品和服装行业则产生负的超额收益率。

由于中美贸易摩擦发生在近几年，尚未有发表论文研究贸易摩擦对股市的影响。参考前人的论文，本章选择的方法是事件研究法和回归分析。Lucca 和

Moench（2015）将定期举行的联邦公开市场委员会作为研究事件，分析其对股指收益率的影响。Crowley，Meng 和 Song（2019）则选择欧洲政府对中国光伏行业施加进口限制作为研究事件，分析中国公司受到的影响。

三、方法和数据

本部分介绍本研究所采用的研究方法和对数据的处理。

（一）研究方法

本章主要采用事件研究法和回归分析。为了研究贸易摩擦事件对股票市场造成的影响，本章定义了累计收益率（CRR）。假定事件发生日期为第 0 天，参数 A 是事件发生前的天数，参数 B 是事件发生后的天数，则从－A 到 B 天就是本部分构建股票指数累计收益率的事件窗口。

累计收益率的计算方法如下：

$$CRR_t[-A，B] = \sum_{t=-A}^{B} R_t \qquad (11-1)$$

其中，R_t 表示第 t 天的日收益率。考虑到中美时差对信息传递的影响以及信息对股票价格的持续性影响，我们选取了事件发生前后 5 天共计 11 天作为事件窗口，研究贸易摩擦对中国股市的影响。

我们选取未发生任何事件的时段作对照组进行研究。为了防止对照组受到事件的干扰，我们筛选了事件发生前后 20 天范围外的日期作为对照组时间窗口。

除了采用事件研究法以外，本章也采用回归分析的方法对贸易摩擦的影响进行研究。由于中美时间差异以及中美双方声明具有突发性的特点，本章采用事件前后 1 天作为事件窗口。为了调整系统风险带来的影响，我们计算得出累计超额收益率（$CAR[-1，1]$），并将其用作回归模型的因变量。

累计超额收益率的计算方法如下：

$$CAR_t[-A, B] = \sum_{t=-A}^{B}(R_t - RF_t) \qquad (11-2)$$

其中，RF_t 为第 t 天的无风险利率，本章采用国债市场一月期即期收益率作为无风险利率。

参考 Lucca 和 Moench（2015），我们进行如下回归分析：

$$CAR_t[-1, 1] = \beta_0 + \beta_1 BAD_t + \beta_2 GOOD_t + \varepsilon_t \qquad (11-3)$$

$$\sigma^2 = \alpha_0 + \alpha_1 \varepsilon_{t-1}^2 + \cdots + \alpha_p \varepsilon_{t-p}^2 + \gamma_1 \sigma_{t-1}^2 + \cdots + \gamma_q \sigma_{t-q}^2$$

通过 Dickey-Fuller 检验，我们发现式（11-3）回归模型存在异方差情况。本章采用 GARCH（p，q）模型，假设 $\varepsilon_t = \sigma_t z_t$，其中 $z_t \sim iidN(0, 1)$。模型最优滞后阶数根据 AIC 确定。其中 $CAR_t[-1, 1]$ 是 3 天事件窗口期内的累计超额收益率。BAD_t 和 $GOOD_t$ 为虚拟变量，如果第 t 天中美任一方有关征税、实施调查或禁令等负面事件发生，BAD_t 取 1，否则等于 0；$GOOD_t$ 取值同理，但方向相反。

（二）数据选取

我们从万得数据库收集了 2016 年 6 月到 2019 年 7 月沪深 300（CSI 300）和标准普尔 500（S&P 500）的日收盘价、上证行业指数日收盘价以及中国和美国一月期国债收益率，手动整理了样本期内中美双方为贸易摩擦所发出的声明以及实施的政策。表 11-1 是具体的事件列表。

表 11-1 事件日期及其描述

事件日期	事件描述
Panel A. Good News	
2017 年 4 月 7 日	在特朗普上台之后，习近平主席和特朗普在美国佛罗里达州海湖庄园举行了首次会晤，双方就为期 100 天的贸易谈判计划达成共识。
2018 年 5 月 3 日	3 日至 4 日，中美双方在北京就经贸问题举行磋商，双方就扩大美对华出口、双边服务贸易、双向投资、保护知识产权、解决关税和非关税措施等问题充分交换了意见，在有些领域达成了一些共识。
2018 年 8 月 22 日	22 日至 23 日，应美方邀请，中国商务部副部长兼贸易谈判副代表率中方代表团在华盛顿与美方代表团就经贸问题交流。

续表

事件日期	事件描述
2018 年 12 月 1 日	中美双方一致同意停止相互加征新的关税，并"休战"90 天。在双方会谈中，特朗普同意把原定于 2019 年 1 月 1 日对 2,000 亿美元中国商品关税上调至 25% 的决定推迟到 3 月 1 日。中国同意"大量进口"美国产品。
2019 年 1 月 7 日	7 日至 9 日，中美双方在北京举行经贸问题副部级磋商。
2019 年 1 月 30 日	30 日至 31 日，中美在华盛顿举行高级别磋商。
2019 年 2 月 14 日	14 日至 15 日，中美在北京举行高级别磋商。
2019 年 2 月 24 日	特朗普称将推迟上调中国商品关税的日期。
2019 年 3 月 28 日	28 日至 29 日，美国贸易代表团应邀访华，在北京举行高级别磋商。
2019 年 6 月 29 日	二十国集团大阪峰会 G20，美方表示不再对中国出口产品加征新的关税。
	Panel B. Bad News
2017 年 3 月 31 日	美国总统特朗普签署了两项行政命令，一项是加强对现有反补贴和反倾销惩罚措施的执行，另一项是要求审查美国的贸易逆差及其原因。
2017 年 8 月 14 日	特朗普下令依据《美国贸易法》"301 条款"对中国是否侵犯美国知识产权展开调查，此举被视为他针对中国采取的第一个直接贸易措施。
2018 年 2 月 27 日	美国商务部宣布"对中国铝箔产品厂商征收 48.64% 至 106.09% 的反倾销税，以及 17.14% 至 80.97% 的反补贴税"。
2018 年 3 月 22 日	特朗普宣布"因知识产权问题对中国商品征 500 亿美元关税，并实施投资限制"。
2018 年 3 月 23 日	中国计划对美国输华的 128 个约 30 亿美元的税项产品加征关税。
2018 年 4 月 17 日	美国商务部发布公告称，美国政府在未来 7 年内禁止中兴通讯向美国企业购买敏感产品。
2018 年 5 月 29 日	美方在发布联合声明 10 天后推翻磋商共识，宣布将继续推进加征关税计划。
2018 年 6 月 15 日	白宫对中美贸易发表声明，对 1,102 种总额 500 亿美元的商品征收 25% 关税，白宫的声明中提到了《中国制造 2025》。
2018 年 6 月 16 日	中国国务院关税税则委员会决定对美国约 500 亿美元商品加征 25% 关税
2018 年 8 月 2 日	特朗普命令美国贸易代表办公室将对 2,000 亿美元中国进口商品的关税从原先提议的 10% 提高到 25%。
2018 年 8 月 3 日	中国国务院关税税则委员会决定对原产于美国的 5,207 个税目约 600 亿美元的商品加征 25%、20%、10%、5% 不等的关税。
2018 年 8 月 7 日	美国公布计划征收 25% 关税的 160 亿美元中国商品清单，于当月 23 日开始实施。对此，中国对 160 亿美元的美国商品征收 25% 的报复性关税。

续表

事件日期	事件描述
2018 年 9 月 7 日	特朗普威胁要对至少 2,670 亿美元中国商品征收关税。
2018 年 12 月 6 日	12 月 1 日晚孟晚舟被捕，6 日早晨，外国媒体发布消息。
2019 年 5 月 5 日	特朗普发布推文表示，他计划在 5 月 10 日将 2,000 亿美元中国商品的税率提高到 25%。
2019 年 5 月 8 日	美国政府正式宣布，从 5 月 10 日起，将对 2,000 亿美元中国进口商品征收的关税从 10% 提高到 25%。

CSI 300 和 S&P 500 累计收益率的描述性统计如表 11-2 所示。其中，A 面板为正面事件组，B 面板为负面事件组，C 面板为对照组。本章选取的样本总数为 422 个，其中正面事件 10 个，负面事件 16 个。由于中美双方的各项举动或声明存在重复信息，所以我们剔除含有重复性信息的事件，只保留具有冲击性的信息和事件。括号内数值为均值（Mean）对应的 t 统计量。相应的星号为不同 t 检验的结果。其中，对于正面事件的组别，单尾 t 检验的原假设为超额收益率均值小于等于零；对于负面事件的组别，原假设为均值大于等于零，对于无事件发生的组别，我们进行双尾 t 检验，原假设为均值等于零。

从表 11-2 中我们可以看出，CSI 300 的平均超额收益率在正面事件组、负面事件组以及对照组中分别约为 1.00%、-1.26% 和 0.03%。在没有事件发生的时段里，沪深 300 的 3 日累计超额收益率接近于 0，且在统计上显著。在中美双方进行磋商会晤的时间段内（正面），沪深 300 的 3 日累计超额收益率超过 1.00%，且在统计上显著。在中美双方互征关税抑制进口的时候（负面），沪深 300 的 3 日累计超额收益率为 -1.25%，同样统计显著。可以看出，中美双方的"握手言和"能够给股市带来信心，而"敌对"则会给股市带来不安。表中正面事件组、负面事件组和对照组的标准差分别为 0.97、0.85 和 0.67，可以看出，贸易摩擦中的各项举动都会增加股市的波动。

为了进行对比，我们还统计了 S&P 500 的 3 日累计超额收益率数据。该数据在三种状态下的均值分别为 0.40%、-0.39% 和 0.04%，相差不大。标准差分别为 0.76、0.79 和 0.53，虽然总体比沪深 300 的波动性小，但是正、负面事件组别的超额收益率的均值依然在统计上显著不为 0。中美贸易摩擦中，正面事件同样会增加美股累计收益，负面事件会减少累计收益，但在反应程度上不如沪深 300。

从总体上看，负面事件造成影响要大于正面事件。负面事件带来的沪深 300 和标普 500 的 3 日累计收益率减少绝对值分别约为 1.29% 和 0.43%，而正面事件带造成的累计收益率的增加分别为 0.97% 和 0.36%，二者呈现明显的不对称效果。

表 11-2　描述性统计

Variables	Observations	Mean	Std	Min	Max
		Panel A. Good News			
CSI 300	10	1.0030 *** (3.2687)	0.9703	−0.0200	2.9300
S&P 500	10	0.3990 * (1.6616)	0.7594	−0.6300	2.1600
		Panel B. Bad News			
CSI 300	16	−1.2571 *** (−6.0846)	0.8518	−2.6000	0.4500
S&P 500	16	−0.3871 ** (−2.0212)	0.7896	−2.1400	0.8200
		Panel C. No News			
CSI 300	396	0.0295 (0.8802)	0.6671	−2.7800	2.4200
S&P 500	396	0.0395 (1.4636)	0.5366	−2.8100	2.0600

* * * $p < 0.01$，* * $p < 0.05$，* $p < 0.1$

为了分析中美贸易摩擦对不同行业产生的影响差异，本章选取了上证行业指数进行研究分析。表 11-3 为上证行业指数 3 日累计超额收益率的描述性统计。关于均值的 t 统计量 t 检验结果同表 11-2。本章共选取 10 个上证行业指数，通过对比各个指数的平均累计超额收益率可以看出，正面事件组中消费和医疗行业的累计超额收益变动高达 2.35% 和 2.71%，各行业超额收益率均显著为正，但显著性水平并非全部达到 1%。负面事件组中材料、医疗、信息和电信行业的累计超额收益率变动较大，分别为 -3.29%、-3.03%、-2.97% 和 -4.15%，各行业超额收益率均显著为负且显著性水平均低于 1%。对比分析可以看出，中美贸易摩擦对各行业股票超额收益率均有显著影响，其中，正面事件对消费行业和医疗行业影响较大，而负面事件则对材料和电信行业影响较大。

表 11-3　上证行业指数超额累计收益率描述性统计

Variables	Observations	Mean	Std	Min	Max
		Panel A. Good News			
上证能源	10	1.5890** (2.5755)	1.9510	-0.1700	5.4500
上证材料	10	2.2020** (2.7347)	2.5463	-0.9300	7.7900
上证工业	10	2.1350*** (2.9147)	2.3163	-0.9200	7.0000
上证可选	10	1.9430*** (3.2434)	1.8944	-1.0800	4.4200
上证消费	10	2.5330*** (3.2086)	2.4964	-0.9700	6.9900
上证医疗	10	2.7390*** (3.5846)	2.4163	-1.1600	6.5700
上证金融	10	1.9800** (2.3153)	2.7044	-1.1200	7.8700
上证信息	10	2.2620* (1.6042)	4.4589	-4.1900	12.5200
上证电信	10	2.2060** (2.0344)	3.4289	-4.1600	6.9800
上证公用	10	1.3030** (2.1041)	1.9583	-1.8200	4.6200
		Panel B. Bad News			
上证能源	16	-1.9324*** (-3.6340)	2.1924	-4.3800	3.5500

Variables	Observations	Mean	Std	Min	Max
上证材料	16	-3.1535 *** (-5.6917)	2.2844	-6.7100	1.4100
上证工业	16	-1.9894 *** (-4.1917)	1.9569	-4.6000	2.0600
上证可选	16	-2.8147 *** (-4.9315)	2.3533	-7.3000	1.4000
上证消费	16	-2.4559 *** (-3.8709)	2.6159	-7.3300	2.2300
上证医疗	16	-3.0188 *** (-5.0797)	2.4503	-7.1700	0.6700
上证金融	16	-2.4300 *** (-5.1262)	1.9545	-5.6900	1.3300
上证信息	16	-3.2659 *** (-3.1521)	4.2719	-9.3300	5.1800
上证电信	16	-4.2465 *** (-4.0097)	4.3666	-11.0500	4.1100
上证公用	16	-1.6829 *** (-3.8925)	1.7826	-4.5100	1.9600
		Panel C. No News			
上证能源	396	0.0800 (0.8893)	1.7885	-9.4000	6.0700
上证材料	396	0.1362 (1.3503)	2.0043	-6.5700	6.2700
上证工业	396	0.0670 (0.7510)	1.7735	-5.8300	7.2300
上证可选	396	-0.0313 (-0.3642)	1.7064	-8.6600	6.7900
上证消费	396	0.1737 (1.5092)	2.2874	-11.7800	9.9600
上证医疗	396	0.0106 (0.1108)	1.9031	-7.0300	8.2200

续表

Variables	Observations	Mean	Std	Min	Max
上证金融	396	0.2382*** (2.8981)	1.6337	−8.5500	6.6000
上证信息	396	−0.2936** (−2.2880)	2.5501	−10.1400	8.4200
上证电信	396	0.0385 (0.3070)	2.4912	−10.2200	7.5400
上证公用	396	−0.0953* (−1.5559)	1.2169	−6.6200	3.1800

***$p<0.01$, **$p<0.05$, *$p<0.1$

为了更进一步研究贸易摩擦中各方举措对股市的影响，本章采用事件研究法和计量回归方法对数据进行深入分析。

四、实证结果与分析

本部分主要展示本章的实证结果。本章首先研究了中美贸易摩擦对 CSI 300 指数收益率的影响。之后，作为对比，本章分析了中美贸易摩擦对美国 S&P 500 收益率的影响。为了对行业进行深度研究，本章还对上证行业指数受到的影响进行研究。

（一）事件研究法结果及其分析

图 11-1 展示了沪深 300 指数的累计收益率。图中 BAD 代表负面事件的样本均值，GOOD 代表正面事件的样本均值，NON 代表对照组的样本均值。浅灰色的阴影部分表示正面事件样本的累计收益率的 95% 的置信区间，深灰色阴影部分表示负面事件样本的累计收益率的 95% 的置信区间。

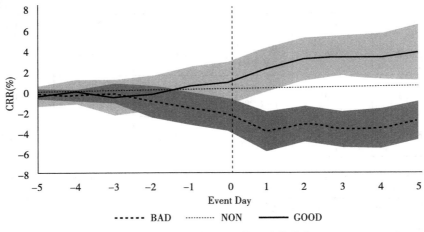

图 11-1 沪深 300 指数的累计收益率

从图 11-1 中可以看出，在有利好消息出现时，沪深 300 的累计收益率会逐渐增长，最终产生平均接近 4% 的累计收益率。与对照组相比，正面事件窗口的累计收益率要高于对照组，并且在 95% 的置信度上显著。可以证明，贸易摩擦中中美双方的磋商和"休战"会让人们对股市充满信心，从而产生正的收益。可以看到，在负面事件窗口中，沪深 300 的累计收益率要显著低于对照组的累计收益率，甚至为负，并且在之后并没有显著"均值回归"趋势。这说明。中美双方加征关税以及实施禁令等措施会对股市造成负面的影响，并且在统计上显著。

（二）回归结果及其分析

图 11-1 的事件研究法中，累计收益没有排除系统风险的影响。为了更准确地评价贸易摩擦对股市的影响，我们对事件相关的累计超额收益率进行了回归分析。

表 11-4 展示事件虚拟变量了对 CSI 300 指数和 S&P 500 指数 3 日累计超额收益率的回归结果。其中面板 A 的被解释变量是 CSI 300 的 3 日累计超额收益率。解释变量为负面事件和正面事件的虚拟变量（分别为 Bad 和 Good）。从表 11-4 中列（1）可以看出，负面事件的虚拟变量的回归系数为负，且在统计意

义上显著。这说明贸易摩擦中的中美双方的征税、禁令等一系列抑制进口的政策会对中国股市产生明显的负面影响。列（2）中正面事件的虚拟变量回归系数为正，且在99%的置信度下显著，说明中美磋商等利好消息确实能够增强股市信心，带来正的累计超额收益。列（3）同时包含了两个虚拟变量，其中负面事件虚拟变量（Bad）的回归系数为−1.13，在其他条件相同的情况下，负面事件会使3日累计超额收益率平均降低约1.13%。正面事件虚拟变量（Good）的回归系数为0.92，且在统计意义上显著。说明在其他条件不变的情况下，正面事件相比于无事件日期会拥有0.92%的超额收益。

表 11-4　沪深 300 和标普 500 的回归结果

Variables	Panel A：CSI 300		
	（1）	（2）	（3）
Bad	−1.1480*** (−8.4748)		−1.1332*** (−8.3826)
Good		0.7689*** (3.3979)	0.9238*** (5.1920)
Constant	0.0558* (1.8176)	0.0353 (1.1347)	0.0525 (1.6339)
Observations	422	422	422
Variables	Panel B：S&P 500		
	（4）	（5）	（6）
Bad	−0.4436*** (−4.3915)		−0.4545*** (−4.5571)
Good		0.2477 (0.7529)	0.2629 (0.8457)
Constant	0.0561** (2.4549)	0.0494** (2.2289)	0.0533** (2.3077)
Observations	422	422	422

z-statistics in parentheses *** $p<0.01$, ** $p<0.05$, * $p<0.1$

　　作为对照，我们还对 S&P 500 进行回归分析，结果如表 11-4 中面板 B 所示。列（6）中负面事件虚拟变量（Bad）的回归系数为−0.4545，且统计意义上显著；而正面事件（Good）的系数则为 0.2629，但在 90% 的置信度下不显著。说明 S&P 500 会对贸易摩擦中的负面事件做出反应，而鲜少受到正面事件的影响。这可能是由于正面事件所涉及的延迟或停加关税等政策多是美国方面所做出，而这些举措对美国公司运营的影响并不显著。

我们随后分析了不同行业指数对贸易摩擦做出的反应。表 11-5 展示了上证行业指数的 3 日超额累计收益的回归结果。从表 11-5 中可以看出，所有行业都会受到负面事件的影响，并且在 95%（及以上）的置信度下显著。其中上证材料和上证电信的回归系数较大，分别为 -3.5612 和 -4.1337，说明材料行业和电信行业受到贸易摩擦的冲击较大。原因是特朗普针对铝箔等材料征加高额关税。例如在 2018 年 2 月 27 日，美国商务部宣布对中国铝箔产品厂商征收 48.64% 至 106.09% 的反倾销税和 17.14% 至 80.97% 的反补贴税，这对材料行业产生巨大影响。针对高新技术行业，特朗普还因知识产权问题对中国商品征收 500 亿美元的关税，并且实施投资限制。除此之外，2018 年 4 月针对中兴通讯实施的禁令措施和 12 月拘捕孟晚舟等行为都对中国电信行业造成巨大打击。

此外，贸易摩擦中双方的积极举措会给行业指数带来正的回报率，且除去信息行业以外，其他行业的系数都在 95% 的置信度下显著。这可能由于信息行业的出口额度相较于其他行业来说不多，所以贸易摩擦利好的消息对该行业指数影响不大。

表 11-5　上证行业指数的回归分析结果

Variables	上证能源	上证材料	上证工业	上证可选	上证消费
Bad	-2.1857*** (-6.1347)	-3.5612*** (-9.6126)	-1.6295*** (-3.7115)	-2.3269*** (-6.3862)	-1.2056*** (-2.7990)
Good	1.5311*** (2.8844)	2.2002*** (4.7768)	1.3678** (2.0188)	2.2231*** (3.1078)	3.6325*** (8.1267)
Constant	0.0843 (0.9046)	0.1501 (1.4656)	0.0610 (0.8057)	-0.0015 (-0.0189)	0.2475*** (2.9970)
Observations	422	422	422	422	422

续表

Variables	上证医疗	上证金融	上证信息	上证电信	上证公用
Bad	−1.9598***	−1.5748***	−1.8023***	−4.1337***	−0.5389**
	(−3.6271)	(−6.5332)	(−3.8310)	(−9.1185)	(−2.1443)
Good	1.8849***	1.2734***	1.5449	2.0267**	1.3622***
	(3.1248)	(5.6068)	(1.4488)	(2.4318)	(4.6306)
Constant	0.7664***	0.1584***	−0.1467	0.0249	−0.0828
	(0.0023)	(2.5778)	(−1.3014)	(0.1849)	(−1.4413)
Observations	422	422	422	422	422

z-statistics in parentheses ***$p<0.01$, **$p<0.05$, *$p<0.1$

五、结论

本章利用事件研究法和回归分析法，研究了中美贸易摩擦对中美两国资本市场的影响。通过分析发现，贸易摩擦中双方限制进口的措施会对中国股市产生显著的负面影响，磋商等举动则会带来显著的正面影响。这是由于贸易保护政策会增加公司的原材料成本，减少销售收入，从而降低人们对上市公司乃至行业盈利的预期。而促进贸易的政策则会给市场带来信心，从而产生正的超额收益率。对美国股市来说，负面事件带来的影响依旧显著，而正面事件的影响则不显著。这可能是由于磋商更多针对于特朗普前期一系列征税措施，其影响主要施加在中国公司上，而对美国公司直接利好较小。

从行业角度，我们分析了上证行业指数累计超额收益率对贸易摩擦的反应。结果表明，贸易保护政策会对所有行业均产生不利影响，且统计上显著。其中材料和电信行业受波及最严重。对于正面事件，仅有信息行业的系数不显著。

参考文献

[1] Autor, D., Dorn, D., & Hanson, G. H. 2013. The China syndrome:

Local labor market effects of import competition in the United States. *IZA Discussion Papers*.

[2] Anderson, T. G., Bollerslev, T., Diebold, F. X., & Vega, C. 2003. Micro effects of macro announcements: Real-time price discovery in foreign exchange. *American Economic Review*, 93 (1): 38-62.

[3] Crowley, M., Meng, N., & Song, H. 2019. Policy shocks and stock market returns: Evidence from Chinese solar panels. *Journal of the Japanese and International Economies*, 2019, 51.

[4] Cunado, J., & Fernando, P. D. G. 2014. Oil price shocks and stock market returns: Evidence for some European countries. *Energy Economics*, 42, 365-377.

[5] Fleming, M. J., & Remolona, E. M. 1999. Price formation and liquidity in the U. S. Treasury market: The response to public information. *The Journal of Finance*, 54 (5): 1901-1915.

[6] Frazzini, A., & Lamont, O. A. 2007. The earnings announcement premium and trading volume. *Social Science Electronic Publishing*.

[7] Grossman, G, & Rossi Hansberg, E. 2006. The rise of offshoring: It is not wine for cloth any more. *Proceedings*, 2006, 59-102.

[8] Huang, Y., Lin, C. & Tang, H. 2018. Trade linkages and firm value: Evidence from 2018 US-China "trade war". *Ssrn Electronic Journal*.

[9] Jones, C. M., Lamont, O., & Lumsdaine, R. L. 1998. Macroeconomic news and bond market volatility. *Journal of Financial Economics*, 47 (3): 315-337.

[10] Lucca, D. O., & Moench, E. 2015. The pre-FOMC announcement drift. *The Journal of Finance*, 70 (1): 329-371.

[11] Morck, R., & Yeung, B. 1992. Internalization: An event study test. *Journal of International Economics*, 33 (92): 41-56.

[12] Pierce, J. R., & Schott, P. K. 2016. The surprisingly swift decline of US manufacturing employment. *The American Economic Review*, 106 (7): 1632-1662.

［13］Samuelson, P. A. 2004. Where Ricardo and Mill rebut and confirm arguments of mainstream economists supporting globalization. *The Journal of Economic Perspectives*, 18（3）: 135–146.

［14］Savor, P. G. 2012. Stock returns after major price shocks: The impact of information. *Journal of Financial Economics*, 106（3）: 635–659.

［15］Wagner, A. F., Zeckhauser, R. J., & Ziegler, A. 2018. Company stock price reactions to the 2016 election shock: Trump, taxes, and trade. *Journal of Financial Economics*, 130（2）: 428–451.

第十二章　商业信用融资和股价崩盘风险

崔　頔　唐　杰

摘　要：随着商业信用融资比例上升，究竟是会导致债权人更有动力参与治理公司，还是导致大股东更有能力去掏空上市公司呢？本章以 2006—2016 年我国上市公司 A 股企业为研究对象，从商业信用融资角度分析了债权人约束对股价崩盘风险的影响。研究发现，随着商业信用融资占总资产的比例提高，未来股价崩盘风险显著下降，进一步分析了商业信用融资通过抑制企业过度投资影响公司治理，进而降低了未来的股价崩盘风险。并且这种公司治理效应在股权制衡高的时候或公司盈利的情况下更为明显。本章不仅深化了股价崩盘风险的影响因素，而且深入了解商业信用融资这个重要的债权人在资本市场的作用，从债权人角度深入了解公司治理。

关键词：股价崩盘风险　商业信用融资　过度投资　关联交易　股权制衡

一、引言

股价崩盘在 A 股市场上经常发生，严重影响了投资的利益和动摇了投资者对资本市场的信心。2014 年和 2018 年，獐子岛业绩"大变脸"，由预计盈利到大幅亏损，造成股价连续跌停；2018 年的"长生生物疫苗事件"，长生生物在冻干人用狂犬病疫苗生产过程中存在记录造假等严重违反《药品生产质量管理规范》的行为，股价一度从 24.55 元跌到 2.66 元，累计跌幅近九成；上海莱士披露炒股亏 13.79 亿元后，连续 10 个跌停。曾经的千亿市值"血王"，如今市值已从复牌前的 971 亿元缩水至 420 亿元，蒸发 551 亿元。因此，研究股价崩盘的相关因素有着重要的意义。

现在学者一般认为，股价崩盘是由于管理层长期隐瞒坏消息，当纸包不住火的时候，坏消息被集中释放，对股价造成巨大的冲击，导致股价一泻千里。关于股价崩盘风险的影响因素的研究，有一些学者从信息质量角度进行分析。例如信息透明度（Hutton 等，2009；Kim 和 Zhang，2014a）、避税（Kim 等，2011a）、内部控制信息披露（叶康涛等，2014）、审计师行业专长（江轩宇、伊志宏，2013）等。另一些研究则从管理层角度分析，考察了管理层期权激励（Kim 等，2011b）、高管超额薪酬（Xu 等，2014）、高管性别（李小荣、刘行，2012）以及企业社会责任（Kim 等，2014）对股价崩盘风险的影响。国内学者还从分析师（许年行等，2012）、税收征管（江轩宇，2013）和大股东持股比例（曹丰等，2015）等角度进行了研究。然而很少有学者关注资本市场的参与主体——债权人对债务人公司股价崩盘风险的影响，本章试图从此角度探讨这一问题。

债权融资的主要渠道是商业信用融资、债券融资和银行贷款。国内外关于债权人在公司治理中的监督和约束效应，做了大量的文献研究（Jensen 和 Meckling，1976）。指出债权融资能发挥激励功能，当公司规模一定时，债权融资占比增加，股权融资占比减少，管理层持股比例相对增加，挥霍的成本增加，这种侵占行为有所减少（Jensen，1986）；债权融资能抑制过多的现金流，减少管理层对现金流的滥用。由于我国的债券市场不发达，融资渠道不完善，所以我国的债权融资主要依靠商业信用融资和银行贷款。国内学者对于债权人的监督和约束效应做了大量研究（姜付秀、黄继承，2011）。负债能提升公司价值（黄乾富、沈红波，2009），发现商业信用融资能抑制过度投资行为。

笔者以 2006—2016 年我国沪深 A 股上市公司为样本，考察商业信用融资对股价崩盘风险的影响。研究发现，商业信用融资显著性降低了债务人公司未来的股价崩盘风险。

以下结构安排如下：第二部分为理论分析和文献综述；第三部分为研究假

设和样本和变量定义；第四部分为实证结果与分析；第五部分为影响机制分析；第六部分为稳健性检验；第七部分为结论；第八部分为参考文献。

二、文献综述

关于股价崩盘风险的成因，现在学者一般认为是管理层长期隐藏坏消息，当坏消息积累到一定程度，"纸包不住火"的时候，集中爆发出来，会对市场造成巨大的冲击，造成股价"一泻千里"。沿着这一思路，学者们从不同角度考察了股价崩盘风险的影响因素。有学者从信息质量角度分析的（Hutton 等，2009；Kim 和 Zhang，2014a）。指出信息透明度低的公司更可能发生股价崩盘风险（Kim 等，2011a）；研究发现避税成为管理层长期提取租金和囤积坏消息的工具，增加公司未来的股价崩盘风险（叶康涛等，2014）；研究发现，随着企业内控信息披露水平的提高，未来股价崩盘风险显著下降（江轩宇、伊志宏，2013）；指出当公司聘请的会计师事务所具备更强的行业专长时，其股价未来的崩盘风险较低。另一些研究则从管理层角度分析，考察了（Kim 等，2011b）研究发现 CFO 期权组合价值对股价的敏感性与公司未来股价崩盘风险显著正相关（Xu 等，2014）；研究发现为了享受超额福利，国有企业高管有动机长期隐瞒坏消息，导致未来股价崩盘风险加大（李小荣、刘行，2012）；研究发现在中国，女性 CEO 可以有效降低股价崩盘风险，起到稳定资本市场的作用，而女性 CEO 作用的发挥依赖于其在企业中权力的大小、外部市场态势和风险规避程度（曹丰等，2015）；指出第一大股东持股比例与未来股价崩盘风险之间存在显著的负相关关系，能发挥"监督作用"和"更少掏空作用"。

现代的资本结构理论研究始于（Modigliani 和 Miller，1958）提出的 MM 定理。该定理在一系列严格的假设下推导出资本结构和企业价值无关的结论。后来又引入税盾和破产风险的概念（Jensen 和 Meckling，1976）。指出，由于股东和经理人员的代理冲突，经理为了满足个人私欲，而挥霍公司的资产，故而公司的市场价值会减少。当公司的规模一定时，债务融资比例增加，则股权融资比例相对减少，经理所持股份占公司总股份的比例就会相对增加，经理挥霍的成本也就相应增大，因而这种侵占行为就会有所减轻，于是债务融资起到了减少代理成本的作用（Jensen，1986）。还指出，经理可能对过多的自由现金流随意使用，而债务使得企业必须在将来还本付息，这样就减少了经理对公司自由现金流的滥用，从而减少了代理成本。

商业信用融资是指企业之间基于双方信任，在买卖商品时，以商品形式提供的借贷活动，是经济活动中的一种最普遍的债权债务关系。商业信用的存在对于扩大生产和促进流通起到了十分积极的作用。商业信用融资的债权人一般是商业信用融资的债务人的上下游产业公司，参与债务人的日常生产经营活动中去，能更好地了解债务人的财务状况，控制负债风险，发挥公司治理的积极效应。国外学者（Burkart 和 Ellingsen，2004）提出，相对于银行贷款和企业债券，商业信用融资提供的是存货等有形资产而不是现金，能抑制现金流过剩引起的过度投资问题。国内学者（黄乾富、沈红波，2009）实证研究发现，商业信用由于存在再融资约束，能够对企业的过度投资行为产生约束作用，而银行借款由于受到政府干预使其对企业过度投资行为缺少约束作用（杨勇、黄曼丽、宋敏，2009）。实证研究了不同债务来源对上市 CEO 更换的影响。发现商业信用融资在 CEO 强制性更换中起到了积极的作用，改善了上市公司的公司治理，而银行贷款却没有起到相应的作用，甚至有负面的作用。

基于以上分析，本章提出以下待检验的研究假说。

H1：在其他条件相同的情况下，商业信用融资比例与股价崩盘风险负相关。

我国上市公司大多存在绝对或相对控股的股东，控股股东具有很大的信息优势和公司控制力。有学者研究指出，大股东可以通过关联交易（柳建华等，2008）以及占用上市公司资金（叶康涛等，2007）等手段掏空上市公司，从而增加股价崩盘风险。所以"虚假的""通过关联交易的"商业信用融资会提高公司股价崩盘风险。

基于以上分析，本章提出以下待检验研究假说。

H2：在其他条件相同的情况下，商业信用融资比例与股价崩盘风险正相关。

三、研究设计

（一）样本选择和数据来源

本章采用我国 2006—2016 年 A 股上市公司为研究样本。借鉴已有研究，首先，我们剔除了金融类上市公司，因为金融类上市公司的监管制度和报表结构与其他行业相比存在较大差异；其次，为了保证股价崩盘风险指标计算的可靠性，我们剔除了年度周收益率少于 30 个观测的公司观测值；最后，剔除了相关实证变量存在缺失的公司年度观测值。为了降低数据极端值对研究结果的影响，我们对连续变量在 1% 和 99% 百分位进行了缩尾处理。

（二）变量定义

1. 股价崩盘风险

借鉴已有研究（Kim 等，2011a；Xu 等，2014；Kim 和 Zhang，2014a；李小荣、刘行，2012；许年行等，2012；江轩宇、伊志宏，2013；王化成等，2014；叶康涛等，2014），本章采用公司股票负收益率偏态系数和收益率上下波动的比率作为回归分析的因变量。

首先，利用每年股票周收益率计算经过市场调整的后公司 i 特定的收益率。其中特地收益率为 $W_{i,t} = \ln(1 + \varepsilon_{i,t})$。

$$r_{i,t} = \beta_0 + \beta_1 r_{m,t-2} + \beta_2 r_{m,t-1} + \beta_3 r_{m,t} + \beta_4 r_{m,t+1} + \beta_5 r_{m,t+2} + \varepsilon_{i,t} \quad (12-1)$$

负偏系数（NCSKEW），数值越大，偏度系数程度越大，崩盘风险越大。

$$NCSKEW_{i,t} = -\frac{n(n-1)^{3/2} \sum W_{i,t}^{3}}{(n-1)(n-2)\left(\sum W_{i,t}^{2}\right)^{3/2}} \quad (12-2)$$

收益率上下波动之比（DUVOL），数值越大，表示收益率分布越倾向于左偏，股价崩盘风险越大。

$$DUVOL_{i,\,t} = \log \left\{ \left[(n_u - 1) \sum_{DOWN} W_{i,\,t}{}^2 \Big/ \left[(n_d - 1) \Big/ \sum_{UP} W_{i,\,t}{}^2 \right] \right] \right\} \quad (12\text{-}3)$$

2. 商业信用融资

我们借鉴已有文献，分别从考虑预收账款和不考虑预收账款两个商业信用融资指标。

$$LEV_1 = \frac{应付账款总额 + 应付票据总额}{企业的平均资产总额} \quad (12\text{-}4)$$

$$LEV_2 = \frac{应付账款总额 + 应付票据总额 + 预收账款总额}{企业的平均资产总额} \quad (12\text{-}5)$$

3. 其他变量

在控制变量上，借鉴已有研究（Xu 等，2014；Kim 和 Zhang，2014a，b；李小荣、刘行，2012；许年行等，2012；江轩宇、伊志宏，2013；许年行等，2013；王化成等，2014；叶康涛等，2014），我们控制了以下因素的影响：本期的股价崩盘指标（NCSKEW、DUVOL）、月平均超额换手率（OTurnover）、公司年度周收益率的标准差（Sigma）、股票年度平均周收益率（Ret）、公司规模（Size）、股票净资产账市比（BM）、经营业绩（ROA）、信息不透明度（Opaque）、资产负债率（分别为 Lev1C，除了应付账款、应付票据和预收账款，其他债权融资除以总资产；Lev2C，除了应付账款、应付票据，其他债权融资除以总资产）以及第一大股东持股比例（Tophold）和机构持股比例（Inst）。其中上市公司的信息透明度（Opaque）参考（Hutton 等，2009），由根据修正 Jones 模型计算的操控性应计利润来度量，具体计算公式如下

$$\frac{TA_{i,\,t}}{A_{i,\,t-1}} = \alpha_1 \frac{1}{A_{i,\,t-1}} + \alpha_2 \frac{\Delta REV_{i,\,t}}{A_{i,\,t-1}} + \alpha_2 \frac{PPE_{i,\,t}}{A_{i,\,t-1}} + \varepsilon_{i,\,t} \quad (12\text{-}6)$$

$$DisACC_{i,\,t} = \frac{TA_{i,\,t}}{A_{i,\,t-1}} - \left(\widehat{\alpha_1} \frac{1}{A_{i,\,t-1}} + \widehat{\alpha_2} \frac{\Delta REV_{i,\,t} - \Delta REC_{i,\,t}}{A_{i,\,t-1}} + \widehat{\alpha_3} \frac{PPE_{i,\,t}}{A_{i,\,t-1}} \right)$$

$$(12\text{-}7)$$

其中，α_1、α_2、α_3 为公司待估计的特征参数，按年度分行业进行估计；$TA_{i,t}$ 为净利润减去经营活动中产生的现金净流量；$A_{i,t-1}$ 为第 $t-1$ 期期末总资

产；$\Delta REV_{i,t}$ 是第 t 期营业收入与第 $t-1$ 期营业收入的差额；$PPE_{i,t}$ 为固定资产账面原值；$DisACC_{i,t}$ 为经过第 $t-1$ 期期末总资产调整后的第 t 期操控性应计利润；$\Delta REC_{i,t}$ 为第 t 期应收账款净额与第 $t-1$ 期净应收款项的差额。值得注意的是，α_1、α_2、α_3 的估计值是从原始的 Jones 模型而不是从修正的 Jones 模型中得到的。因此，公司信息透明度可以表示为

$$Opaque_{i,\ t-1} = (\ |DisACC_{i,\ t-1}| + |DisACC_{i,\ t-2}| + |DisACC_{i,\ t-3}|\ )/3$$

$$(12-8)$$

另外，我们还控制了年份与行业固定效应。变量定义情况见表 12-1。

(三) 模型设计

Crash Risk 为 $t+1$ 期的股价崩盘风险，负偏系数（NCSKEW）和收益率上下波动之比（DUVOL）；Lev 为商业信用融资指标（分别为包含预收账款的 Lev1、不包含预收账款的 Lev2）；Control Variable 为表 12-1 中定义的第 t 期的控制变量，Year 和 Indus 分布为年度和行业虚拟变量。

$$CrashRisk_{i,\ t+1} = \alpha + \beta_1 Lev + \sum_{q=2}^{m} \beta_q(qthControlVariable_{i,\ t}) + \sum Year$$
$$+ \sum Indus + \varepsilon_{i,\ t}$$

$$(12-9)$$

表 12-1 变量定义

变量名称	变量名称和度量方法
NCSKEW$_{t+1}$	第 $t+1$ 年的公司股票负收益偏态系数，算法参见正文和式（12-2）
DUVOL$_{t+1}$	第 $t+1$ 年的公司股票收益率上下波动的比率，算法参见正文和式（12-3）
Lev1$_t$	第 t 年商业信用融资比例。应付账款、应付票据之和除以企业平均资产总额
Lev2$_t$	第 t 年商业信用融资比例。应付账款、应付票据和预收账款之和除以企业平均资产总额
Lev1C$_t$	第 t 年资产负债率。除了应付账款、应付票据，其他债权融资除以总资产
Lev2C$_t$	第 t 年资产负债率。除了应付账款、应付票据和预收账款，其他债权融资除以总资产

变量名称	变量名称和度量方法
Balance$_t$	股权制衡哑变量。用第 t 年公司第二到五位大股东持股比例的和/第一大股东持股比例衡量公司股权制衡度，当某公司股权制衡度大于年度、行业中位数时为 1，否则等于 0
OTurnover$_t$	月超额换手率。为股票 t 期的减去股票 $t-1$ 期的月平均换率
Sigma$_t$	周收益波动率。为股票在 t 期的周收益率的标准差
Aret$_t$	平均周收益率。股票在 t 期的平均周收益率
Size$_t$	股票在 t 期的总资产的自然对数
BM$_t$	公司第 t 期市净率
ROA$_t$	公司第 t 期总资产回报率。股票在 t 期的净利润/总资产
Tophold$_t$	股票在 t 期的第一大股东持股比例
Opaque$_t$	公司第 t 期信息不对称程度。为修正 Jones 模型残差的绝对值，t 期、$t-1$ 期和 $t-2$ 期绝对值的平均值。算法参见正文和式（12-6）、式（12-7）、式（12-8）
Inst$_t$	公司第 t 期机构投资者持股比例

四、实证结果

（一）描述性统计

表 12-2 列示了文中主要变量的描述性统计结果。两个股价崩盘风险指标 DUVOL 和 NCSKEW 的均值分别为 -0.188 和 -0.254，与许年行等（2012）和曹丰等（2015）的研究中所报告的数值差别不大；标准差分别为 0.748 和 0.918，说明这两个指标在样本公司间存在较大差异。商业信用融资指标 Lev1 和 Lev2 的均值分别为 0.125 和 0.171，与张新民等（2012）所报告数值差别不大。其他各变量的分布均在合理范围内。

表 12-2　描述性统计分析

变量符号	样本数量	均值	标准差	最小值	中值	最大值
$DUVOL_{t+1}$	13,825	-0.188	0.748	-2.029	-0.210	1.704
$NCSKEW_{t+1}$	13,825	-0.254	0.918	-2.823	-0.252	2.048
$Lev1_t$	13,825	0.125	0.099	0.003	0.099	0.470
$Lev2_t$	13,825	0.171	0.125	0.007	0.140	0.577
$Lev1C_t$	13,825	0.359	0.188	0.028	0.351	0.798
$Lev2C_t$	13,825	0.313	0.180	0.020	0.304	0.764
$DUVOL_t$	13,825	-0.163	0.767	-2.054	-0.188	1.773
$NCSKEW_t$	13,825	-0.235	0.918	-2.848	-0.234	1.994
$Size_t$	13,825	21.961	1.237	19.32	21.812	25.731
BM_t	13,825	4.506	4.154	0.858	3.276	27.593
ROA_t	13,825	5.805	6.240	-15.46	5.225	26.527
$Aret_t$	13,825	-0.001	0.008	-0.019	-0.002	0.024
$Sigma_t$	13,825	0.057	0.021	0.021	0.053	0.125
$Opaque_t$	13,825	0.076	0.073	0.009	0.055	0.470
$OTurnover_t$	13,825	0.044	0.355	-0.909	0.039	0.945
$Tophold_t$	13,825	0.352	0.152	0.085	0.332	0.750
Ins_t	13,825	0.375	0.239	0.000	0.374	0.879

（二）皮尔森相关系数分析

表 12-3 为主要变量的 pearson 相关系数分析结果。结果表明，股价崩盘风险的两个度量指标在 1%的显著性水平下高度正相关，且相关系数为 0.92，说明两个指标具有很高的相关性，对其选取是合理的。商业信用融资（Lev1 和 Lev2）分别与负收益偏态系数（NCSKEW）以及回报上下波动比（DUVOL）负相关，说明在不考虑其他因素的情况下，商业信用融资能够降低上市公司未来股价崩盘风险，发挥公司治理效应，支持假设 H1。

表 12-3　主要变量的 pearson 相关系数分析结果

	DUVOL1	NCSKEW1	DUVOL	NCSKEW	Lev1	Lev1C	Lev2	Lev2C	Size	BM	ROA	Aret	Sigma	Opaque	Oturnover	Tophold	Inst
DUVOL1	1																
NCSKEW1	0.920***	1															
DUVOL	-0.068***	-0.058***	1														
NCSKEW	-0.034***	-0.024***	0.923***	1													
Lev1	-0.020**	-0.014	-0.029***	-0.022**	1												
Lev1C	-0.036***	-0.037***	-0.008	-0.018**	-0.160***	1											
Lev2	-0.021**	-0.024***	-0.011	0	-0.120***	0.825***	1										
Lev2C	-0.038***	-0.032***	-0.044***	-0.039***	0.758***	0.234***	-0.100***	1									
Size	-0.009	-0.029***	-0.004	-0.013	0.187***	0.303***	0.235***	0.285***	1								
BM	0.073***	0.092***	-0.197***	-0.141***	0.01	0.059***	-0.069***	0.136***	-0.339***	1							
ROA	0.070***	0.069***	-0.056***	-0.028***	-0.088***	-0.229***	-0.201***	0.145***	-0.114***	0.086***	1						
Aret	0.125***	0.114***	-0.715***	-0.589***	0.003	-0.087***	-0.089***	-0.014	-0.089***	0.326***	0.109***	1					
Sigma	0.020**	0.037***	-0.366***	-0.304***	-0.012	-0.064***	-0.062***	-0.024***	-0.235***	0.420***	-0.058***	0.470***	1				
Opaque	-0.002	0.001	-0.044***	-0.029***	0.076***	0.077***	-0.014	0.166***	-0.062***	0.166***	0.026***	0.045***	0.064***	1			
Oturnover	0.006	0.022***	-0.187***	-0.174***	-0.018***	-0.019***	-0.027***	-0.01	0.001	0.130***	-0.028***	0.129***	0.403***	-0.036***	1		
Tophold	-0.018***	-0.030***	-0.006	-0.019***	0.072***	0.034***	0.025***	0.078***	0.279***	-0.086***	0.114***	-0.047***	-0.081***	0.029***	-0.060***	1	
Inst	0.053***	0.039***	-0.049***	-0.029***	0.089***	0.002	-0.056***	0.132***	0.399***	-0.026***	0.205***	0.090***	-0.158***	-0.050***	-0.161***	0.344***	1

* $p<0.1$，* * $p<0.05$，* * * $p<0.01$

(三) 回归分析

1. 检验假设 H1

表 12-4 报告了假设 H1 的检验结果, 回归 (1) 和回归 (2) 分别用 DU-VOL$_{t+1}$ 和 NCSKEW$_{t+1}$ 作为风险指标对商业信用融资指标 Lev1$_t$ 回归, 控制了年度和行业效应, 系数分别为 -0.213 和 -0.199, 且分别在 1% 和 5% 上显著; 回归 (3) 和回归 (4) 分别用 DUVOL$_{t+1}$ 和 NCSKEW$_{t+1}$ 作为风险指标对商业信用融资指标 Lev2$_t$ 回归, 控制了年度和行业效应, 回归系数分别为 -0.310 和 -0.291, 且都在 1% 上显著。

从控制变量上看, 其中 DUVOL$_t$、NCSKEW$_t$、Size、BM、Sigma、Aret 系数显著正相关, 与其他文献结果一致。第一大股东持股比例 (Tophold) 与股价崩盘风险在 1% 上显著负相关, 与王化成、曹丰、叶康涛 (2015) 结果一致。机构投资者持股比例 (Inst) 与股价崩盘风险在 1% 上正相关, 与曹丰等 (2015) 结果一致。

综上所述, 在控制了其他因素后, 商业信用融资比例与股价崩盘风险之间呈现负相关关系, 说明随着商业信用融资比例的增加, 股价崩盘风险显著下降。假设 H1 得以验证。

表 12-4　假设 H1 的检验结果

	(1) DUVOL$_{t+1}$	(2) NCSKEW$_{t+1}$	(3) DUVOL$_{t+1}$	(4) NCSKEW$_{t+1}$
Lev1$_t$	-0.213*** (-2.992)	-0.199** (-2.249)		
Lev2$_t$			-0.310*** (-5.319)	-0.291*** (-4.005)
Lev1C$_t$	-0.323*** (-7.396)	-0.312*** (-5.746)		
Lev2C$_t$			-0.288*** (-6.502)	-0.285*** (-5.164)

续表

	（1） $DUVOL_{t+1}$	（2） $NCSKEW_{t+1}$	（3） $DUVOL_{t+1}$	（4） $NCSKEW_{t+1}$
$DUVOL_t$	0.074*** （6.257）		0.074*** （6.263）	
$NCSKEW_t$		0.086*** （8.146）		0.086*** （8.146）
$Size_t$	0.054*** （7.257）	0.051*** （5.549）	0.053*** （7.120）	0.050*** （5.476）
BM_t	0.014*** （6.907）	0.016*** （6.438）	0.013*** （6.755）	0.016*** （6.349）
ROA_t	0.001 （1.119）	0.002* （1.664）	0.001 （1.201）	0.002* （1.694）
$Aret_t$	12.179*** （9.333）	14.426*** （9.862）	12.205*** （9.349）	14.438*** （9.865）
$Sigma_t$	2.398*** （4.974）	3.017*** （5.027）	2.409*** （4.998）	3.029*** （5.047）
$Opaque_t$	0.069 （0.723）	0.083 （0.695）	0.066 （0.686）	0.079 （0.667）
$OTurnover_t$	−0.005 （−0.190）	−0.025 （−0.793）	−0.005 （−0.216）	−0.025 （−0.813）
$Tophold_t$	−0.187*** （−4.197）	−0.239*** （−4.312）	−0.186*** （−4.158）	−0.238*** （−4.290）
$Inst_t$	0.128*** （3.958）	0.144*** （3.592）	0.130*** （4.042）	0.146*** （3.649）
_cons	−1.513*** （−9.358）	−1.554*** （−7.727）	−1.497*** （−9.272）	−1.542*** （−7.683）
Indus FE	Yes	Yes	Yes	Yes
Year FE	Yes	Yes	Yes	Yes
N	13,825	13,825	13,825	13,825
adj. R^2	0.114	0.088	0.114	0.088

t statistics in parentheses $*p<0.1$，$**p<0.05$，$***p<0.01$

2. 股权制衡分组进一步分析

根据前文，我们知道"虚假的""通过关联交易的"商业信用融资并不能很好地发挥公司治理，减小未来股价崩盘风险。而股权制衡高的公司，关联交易相对股权制衡少。我们通过股权制衡分组，当公司股权制衡大于年度、行业中位数时为 1，否则为 0（具体计算见表 12-1 变量定义）。

表 12-5 报告了商业信用融资比例 $Lev1_t$ 的股权制衡分组检验结果。回归（1）和回归（2）为股权制衡低的组，分别用 $DUVOL_{t+1}$ 和 $NCSKEW_{t+1}$ 作为股价崩盘风险的指标，商业信用融资比例 $Lev1_t$ 分别为 -0.106 和 -0.066 且不显著。回归（3）和回归（4）为股权制衡高的组，分别用 $DUVOL_{t+1}$ 和 $NCSKEW_{t+1}$ 作为股价崩盘风险的指标，商业信用融资比例 $Lev1_t$ 分别为 -0.309 和 -0.307，且分别在 1% 和 5% 上显著。

表 12-6 报告了商业信用融资比例 $Lev2_t$ 的股权制衡分组检验结果。回归（1）和回归（2）为股权制衡低的组，分别用 $DUVOL_{t+1}$ 和 $NCSKEW_{t+1}$ 作为股价崩盘风险的指标，商业信用融资比例 $Lev2_t$ 分别为 -0.220 和 -0.182，分别在 1% 和 10% 上显著。回归（3）和回归（4）为股权制衡高的组，分别用 $DUVOL_{t+1}$ 和 $NCSKEW_{t+1}$ 作为股价崩盘风险的指标，商业信用融资比例 $Lev2_t$ 分别为 -0.393 和 -0.379，且都在 1% 上显著。

综上所述，在控制了其他因素后，股权制衡高的，商业信用融资比例与股价崩盘风险之间的负相关性更强，更能发挥公司治理作用。

表 12-5 商业信用融资比例（Lev1）的检验结果——股权制衡分组

	股权制衡低		股权制衡高	
	（1） $DUVOL_{t+1}$	（2） $NCSKEW_{t+1}$	（3） $DUVOL_{t+1}$	（4） $NCSKEW_{t+1}$
$Lev1_t$	-0.106 (-1.048)	-0.066 (-0.521)	-0.309*** (-3.040)	-0.307** (-2.441)
$DUVOL_t$	0.089*** (5.260)		0.054*** (3.249)	

续表

	股权制衡低		股权制衡高	
	(1) DUVOL$_{t+1}$	(2) NCSKEW$_{t+1}$	(3) DUVOL$_{t+1}$	(4) NCSKEW$_{t+1}$
NCSKEW$_t$		0.088 *** (5.828)		0.078 *** (5.260)
Lev1C$_t$	−0.311 *** (−4.931)	−0.305 *** (−3.873)	−0.332 *** (−5.360)	−0.309 *** (−4.030)
Size$_t$	0.047 *** (4.284)	0.044 *** (3.231)	0.061 *** (5.941)	0.057 *** (4.555)
BM$_t$	0.017 *** (5.774)	0.020 *** (5.559)	0.011 *** (4.051)	0.012 *** (3.660)
ROA$_t$	0.000 (0.267)	0.001 (0.415)	0.002 (1.535)	0.004 ** (2.086)
Aret$_t$	13.621 *** (7.178)	15.417 *** (7.209)	10.531 *** (5.835)	13.277 *** (6.597)
Sigma$_t$	1.878 *** (2.697)	2.154 ** (2.469)	2.902 *** (4.295)	3.728 *** (4.460)
Opaque$_t$	−0.088 (−0.617)	−0.090 (−0.499)	0.212 (1.643)	0.237 (1.483)
OTurnover$_t$	0.054 (1.471)	0.056 (1.214)	−0.060 * (−1.717)	−0.100 ** (−2.334)
Tophold$_t$	−0.226 *** (−3.039)	−0.252 *** (−2.711)	−0.196 ** (−2.219)	−0.258 ** (−2.370)
Inst$_t$	0.177 *** (3.648)	0.192 *** (3.166)	0.093 ** (2.055)	0.105 * (1.876)
_cons	−1.183 *** (−4.544)	−1.208 *** (−3.710)	−1.633 *** (−6.918)	−1.620 *** (−5.551)
Indus FE	Yes	Yes	Yes	Yes
Year FE	Yes	Yes	Yes	Yes
N	6,978	6,978	6,847	6,847
adj. R^2	0.109	0.084	0.119	0.091

t statistics in parentheses * $p<0.1$, * * $p<0.05$, * * * $p<0.01$

表 12-6　商业信用融资比例（Lev2）的检验结果——股权制衡分组

	股权制衡低		股权制衡高	
	（1） $DUVOL_{t+1}$	（2） $NCSKEW_{t+1}$	（3） $DUVOL_{t+1}$	（4） $NCSKEW_{t+1}$
$Lev2_t$	−0.220*** （−2.685）	−0.182* （−1.780）	−0.393*** （−4.642）	−0.379*** （−3.623）
$DUVOL_t$	0.089*** （5.258）		0.055*** （3.267）	
$NCSKEW_t$		0.088*** （5.824）		0.078*** （5.276）
$Lev2C_t$	−0.278*** （−4.349）	−0.281*** （−3.522）	−0.295*** （−4.679）	−0.278*** （−3.561）
$Size_t$	0.045*** （4.139）	0.043*** （3.143）	0.060*** （5.894）	0.057*** （4.543）
BM_t	0.016*** （5.644）	0.020*** （5.480）	0.011*** （3.966）	0.012*** （3.613）
ROA_t	0.000 （0.291）	0.001 （0.402）	0.003 （1.629）	0.004** （2.144）
$Aret_t$	13.644*** （7.186）	15.413*** （7.202）	10.571*** （5.855）	13.314*** （6.613）
$Sigma_t$	1.886*** （2.706）	2.169** （2.485）	2.918*** （4.319）	3.741*** （4.478）
$Opaque_t$	−0.102 （−0.713）	−0.106 （−0.593）	0.209 （1.622）	0.235 （1.469）
$OTurnover_t$	0.053 （1.447）	0.055 （1.195）	−0.060* （−1.726）	−0.101** （−2.340）
$Tophold_t$	−0.223*** （−2.998）	−0.250*** （−2.691）	−0.195** （−2.212）	−0.258** （−2.369）
$Inst_t$	0.180*** （3.720）	0.195*** （3.209）	0.094** （2.089）	0.106* （1.902）
_cons	−1.162*** （−4.747）	−1.014*** （−3.311）	−1.600*** （−6.819）	−1.595*** （−5.502）

续表

	股权制衡低		股权制衡高	
	(1) $DUVOL_{t+1}$	(2) $NCSKEW_{t+1}$	(3) $DUVOL_{t+1}$	(4) $NCSKEW_{t+1}$
Indus FE	Yes	Yes	Yes	Yes
Year FE	Yes	Yes	Yes	Yes
N	6,978	6,978	6,847	6,847
adj. R^2	0.109	0.084	0.120	0.091

t statistics in parentheses $*p<0.1$, $**p<0.05$, $***p<0.01$

3. 根据公司盈亏分组进一步分析

根据前文分析，亏损的企业相对盈利企业更有动机去通过"关联交易"进行市值管理。而前文提到，"虚假的""通过关联交易"的商业信用融资并不能发挥公司治理作用。所以我们通过第 t 期公司是否亏损分为亏损组和盈利组。分别检验亏损组和盈利组的公司商业信用融资对于股价崩盘风险的影响。

表 12-7 报告了商业信用融资比例 $Lev1_t$ 的盈亏分组检验结果。回归（1）和回归（2）为业绩亏损的组，分别用 $DUVOL_{t+1}$ 和 $NCSKEW_{t+1}$ 作为股价崩盘风险的指标，商业信用融资比例 $Lev1_t$ 分别为 0.167 和 0.153 且都不显著。回归（3）和回归（4）为业绩盈利的组，分别用 $DUVOL_{t+1}$ 和 $NCSKEW_{t+1}$ 作为股价崩盘风险的指标，商业信用融资比例 $Lev1_t$ 分别为 -0.249 和 -0.234，且分别在 1% 和 5% 上显著。

表 12-8 报告了商业信用融资比例 $Lev2_t$ 的盈亏分组的检验结果。回归（1）和回归（2）为业绩亏损的组，分别用 $DUVOL_{t+1}$ 和 $NCSKEW_{t+1}$ 作为股价崩盘风险的指标，商业信用融资比例 $Lev2_t$ 分别为 0.201 和 0.206，且都不显著。回归（3）和回归（4）为业绩盈利的组，分别用 $DUVOL_{t+1}$ 和 $NCSKEW_{t+1}$ 作为股价崩盘风险的指标，商业信用融资比例 $Lev2_t$ 分别为 -0.352 和 -0.330，且都在 1% 上显著。

综上所述，在控制了其他因素后，业绩盈利的公司，商业信用融资比例与股价崩盘风险之间的负相关性更强，说明在盈利的情况下，商业信用融资更能发挥公司治理作用。

表 12-7　商业信用融资比例（Lev1）的检验结果——盈利亏损分组

	业绩亏损		业绩盈利	
	(1) $DUVOL_{t+1}$	(2) $NCSKEW_{t+1}$	(3) $DUVOL_{t+1}$	(4) $NCSKEW_{t+1}$
$Lev1_t$	0.167 (0.713)	0.153 (0.519)	-0.249*** (-3.309)	-0.234** (-2.501)
$DUVOL_t$	0.116*** (2.981)		0.068*** (5.474)	
$NCSKEW_t$		0.123*** (3.581)		0.080*** (7.201)
$Lev1C_t$	-0.265** (-2.092)	-0.155 (-0.972)	-0.330*** (-7.017)	-0.328*** (-5.615)
$Size_t$	0.085*** (3.164)	0.096*** (2.866)	0.053*** (6.857)	0.050*** (5.164)
BM_t	0.001 (0.254)	0.001 (0.110)	0.016*** (7.162)	0.018*** (6.524)
ROA_t	-0.005 (-1.098)	-0.004 (-0.661)	0.002 (1.402)	0.004** (2.284)
$Aret_t$	16.301*** (3.910)	18.179*** (3.821)	11.556*** (8.377)	13.978*** (9.050)
$Sigma_t$	3.788** (2.486)	5.023*** (2.618)	2.132*** (4.159)	2.647*** (4.153)
$Opaque_t$	0.318 (0.965)	0.514 (1.240)	0.026 (0.253)	0.013 (0.106)
$OTurnover_t$	-0.077 (-0.873)	-0.111 (-0.996)	0.001 (0.030)	-0.020 (-0.596)
$Tophold_t$	-0.086 (-0.502)	-0.137 (-0.633)	-0.198*** (-4.276)	-0.248*** (-4.305)
$Inst_t$	-0.021 (-0.169)	-0.088 (-0.550)	0.130*** (3.889)	0.149*** (3.574)

续表

	业绩亏损		业绩盈利	
	（1） $DUVOL_{t+1}$	（2） $NCSKEW_{t+1}$	（3） $DUVOL_{t+1}$	（4） $NCSKEW_{t+1}$
_cons	-1.513^{***} （-2.601）	-1.763^{**} （-2.409）	-1.476^{***} （-8.729）	-1.507^{***} （-7.173）
Indus FE	Yes	Yes	Yes	Yes
Year FE	Yes	Yes	Yes	Yes
N	1,249	1,249	12,575	12,575
adj. R^2	0.117	0.095	0.114	0.088

t statistics in parentheses $*p<0.1$，$**p<0.05$，$***p<0.01$

表 12-8　商业信用融资（Lev2）的检验结果——盈利亏损分组

	业绩亏损		业绩盈利	
	（1） $DUVOL_{t+1}$	（2） $NCSKEW_{t+1}$	（3） $DUVOL_{t+1}$	（4） $NCSKEW_{t+1}$
$Lev2_t$	0.211 （1.046）	0.206 （0.809）	-0.352^{***} （-5.709）	-0.330^{***} （-4.300）
$DUVOL_t$	0.115^{***} （2.959）		0.068^{***} （5.479）	
$NCSKEW_t$		0.123^{***} （3.570）		0.080^{***} （7.200）
$Lev2C_t$	-0.298^{**} （-2.319）	-0.179 （-1.106）	-0.290^{***} （-6.085）	-0.299^{***} （-5.051）
$Size_t$	0.085^{***} （3.179）	0.096^{***} （2.862）	0.052^{***} （6.743）	0.049^{***} （5.115）
BM_t	0.001 （0.286）	0.001 （0.119）	0.016^{***} （7.047）	0.018^{***} （6.466）
ROA_t	-0.005 （-1.155）	-0.004 （-0.685）	0.002 （1.443）	0.004^{**} （2.283）
$Aret_t$	16.063^{***} （3.853）	18.028^{***} （3.788）	11.594^{***} （8.402）	13.994^{***} （9.057）

续表

	业绩亏损		业绩盈利	
	(1) DUVOL$_{t+1}$	(2) NCSKEW$_{t+1}$	(3) DUVOL$_{t+1}$	(4) NCSKEW$_{t+1}$
Sigma$_t$	3.786** (2.487)	5.023*** (2.620)	2.142*** (4.178)	2.660*** (4.172)
Opaque$_t$	0.314 (0.957)	0.513 (1.238)	0.024 (0.240)	0.012 (0.093)
OTurnover$_t$	−0.074 (−0.836)	−0.108 (−0.974)	0.000 (0.003)	−0.020 (−0.617)
Tophold$_t$	−0.099 (−0.575)	−0.147 (−0.679)	−0.196*** (−4.227)	−0.247*** (−4.281)
Inst$_t$	−0.010 (−0.078)	−0.079 (−0.493)	0.134*** (4.002)	0.152*** (3.645)
_cons	−1.542*** (−2.651)	−1.776** (−2.427)	−1.463*** (−8.665)	−1.499*** (−7.149)
Indus FE	Yes	Yes	Yes	Yes
Year FE	Yes	Yes	Yes	Yes
N	1,249	1,249	12,575	12,575
adj. R^2	0.119	0.096	0.114	0.088

t statistics in parentheses * $p<0.1$, * * $p<0.05$, * * * $p<0.01$

五、影响机制分析

(一) 公司过度投资定义

通过前文分析，我们认为商业信用融资可以通过抑制公司过度的自由现金流，从而抑制公司过度投资，降低股价崩盘风险。我们参考 Richardon (2006) 的模型估计企业的过度投资。研究商业信用融资抑制企业过度投资渠道。

$$INV_{i,\ t+1} = \beta_0 + \beta_1 Q_{i,\ t} + \beta_2 Lev_{i,\ t} + \beta_3 Csh_{i,\ t} + \beta_4 Age_{i,\ t} + \beta_5 Size_{i,\ t}$$

$$+\beta_6 Return_{i,t} + \beta_7 INV_{i,t} + \sum Year + \sum Industey + \varepsilon_{i,t}$$

$$（12-10）$$

其中，INV=（购建固定资产、无形资产和其他长期资产支付的现金+取得子公司及其他营业单位支付的现金+投资支付的现金-处置固定资产、无形资产和其他长期资产收回的现金净额-处置子公司及其他营业单位收到的现金净额-收回投资收到的现金）/期初总资产；Q 为企业的托宾 Q 值；Lev 为年末资产负债率；Cash 为年末现金资产与总资产的比值；Age 为年末企业上市年数的自然对数；Return 为考虑现金红利再投资的年个股回报率；Industry 和 Year 分别为行业及年度哑变量。

回归得到的残差 $\varepsilon_{i,t}$ 即为企业的过度投资水平。本章参照（李万福，2010；詹雷和王瑶瑶，2013；江轩宇和许年行，2015）的做法，当 $\varepsilon_{i,t}>0$ 时，企业的过度投资水平=$\varepsilon_{i,t}$；当 $\varepsilon_{i,t}<0$ 时，企业的过度投资水平=0。滚动前三年企业的过度投资水平均值衡量企业的过度投资行为 OVERINV。即

OVERINV=（第 t 年的企业过度投资水平+第 $t-1$ 年的企业过度投资水平+第 $t-2$ 年的企业过度投资水平）/3 　　　　　　　　　　　　　（12-11）

（二）商业信用融资抑制过度投资渠道

1. 抑制过度投资渠道——过度分组分析

我们通过是否大于年度行业过度投资行为分组。把大于年度行业过度投资行为 OVERINV，定义为 1，否则为 0。通过前文论述，我们认为，商业信用融资可以抑制企业过多的只有现金流，抑制企业过度投资行为，从而降低未来股价崩盘风险。通过对于是否大于年度、行业过度投资行为，分为过度投资行为高的组和过度投资行为低的组。我们认为在过度投资行为高的组，商业信用融资更能发挥公司治理效应，即商业信用融资比例 $Lev1_t$、$Lev2_t$ 与股价崩盘风险的负相关型更强。

表 12-9 报告了商业信用融资 $Lev1_t$ 抑制过度投资假说的验证结果。回归（1）和回归（2）是过度投资行为低的组，商业信用融资比例 $Lev1_t$ 对于股价崩

盘风险 $DUVOL_{t+1}$ 和 $NCSKEW_{t+1}$ 的回归系数分别为 -0.011 和 0.125，且都不显著。回归（3）和回归（4）是过度投资行为高的组，商业信用融资比例 $Lev1_t$ 对于股价崩盘风险 $DUVOL_{t+1}$ 和 $NCSKEW_{t+1}$ 的回归系数分别为 -0.422 和 -0.543，且都在 1% 上显著。

表 12-10 报告了商业信用融资 $Lev2_t$ 抑制过度投资假说的验证结果。回归（1）和回归（2）是过度投资行为低的组，商业信用融资比例 $Lev2_t$ 对于股价崩盘风险 $DUVOL_{t+1}$ 的回归系数为 -0.253，在 5% 上显著，对 $NCKEW_{t+1}$ 的回归系数为 0.174，但不显著。回归（3）和回归（4）是过度投资行为高的组，商业信用融资比例 $Lev2_t$ 对于股价崩盘风险 $DUVOL_{t+1}$ 和 $NCSKEW_{t+1}$ 的回归系数分别为 -0.404 和 -0.468，且都在 1% 上显著。

表 12-9　商业信用融资比例（Lev1）——过度投资分组

	过度投资低		过度投资高	
	（1） $DUVOL_{t+1}$	（2） $NCSKEW_{t+1}$	（3） $DUVOL_{t+1}$	（4） $NCSKEW_{t+1}$
$Lev1_t$	-0.011 (-0.082)	0.125 (0.747)	-0.422^{***} (-2.734)	-0.543^{***} (-2.825)
$Lev1C_t$	-0.273^{***} (-3.461)	-0.289^{***} (-2.924)	-0.158^{*} (-1.895)	-0.130 (-1.251)
$DUVOL_t$	0.040^{*} (1.675)		0.054^{**} (2.267)	
$NCSKEW_t$		0.087^{***} (4.163)		0.065^{***} (3.129)
$Size_t$	0.033^{**} (2.290)	0.029 (1.632)	0.053^{***} (3.532)	0.036^{*} (1.922)
BM_t	0.004 (1.077)	0.007 (1.463)	0.013^{***} (3.009)	0.011^{**} (1.985)
ROA_t	0.001 (0.446)	0.000 (0.056)	0.004^{*} (1.705)	0.006^{**} (2.291)
$Aret_t$	14.214^{***} (4.682)	19.297^{***} (5.681)	13.164^{***} (4.491)	16.201^{***} (4.997)

续表

	过度投资低		过度投资高	
	（1） $DUVOL_{t+1}$	（2） $NCSKEW_{t+1}$	（3） $DUVOL_{t+1}$	（4） $NCSKEW_{t+1}$
$Sigma_t$	2.655 ** （2.443）	4.673 *** （3.432）	1.241 （1.155）	1.383 （1.031）
$Opaque_t$	0.283 （1.506）	0.235 （0.998）	−0.023 （−0.125）	0.048 （0.213）
$OTurnover_t$	−0.091 * （−1.678）	−0.100 （−1.465）	−0.060 （−1.127）	−0.054 （−0.813）
$Tophold_t$	−0.183 * （−1.933）	−0.254 ** （−2.147）	−0.235 ** （−2.558）	−0.258 ** （−2.258）
$Inst_t$	0.110 * （1.678）	0.141 * （1.716）	0.080 （1.249）	0.073 （0.909）
_cons	−0.838 * （−1.939）	−0.894 * （−1.654）	−0.445 （−0.552）	0.278 （0.277）
Indus FE	Yes	Yes	Yes	Yes
Year FE	Yes	Yes	Yes	Yes
N	3,769	3,769	3,741	3,741
adj. R^2	0.103	0.079	0.146	0.104

t statistics in parentheses * $p<0.1$, * * $p<0.05$, * * * $p<0.01$

表 12-10 商业信用融资比例（Lev2）——过度投资分组

	过度投资低		过度投资高	
	（1） $DUVOL_{t+1}$	（2） $NCSKEW_{t+1}$	（3） $DUVOL_{t+1}$	（4） $NCSKEW_{t+1}$
$Lev2_t$	−0.253 ** （−2.312）	−0.174 （−1.267）	−0.404 *** （−3.246）	−0.468 *** （−3.016）
$Lev2C_t$	−0.198 ** （−2.500）	−0.208 ** （−2.091）	−0.134 （−1.586）	−0.112 （−1.062）
$DUVOL_t$	0.041 * （1.723）		0.054 ** （2.265）	

续表

	过度投资低		过度投资高	
	(1) DUVOL$_{t+1}$	(2) NCSKEW$_{t+1}$	(3) DUVOL$_{t+1}$	(4) NCSKEW$_{t+1}$
NCSKEW$_t$		0.089*** (4.225)		0.065*** (3.131)
Size$_t$	0.032** (2.240)	0.028 (1.552)	0.053*** (3.520)	0.036* (1.924)
BM$_t$	0.004 (0.969)	0.007 (1.362)	0.013*** (3.009)	0.011** (2.007)
ROA$_t$	0.001 (0.549)	0.000 (0.119)	0.004* (1.813)	0.007** (2.390)
Aret$_t$	14.436*** (4.753)	19.535*** (5.746)	13.274*** (4.527)	16.336*** (5.037)
Sigma$_t$	2.671** (2.457)	4.689*** (3.441)	1.216 (1.132)	1.338 (0.998)
Opaque$_t$	0.262 (1.396)	0.206 (0.874)	−0.018 (−0.098)	0.057 (0.254)
OTurnover$_t$	−0.094* (−1.723)	−0.103 (−1.502)	−0.060 (−1.120)	−0.053 (−0.799)
Tophold$_t$	−0.178* (−1.880)	−0.250** (−2.109)	−0.233** (−2.545)	−0.256** (−2.242)
Inst$_t$	0.117* (1.779)	0.148* (1.796)	0.080 (1.249)	0.071 (0.889)
_cons	−0.821* (−1.899)	−0.858 (−1.587)	−0.404 (−0.502)	0.319 (0.318)
Indus FE	Yes	Yes	Yes	Yes
Year FE	Yes	Yes	Yes	Yes
N	3,769	3,769	3,741	3,741
adj. R^2	0.103	0.078	0.146	0.104

t statistics in parentheses * $p<0.1$, * * $p<0.05$, * * * $p<0.01$

2. 抑制过度投资渠道——回归分析

进一步分析，我们参考（黄乾富、沈红波，2009）检验关于债务约束与现金流的过度投资的关系。检验商业信用融资 $Lev1_t$ 和 $Lev2_t$ 对于过度投资行为的影响。具体回归方程如下，其中变量 Lev 代表商业信用融资比例 $Lev1_t$ 和 $Lev2_t$，与前文一致。Lev3 是银行贷款（长期贷款+短期贷款）除以总资产。

$$OVERINV_{i,\,t+1} = \beta_0 + \beta_1 Lev_{i,\,t} + \beta_2 Lev3_{i,\,t} + \sum Year + \sum Industey + \varepsilon_{i,\,t}$$

表 12-11 报告了商业信用融资（Lev1 和 Lev2）对企业过度投资行为影响的回归结果。回归（1），商业信用融资比例 $Lev2_t$ 与企业过度投资行为回归系数为-0.046，且在1%上显著；回归（2），商业信用融资比例 $Lev1_t$ 与企业过度投资行为回归系数为-0.055，且在1%上显著；回归（3），银行贷款与企业过度投资行为回归系数为 0.003，但不显著，与黄乾富、沈红波（2009）结果一致。表明 $Lev1_t$ 和 $Lev2_t$（商业信用融资）能对过度投资形成有效约束，而 $Lev3_t$（银行贷款）并不能对过度投资形成有效约束。商业信用融资能通过抑制企业的过度投资来降低公司的股价崩盘风险。

综上所述，商业信用融资通过抑制公司过多的自由现金流，抑制企业过度投资行为，从而降低公司未来的股价崩盘风险。

表 12-11　商业信用融资比例（Lev1 和 Lev2）抑制过度投资

	(1) $OverInv_{t+1}$	(2) $OverInv_{t+1}$	(3) $OverInv_{t+1}$	(4) $OverInv_{t+1}$
$Lev2_t$	-0.046*** (-13.307)			-0.046*** (-13.258)
$Lev1_t$		-0.055*** (-12.443)		
$Lev3_t$			0.003 (1.153)	0.001 (0.276)
_cons	0.034*** (3.382)	0.034*** (3.413)	0.019* (1.926)	0.034*** (3.371)
Indus FE	Yes	Yes	Yes	Yes
Year FE	Yes	Yes	Yes	Yes
N	8,169	8,169	8,169	8,169
adj. R^2	0.035	0.032	0.014	0.035

t statistics in parentheses $*p<0.1$，$**p<0.05$，$***p<0.01$

六、稳健性检验

(一) 内生性检验——采用工具变量

借鉴已有研究，我们采用相同年度同行业以及相同年度同地区其他公司的商业信用融资比例的均值，作为 Lev1 和 Lev2 的工具变量。我们认为，这两个工具变量满足相关性和外生性的要求：从相关性来看，同行业或同地区的公司面临类似的行业特征与外部环境，因而它们的商业信用融资间具有一定的相关性。而目前尚没有证据表明同行或同地区其他公司的大股东持股会影响本公司的股价崩盘风险，故满足外生性原则。

由表 12-12 和表 12-13 可知，在控制内生性问题后，商业信用融资比例 Lev1 和 Lev2 与未来股价崩盘风险依旧显著负相关，符合假设 H1 的预期。

表 12-12　稳健性检验——工具变量

	第一阶段回归		第二阶段回归	
	(1) $Lev1_t$	(2) $Lev1_t$	(3) $DUVOL_{t+1}$	(4) $NCSKEW_{t+1}$
$MLev1_t$	0.101** (2.257)	0.102** (2.273)		
$Instrument_t$			-13.042*** (-3.523)	-17.426*** (-3.811)
$DUVOL_t$	-0.002 (-1.409)		0.047*** (3.367)	
$NCSKEW_t$		-0.001 (-0.796)		0.071*** (6.327)
$Size_t$	0.023*** (26.776)	0.023*** (26.873)	0.351*** (4.078)	0.451*** (4.234)
BM_t	0.003*** (14.826)	0.003*** (14.791)	0.058*** (4.475)	0.075*** (4.711)

续表

	第一阶段回归		第二阶段回归	
	(1) Lev1$_t$	(2) Lev1$_t$	(3) DUVOL$_{t+1}$	(4) NCSKEW$_{t+1}$
ROA$_t$	−0.003*** (−23.014)	−0.003*** (−23.017)	−0.038*** (−3.337)	−0.050*** (−3.582)
Lev1C$_t$	−0.108*** (−21.080)	−0.108*** (−21.059)	−1.710*** (−4.247)	−2.173*** (−4.374)
Aret$_t$	−0.331** (−2.123)	−0.250* (−1.775)	7.882*** (4.379)	10.098*** (5.430)
Sigma$_t$	0.158*** (2.739)	0.162*** (2.807)	4.382*** (5.856)	5.749*** (6.108)
Opaque$_t$	0.018 (1.565)	0.018 (1.567)	0.293** (2.536)	0.383*** (2.675)
OTurnover$_t$	−0.003 (−0.909)	−0.003 (−0.875)	−0.038 (−1.422)	−0.068** (−2.041)
Tophold$_t$	0.002 (0.285)	0.002 (0.292)	−0.170*** (−3.780)	−0.215*** (−3.850)
Inst$_t$	0.013*** (3.468)	0.013*** (3.463)	0.302*** (5.054)	0.378*** (5.115)
_cons	−0.416*** (−20.887)	−0.417*** (−20.970)	−6.533*** (−4.316)	−8.262*** (−4.406)
Indus FE	Yes	Yes	Yes	Yes
Year FE	Yes	Yes	Yes	Yes
N	13,825	13,825	13,825	13,825
adj. R^2	0.275	0.275	0.114	0.088

t statistics in parentheses * $p<0.1$, * * $p<0.05$, * * * $p<0.01$

表 12-13　稳健性检验——工具变量

	第一阶段回归		第二阶段回归	
	(1) Lev2$_t$	(2) Lev2$_t$	(3) DUVOL$_{t+1}$	(4) NCSKEW$_{t+1}$
MLev2$_t$	0.102 * (1.860)	0.103 * (1.887)		
Instrument$_t$			−13.037 *** (−3.539)	−17.258 *** (−3.820)
DUVOL$_t$	−0.004 ** (−2.212)		0.025 (1.317)	
Size$_t$	0.040 *** (38.809)	0.040 *** (38.975)	0.558 *** (3.809)	0.726 *** (4.031)
BM$_t$	0.006 *** (22.351)	0.006 *** (22.293)	0.093 *** (4.013)	0.122 *** (4.288)
ROA$_t$	−0.004 *** (−26.021)	−0.004 *** (−26.032)	−0.052 *** (−3.358)	−0.068 *** (−3.621)
Lev2C$_t$	−0.223 *** (−35.975)	−0.223 *** (−35.942)	−3.121 *** (−3.801)	−4.057 *** (−4.034)
Aret$_t$	−0.369 * (−1.934)	−0.209 (−1.216)	7.471 *** (3.946)	10.869 *** (6.230)
Sigma$_t$	0.124 * (1.764)	0.132 * (1.876)	3.945 *** (6.014)	5.211 *** (6.239)
Opaque$_t$	0.075 *** (5.355)	0.075 *** (5.359)	1.011 *** (3.487)	1.341 *** (3.763)
OTurnover$_t$	0.000 (0.016)	0.000 (0.071)	−0.003 (−0.124)	−0.019 (−0.601)
Tophold$_t$	0.005 (0.755)	0.005 (0.768)	−0.125 *** (−2.601)	−0.156 *** (−2.610)
Inst$_t$	0.014 *** (3.042)	0.014 *** (3.034)	0.315 *** (5.045)	0.393 *** (5.110)
NCSKEW$_t$		−0.002 (−1.214)		0.060 *** (4.707)

续表

	第一阶段回归		第二阶段回归	
	（1） $Lev2_t$	（2） $Lev2_t$	（3） $DUVOL_{t+1}$	（4） $NCSKEW_{t+1}$
_cons	−0.707*** （−29.598）	−0.710*** （−29.737）	−10.177*** （−3.953）	−13.103*** （−4.136）
Indus FE	Yes	Yes	Yes	Yes
Year FE	Yes	Yes	Yes	Yes
N	13,825	13,825	13,825	13,825
adj. R^2	0.326	0.326	0.113	0.087

t statistics in parentheses ＊$p<0.1$，＊＊$p<0.05$，＊＊＊$p<0.01$

（二）剔除"股灾时期"的数据

由于 2015 年和 2016 年，中国 A 股市场出现"千股跌停"，股市出现流动性危机的特殊时间，为了剔除特殊时期的影响，我们采用 2006—2014 年的数据进行回归。

表 12-14 报告了回归结果，发现商业信用融资（Lev1 和 Lev2）和股价崩盘风险（$DUVOL_{t+1}$ 和 $NCSKEW_{t+1}$）依然显著负相关，符合预期假设 H1。

表 12-14　稳健性检验——剔除"股灾"时期

	（1） $DUVOL_{t+1}$	（2） $NCSKEW_{t+1}$	（3） $DUVOL_{t+1}$	（4） $NCSKEW_{t+1}$
$Lev2_t$	−0.348*** （−5.111）	−0.357*** （−4.268）		
$Lev1_t$			−0.249*** （−2.960）	−0.264** （−2.552）
$DUVOL_t$	0.054*** （3.700）		0.054*** （3.697）	
$NCSKEW_t$		0.080*** （6.153）		0.080*** （6.154）

续表

	(1) DUVOL$_{t+1}$	(2) NCSKEW$_{t+1}$	(3) DUVOL$_{t+1}$	(4) NCSKEW$_{t+1}$
Lev1C$_t$			−0.316 *** (−6.186)	−0.326 *** (−5.180)
Lev2C$_t$	−0.277 *** (−5.308)	−0.294 *** (−4.573)		
Size$_t$	0.041 *** (4.791)	0.040 *** (3.815)	0.042 *** (4.887)	0.041 *** (3.857)
BM$_t$	0.012 *** (5.052)	0.015 *** (4.965)	0.013 *** (5.171)	0.015 *** (5.032)
ROA$_t$	0.002 * (1.783)	0.004 ** (2.332)	0.002 * (1.703)	0.004 ** (2.296)
Aret$_t$	11.309 *** (6.943)	13.535 *** (7.541)	11.248 *** (6.910)	13.487 *** (7.521)
Sigma$_t$	2.438 *** (3.843)	3.434 *** (4.399)	2.426 *** (3.823)	3.421 *** (4.382)
Opaque$_t$	0.067 (0.594)	0.044 (0.317)	0.068 (0.601)	0.044 (0.320)
OTurnover$_t$	−0.041 (−1.328)	−0.060 (−1.566)	−0.041 (−1.317)	−0.059 (−1.556)
Tophold$_t$	−0.171 *** (−3.307)	−0.224 *** (−3.515)	−0.173 *** (−3.351)	−0.226 *** (−3.544)
Inst$_t$	0.162 *** (4.243)	0.196 *** (4.177)	0.158 *** (4.152)	0.193 *** (4.113)
_cons	−1.026 *** (−5.333)	−1.011 *** (−4.270)	−1.039 *** (−5.390)	−1.018 *** (−4.292)
Indus FE	Yes	Yes	Yes	Yes
Year FE	Yes	Yes	Yes	Yes
N	9,967	9,967	9,967	9,967
adj. R^2	0.119	0.102	0.119	0.102

t statistics in parentheses * $p<0.1$, * * $p<0.05$, * * * $p<0.01$

七、结论

本章从股价崩盘风险入手，选取 2006—2016 年沪深两市上市公司为研究样本，分析了商业信用融资与股价崩盘风险之间的关系，并通过股权制衡和业绩盈亏分组进一步分析了商业信用融资比例与股价崩盘风险之间的关系。

研究发现：（1）商业信用融资与股价崩盘风险呈负相关关系，这是主要由于商业信用融资可以抑制企业过多的自由现金流，抑制企业过多投资，从而减少公司未来的股价崩盘风险。（2）在股权制衡高的时候，商业信用融资比例与股价崩盘风险负相关更显著。（3）在公司盈利的时候，商业信用融资比例与股价崩盘风险负相关更显著。

本章不仅深化了股价崩盘风险的影响因素，而且深入了解商业信用融资这个重要的债权人在资本市场的作用，从债权人角度深入了解公司治理。

参考文献

[1] 黄乾富，沈红波. 债务来源、债务期限结构与现金流的过度投资——基于中国制造业上市公司的实证证据 [J]. 金融研究，2009（9）：143-155.

[2] 江轩宇，伊志宏. 审计行业专长与股价崩盘风险 [J]. 中国会计评论，2013，11（2）：133-150.

[3] 江轩宇. 税收征管、税收激进与股价崩盘风险 [J]. 南开管理评论，2013，16（5）：152-160.

[4] 姜付秀，黄继承. 经理激励、负债与企业价值 [J]. 经济研究，2011，46（5）：46-60.

[5] 唐建新，李永华，卢剑龙. 股权结构、董事会特征与大股东掏空——来自民营上市公司的经验证据 [J]. 经济评论，2013（1）：86-95.

［6］李小荣，刘行.CEO vs CFO：性别与股价崩盘风险［J］.世界经济，2012，35（12）：102-129.

［7］柳建华，魏明海，郑国坚.大股东控制下的关联投资："效率促进"抑或"转移资源"［J］.管理世界，2008（3）：133-141，187.

［8］陆建桥.中国亏损上市公司盈余管理实证研究［J］.会计研究，1999（9）：25-35.

［9］王化成，曹丰，叶康涛.监督还是掏空：大股东持股比例与股价崩盘风险［J］.管理世界，2015（2）：45-57，187.

［10］许年行，江轩宇，伊志宏，等.分析师利益冲突、乐观偏差与股价崩盘风险［J］.经济研究，2012，47（7）：127-140.

［11］杨勇，黄曼丽，宋敏.银行贷款、商业信用融资及我国上市公司的公司治理［J］.南开管理评论，2009，12（5）：28-37.

［12］叶康涛，曹丰，王化成.内部控制信息披露能够降低股价崩盘风险吗？［J］.金融研究，2015（2）：192-206.

［13］叶康涛，陆正飞，张志华.独立董事能否抑制大股东的"掏空"？［J］.经济研究，2007（4）：101-111.

［14］Amy P. Hutton, Alan J. Marcus, Hassan Tehranian. Opaque financial reports, R2, and crash risk［J］. Journal of Financial Economics, 2008, 94（1）.

［15］Burkart, Mike, and Tore Ellingsen. "In-Kind Finance：A Theory of Trade Credit." American Economic Review, 2004, 94（3）：569-590.

［16］Heng An, Ting Zhang. Stock price synchronicity, crash risk, and institutional investors［J］. Journal of Corporate Finance, 2013, 21.

［17］Jeong-Bon Kim, Ying hua Li, Lian dong Zhang. Corporate tax avoidance and stock price crash risk：Firm-level analysis［J］. Journal of Financial Economics, 2010, 100（3）.

［18］Jeong-Bon Kim, Ying hua Li, Lian dong Zhang. CFOs versus CEOs：Equity incentives and crashes［J］. Journal of Financial Economics, 2011, 101（3）.

[19] JENSEN M C, MECKLING W H Theory of the firm: Managerial behavior, agency costs and ownership structure [J]. Journal of Financial Economics1976, 3: 305-360.

[20] Jensen, Michael C., Agency Cost of Free Cash Flow, Corporate Finance, and Takeovers. American Economic Review, Vol. 76, No. 2, May 1986.

[21] Nianhang Xu, Xiaorong Li, Qingbo Yuan, Kam C. Chan. Excess perks and stock price crash risk: Evidence from China [J]. Journal of Corporate Finance, 2014, 25.

[22] Yongtae Kim, Haidan Li, Siqi Li. Corporate social responsibility and stock price crash risk [J]. Journal of Banking and Finance, 2014, 43.

第十三章 "8·11汇改"前后在岸人民币和香港离岸人民币即期汇率市场之间的互动及在岸人民币成交量作用的研究

郭好格 李 杰

摘 要：本章延续前人的研究，先运用 Granger 因果检验模型对"8·11汇改"前后在岸人民币即期汇率和香港离岸人民币即期汇率之间的报酬溢出效应互动关系进行研究，发现在"8·11汇改"之后，在岸人民币市场对香港离岸人民币汇率市场的价格引导作用相对来说有所加强；接着，本章探究了在岸人民币成交量的作用，回归结果发现：（1）在岸人民币成交量越大，在岸人民币即期汇率越会贬值；（2）在岸人民币成交量的增大使在岸人民币即期汇率价格对离岸人民币即期汇率价格的影响加大。

关键词："8·11汇改" 人民币即期汇率 在岸人民币成交量

本章中的"8·11汇改"指的是中国人民银行在 2015 年 8 月 11 日宣布的对在岸人民币（以下简称 CNY）中间价进行的报价机制改革。在"8·11汇改"之前，我国对 CNY 实行的中间价报价机制不够透明化和市场化，简单来说是由中国外汇交易中心（以下简称 CFETS）结合各做市商报价公布的，这其中存在大量人为可操作空间，使市场扭曲现象比较严重，因此 CNY 汇率市场化程度较低。"8·11汇改"之后，各做市商报价需要依据前一天的汇率收盘价，结合市场上的外汇供求关系等市场交易信息，并由只盯紧美元价格转为将一篮子货币作为参考，综合考虑之后再提供中间价报价。由此可以明显看出，"8·11

汇改"之后，我国 CNY 汇率受央行的控制减少，转而市场化程度增强。"8·11
汇改"是我国 CNY 汇率改革的一个转折点，也是我国在推动人民币国际化过程
中实施的一项重要举措。因此，本章选择"8·11 汇改"作为节点对 CNY 和香
港离岸人民币（以下简称 CNH）汇率价格进行研究，是具有一定现实意义的。

　　同时，从图 13-1 的 CNY 日成交量数据来看，以 2015 年 8 月 11 日汇率改
革为分界点，"8·11 汇改"之前，CNY 日成交量在 150 亿美元左右，而在
"8·11 汇改"之后，CNY 日成交量有了明显的提高，在 250 亿到 300 亿美元左
右，说明"8·11 汇改"也是 CNY 成交量发生变化的一个时间点，结合此次汇
改前后 CNY 和 CNH 汇率的变化，本章也想要探究一下 CNY 成交量对两者的
作用。

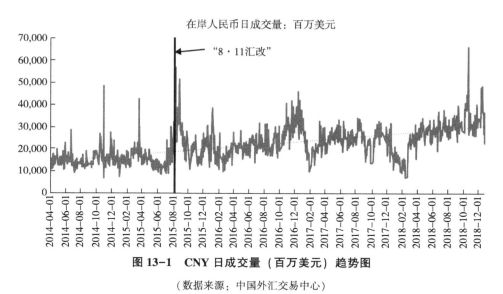

图 13-1　CNY 日成交量（百万美元）趋势图

（数据来源：中国外汇交易中心）

　　本章的主体结构主要分为四个部分。第一部分为文献综述部分，这一部分
概括总结了本章参考阅读过的国内外文献；第二部分为 CNY 即期汇率和香港
CNH 即期汇率市场之间的互动研究；第三部分为 CNY 成交量作用的研究；第四
部分也即本章的最后一个部分为结论和启示部分，总结根据本章研究模型所得
到的具体结论和启发。

一、文献综述

关于 CNY 与 CNH 汇率市场之间的报酬溢出（价格引导和价格发现）效应方面的研究，结论大体分为两类。第一类，相对来说，CNH 汇率市场的价格引导作用更强。李晓峰、陈华（2008）得到了类似的结论。第二类，CNY 市场的价格引导作用更为明显。熊鹭（2011），伍戈（2012），贺晓博、张笑梅（2012），李政、梁琪、卜林（2017）的文章研究均证明了这一结论。对 CNY 和 CNH 汇率市场之间的互动关系的研究由来已久，虽然结论不一，但为本章研究方向提供了有效参考。

关于 CNY 和 CNH 汇率市场的互动关系分析中加入汇率改革这个因素的研究方面，大量文献都对此有所研究，且得到了汇改前后两个市场互动关系会有所变化的这一重要结论。国外研究方面，Park（2001）是对韩国 1998 年汇改前后的韩圆在岸离岸汇率市场进行研究，发现汇改之后两者之间的互动关系发生了变化。国内对于我国人民币汇率改革的研究方面，诸多文献也发现了汇率改革会使之前的互动关系发生变化，但对于汇改之后两个汇率市场的关系研究所得结论不一致，分为三大类。第一类结论即在汇改之后，CNY 汇率市场的价格引导作用有所增强。黄学军、吴冲锋（2006），黄志刚、郑国忠（2012），黄志刚、耿庆峰、吴文平（2014）均是通过研究我国 2005 年的汇率改革发现了这一点。第二类结论与之相反，徐剑刚等（2007）通过研究我国 2005 年汇率改革，发现汇改之后 CNH 汇率市场的价格中心地位依然更为明显。

关于对 CNY 成交量的研究，事实上现有的文献研究较为稀少。丁剑平、陆长荣、蔚立柱（2018）首次将 CNY 成交量这个要素纳入两个汇率市场价格互动关系分析的框架中，并得出 CNY 成交量与 CNH 汇率价格之间有显著关系的结论。本章将尝试对 CNY 成交量的作用进行再次研究。

二、在岸人民币和香港离岸人民币即期汇率市场之间的互动研究

（一）提出假设

由于 "8·11 汇改" 之后，CNY 汇率受央行的控制显著降低，市场化程度
增加，再加上 CNY 汇率市场发展时间久，发展规模大的特点，因此，本章对于
在岸和香港离岸人民币即期汇率（以下简称 CNYSPOT 和 CNHSPOT）之间的关
系提出如下假设：

假设 1："8·11 汇改" 之后，CNYSPOT 对 CNHSPOT 的价格溢出效应相对
有所增强。

（二）理论模型——Granger 因果检验模型

本章采用 Granger 因果检验模型探究 CNYSPOT 市场和 CNHSPOT 市场之间
存在的价格溢出效应。Granger 因果检验基于稳定的时间序列这一重要假设，其
"因果" 关系指的是对于服从平稳随机过程的两个时间序列变量 X 和 Y 来
说，如果利用时间序列 X 和 Y 的过去值共同对时间序列 Y 进行预测，比只用 Y
的过去值预测的预测效果更好，则可以称变量 X 是 Y 的 Granger 原因。进一步
结合本章研究举例来说，若能显著拒绝 "CNHSPOT 市场的价格变动不能引起
CNYSPOT 市场的价格变动" 原假设，即 P 值很小，一般为小于 0.1、0.05 或
0.01，我们便可以认为 CNHSPOT 市场过去的价格变动信息对当期 CNYSPOT 市
场的价格变动在 10%、5% 或 1% 置信水平上具有显著的价格溢出效应，也即
"CNHSPOT 市场是 CNYSPOT 市场的 Granger 原因"。

（三）样本数据选取

本章以 2015 年 8 月 11 日作为样本分割点，选定 CNYSPOT 和 CNHSPOT 汇
率样本区间为 2012 年 1 月 1 日至 2018 年 12 月 31 日，并且去除了因为在岸和香

港地区由于交易日不同等因素而造成的不一致数据。CNYSPOT 和 CNHSPOT 全样本数据量为 1,654，其中"8·11 汇改"前数据量为 852，"8·11 汇改"后数据量为 802。

本章实证研究中汇率报价均采用相对美元来说的直接标价法，其中 CNYS-POT 数据选用是由 CFETS 公布的每日收盘价，CNHSPOT 采用的数据是由香港财资市场公会提供的每日定盘价。为尽可能获取平稳数据，人民币汇率收益率计算将对不同品种的每日汇率报价 P_t 先取对数再进行差分，最后乘以 100 便于数据分析，具体计算公式如下：

$$R_t = 100 \times (\ln P_t - \ln P_{t-1})$$

（四）变量描述性统计及平稳性检验

1. 变量描述性统计

从表 13-1 中的数据标准差可以看出，"8·11 汇改"前后 CNHSPOT 汇率市场的波动程度均大于 CNYSPOT 汇率市场，偏度和峰度值及 JB 统计量三者均显示两个市场收益率不是正态分布的。从表中均值和中位数可得"8·11 汇改"后两个市场汇率多数处于贬值状态。而将"8·11 汇改"前后相对应的标准差对比，可以发现两个市场的收益率在"8·11 汇改"后波动均明显增大。

表 13-1 "8·11 汇改"前后变量描述性统计

	变量	均值	中位数	最大值	最小值	标准差	偏度	峰度	JB 统计量	P 值
"8.11 汇改"前	CNYSPOT	-0.0009	0	0.4990	-0.5832	0.1016	0.1123	8.0036	890.5500	0
	CNHSPOT	-0.0012	-0.0048	0.6133	-0.5012	0.1114	0.4992	6.6783	515.6963	0
"8.11 汇改"后	CNYSPOT	0.0113	0.0046	1.8097	-1.1498	0.2358	0.3401	10.3003	1,796.3990	0
	CNHSPOT	0.0122	0.0228	2.8677	-1.4531	0.3066	0.6543	14.7232	4,649.7630	0

注："8·11 汇改"前后的样本区间分别为 2012 年 1 月 1 日至 2015 年 8 月 10 日和 2015 年 8 月 11 日至 2018 年 12 月 31 日；JB 统计量的 P 值如果能够显著拒绝原假设，则变量不是正态分布。

图 13-2 是 CNYSPOT 和 CNHSPOT 两个汇率收益率序列的趋势图。图中也验证了表 13-1 中呈现的标准差变化，在"8·11 汇改"之后，两个收益率序列波动均明显增大。尤其发现在"8·11 汇改"当天波动剧增的特点。这些也验

证了本章将"8·11汇改"作为分界点,对其前后的 CNYSPOT 和 CNHSPOT 汇率市场之间的互动关系进行分别研究、分析对比的正确性。

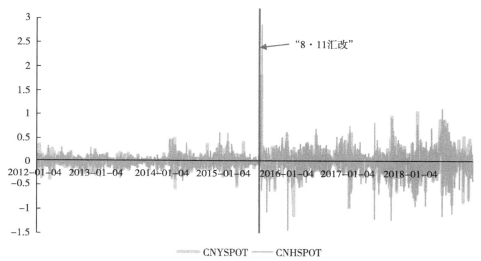

图 13-2 CNYSPOT 和 CNHSPOT 汇率收益率时序图

(数据来源:中国外汇交易中心和香港财资市场公会)

2. 变量平稳性检验

表 13-2 是"8·11汇改"前后变量平稳性检验结果。从表 13-2 中可以看出,对各收益率序列进行带有截距项的单位根检验,P 值均小于 0.01,可以满足后续进行 Granger 因果检验的前提。

表 13-2 "8·11汇改"前后变量平稳性(ADF)检验

	变量	t 统计量	P 值
"8·11汇改"前	CNYSPOT	-4.7645	0.0001
	CNHSPOT	-12.101	0
"8·11汇改"后	CNYSPOT	-11.5127	0
	CNHSPOT	-24.2369	0

注:ADF 检验的 P 值如果小于 0.01 及以下,则变量序列是平稳的。

（五）实证结果分析

本章 Granger 因果检验选取 1 至 7 阶滞后阶数，相对来说可以较为全面地捕捉一周内 CNYSPOT 和 CNHSPOT 汇率价格之间的相互引导关系。表 13−3 和表 13−4 分别为"8·11 汇改"前后的检验结果。

表 13−3　"8·11 汇改"前的 Granger 因果检验统计

原假设	P 值						
	滞后 1 阶	滞后 2 阶	滞后 3 阶	滞后 4 阶	滞后 5 阶	滞后 6 阶	滞后 7 阶
CNHSPOT 不是 CNYSPOT 格兰杰原因	0.2814	0.3635	0.7621	0.0465**	0.0064***	0.0147**	0.0135**
CNYSPOT 不是 CNHSPOT 格兰杰原因	0.00***	0.00***	0.00***	0.00***	0.00***	0.00***	0.00***

注：＊＊＊、＊＊、＊分别对应 1%、5%、10% 水平上显著拒绝原假设；数据区间从 2012 年 1 月 1 日到 2015 年 8 月 10 日。

从表 13−3 中"8·11 汇改"前的 Granger 因果检验统计结果可以看出，在"8·11 汇改"之前，滞后 4 到 7 阶时，我们可以显著拒绝"CNHSPOT 不是 CNYSPOT 格兰杰原因"，而滞后 1 到 7 阶时，我们均可以显著拒绝"CNYSPOT 不是 CNHSPOT 格兰杰原因"。由此可以看出，即使在"8·11 汇改"之前，CNYSPOT 与 CNHSPOT 之间的价格溢出关系也是双向的，但 CNYSPOT 价格相对于 CNHSPOT 价格引导作用更具有优势地位。

表 13−4　"8·11 汇改"后的 Granger 因果检验统计

原假设	P 值						
	滞后 1 阶	滞后 2 阶	滞后 3 阶	滞后 4 阶	滞后 5 阶	滞后 6 阶	滞后 7 阶
CNHSPOT 不是 CNYSPOT 格兰杰原因	0.0479**	0.2727	0.3396	0.4951	0.3690	0.2286	0.4149
CNYSPOT 不是 CNHSPOT 格兰杰原因	0.00***	0.00***	0.00***	0.00***	0.00***	0.00***	0.00***

注：＊＊＊、＊＊、＊分别对应 1%、5%、10% 水平上显著拒绝原假设；数据区间从 2015 年 8 月 11 日到 2018 年 12 月 31 日。

从表 13-4 可以发现，相较于 "8·11 汇改" 前的情况，只有在滞后 1 阶时，我们才可以显著拒绝 "CNHSPOT 不是 CNYSPOT 格兰杰原因"，这说明 CNHSPOT 汇率价格对 CNYSPOT 汇率价格的引导和发现功能有所下降，而同样的从滞后 1 到 7 阶，我们均可以显著拒绝 "CNYSPOT 不是 CNHSPOT 格兰杰原因"。因此相对来说，CNYSPOT 对 CNHSPOT 的价格溢出效应有所增强，其价格中心地位有所提升，验证了本章的假设 1。

三、在岸人民币成交量作用的研究

(一) 提出假设

从图 13-3 可以看出，在 "8·11 汇改" 之前，CNY 价格基本上在一个较小的范围内波动，CNY 汇率不够市场化，央行通过汇改前的中间价机制将其控制在一个较低的水平；而在 "8·11 汇改" 之后，中间价报价机制的改革使 CNY 价格变化变得更加市场化，CNY 汇率波动变大，且有贬值的趋势，由此我们可以说在汇改之前我国央行的控制作用使得 CNY 汇率处于一个高估的状态。同时，在 "8·11 汇改" 之后，从图 13-1 可以看到 CNY 成交量也呈上升趋势，这是市场化的一个表现，所以我们有理由假设 CNY 成交量可能与 CNY 汇率价格之间存在某种联系。此外，由于 CNY 市场发展时间更长，当其市场化程度增强的情况下，发展规模较大的优势会体现出来，CNY 成交量的增大可能会增强 CNY 汇率对 CNH 汇率的价格引导力。基于以上分析本章提出以下两个假设：

假设 2：CNY 成交量越高，CNYSPOT 汇率越会贬值；

假设 3：CNY 成交量越高，CNYSPOT 汇率价格对 CNHSPOT 汇率价格的影响越大。

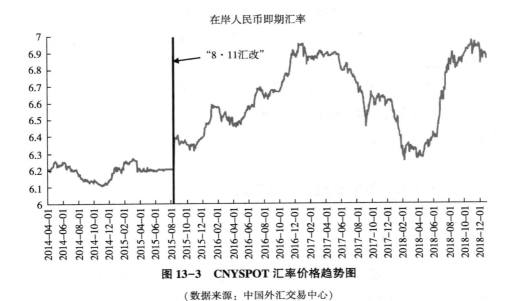

图 13-3　CNYSPOT 汇率价格趋势图

（数据来源：中国外汇交易中心）

（二）模型介绍及变量选取

本章建立如下回归模型来验证前面提出的假设 2 和假设 3：

模型 1：$rcnyspot_t = \alpha + \beta_1 rcnhspot_t + \beta_2 middle_t + \beta_3 lnvolume_t + \beta_4 rndf_t + \beta_5 shibor_t + \beta_6 rUSDX_t + \varepsilon_t$

模型 2：$rcnhspot_t = \alpha + \beta_1 rcnhspot_{t-1} + \beta_2 rcnyspot_t + \beta_3 rcnyspot_t \times d\_lnvolume_t + \beta_4 rndf_t + \beta_5 cnhhibor_t + \beta_6 rUSDX_t + \varepsilon_t$

模型中使用到的变量解释和其数据来源如表 13-5 所示。由于 CNY 日成交量数据的可得性限制，本章选定所有变量的数据区间从 2014 年 4 月 1 日到 2018 年 12 月 31 日。

表 13-5　模型变量解释及数据来源

变量名称	变量解释	计算方法	原始数据来源
rcnyspot	在岸人民币即期汇率收益率	$100 \times \ln(cnyspot_t - cnyspot_{t-1})$	中国外汇交易中心
rcnhspot	离岸人民币即期汇率收益率	$100 \times \ln(cnhspot_t - cnhspot_{t-1})$	香港财资市场公会
lnvolume	在岸人民币成交量取对数	$\ln($在岸人民币成交量$)$	中国外汇交易中心

续表

变量名称	变量解释	计算方法	原始数据来源
d_lnvolume	由在岸人民币成交量取对数产生的虚拟变量	根据不同情况而定	
rndf	一年期人民币 NDF 收益率	$100 \times \ln(ndf_t - ndf_{t-1})$	Wind 数据库
cnhhibor	香港隔夜人民币银行间拆借利率		香港财资市场公会
rUSDX	美元指数收益率	$100 \times \ln(USDX_t - USDX_{t-1})$	Wind 数据库
rmiddle	人民币汇率中间价	$100 \times \ln(middle_t - middle_{t-1})$	中国外汇交易中心
shibor	上海银行间同业拆放利率		Wind 数据库

（三）变量描述性统计及平稳性检验

因为本章所用模型采取的数据是时间序列的，所以需要进行平稳性检验，才能保证回归结果的可靠性。由表13-6中的 ADF 平稳性检验来看，p 值均小于0.01，可以说明表中所列所有的变量都是平稳的，为本章之后的回归建立了前提，使其出现伪回归结果的概率大大降低。

表13-6　数据描述性统计及平稳性检验

变量名称	观察量	均值	标准差	最小值	最大值	ADF 检验	
						t 统计量	p 值
rcnyspot	1,162	0.0085	0.2072	−1.1497	1.8097	−29.267	0
rcnhspot	1,169	0.0087	0.2666	−1.4531	2.8677	−27.686	0
lnvolume	1,186	9.9437	0.3547	8.8134	11.1021	−8.574	0
rndf	876	0.0058	0.2897	−1.4987	3.6527	−25.491	0
cnhhibor	1,165	2.8978	3.5399	−3.7250	66.8150	−14.235	0
rUSDX	1,238	0.0149	0.4509	−2.1252	3.1345	−33.327	0
rmiddle	1,164	0.0094	0.2056	−0.9263	1.8403	−26.253	0
shibor	1,183	2.3668	0.4818	1.0270	3.7020	−18.820	0

（四）实证结果分析

本章的全样本数据从2014年4月1日到2018年12月31日，"8·11汇改"

之前的子样本数据从 2012 年 4 月 1 日到 2015 年 8 月 10 日，"8·11 汇改"之后的子样本数据从 2015 年 8 月 11 日到 2018 年 12 月 31 日，将这三个样本分别进行回归。

1. 模型 1 实证结果分析

表 13-7　模型 1 基线回归结果

变量	（1）	（2）	（3）
	rcnyspot		
	"8·11 汇改"前	"8·11 汇改"后	全样本
rcnhspot	0.1550 *** （0.0491）	0.1320 *** （0.0256）	0.1590 *** （0.0227）
rmiddle	0.0204 （0.0371）	0.0360 （0.0318）	−0.0064 （0.0235）
lnvolume	−0.0339 （0.0214）	0.0375 * （0.0198）	0.0279 ** （0.0139）
rndf	0.3220 *** （0.0480）	0.4200 *** （0.0255）	0.3960 *** （0.0204）
shibor	−0.0119 （0.0075）	−0.0341 * （0.0176）	−0.0232 ** （0.0092）
rUSDX	0.0185 （0.0118）	0.0869 *** （0.0160）	0.0556 *** （0.0113）
常数项	0.3400 * （0.2040）	−0.2900 （0.1980）	−0.2220 （0.1380）
观察量	237	570	723
R^2	0.347	0.607	0.615

注：括号中的是系数标准误差，＊＊＊$p<0.01$，＊＊$p<0.05$，＊$p<0.1$。

通过表 13-7 中 3 个回归结果的对比，我们发现对于"8·11 汇改"前，模型 1 的拟合度不好，除了 rcnhspot 和 rndf，其他变量的系数均不显著。观察回归（2）和（3），rcnhspot 的系数显著为正，说明 CNH 对于 CNY 汇率价格也是有一定影响的；而 rmiddle 的系数均不显著，这说明人民币中间价只是一个参考，CNY 汇率并不直接依赖于人民币中间价；lnvolume 的估计系数为正，这验证了本章的假设2，CNY成交量越大，侧面说明CNY越市场化，会将之前受央行管控条件下CNY存在的贬值压力释放出来，即CNY成交量越大，CNYSPOT汇率越贬值。rndf的回归系数为正，人民币NDF汇率代表人们对人民币汇率的预期，而市场上的预期一般都会有自我实现的趋势，因此人们越对人民币汇率预期贬值，CNYSPOT汇率就越会贬值；shibor的估计系数为负，SHIBOR越大，代表人民币需求量越多或供应越紧张，因此，shibor越大，CNYSPOT汇率越会有升值的趋势；rUSDX的回归系数为正，美元指数越强，说明美元形势走强，所以美元指数越大，CNY汇率越贬值。

2. 模型2实证结果分析

（1）基线回归结果

表13-8　模型2基线回归结果一

将lnvolume从小到大排序，d_lnvolume（0.9）表示如果lnvolume大于等于90百分位数时，记为1，否则记为0。

变量	（4）	（5）	（6）
	rcnhspot		
	"8·11汇改"前	"8·11汇改"后	全样本
rcnhspot（−1）	0.0999 * （0.0533）	0.0414 （0.0288）	0.0517 ** （0.0248）
rcnyspot	0.1020 （0.0887）	0.2680 *** （0.0665）	0.3110 *** （0.0541）
rcnyspot×d_lnvolume （0.9）	0.6900 *** （0.1440）	0.5540 *** （0.0995）	0.4750 *** （0.0832）
rndf	0.3670 *** （0.0590）	0.3430 *** （0.0417）	0.3350 *** （0.0348）
cnhhibor	−0.0110 ** （0.00472）	−0.0147 *** （0.00209）	−0.0147 *** （0.00182）
rUSDX	0.0291 ** （0.0140）	0.1630 *** （0.0237）	0.1100 *** （0.0163）
常数项	0.0318 ** （0.0146）	0.0447 *** （0.0106）	0.0431 *** （0.00833）

续表

变量	(4)	(5)	(6)
	rcnhspot		
	"8·11汇改"前	"8·11汇改"后	全样本
观察量	228	549	777
R^2	0.431	0.571	0.547

注：括号中的是系数标准误差，＊＊＊$p<0.01$，＊＊$p<0.05$，＊$p<0.1$。

从表13-8的回归结果来看，rcnhspot（-1）的估计系数为正，说明 CNHS-POT 汇率会在一定程度上参考它前一期的汇率价格；rcnyspot 的估计系数为正，说明 CNYSPOT 汇率价格会在一定程度上引导 CNHSPOT 汇率价格；rndf 的回归系数为正，说明人们越预期贬值，CNHSPOT 汇率在一定程度上就越会贬值；cnhhibor 的估计系数为负，cnhhibor 越大，代表香港 CNH 需求量越多或供应越紧张，因此，cnhhibor 越大，CNHSPOT 汇率越会有升值的趋势，直观表现为 CNHSPOT 数值减小；rUSDX 的回归系数为正，说明美元指数越高，即美元越强劲，所以相对地，CNHSPOT 汇率越贬值。显著性方面，我们可以发现"8·11汇改"前的结果中 rcnyspot 的系数并不显著，这可能与汇改之前 CNY 不够市场化有关。

关注回归（5）（6）中，rcnyspot×d_lnvolume（0.9）前面的估计系数，发现均显著为正，这基本证明了我们的假设3，当 CNY 成交量相对大的情况下，CNYSPOT 价格对 CNHSPOT 价格的影响更大。

表13-9　模型2基线回归结果二

将 lnvolume 从小到大排序，d_lnvolume（0.9-0.95）表示如果 lnvolume 大于等于90百分位数同时小于95百分位数时，记为1，否则记为0；d_lnvolume（0.95）表示如果 lnvolume 大于等于95百分位数时，记为1，否则记为0。

变量	(7)	(8)	(9)
	rcnhspot		
	"8·11汇改"前	"8·11汇改"后	全样本
rcnhspot（-1）	0.0939＊	0.0317	0.0399
	(0.0530)	(0.0286)	(0.0249)

续表

变量	(7)	(8)	(9)
	rcnhspot		
	"8·11汇改"前	"8·11汇改"后	全样本
rcnyspot	0.0947 (0.0875)	0.2750 *** (0.0656)	0.3080 *** (0.0536)
rcnyspot×d_lnvolume (0.9-0.95)	0.5880 *** (0.1990)	0.2290 * (0.1290)	0.0862 (0.1530)
rcnyspot×d_lnvolume (0.95)	0.7690 *** (0.1800)	0.9110 *** (0.1340)	0.6120 *** (0.0939)
rndf	0.3790 *** (0.0597)	0.3360 *** (0.0412)	0.3360 *** (0.0345)
cnhhibor	−0.0112 ** (0.0047)	−0.0147 *** (0.0021)	−0.0147 *** (0.0018)
rUSDX	0.0275 * (0.0140)	0.1630 *** (0.0233)	0.1100 *** (0.0161)
常数项	0.0311 ** (0.0144)	0.0436 *** (0.0105)	0.0417 *** (0.0083)
观察量	233	549	782
R^2	0.432	0.583	0.553

注：括号中的是系数标准误差，＊＊＊$p<0.01$，＊＊$p<0.05$，＊$p<0.1$。

相比于表 13-8 将 lnvolume 大于等于 90 百分位数设置一个 dummy 来说，表 13-9 的回归中有两个虚拟变量，对比回归（8）和（9）结果，本章发现两个交乘项系数均显著且 rcnyspot×d_lnvolume（0.95）的回归系数比 rcnyspot×d_lnvolume（0.9-0.95）更大，这直接证明了我们的假设 3，即 CNY 成交量越大，CNYSPOT 汇率对 CNHSPOT 汇率的影响越大。

（2）模型 2 稳健性检验回归结果

表 13-10 和表 13-11 为模型 2 的稳健性检验回归，相对于基线回归，稳健性检验回归将 CNY 成交量的虚拟变量设置为 1 的水平调低，即设置 CNY 成交量为相对较大的标准降低了，具体由 90 百分位数以上降到 75 百分位数以上。通过对比分析，表 13-10 的回归结果相对应于表 13-8 中的估计系数符号和显著

性是一致的，应该注意的是，rcnyspot×d_lnvolume（0.75）与 rcnhspot 仍然显著
正相关，和我们之前得到的结果也一致。

表 13-10　模型 2 稳健性检验回归结果一

将 lnvolume 从小到大排序，d_lnvolume（0.75）表示如果 lnvolume 大于等于 75 百分位数时，记为
1，否则记为 0。

变量	（10）	（11）	（12）
	rcnhspot		
	"8·11 汇改" 前	"8·11 汇改" 后	全样本
rcnhspot（-1）	0.1100**	0.0481	0.0564**
	(0.0546)	(0.0293)	(0.0252)
rcnyspot	0.1070	0.2800***	0.3140***
	(0.1020)	(0.0699)	(0.0590)
rcnyspot×d_lnvolume（0.75）	0.4340***	0.3220***	0.2420***
	(0.1340)	(0.0848)	(0.0701)
rndf	0.3540***	0.3420***	0.3370***
	(0.0605)	(0.0424)	(0.0353)
cnhhibor	-0.0108**	-0.0147***	-0.0155***
	(0.0049)	(0.0021)	(0.0019)
rUSDX	0.0366**	0.1520***	0.1080***
	(0.0142)	(0.0239)	(0.0165)
常数项	0.0318**	0.0458***	0.0457***
	(0.0149)	(0.0108)	(0.0084)
观察量	228	549	777
R^2	0.401	0.558	0.535

注：括号中的是系数标准误差，***$p<0.01$，**$p<0.05$，*$p<0.1$。

表 13-11 中的稳健性检验出现了三个虚拟变量，将表 13-10 中 75 百分位以
上的一个 dummy 分成了三段 dummy，虽然 rcnyspot×d_lnvolume（0.75-0.9）前
面的回归系数均不显著，但是我们可以从回归（14）的结果中看到，rcnyspot×d_
lnvolume（0.95）和 rcnyspot×d_lnvolume（0.9-0.95）的估计系数都显著为
正，且前者系数大于后者，这也证明了本章的假设 3。

表 13-11　模型 2 稳健性检验回归结果二

将 lnvolume 从小到大排序，d_lnvolume（75%）表示如果 lnvolume 大于等于 75 百分位数同时小于 90 百分位数时，记为 1，否则记为 0；d_lnvolume（90%）表示如果 lnvolume 大于等于 90 百分位数同时小于 95 百分位数时，记为 1，否则记为 0；d_lnvolume（95%）表示如果 lnvolume 大于等于 95 百分位数时，记为 1，否则记为 0。

变量	(13)	(14)	(15)
	rcnhspot		
	"8·11汇改"前	"8·11汇改"后	全样本
rcnhspot（-1）	0.0939* (0.0531)	0.0320 (0.0286)	0.0403 (0.0250)
rcnyspot	0.0941 (0.0977)	0.2780*** (0.0681)	0.3120*** (0.0577)
rcnyspot×d_lnvolume (0.75-0.9)	0.0023 (0.1790)	-0.0204 (0.1180)	-0.0172 (0.0896)
rcnyspot×d_lnvolume (0.9-0.95)	0.5880*** (0.2030)	0.2260* (0.1310)	0.0827 (0.1540)
rcnyspot×d_lnvolume (0.95)	0.7690*** (0.1850)	0.9080*** (0.1350)	0.6080*** (0.0962)
rndf	0.3790*** (0.0600)	0.3360*** (0.0413)	0.3360*** (0.0346)
cnhhibor	-0.0112** (0.0047)	-0.0147*** (0.0021)	-0.0146*** (0.0018)
rUSDX	0.0276* (0.0140)	0.1630*** (0.0234)	0.1100*** (0.0161)
常数项	0.0311** (0.0144)	0.0436*** (0.0105)	0.0416*** (0.0083)
观察量	233	549	782
R^2	0.432	0.583	0.553

注：括号中的是系数标准误差，＊＊＊$p<0.01$，＊＊$p<0.05$，＊$p<0.1$。

总的来说，模型 2 的稳健性检验结果与基线回归结果基本一致，增强了可信度，证明了所得结论的稳定性和假设 3 的正确性。

四、结论和启示

本章运用 Granger 因果检验模型，对"8·11 汇改"前后 CNYSPOT 市场与香港 CNHSPOT 市场间的信息传递及互动关系做出探究。结果发现"8·11 汇改"前后，两个汇率市场价格之间均是有双向互动的，且在"8·11 汇改"之后，CNYSPOT 汇率对 CNHSPOT 汇率的价格发现和引导作用相对来说有所增强，其价格中心的地位相对来说有所提高。

同时，本章也研究了 CNY 成交量的作用。通过回归发现，CNY 成交量越大，CNYSPOT 汇率越贬值；此外，CNY 成交量越大，CNYSPOT 汇率对 CNHSPOT 汇率的价格引导作用越强。最后通过对模型 2 的稳健性检验回归发现其结果也基本能够证明本章的假设 3，因此我们可以说这个结论是稳定和可信的。

2015 年 8 月 11 日央行宣布对于 CNY 中间价报价机制的改革，使 CNY 市场更加市场化，而市场化的价格制度使 CNY 价格变动更能反映出市场上供求关系等信息，再加上 CNY 市场庞大的交易体量，会更有助于 CNY 主导人民币汇率定价权。因此，本章通过研究结论认为我国应该更加完善和推进汇率改革，让 CNY 向更加市场化的方向发展，再利用 CNY 的体量优势，使我国 CNY 在人民币国际化推进的过程中能够更加掌握主动并拥有更多的话语权。

参考文献

[1] 李晓峰，陈华. 人民币即期汇率市场与境外衍生市场之间的信息流动关系研究 [J]. 金融研究，2008（5）：14-24.

[2] 熊鹭. 境内外人民币汇率互动关系实证研究——基于香港离岸市场成立后的数据分析 [J]. 金融与经济，2011（10）：51-56.

[3] 伍戈，裴诚. 境内外人民币汇率价格关系的定量研究 [J]. 金融研

究，2012（9）：62-73.

[4] 贺晓博，张笑梅. 境内外人民币外汇市场价格引导关系的实证研究——基于香港、境内和 NDF 市场的数据 [J]. 国际金融研究，2012（6）：58-66.

[5] 李政，梁琪，卜林. 人民币在岸离岸市场联动关系与定价权归属研究 [J]. 世界经济，2017，40（5）：98-123.

[6] 黄学军，吴冲锋. 离岸人民币非交割远期与境内即期汇率价格的互动：改革前后 [J]. 金融研究，2006（11）：83-89.

[7] 黄志刚，耿庆峰，吴文平. 人民币即期汇率与境内外远期汇率动态相关性研究 [J]. 金融经济学研究，2014（1）：109-119.

[8] 黄志刚，郑国忠. 人民币境内即期汇率与境外 NDF 汇价互动的四阶段比较分析 [J]. 数理统计与管理，2012（6）：1073-1083.

[9] 徐剑刚，李治国，张晓蓉. 人民币 NDF 与即期汇率的动态关联性研究 [J]. 财经研究，2007（9）：61-68.

[10] 丁剑平，陆长荣，蔚立柱. 人民币在岸与离岸汇率联动的新特征：基于成交量功能的讨论 [J]. 上海金融，2018（8）：1-9.

[11] Park J. Information flows between non-deliverable forward（NDF）and spot markets：Evidence from Korean currency，Pacific-Basin Finance Journal，Volume 9，Issue 4，August 2001，Pages 363-377.

第十四章　城投债错配与政府隐性债务风险管理

周天杭　吴仰儒

摘　要： 债券市场的违约是近年来各类金融危机的根源。为刺激经济中国地方政府发行了大量债务，其中，城投债作为一项特殊的政府债务，其中所蕴含的风险也成为国内外关注的重要问题。本章通过研究中国 2008 年至 2018 年公司债和企业债中的城投债数据，发现各地城投债的数量、期限和利率发行与当地政府的担保能力面相背离。担保能力较差的政府反而可以发行更多的期限较长的城投债，并且担保能力较差的地方政府发行的城投债有较高的收益率。这暗示城投债的期限、规模与地方政府担保能力存在错配现象。城投债被认为是政府隐性债务的一部分，这种城投债的期限与规模错配暗示着担保能力较差的地方政府承担了超过其基本状况的高风险的隐性债务，这意味着财政状况较差的政府的债务存在潜在的长期风险。

关键词： 城投债　隐性债务　风险管理

一、引言

2009 年至 2010 年，中国政府为应对 2008 年国际金融危机的冲击，进行了"4 万亿元"的大规模经济刺激。这项政策的规模相当于当年中国 11% 的 GDP。同时地方政府也通过地方融资平台进行配套融资。城投债作为一种重要的地方政府融资形式，也于 2009 年开始高速增长。仅 2014 年，我国城投债发行总规模达 11,899.4 亿元。同时政府的隐性负债也于同期开始高速增长，虽然不能直接观测，图 14-1 展示了 2008 年国际金融危机之后的"缺口"。从 2009 年开始，由于政府的刺激政策，中国投资在占 GDP 比例上开始快速增长，然而政府支出占 GDP 比例却并没有明显变化（波动幅度在 1% 左右）。这种不匹配暗示存在大量未被披露的政府债务和投资。对于政府披露的隐性负债部分，2013 年 12 月底，审计署发布数据显示：截至 2013 年 6 月底，全国各级政府负有偿责任的债务 20.7 万亿元，负有担保责任债务约 3 万亿元，可能有救助责任的债券 6.7 万亿元。如此庞大的规模表明其隐含的风险不可小视。2018 年，审计署开展对全国地方政府性债务进行全面摸查。对乡级以上四级地方政府性负债情况展开摸底。至少有万家独立的法人实体负担这些债务（部分较大城市的地方投融资平台数量达到上百家）。它们中的有些试图掩盖负债情况。此外还存在部分企业间贷款和白条债务。审计部门的任务异常艰巨。

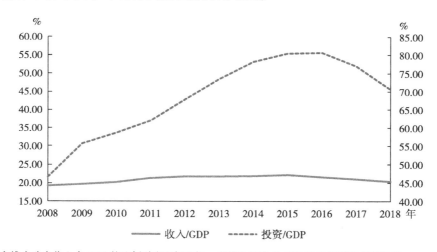

实线为政府收入占 GDP 的比例对应左侧坐标，虚线为投资占 GDP 的比例对应右侧坐标。

图 14-1　政府收入和投资占 GDP 的比例

（数据来源：国家统计局）

根据 Brixi 和 Polackova（2000），政府债务可以分为两个部分，第一，法定债务（显性），包括以往积累的债务存量新增政府债券；第二，推定债务（隐性），这涵盖很广，其中直接债务部分主要包括未落实预算的政府购买服务融资项目（主要是国家开发银行、中国农业发展银行的中长期贷款）和已落地的政府付费类 PPP 或名股实债类 PPP；或有负债包括政府为城投债提供的担保和为某些国企提供的隐性担保。Buiter 和 Willem（1985）指出，政府债务是否违约决定了财政的稳定性，进而决定经济实体是否面临破产风险。此后，Alberto 和 Tabellini（1992）提出政府债务风险来源包括政府违约的风险下降和债务规模膨胀所带来的货币贬值。Alesina 等（1999）指出政府迫于赤字和债务累计压力，会通过隐性负债转移风险，我国地方政府也采取了这种做法。在中国这种特殊的治理结构下，晋升激励的制度是政府扩张主要动力，同时由于中国政府财政分权，所以大部分支持政府投资的融资是通过隐性负债（比如城投债）来完成的（陈箐和李建发，2015）。

站在政府债务的角度来说，城投债是特殊的监管机制下的产物。1994 年 3 月 22 日第八届全国人民代表大会第二次会议通过了《中华人民共和国预算法》，并于 1995 年 1 月 1 日起施行，其中规定政府赤字视为违法。在这一机制下，为了迎合国家的刺激政策同时不会赤字，所以各地衍生出地方融资平台，地方政府通过其来完成融资与投资。图 14-1 中显示政府收入占 GDP 比的增长要远小于投资占 GDP 比的增长，这意味着政府收入的增长并不能跟上投资，暗示着政府可能通过其他渠道融资。

有文章研究城投债区域差异，比如汪莉和陈诗一（2015）站在地方政府担保能力的角度研究城投债收益率时发现地方城投债的发行行为存在区域异质性。对于西部地区的城投债收益率，财政状况没有显著影响，而对于东部城市，城投债投资目的对于城投债利率的影响显著。地方政府财政状况不仅反映地方政府的隐性担保能力，同时也反映了地方政府的债务融资需求。财政状况越差的地方政府更需要债务融资，为了控制自己账面上的赤字，财务状况较差的地方政府越有可能采取城投债这种融资方式，由于自身经济基础相对较差，所以该地的城投债收益率也会较高。从风险管理的角度，这是城投债的错配。一个财政状况较差的政府不应该发更多利率更高的债来扩张经济，这很可能导致过度投资，进一步恶化当地政府的财政状况以及增加未来的风险。

有论文以主权债务为对象，研究债务违约和经济周期的影响，如 Arellano（2008）利用阿根廷的数据得出经济萧条时，在经济摩擦较大的市场中，风险规避的行为人会导致债务违约概率和债券利率提高。Arellano 和 Ramanarayanan（2012）考察了期限不同的债券，利率对于违约率有不用的影响，得出了不同市场之前产生利差的原因。Gourio 和 François（2012）通过引入可变危机来解释利率和违约率的波动。这些理论并未涵盖中国的特殊性，由于中国官员晋升存在"GDP 锦标赛"，所以各地政府都会想方设法刺激经济，忽视了本身的财政状况。地方政府在替城投债担保是受到其"意愿"影响的，"意愿"越强的政府，担保和发债的能力就越强（罗荣华和刘劲劲，2016）。同时地方官员的变更也会带来不确定性，以及影响地方政府担保"意愿"（徐业坤，2013），以上提到影响"意愿"的因素不全受到政府财政状况的约束，而和官员自身的关系较大。这为城投债和政府财政状况的错配提供了可能。

已有很多研究对于政府债务融资成本，融资规模的定性、定量研究，本章首先尝试从城投债这一角度来探究政府行为问题，城投债的特殊性在于，它有别于政府债务，在账面上来看，它并不属于政府债务，但是政府的隐性担保以及发行主体与地方政府的关联又使地方政府参与其中。城投债表面与实质的背离使地方政府容易低估城投债给财政状况带来的负担和风险。但是城投债一旦违约，却能给政府造成实际的财政负担。另一方面，由于截至 2020 年 5 月 20 日，仍然未出现任何一次的城投债违约情况。这一信息也会给城投债的投资者错误的信息，使投资者高估其价值，使城投债的定价与地方政府的基本面相背离。这种不匹配从根本上导致了城投债期限错配的产生。本章的研究有助于进一步揭露城投债给政府带来的隐性债务风险。

二、回归部分

（一）实证模型

在上文中，我们讨论了为什么地方政府会更加倾向发行更多的城投债。这会导致其债务的风险上升，同时城投债对标的开发项目的回报也会下降。对于那些本省 GDP 增长不足的地区，政府更有动力去刺激 GDP，同时较少的 GDP 会导致本省财政收入有限，这将迫使政府发行更多的城投债以及提供更多的隐性担保。随着担保额度的增加，受限于政府的担保的能力，发放的贷款利率会上升。汪莉和陈诗一（2015）为分析政府担保能力对于城投债到期收益率是否存在区域异质性。为了验证上文的猜测，在本节中，选取汪莉和陈诗一（2015）的回归模型。并在其基础上增加了多维度的固定效应，并将被解释变量从城投债利差扩充为城投债期限以及城投债占总债务比。模型如下：

$$Y_{ijt} = \beta_0 + \beta_1 Government\_state_{jt} + \beta_2 Control_{jt} + \mu_i + \mu_j + \mu_t + \varepsilon_t$$

其中，本位选取的被解释变量 Y_{ijt} 有以下 3 个，本章通过计算相同年份和省份之中的所有公司债和企业债到期收益率和城投债到期收益率之间的利差作为第一个被解释变量，衡量的是城投债受到的政府隐性担保的力度；为了排除地区之间的异质性，本章将城投债占总债务量的比率作为第二个被解释变量，其衡量地方政府发债的多少；最后本章选取城投债的期限作为第三个解释变量，城投债的期限越短说明政府的融资压力越大（Gauti E. 等，2014），因为已有债务的期限越短那么需要借新债来周转的频率将更高。$Government\_state_{jt}$ 为政府的财政状况，这是本章的关键变量，其描述了地方政府的财政压力和财政风险，保证稳健性，本章选取（一般公共预算收入-一般公共预算支出的差占当地该年 GDP 的比，和实际收入和支出的差占 GDP 的比作为代理变量。$Control_{jt}$ 为本章选取的控制变量，包括 GDP 的对数，CPI，人口的对数。μ_i 为债券层面的固定效应，μ_j 为省份固定效应，μ_t 为时间固定效应。

表 14-1　描述性统计

省/市	城投债	总债券	平均 GDP	占比
上海	247	442	30,649.95	0.559
云南	497.6	561.6	13,996.24	0.886
北京	1267.6	5,687.6	23,455.25	0.223
吉林	147	165	12,479.03	0.891

省/市	城投债	总债券	平均 GDP	占比
四川	2,473.2	2,549.2	14,403.45	0.970
天津	965	1,039	1,028.575	0.929
宁夏	70	100	2,824.543	0.700
安徽	2,507.8	2,541.8	22,950.63	0.987
山东	2,121.1	2,535.9	13,230.81	0.836
山西	381.8	854.2	18,004.02	0.447
广东	1,555	2,701.4	73,756.44	0.576
广西	742.4	851.4	15,895.76	0.872
江苏	6,692.5	6,809.5	69,564.92	0.983
江西	1,683	1,703	16,693.09	0.988
河北	558	888	29,284.11	0.628
河南	754.1	957.2	37,297.41	0.788
浙江	3,876.4	3,956.4	43,489.72	0.980
海南	74	292	3,655.911	0.253
湖北	3,448	3,526.7	29,556.53	0.978
湖南	3,756.7	3,920.1	27,995.91	0.958
甘肃	235	285	6,623.179	0.825
福建	708.5	854.5	26,597.86	0.829
西藏	13	13	9,353.309	1.000
贵州	2,009	2,194	10,245.21	0.916
辽宁	619.6	958.8	24,411.54	0.646
重庆	2,012.38	2,093.18	15,446.98	0.961
陕西	820.96	1,379.96	26,003.15	0.595
青海	97.6	109.6	2,266.811	0.891

表 14-1 样本为选取全国 10 年之后发行过城投债的省市。其中，总债券为各省 10 年之后发行债券总量，单位为万亿元。城投债为各省 10 年以后城投债发行总量，单位为万亿元。占比为城投债规模占总债务规模的比例。GDP 为各省 2010—2019 年平均 GDP，单位为万元。

本章选取公司债和企业债作为总共 9,613 个债券样本对模型结果进行检验。数据来源于 Wind 数据库和 CSMAR 数据库。同时，数据时间相对集中，2008 年之前的债券为 202 只，剩下的 9,413 只债券全为 2008 年之后，其中 6,678 只为 2015 年之后才发行，占总样本的 69%。选取的债券信息包括：年到期收益率，发行时间，到期时间，发行总量，发行主体评级，发行主体注册地址，发行面值，票面利率，年收盘价。宏观层面的数据包括：各省每年的 GDP、各省每年一般公共财政预算支出、各省每年一般公共财政预算收入、各省每年税收收入、各省每年非税收入、各省每年的 CPI 以及各省每年的常驻登记人口。

从表 14-1 中可以看出，城投债发行基本为经济较不发达的地区，例如，上海、北京等地经济较发达，然而城投债发行占比较小，西藏、安徽等地区经济较为落后，但城投债发行占比接近 100%。这意味着自身财政状况较差的地区发行的债券基本均为城投债。这为经济较为落后的省份带来的潜在风险，GDP 较小的省份可能难以支撑当期较多的为政府隐性担保的城投债，将导致未来的财政压力会更大。

（二）实证结果

表 14-2 为被解释变量为城投债到期收益率和总债务平均到期收益率利差的回归结果。四种回归结果均显示政府的财政状况恶化能显著减少城投债利差，系数分别为 -14.937、-16.122、-4.300 和 2.736，这意味着当保持其他条件不变的情况下，财政状况恶化 1% 时，城投债利差将显著减少 0.149%、0.161%、0.043% 和 0.027%。这表明那些财政状况不好的地方政府在当地以城投债融资时，不得不以更高的利率来融资。这一方面增加了政府的财政负担，另一方面为政府带来了潜在的风险。

表 14-3 为被解释变量为城投债占比的回归结果。四种回归结果均显示政府的财政状况不好的地区城投债占比将显著地多于财政状况较好的地区，结果和表 14-1 所显示的特征符合。系数分别为 -0.754、-0.942、-0.402 和 -0.518，这意味着当保持其他条件不变的情况下，财政盈余占比减少 1% 时，城投债占比将显著减少 0.754%、0.942%、0.402% 和 0.518%。这一结果表明那些财政状况不好的地方政府更倾向于发行城投债。这是因为，在那些政府财政不好的地方政府一方面由于经济环境不好所以税收较少，另一方面，当地 GDP 不好更加需要刺激来达到官员晋升的目标。这导致财政状况不好的地方

更多城投债发行。城投债的发行会挤出当地民营资金的需求，民企的收缩会导致当地财政的进一步恶化。这也增加了政府的财政负担，为政府带来的潜在风险。

表 14-2　地方财政状况与城投债利差

VARIABLES	(1)	(2)	(3)	(4)
	Spread	Spread	Spread	Spread
Government State	-14.937^{***}	-16.122^{***}	-4.300^{***}	-2.736^{***}
	(-8.84)	(-10.72)	(-5.85)	(-4.39)
GDP	1.677^{***}	2.012^{***}	1.567^{***}	1.921^{***}
	(28.63)	(40.16)	(26.59)	(38.31)
Population	-37.493^{***}	-47.117^{***}	-27.674^{***}	-40.996^{***}
	(-11.23)	(-16.25)	(-7.65)	(-13.18)
CPI	-0.091	0.047	-0.040	0.079
	(-1.03)	(0.60)	(-0.45)	(1.01)
Constant	324.076^{***}	391.679^{***}	236.223^{***}	337.727^{***}
	(10.91)	(15.16)	(7.29)	(12.12)
Bond FE	YES	NO	YES	NO
Year FE	YES	YES	YES	YES
Province FE	NO	YES	NO	YES
Observations	16,827	16,828	16,827	16,828
Adjusted R-squared	0.1546	0.3119	0.1516	0.3079

注：括号内为 t 值。其中，4 组回归的被解释变量 Spread 均为城投债到期收益率和总债务平均到期收益率利差，（1）和（2）的解释变量财政状况 Government State 为上文提到的一般公共预算盈余占当地 GDP 的比，分别控制了债券层面、时间固定效应以及控制地区、时间固定效应的结果。（3）和（4）的被解释变量财政状况 Government State 为上文提到的实际财政盈余占当地 GDP 的比，并分别控制了债券层面、时间固定效应以及控制地区、时间固定效应的结果。其中＊＊＊，＊＊，＊分别指在置信度 1%，5%，10%下通过了检验。

表 14-3　地方财政状况与城投债占比

VARIABLES	(1)	(2)	(3)	(4)
	Ratio	Ratio	Ratio	Ratio
Government State	-0.207^{***}	-0.202^{***}	-0.130^{***}	-0.137^{***}
	(-47.60)	(-46.59)	(-14.94)	(-16.21)

续表

VARIABLES	(1)	(2)	(3)	(4)
	Ratio	Ratio	Ratio	Ratio
GDP	0.010 *** (32.72)	0.009 *** (31.78)	0.005 *** (16.29)	0.005 *** (16.15)
Population	0.048 *** (28.27)	0.052 *** (31.54)	0.026 *** (14.73)	0.029 *** (17.07)
CPI	-0.005 ** (-2.31)	-0.007 *** (-2.94)	0.030 *** (11.86)	0.030 *** (11.81)
Constant	1.052 *** (4.48)	1.164 *** (4.98)	-2.335 *** (-8.97)	-2.319 *** (-8.98)
Rank FE	YES	NO	YES	NO
Year FE	YES	YES	YES	YES
Observations	16,651	16,829	16,651	16,829
Adjusted R-squared	0.1938	0.1865	0.0961	0.0956

注：括号内为 t-值。其中，4 组回归的被解释变量 Ratio 均为城投债总额占该省全部债券总额的比，(1) 和 (2) 的解释变量财政状况 Government State 为上文提到的一般公共预算盈余占当地 GDP 的比，分别控制了评级层面、时间固定效应以及控制时间固定效应的结果。(3) 和 (4) 的被解释变量财政状况 Government State 为上文提到的实际财政盈余占当地 GDP 的比，并分别控制了评级层面、时间固定效应以及控制时间固定效应的结果。其中 * * *，* *，* 分别指在置信度 1%，5%，10% 下通过了检验。

表 14-4 为被解释变量为城投债期限的回归结果。四种回归结果均显示政府的财政状况不好的地区的城投债期限将显著地短于财政状况较好的地区。系数分别为 -0.207、-0.202、-0.130 和 -0.137，这意味着当保持其他条件不变的情况下，财政盈余占比减少 1% 时，城投债期限将显著减少 0.002、0.002、0.001 和 0.001 年。这一结果表明那些财政状况不好的地方政府更倾向于发行期限较短的城投债。短期限的城投债会增加地方投资平台的融资需求和违约风险，这些风险都会通过政府在其中的隐性担保，将部分风险转移给当地政府。

实证结果展现了不同财政状况的政府异质性的城投债发行行为。这些异质性的行为导致了不同财政状况的政府承担了不同的风险，这些风险不是来源于地方政府所在地区的经济基础和自身的财政状况，而是源于其发行的城投债期限与自身财政状况的不匹配。合理的状况应当是财政状况不好的政府发行的债券期限较短，利率较高的城投债。而事实却恰好相反，财政状况不好的政府更倾向于利率更高、期限更长的城投债。这暗示市场低估了城投债的风险，让财政状况较差的政府发行了较多和自身状况不匹配的城投债，这将导致原本财政状况不好的地区风险更高。也会导致信贷的错配，原本这些短期的信贷应该流向回报更高的地方，然而却流向一些财政状况不好的地区。这也对经济结构产生不利影响。

表 14-4　地方财政状况与城投债期限

VARIABLES	(1)	(2)	(3)	(4)
	Term	Term	Term	Term
Government State	-0.754 ***	-0.942 ***	-0.402 ***	-0.518 ***
	(-4.28)	(-5.51)	(-4.19)	(-5.53)
GDP	-0.027 ***	-0.032 ***	-0.030 ***	-0.035 ***
	(-4.66)	(-5.49)	(-4.95)	(-5.93)
Population	0.140 ***	0.232 ***	0.094 ***	0.176 ***
	(4.01)	(7.07)	(2.92)	(5.71)
CPI	0.124 **	0.115 **	0.122 **	0.114 **
	(2.53)	(2.34)	(2.48)	(2.33)
Constant	-6.754	-6.589	-6.059	-5.963
	(-1.34)	(-1.31)	(-1.21)	(-1.19)
Rank FE	YES	NO	YES	NO
Year FE	YES	YES	YES	YES
Observations	15,472	15,650	15,472	15,650
Adjusted R-squared	0.0089	0.0039	0.0089	0.0040

注：括号内为 t-值。其中，4 组回归的被解释变量 Term 均为城投债的期限，（1）和（2）的解释变量财政状况 Government State 为上文提到的一般公共预算盈余占当地 GDP 的比，分别控制了评级层面、时间固定效应以及控制时间固定效应的结果。（3）和（4）的被解释变量财政状况 Government State 为上文提到的实际财政盈余占当地 GDP 的比，并分别控制了评级层面、时间固定效应以及控制时间固定效应的结果。其中＊＊＊，＊＊，＊分别指在置信度 1%，5%，10%下通过了检验。

三、结论

本章阐述了地方城投债期限、规模与地方政府财政状况错配的原因以及潜在风险。本章利用城投债、公司债、企业债以及地方政府的数据对这一现象进行检验。研究表明，由于地方政府财政状况的不同，城投债的发行表现出一定差异。在财政状况不好的地区，政府会倾向发行更多利率更高、期限更长的城投债。这一现象暗示着城投债资源的错配，一方面，财政状况较差的政府应减少城投债的发行，由于财政状况较差会导致其较差的抗风险能力；另一方面，财政状况不好的政府发行期限较长的债券意味着其远期还款压力较大，增加了地方财政的潜在风险。而财政状况不好的政府本来应该减少当地这种类型的城投债来控制风险。由于投资者对于地方城投债的隐性担保价值的高估、对于城投债风险的低估，这会助长城投债的错误配置，进一步恶化未来的地方财政状况，增加政府债务风险。

本章结果也论证了城投债作为政府的一项隐性负债，其风险容易被低估以及忽视。管理城投债风险的核心在于其标的资产，一般城投债的资金用于基础设施建设，所以能提高基建效率，增加项目回报，那么城投债的风险将迎刃而解。所以，如何提高基础设施建设的效率，是城投债风险管理的核心，也是值得我们进一步思考的问题。

参考文献

[1] 陈菁，李建发 . 财政分权、晋升激励与地方政府债务融资行为——基于城投债视角的省级面板经验证据 [J]. 会计研究，2015（1）：61-67.

[2] 龚强，王俊，贾珅 . 财政分权视角下的地方政府债务研究：一个综述 [J]. 经济研究，2011（7）：145-157.

[3] 刘昊，张月友，刘华伟 . 地方政府融资平台的债务特点及其风险分析——以东部 S 省为例 [J]. 财经研究，2013（5）：123-133.

[4] 刘红忠，许友传 . 地方政府融资平台债务重构及其风险缓释 [J]. 复旦学报（社会科学版），2017（6）：149-160.

［5］罗荣华，刘劲劲. 地方政府的隐性担保真的有效吗？——基于城投债发行定价的检验［J］. 金融研究，2016，430（4）：83-98.

［6］廖家勤，石琳. 软预算约束下中国地方政府过度负债的形成机制分析［J］. 首都经济贸易大学学报，2015，17（4）：76-82.

［7］汪莉，陈诗一. 政府隐性担保、债务违约与利率决定［J］. 金融研究，2015，423（9）：66-81.

［8］王永钦，陈映辉，杜巨澜. 软预算约束与中国地方政府债务违约风险：来自金融市场的证据［J］. 经济研究，2016，51（11）：96-109.

［9］李维安，徐业坤. 政治身份的避税效应［J］. 金融研究，2013（3）：118-133.

［10］Alesina, A. , & Tabellini, G. Positive and Normative Theories of Public Debt and Inflation in Historical Perspective［J］. European Economic Review, 1992, 36（2-3）：337-344.

［11］Alesina, A. , Baqir, R. , & Easterly, W. Public Goods and Ethnic Divisions［J］. Quarterly Journal of Economics, 1999, 114（4）：1243-1284.

［12］Arellano, A. Ramanarayanan. Default and the Maturity Structure in Sovereign Bonds［J］. Journal of Political Economy, 2012, 120（2）：187-232.

［13］Arellano, C. Default Risk and Income Fluctuations in Emerging Economies［J］. American Economic Review, 2008, 98（3）：690-712.

［14］Bai, C. E. , Hsieh, C. T. , & Song, Z. The Long Shadow of China's Fiscal Expansion［J］. Brookings Papers on Economic Activity, 2016, FALL：129-181.

［15］Brixi, Hana Polackova. Government Contingent Liabilities：A Hidden Risk to Fiscal Stability［J］. sede de la cepal en santiago, 2000.

［16］Buiter, Willem. International Monetary Policy to Promote Economic Recovery［J］. NBER Working Paper, 1985.

［17］Campbell, J. Y. , & Taksler, G B. Equity Volatility and Corporate Bond

Yields [J]. Journal of Finance, 2003, 58 (6): 2321-2349.

[18] Chen, S, & Wang, L. Will Political Connections Be Accounted for in the Interest Rates of Chinese Urban Development Investment Bonds? [J]. Emerging Markets Finance & Trade, 2015, 51 (1): 108-129.

[19] Chen, Z. , He, Z. , & Liu, C. The Financing of Local Government in China: Stimulus Loan Wanes and Shadow Banking Waxes [J]. NBER Working Paper, 2017.

[20] Deng, Y. , Morck, R. , Wu, J. , & Yeung, B. China's Pseudo-monetary Policy [J]. Review of Finance, 2015, 19 (1): 55-93.

[21] Eggertsson, G, Ferrero, A, & Raffo, A. Can Structural Reforms Help Europe? [J]. Journal of Monetary Economics, 2014, 61: 2-22.

[22] Liu, L. X. , Lyu, Y. , & Yu, F. Implicit Government Guarantee and the Pricing of Chinese LGFV Debt [J]. Social Science Electronic Publishing, 2017.

[23] Gourio, François. Disaster Risk and Business Cycles [J] . American Economic Review, 2012, 102: 2734-2766.

第十五章　金融压力对基金收益的影响
——一个更适合中国公募基金的定价因子

贾越珵　朱　莎

摘　要：本章通过构造金融压力指数，测度了中国金融市场压力值，并开创性地对金融压力与中国公募基金收益之间的定价关系进行实证验证，旨在发现金融压力指数是具有前瞻性的宏观择时投资风向标，它不仅能够有效捕捉金融市场运行风险，还能够预测金融资产价格走势，帮助资产管理者和投资者预判未来基金市场的收益。本章研究发现：第一，所测度的金融压力能捕捉中国金融市场风险的变化。第二，金融压力的 β^{FS} 能够显著地解释基金的部分横截面收益，即金融压力是中国公募基金收益横截面差异的重要决定因素。第三，选择中国的宏观经济景气度指数、经济政策不确定性指数、波动率指数、证券市场压力、外汇市场压力、银行业压力以及 Fama-French 的市场溢价因子与金融压力作比较，结果显示其他因子对中国公募基金收益的定价和预测关系并不显著。此外，稳健性检验结果表明，控制 Fama-French 三因子和惯性因子后，金融压力对公募基金收益的定价仍然稳定。因此，本章建议中国宏观调控体制的完善要重视金融市场风险监管制度的完善，添加中国金融压力指数等风险预警指数及时监测市场动向，以保障国家的金融安全。

关键词：金融压力　基金收益　资产定价　风险监管

一、引言

金融资产收益并非是随机游走不可预测的，宏观经济的运行和波动会直接或者间接映射到金融资产价格走势中。宏观经济的变动到底是如何影响资产价格？投资界和学术界为此宏观金融问题给出了丰富文献。在投资界，最具代表性的是美林时钟，它解释了金融资产的预期收益具有明显的宏观经济周期模式特征，能够随宏观经济周期的波动而变化。该理论认为此现象的合理解释是，宏观经济周期与资产收益的关系体现在宏观经济情形对资产价格决定因子的影响。

学术界对此问题的研究有着渊源历史。在理论方面，早年 Merton（1973）指出与消费和投资变动有关的宏观市场变动在资本市场中有定价能力。跟随 Merton 的研究，Liu 和 Zhang（2008）、Ludvigson 和 Ng（2009）、Chen（2010）、Stock 和 Watson（2012）、Allen，Bali 和 Tang（2012）等奠定了宏观经济与资产定价的理论研究框架。最具影响力的是基于消费的资产定价模型（CCAPM）。它搭建了宏观经济与金融市场之间的重要桥梁，理论论证了通过观察宏观经济指标和宏观经济周期的变化能够更好地解释资产风险溢价的宏观金融理论。

在实证方面，Keim 和 Stambaugh（1986）、Campbell（1987）、Campbell 和 Shiller（1988）、Fama 和 French（1988，1989）、Torous（2004）、Kang（2011）和 Bali（2017）等通过多种金融资产收益的研究，完善了宏观经济与资产定价的实证研究框架，实证了宏观经济因素能够通过各种渠道影响股票、债券、外汇和金融衍生品等金融资产价格的宏观金融理论。近年来，Ludvigson 和 Ng（2009）、Bloom（2009）、Allen，Bali 和 Tang（2012）、Drechsler（2013）以及 Jurado（2015）等学者，进一步从宏观经济变动冲击视角提出，宏观经济变动的内在核心是宏观经济风险，其与股票、债券和金融衍生品之间的定价存在显著关联。

然而，只有较少一部分文献关注到，宏观经济变动与基金收益的定价关联。

较早期是，Ferson（1996）探索了基金收益与经济环境变动的关联。有代表性的是，Bali 等（2011，2014）、Racicot（2016）以及 Avramov 等（2011）少量文献，以美国基金市场为研究对象，实证了宏观经济变量、宏观经济风险和经济不确定性等宏观经济因素对基金收益的定价关系。虽然，基于以上文献归纳，宏观经济的变动与基金投资策略和基金业绩表现确实是密不可分的。但是，就目前学术界研究而言，公募基金是否与宏观经济变动有显著关联是没有定论的，也没有构建与基金投资相适用的宏观择时投资指标，更没有金融压力与基金收益定价关联的研究。尤其是，就中国公募基金市场而言，这部分尚属空白。

中国基金业自 1998 年发展至今已逾二十载，成绩斐然。回顾过去的 20 年历程，中国基金业实现了跨越式发展，已成为国家金融体系的重要子行业，普惠了全国的 6 亿"基民"，但我国的基金管理者和投资者仍面临困境。在我国股市"牛短熊长"和"大起大落"的大背景下，一方面"靠天吃饭"的基金经理更专注于短期业绩指标而忽视长远的发展和创新，另一方面基金散户投资者缺乏投资的择时能力，尤其是在业绩不理想的情况下易出现信任危机。因此，本章旨在通过宏观金融市场压力信息捕捉中国金融市场风险的脉动规律，辅助基金管理者和投资者正确预判未来市场走势，避免基金投资的短视化和投资者的非理性赎回等现象，从而优化基金的投资收益和扩大基民的获利空间。

现有的研究框架有两点不足。首先，缺少适合基金研究的宏观经济跟踪指数。虽然已有的资产定价研究文献部分采用大数据的方法或高阶计算方法，涉及经济的宏观微观细节，跟踪宏观经济的波动，例如经济不确定性指数。但是在实证操纵上，此类指数对于大部分中小型金融机构是有一定难度的。其次，缺乏适合中国公募基金收益定价研究的有效计量方法。当前，Fama-French 三因子和惯性因子在中国股票市场有较好的适用性，但是其对中国公募基金收益的影响还待讨论。本章的写作目的是测算金融压力作为前瞻性的宏观择时投资风向标，验证中国公募基金收益与宏观经济风险之间的关联关系，帮助资产管理者和投资者预判基金市场的未来走势。

本章的主要创新和贡献是：第一，提出一种更易实现和测度的金融压力指标，深入分析金融压力对宏观经济波动的实时跟踪，以及其对系统性金融风险的有效反映。第二，从金融压力新视角看待资产收益预测谜题。所构造的金融压力因子不仅仅是系统性金融风险的代理指标，更能辅助中国公募基金管理者解决择时困境，提高其对公募基金的择时能力。第三，提出有效的计量方法，深入验证金融市场压力信息对基金收益的影响和定价。

具体上，本章先基于国际货币基金组织的金融压力指数框架，从银行业、证券市场和外汇市场三大金融市场，选择银行部门的滚动 β 系数、银行业泰德利差、期限利差、股票收益率、时变股指收益波动率、主权债券利差、货币的贬值变量和外汇储备共 8 个指标，测算出中国的金融压力（Financial Stress，FS）。然后，采用 36 个月滚动窗口的时间序列回归方法，估计出每只基金的基金收益对上一期的金融压力 FS 的月度风险暴露 β^{FS}，随后针对下一个月基金超额收益，构建了金融压力暴露 β^{FS} 和多个基金特征变量的横截面回归模型并估计出 λ^{FS}，即风险暴露 β^{FS} 的市场价格。

本章的实证结果是与经典金融学理论和主流文献研究相一致的。第一，本文所采用的金融压力 FS 测算框架，已被国际货币基金组织和学者们采用去度量金融市场的压力与风险，并且认为它与经济收缩、经济不确定性和宏观经济风险是有关的。金融压力事件的发生会引起经济不确定性和宏观经济风险增高，改变未来的投资和消费决定，从而会引起未来资产收益分布的改变。第二，风险暴露的风险溢价为正且显著与经典的资产定价理论（Merton，1973；Campell，1993）一致。这意味着，一方面，金融市场压力的递增，预示经济的不确定性和宏观经济风险递增，这会减少未来投资和消费的机会。另一方面，此时，每增加一单位金融压力或金融压力冲击的风险暴露 β^{FS}，投资者需要更多的投资收益作为额外补偿。

二、文献回顾与评述

(一) 金融压力与宏观经济风险波动

基于资产定价文献中的宏观经济变量的梳理，我们发现，至今还没有理论能够列举影响资产收益的所有因素。除了违约利差、期限利差和短期利率变动三个宏观经济变量外，绝大部分宏观变量的选择是有所不同的。从资产定价视角看待宏观经济风险的测度问题，宏观金融市场风险的变动是宏观经济风险的重要构成部分。因此，本章从高发金融市场风险的银行或者货币、股票市场、债券市场和外汇市场四个重要金融市场选取源指标测度金融压力。该金融压力指数（Financial Stress Index，FSI）的构建思想正好符合宏观金融市场风险的测度。FSI 最早由经济学家 Illing 和 Liu（2003）提出，能够从宏观视角动态监测金融市场的整体风险变化。FSI 还被视为系统性金融风险的同步性指标，能够及时地反映宏观经济风险的波动。源于金融市场资产价格不确定性的思想，FSI 选取了前瞻的、市场实时的高频数据作为源指标，覆盖了股票市场、债券市场、外汇市场和银行机构等金融市场。

被众多国外研究机构或者学者采纳的金融压力指数是由国际货币基金组织（IMF）发布的。2008 年国际货币基金组织的世界经济展望报告采纳了 Cardarelli，Elekdagand 和 Lall（2009）的研究成果，选择了期限利差、泰德利差、银行部门的贝塔系数、公司债券利差、股指收益率、时变股指收益波动率和时变汇率波动率共 7 个指标就 17 个发达国家的金融压力指数（Advanced Financial Stress Index，AE-FSI）进行了构建，据此衡量了金融市场风险，识别了相应的压力事件，实证发现了金融压力指数对经济有先行预测作用。随后，Hakkio 和 Keeton（2009）选择了更多的源指标针对单个城市——堪萨斯城市的金融压力进行了测算。Balakrishnan、Danninger 和 Elekdagand Tytell（2011）选择了银行业的贝塔系数、股指收益率、时变股指收益波动率、主权债务利差和汇率的贬值和外汇储备的下降共 6 个源指标来度量了 25 个新兴市场国的压力指数（Emerging Market Financial Stress Index，EM-FSI）。同时，EM-FSI 获得了国际货币基金组织的肯定和引用，也完善了国际货币基金组织的金融压力指数框架。

然而，梳理国内有关金融压力指数和宏观金融市场风险的文献后，我们发现基于 IMF 的 EM-FSI 框架度量中国金融市场风险的实证文献并不多。最早，赖娟和吕林江（2010）提到了中国金融压力指数理论，随后陈守东和王妍（2011）、刘晓星和方磊（2012）、郑桂环（2014）、章曦（2016）、朱莎和裴沛（2018）也构建了中国金融压力指标体系，但大部分与被广泛采用的 IMF 的 EM-FSI 主体指标框架有很大差别。此外，基于金融市场压力指数做资产定价研究分析的尚属空白。

（二）资产收益与宏观经济变动的关系

通过金融市场与宏观经济的关联去探究风险溢价的变化是金融经济学家们长期关注的主要研究领域。经典的金融理论表明，资产价格与经济密切相关，风险溢价能够反映宏观经济变动。因为经济指标的变动冲击会通过各种渠道影响资产的收益，宏观经济变量指标也一直被认为是影响系统性风险的候选因子。早年 Chan、Chen 和 Hsieh（1985），Chen、Roll 和 Ross（1986），Chen（1991）认为宏观经济因素在证券的期望收益等式的理论上有决定性作用。Fama 和 Schwert（1977），Keim 和 Stambaugh（1986），Campbell（1987），Campbell 和 Shiller（1988），以及 Fama 和 French（1988，1989）等认为，宏观经济基本因素（包括短期利率、通货膨胀、期限利差和违约利差等）能够通过各种渠道影响股票、债券、外汇和金融衍生品等资产的价格。他们的研究从理论和实证方面奠定了资产收益与宏观经济变动的研究基石。

基于宏观经济变动视角的资产价格的前期研究积累，随后 Bloom（2009），Allen、Bali 和 Tang（2012），Drechsler（2013）和 Jurado（2015）从理论和实证上为宏观经济变动冲击与资产收益率之间的关系提供证据。更进一步的研究, Torous 等（2004）表明期限利差、违约利差和短期利率等宏观经济变量不仅是影响因子, 更是很好的资产价格的预测因子。Kang 等（2011）和 Bali 等（2017）尝试通过多种宏观经济变量构成一个指数或直接使用多种宏观经济指数, 来研究金融市场与宏观经济之间的关系。他们证实了所构建的宏观经济指数能够捕捉股票溢价, 对长短期股价有强大的预测能力。Bali 等发现宏观经济不确定性指数的贝塔不仅仅与股票未来的收益有相关性, 也能对股票收益有长期的预测能力, 尤其是在经济衰退的时候, 宏观经济不确定性的溢价会更高。Chen 等（2010）也认为, 宏观经济变量对股市的衰退和熊市的出现有预测能力。此外, Cenesizoglu 等（2012）和 Pettenuzzo 等（2015）也从理论研究上有所突破, 他们发现考虑经济变量和经济约束的资产收益预测模型, 能够改进预测模型的表现能力, 肯定了宏观经济变量的添加对资产收益预测的重要性。因此, 预测资产收益时, 考虑宏观经济的变动是十分必要的。

（三）基金收益与宏观经济变动的关系

对于大部分基金而言, 基金会在经济环境发生变化时, 积极地寻找新的投资机会。因此, 基金经理的投资决策可能会根据宏观经济先行指标的变化而改变。与宏观经济风险相关的基金收益文献稀少, 最著名的早期文献是 Ferson 等（1996）提出宏观经济公共信息的资产定价模型研究的新视角, 文章探索了包含滞后经济信息变量的效应对公募基金投资表现的分析, 该方法被称为条件表现估计, 与传统的基于非条件收益的分析方法相比, 该方法实证了公募基金的投资策略和公募基金收益表现是与条件经济信息有关的, 基金的风险暴露与经济的公共信息有关联。他们肯定了随着经济环境的改变, 公共信息在未来投资机会中的重要地位, 是未来资产定价研究的重要领域。

近几年对冲基金收益是国外学术界关注的热门领域, 有少量学者探析了对冲基金收益与宏观经济变量之间的密切关联。研究表明, 对冲基金收益与宏观经济变量之间有显著的相关性, 在市场发生变化时, 对冲基金经理会根据市场信息的变化, 实时调整基金资产投资组合。Bali 等（2011, 2014）、Racicot 和

Raymond（2016）认为宏观经济变动与对冲基金收益的贝塔有关。Bali 等认为对冲基金收益对宏观经济变量的风险敞口 β，能够预测基金未来收益。对冲基金能够根据金融或经济环境的改变，动态调整风险头寸，实证结果显示宏观经济风险暴露与基金收益有显著的正相关性。Racicot 和 Raymond（2016）发现经济周期的变动与对冲基金的系统性风险有关，宏观经济和金融的不确定性会对投资策略的市场贝塔产生影响，建议基金经理应随宏观经济风险与不确定性的变动，改变对冲基金投资策略。作为积极的基金管理者，Avramov 等（2011）也认为基金经理的管理技能与对冲基金收益的预测有关，而基于宏观经济变量的业绩预测能更有效地得到最优投资组合。

然而，公募基金是否与宏观经济变动有显著关联呢？学术界答案仍然存在争议且文献稀少。Bali 等（2014）研究了共同基金和对冲基金对宏观经济风险的风险暴露，实证结果表明宏观经济风险是对冲基金收益横截面差异有力的决定因素。但对于美国这样的有效市场而言，共同基金的表现与宏观经济风险之间的关系却并非如此。实证结果显示，美国共同基金对宏观经济不确定性的风险暴露并不高，宏观经济不确定性不能够预测共同基金收益的横截面差异。他们认为，这和美国共同基金的消极投资策略有关，同时指出美国的共同基金似乎缺乏市场择时能力。

（四）文献评述

综上文献整理，本章提出如下观点：第一，宏观经济因子不仅能够反映宏观经济运行，还能够直接或者间接映射到金融资产价格走势中。第二，基于金融压力指数对金融资产收益进行研究是具有可行性的。

首先，金融资产收益并非是随机游走不可预测的，而是有市场规律可循的。当宏观环境发生改变时，宏观变量会驱动现金流和折现因子的变化，从而改变资产的价格。当宏观因子出现转向时，资产价格可能会出现拐点，资产间也可能会出现套利机会。而且，不同类型的金融资产对宏观变量变化会有不同反应。还有研究表明，金融资产的预期收益具有明显的宏观经济周期模式特征，能够随宏观经济周期的波动而变化，资产收益的风险溢价能够被宏观经济因素所解释。著名的美林时钟，其核心便是以增长和通胀划分金融资产的投资周期，而且宏观会驱动大类资产的投资变动。合理的解释是，宏观经济周期与资产收益的关系体现在宏观经济情形对资产价格决定因子的影响。总之，应该观察历史数据，清晰地识别主要宏观经济数据，将主要的宏观经济因素纳入到资产收益率的可预测性谜题中去。

其次，金融压力指数构建方法简便，与宏观经济运行和资产价格密切相关。总结已有文献，近年来的文献主要是从宏观和微观，从金融和经济角度构建各类宏观经济风险指标，对资产收益率进行了准确并且全面的预测，这已是宏观经济风险信息视角下资产定价研究的常规方法。然而，成功使用这类方法对数据的要求较高，造成了这种方法在现实中使用的不便。尤其是，采用大数据的方法，涉及经济的宏观微观细节，跟踪宏观经济的波动，在实证操纵上对于大部分中小型金融机构是有一定难度的。如何有效解决这一技术难题，正是本章研究的出发点之一。

为解决此难题，在考虑宏观经济条件时，值得注意的两点是，第一，金融市场因素在宏观经济运行中的重要作用是确立的；第二，金融市场风险冲击对宏观经济运行造成的负面影响是不容忽视的。本章所构建的金融压力指数能够估计宏观金融压力、损失的可能性和经济的不确定性，能够通过高发系统性金融风险的领域捕捉压力事件预警危机，能够预示经济行为的改变和对实体经济的冲击。总之，金融压力指数能够满足以上两点关键因素。一方面，金融压力指数能够"领先"经济周期，对宏观经济有预测性和指示性作用。另一方面，金融压力指数能够反映金融体系系统性金融风险实况，蕴含宏观经济风险实时信息。因此，本章提出更易实现和测度的金融压力指标深入分析其对资产价格的影响和对资产收益率进行预测的可行性。

金融压力指数不仅能够作为系统性金融风险的同步性指标，还能够作为领先宏观经济周期的信号指标，反映宏观经济风险，与各类金融资产价格有相关性，对金融资产的收益率有预测能力。对于这一领域的研究，目前大量的文献集中研究宏观经济风险对股价的定价和预测，对于基金市场的关注较为薄弱，尤其是以中国基金市场为研究对象的文献尚属空白。因此，本章选择中国基金市场作为研究对象，写作目的是把本章构建的金融压力指数作为蕴含宏观经济风险信息的指示指标，填补中国基金收益与金融压力之间存在显著关联的空白。

三、数据与中国金融压力度量

（一）中国公募基金数据

本章的基金数据来源是锐思数据库（www. resset. cn），该基金数据库收集了《证券投资基金管理暂行办法》颁布后在上海证券交易所和深圳证券交易所上市的封闭式基金（包括由老基金规范扩募而来的证券投资基金）及随后发行的所有开放式基金。主要的数据来源包括证券投资基金公开披露的信息资料。本章数据样本是 1997 年 1 月至 2016 年 12 月公募基金的月度数据，包括基金份额类别、证券代码、交易日期、考虑现金红利再投资的基金月回报率、总市值、管理费率、托管费率、成立日期和无风险收益率等。

（二）中国金融压力的源指标和计算说明

结合中国金融市场数据的可获得性，本章从银行业、证券市场和外汇市场三个维度，融入了反映中国金融市场压力变化的源指标，即银行部门的滚动 β 系数、银行业泰德利差、期限利差、股票收益率、时变股指收益波动率、主权债券利差、货币的贬值变量和外汇储备共 8 个指标，测度了中国金融压力（FS）、银行业压力（FS_{bank}）、证券市场压力（$FS_{security}$）和外汇市场压力（FS_{FX}）。本章的数据样本是 1997 年 1 月至 2016 年 12 月的月度数据。数据来源是 Datastream、Resset、Wind 和国泰安。此外，本章选用的股票价格是上海证券综合指数（p_t），Ret 是基于该股指计算得出的月度收益率，计算方法为 $Ret_t = \log p_t - \log p_{t-1}$。银行部门的滚动 β 系数和时变股指收益波动率（H_t）分别由笔者建立 CAPM 模型和 GARCH（1，1）模型估计得出。

1. 银行业压力的源指标

银行部门的 β^*。银行部门的 β 是一个非常重要的银行业系统性金融风险度量指标，由资产定价模型计算得出。当 $\beta > 1$ 表明银行业比市场风险波动大，银行业受到的金融压力强。因此，为了更好地捕捉银行业的系统性金融风险，我们设 1 为门槛值，当 $\beta - 1 > 0$ 时，该差值记为银行业 β 压力值 β^*；当 $\beta - 1 < 0$ 时，银行业 β 压力值 β^* 取零。

银行业泰德利差（*Bank Ted*）。它反映的是银行流动性状况，由 3 月期银行同业拆借利率减去无风险利率计算得出。当银行业泰德利差增大时，表明银行面临资金流不充足，缺乏流动性，银行业风险加剧。

期限利差（*Term Spreads*）。期限利差是国债收益率的斜率因子，一般而言，通常由长期政府债券收益率（10 年）和短期政府债券收益率（3 月）之间的差额决定。由于银行通常是将短期的存款转变成长期的贷款，因此这个期限利差越大银行越容易获利，银行业的压力越小。相反，负的期限利差衡量了银行收益受危害的程度，这个值越大银行的压力也就越大。

2. 证券市场压力的源指标

股票收益率（*Ret*）：股票收益率与证券市场的压力呈现负相关关系。因此，*Ret* 乘以 -1 表示股票市场收益率变小会增强证券市场的金融压力。

时变股指收益波动率（H_t）：该指标是我们通过股票指数的收益率建立 GARCH（1，1）模型，测算其动态波动率。H_t 越大，资产价格的波动性越大，证券市场压力越大。

主权债券利差（*SDS*）：它是中国 10 年期国债收益率和美国 10 年期国债收益率差值。当 *SDS* 越大，中国的资金成本相比美国而言更高，证券市场的金融压力就会更大。

3. 外汇市场压力的源指标

货币的贬值变量（Δe）：货币的贬值幅度采用人民币汇率的月度变化量衡量。汇率贬值幅度越大，越刺激外汇市场压力的积聚。

外汇储备的变化值（ΔRES）：ΔRES 指国家总外汇储备减去黄金储备的变化量，代表净储备量。外汇储备的减少与外汇市场压力有正相关性。因此，ΔRES 乘以-1，表示外汇储备的减少会给外汇市场带来更大压力。

表 15-1　金融压力的构建

市场压力	指标变量	计算方法及说明	变量值与金融压力变动方向
银行压力	银行部门的 β^*	$\beta^* = \max\{\beta - 1,\ 0\}$，$\beta$ 是银行的月度滚动系数。	正向
	银行业泰德利差	3 月期银行同业拆借利率减去无风险利率。	正向
	期限利差	长期政府债券收益率（10 年）和短期政府债券收益率（3 月）之间的差额。	负向
证券市场压力	股票收益率	上海证券综合指数月度收益率。	负向
	股指收益波动率	建立股指收益率的 GARCH（1，1）模型，测算其动态波动率 H_t。	正向
	主权债券利差	中国 10 年期国债收益率和美国 10 年期国债收益率差值。	正向
外汇市场压力	货币的贬值变量	人民币汇率的月度变化量衡量。	正向
	外汇储备变化值	国家总外汇储备减去黄金储备的变化量，代表净储备量。	负向

4. 银行业贝塔的核算说明

银行部门的滚动 β 系数是由标准的资产定价模型 CAPM 测算得出的。我们采用 12 个月滚动窗口的时间序列回归方法，估计出每家上市银行的超额收益对当期市场收益的月度滚动 β。模型如下：

$$R_{i,\,t} = \alpha_{i,\,t} + \beta_{i,\,t}(Ret_t - r_{f,\,t}) + \varepsilon_{i,\,t} \qquad (15-1)$$

此处 $R_{i,\,t}$ 是上市银行 i 的 t 月超额收益，Ret_t 是上海证券综合指数在 t 月时的收益率，$r_{f,\,t}$ 是 t 月的市场无风险利率，$\beta_{i,\,t}$ 是银行 i 在 t 月的不确定性 β。

（三）中国金融压力的测度

先对 8 个源指标变量，即银行部门的 β^*、银行业泰德利差、期限利差、股票收益率、时变股指收益波动率、主权债券利差、货币的贬值变量和外汇储备进行标准化处理，再取权重为 1 进行加总。计算公式为

$$FS_t = \sum_1^n (\frac{X_{it} - \mu_i}{\delta_i}) = FS_t^{bank} + FS_t^{security} + FS_t^{FX} \quad t = 1, 2, \cdots, T; \ n = 8$$

$$(15-2)$$

式中，t 代表时期，i 代表第 i 个指标变量，n 代表指标变量总数，x_{it} 代表源指标变量，μ_i 代表源指标均值，δ_i 代表源指标标准差，FS_t^{bank} 表示 t 期银行业压力，$FS_t^{security}$ 表示 t 期证券市场压力，FS_t^{FX} 表示 t 期外汇市场压力。

本章所测度的金融压力结果显示，中国金融市场压力值在 [−8，10] 之间波动，尤其是在 1997—1998 年亚洲金融危机、2007—2008 年次贷危机和国际金融危机，以及 2013—2016 年新常态时期期间，中国金融压力波动较大且压力值较高。其他时期，金融市场压力较稳定，绝大部分压力值为零值或者负值。这一结果与中国国情基本相符。因此，本章初步认为所测度的金融压力能够及时、动态地反映中国金融市场的风险状况。金融压力的测度结果具体如图 15-1 所示。

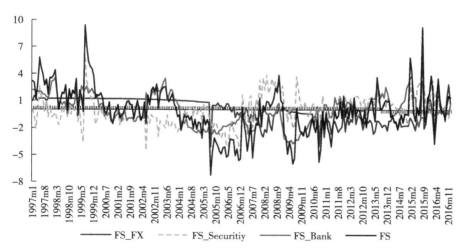

注：此图参考 IMF 框架测度了中国金融压力。具体选择银行部门的滚动 β 系数、银行业泰德利差、期限利差、股票收益率、时变股指收益波动率、主权债券利差、货币的贬值变量和外汇储备 8 个指标并进行标准化后计算得出。

图 15-1 中国金融压力的测度

四、理论框架和假设假说

(一) 基于宏观经济风险的条件资产定价模型

Merton (1973) 提出的 ICAPM 对任意风险资产 i, 其预期收益和风险之间存在恒等关系:

$$\mu_i = A\sigma_{im} + B\sigma_{ix} \tag{15-3}$$

此处 μ_i 表示风险资产 i 的非条件超额收益, σ_{im} 表示风险资产的超额收益和市场组合 M 的超额收益之间的非条件协方差, σ_{ix} 表示风险资产超额收益和 K 维状态变量 X 之间的非条件协方差。A 是市场投资者的风险厌恶系数, B 是市场对 K 维状态变量转变的累计反应, 状态变量代表随机投资机会的组合。式 (15-3) 表示投资者们忍受市场风险和接受投资机会组合不利变化所获得的期望收益作为补偿。

在早期 Merton (1973) 的资产定价模型中, 假设投资者是满足理性预期的。期望收益的参数和协方差被解释为常数。但是, 模型中期望收益和协方差是具有时变性的, 因此, 期望收益和协方差的系数应该是时变的。模型为

$$E[R_{i,\,t+1} \mid \Omega_t] = Acov[R_{i,\,t+1},\ R_{m,\,t+1} \mid \Omega_t] + Bcov[R_{i,\,t+1},\ X_{t+1} \mid \Omega_t]$$
$$\tag{15-4}$$

此处 $R_{i,\,t+1}$ 和 $R_{m,\,t+1}$ 分别代表风险资产 i 和市场组合 m 的收益与无风险利率之差。Ω_t 是投资者形成未来收益预期的信息集合。$E[R_{i,\,t+1} \mid \Omega_t]$ 是 t 期信息集下的 $t+1$ 期时风险资产 i 的条件预期超额收益, $cov[R_{i,\,t+1},\ R_{m,\,t+1} \mid \Omega_t]$ 是 t 期风险资产 i 与市场组合超额收益间的条件期望协方差, $cov[R_{i,\,t+1},\ X_{t+1} \mid \Omega_t]$ 是 t 期风险资产 i 与影响未来投资机会的状态变量 X 间的条件期望协方差。

参考 Bali、Brown 和 Caglayan (2011, 2012, 2014) 的方法, 文献中用条件贝塔替代条件协方差, 模型为

$$E[R_{i,\,t+1} \mid \Omega_t] = \widetilde{A}E[\beta_{im,\,t+1} \mid \Omega_t] + \widetilde{B}E[\beta_{ixt+1} \mid \Omega_t] \tag{15-5}$$

此处 $\widetilde{A} = Avar[R_{m,\ t+1} \mid \Omega_t]$，$\widetilde{B} = Bvar[X_{t+1} \mid \Omega_t]$，$E[\beta_{im,\ t+1} \mid \Omega_t]$ 是风险资产 i 的条件市场贝塔，它是 $R_{i,\ t+1}$ 和 $R_{m,\ t+1}$ 的条件协方差与 $R_{m,\ t+1}$ 条件方差之间的比值。$E[\beta_{ixt+1} \mid \Omega_t]$ 是状态变量 X 下的风险资产 i 的条件贝塔，它是 $R_{i,\ t+1}$ 和 X_{t+1} 的条件协方差与 X_{t+1} 的条件方差之间的比值

$$E[\beta_{im,\ t+1} \mid \Omega_t] = \frac{cov[R_{i,\ t+1},\ R_{m,\ t+1} \mid \Omega_t]}{var[R_{m,\ t+1} \mid \Omega_t]} \qquad (15-6)$$

$$E[\beta_{ixt+1} \mid \Omega_t] = \frac{cov[R_{i,\ t+1},\ X_{t+1} \mid \Omega_t]}{var[X_{t+1} \mid \Omega_t]} \qquad (15-7)$$

宏观经济风险属于状态变量，它代表 ICAPM 框架中的消费和投资机会的集合。因此，本章所构建的金融压力指数被视为是式（15-4）和式（15-5）中状态变量 X 的代理指数，式（15-6）中的贝塔被定义为"风险因子贝塔"，式（15-7）中的贝塔被定义为"不确定性指数贝塔"。

（二）假设假说

基于以上宏观经济风险的条件资产定价模型的理论分析，本章的假设假说如下：

假说1：金融压力 β 具有时变性。

Campbell（1987）、Ferson 和 Foerster（1994）、Harvey（1989）以及 Lettau 和 Ludvigson（2001b）等就市场贝塔 β 的时变性进行了理论和实证的论证。他们的研究采用滑动窗口技术测算时变贝塔 β。研究结果表明，条件最小方差资产组合的条件贝塔是非固定参数的，具有时变 β 的条件资产定价模型能够更好地解释资产收益率。在本章中，金融压力是条件资产定价模型的状态变量，它涵盖了金融市场风险因素。在测算它的 β 时，应该选用滑动窗口技术，使其具有时变特性。

假说2a：金融压力 β 的系数 γ 是显著的。

假说2b：金融压力 β 的市场风险溢酬 γ 为正。

条件资产定价模型中新的假设替代了贝塔是常数这一传统假设，把 γ 定

义为

$$\frac{E(r_{mt+1} \mid Z_t)}{Var(r_{mt+1} \mid Z_t)} = \gamma \qquad (15-8)$$

其中，γ 被称为风险的市场价格，也被称为市场贝塔的风险溢酬。金融压力 β 的系数显著异于零，说明金融压力这一状态变量的加入可以提高风险 β 对截面收益的解释能力。

在 CAPM 模型理论中，如果投资者是风险厌恶的，那么投资者在既定的方差下会选择最大期望收益的资产组合，该资产组合能够满足最小方差的有效边界（minimum variance）。此时，投资组合的 $\gamma_m(Z_t)$ 为正值。在条件资产定价模型中 γ 正是 $\gamma_m(Z_t)$，它代表的是市场的风险溢价，应该也是正值。换句话说，基金的预期收益率与金融压力的 β 成正比，说明金融压力的市场价格为正，金融压力的 β 是基金收益的风险定价因子。

假说 3a：强有效市场假说。

假说 3b：任何基金的超额收益率为零或者为无风险资产收益率。

在法律健全、功能良好、透明度高、竞争充分的金融市场，一切有价值的信息已经及时、准确、充分地反映在股价走势当中，其中包括企业当前和未来的价值，除非存在市场操纵，否则投资者不可能通过分析以往价格获得高于市场平均水平的超额利润。这也就是有效市场假说（Efficient Markets Hypothesis，EMH）。在多个贝塔的条件资产定价模型中，

$$E_t(R_{it+1}) = \lambda_{0t} + \sum_{j=1, \cdots, K} \beta_{ijt} \lambda_{jt} \qquad (15-9)$$

其中，λ_{0t} 代表的是所有资产组合的期望收益率，也被称为条件 α。总之，在强有效市场假说的前提下，任何基金的超额收益率应该为零或者为无风险资产收益率，即条件 α 为零或无风险收益率。

五、金融压力对基金收益定价的实证

Kothari 和 Warner（2001）认为 FF 因子模型不适于对共同基金收益表现的

评估，仪垂林（2001）、黄兴旺（2002）、卓华（2007）、傅东升（2004）等也认为 FF 模型不适用于中国的基金收益的预测和基金业绩的评价。因此，本章参考 Bali，Brown 和 Caglayan（2014）的计量方法，提出了适合中国公募基金市场的实证方法。

（一）金融压力的贝塔

在本部分中，我们分析基金收益是否暴露在中国金融市场的压力下，中国金融压力是否可以预测基金收益的横截面变化。我们采用 36 个月滚动窗口的时间序列回归方法，估计出每只基金的基金收益对上一期的金融市场压力 FS 的月度不确定性 Beta 值。模型如下：

$$R_{i,t} = \alpha_{i,t} + \beta_{i,t}^{FS} FS_{t-1} + \varepsilon_{i,t} \qquad (15\text{--}10)$$

此处 $R_{i,t}$ 是基金 i 的 t 月超额收益，FS_{t-1} 是中国金融市场风险在 $t-1$ 月时的风险值，$\beta_{i,t}^{FS}$ 是基金 i 在 t 月的不确定性 Beta。统计结果显示，FS_{t-1} 与基金收益呈现显著的负相关关系，$\beta_{i,t}^{FS}$ 均值为 -0.0018，t 值为 -31.28。

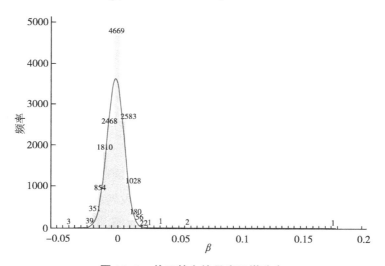

图 15-2　单只基金的月度贝塔分布

从以上的分布图可知，基金 - 月度的 $\beta_{i,t}^{FS}$ 值共 11，610 个，落在 [-0.05，0.17] 之间，绝大部分扩散在 [-0.05，0.05] 之间，呈现出正态分布特征，这说明了金融压力对于公募基金的收益有较好的判别能力。其中基金-月度的 $\beta_{i,t}^{FS}$ 落在负值区间、零值区间和正值区间的个数分别为 3,057、4,669 和 3,884。根据分布图统计结果不难看出，不同基金有不同的投资风格，有 33.45% 的基金-月度对金融压力有正向的风险暴露（即 $\beta_{i,t}^{FS} > 0$ 的基金组），有 40% 的基金-月度对金融压力的风险暴露约为零值（即 $\beta_{i,t}^{FS} = 0$ 的基金组），剩下的 26.55% 的基金-月度对金融压力的风险暴露为负向（即 $\beta_{i,t}^{FS} < 0$ 的基金组）。

（二）金融压力的贝塔与基金收益横截面回归

本章针对下一个月基金超额收益，构建了与金融市场压力的贝塔和控制变量的横截面回归模型。每月横截面回归计量模型如下

$$R_{i,t+1} = \lambda_{0,t} + \lambda_{1,t}\beta_{i,t}^{FS} + \lambda_{2,t}R_{i,t} + \lambda_{3,t}SIZE_{i,t} + \lambda_{4,t}AGE_{i,t}$$
$$+ \lambda_{5,t}ManagementFee_i + \lambda_{6,t}CustodianFee_i + \varepsilon_{i,t+1} \qquad (15\text{-}11)$$

此处，$R_{i,t+1}$ 是基金 i 的第 $t+1$ 月超额收益，$\beta_{i,t}^{FS}$ 是金融压力的贝塔，$SIZE_{i,t}$ 是基金 i 的 t 期市场价值，$AGE_{i,t}$ 是基金 i 的 t 期的年龄，$ManagementFee_i$ 是基金 i 的管理费用，$CustodianFee_i$ 是基金 i 的托管费用。其中，$SIZE_{i,t}$、$AGE_{i,t}$、$ManagementFee_i$ 和 $CustodianFee_i$ 是基金的特征变量。$SIZE_{i,t}$ 是基金每月管理资产的市场价值；$AGE_{i,t}$ 用于衡量基金自成立以来存续的月数；$ManagementFee_i$ 是一个固定的典型的管理资产的百分比费用从 1% 到 2% 不等；$CustodianFee_i$ 基金托管人为保管和处置基金资产而向基金收取的费用，托管费通常按照基金资产净值的一定比例提取，通常大约为 0.25%。此外，横截面回归模型还包括基金第 t 月的收益，以此来控制基金收益潜在的惯性或反转效应。

在表 15-2 中，A 组是全面样本数据从 1997 年 1 月至 2016 年 12 月的 Fama-MacBeth 横截面月度回归结果的平均截距和斜率系数。t 值在括号里。我们首先考察控制惯性或反转效应后，金融压力的 $\beta_{i,t}^{FS}$ 与未来基金收益之间的横截面关系。回归结果（1）中显示，金融压力的 $\beta_{i,t}^{FS}$ 与未来基金收益之间有正向的相关关系，且高度显著。下一个月的基金收益对金融压力的 $\beta_{i,t}^{FS}$ 回归的斜率

是 0.7263，t 值是 2.15。

在确定了 $\beta_{i,t}^{FS}$ 与未来基金收益之间正相关性后，我们同时控制了基金的其他特征和风险因子，检验基金暴露在金融压力下是否仍然是未来基金收益的强预测因子。在表 15-2 中，A 组的回归（2）（3）（4）中结果显示，$\beta_{i,t}^{FS}$ 对未来收益的回归系数均为正值且显著，系数分别为 0.9648、0.7642 和 0.773，t 值分别为 3.03、2.36 和 2.31。实证结果表明，在控制了一系列基金的特征变量和风险因子后，金融压力的贝塔与未来基金收益之间仍然在经济上和统计上都显著为正相关性，即风险的市场价格为正。

表 15-2　基金收益对金融压力 FS 的贝塔和控制变量的 Fama-MacBeth 回归

	intercept	λ _FS	lagRet	Size	Age	Management Fee	Custodian Fee
Panel A	1997. 01-2016. 12						
1	0. 0132 *** 2. 85	0. 7263 ** 2. 15	-0. 0909 ** -2. 28				
2	0. 0114 *** 2. 08	0. 9648 *** 3. 03	-0. 0822 ** -2. 18	1. 68E-07 0. 11			
3	0. 0061 0. 97	0. 7642 ** 2. 36	-0. 105 ** -2. 04	-1. 08E-07 -0. 06	0. 0001 1. 01		
4	0. 0065 0. 96	0. 773 ** 2. 31	-0. 1022 ** -1. 97	-2. 39E-07 -0. 14	0. 0001 0. 61	0. 001 0. 45	0. 0006 0. 05

注：本表是针对下一个月基金超额收益，构建与中国金融压力的贝塔 β^{CFSI} 和其他控制变量（t 期收益、基金规模、基金存续时长、管理费用和托管费用等）的横截面月度的 Fama-MacBeth 回归模型。括号内为 t 值，*、**、*** 分别表示在 10%、5%、1% 的统计水平上显著。

由此可知，金融压力因子是基金收益的定价因子。经济解释是，以金融压力为代表的风险暴露每增加一单位，投资者需要约 0.81 单位的月度风险溢价作为补偿。结合前文中贝塔的分布可知，$\beta_{i,t}^{FS} > 0$ 的基金组平均每月可以获得 0.33%（即 0.81 × 0.0041）的风险收益，年化收益为 3.96%，而 $\beta_{i,t}^{FS} < 0$ 的基金组平均每月的风险损失为 -0.49%（即 -0.006 × 0.81），年化损失为 -5.88%。另外，如果基金管理者采用中国金融压力可以作为基金投资的宏观择时风向

标，那么能够给投资者带来更多风险溢价补偿，从而提高基金的投资价值。当金融压力的风险暴露贝塔越高，基金收益的市场溢价越高，当金融压力的风险暴露贝塔越小时，基金收益的市场溢价越低。所以，采取此类择时投资策略能够给投资者带来更多风险溢价补偿，从而提高基金的长期投资价值。需要特别强调的是，在表 15-2 中，逐一控制基金其他的特征变量后，A 组的回归方程结果显示，滞后一期的基金收益 $R_{i,t}$ 的平均斜率是负的且显著。这表明，从短期上看，基金收益具有反转效应。

（三）对比分析

本章选择中国的宏观经济景气度指数、经济政策不确定性指数、波动率指数、证券市场压力、外汇市场压力和银行业压力作为中国金融压力的对比指数。其中，宏观经济景气度指数、经济政策不确定性指数和波动率指数来源于 DataStream，证券市场压力、外汇市场压力和银行业压力是前文所测算的压力值。

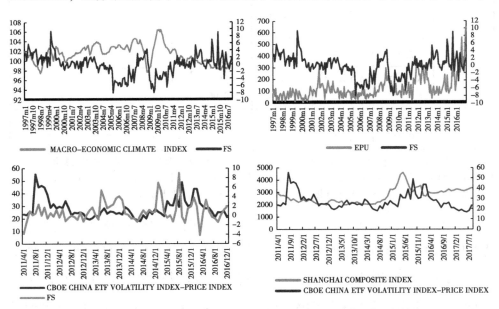

注：上图中主坐标轴分别是宏观景气指数、EPU、iVIX 和上证综合指数，次坐标轴是 FS 和 iVIX。

图 15-3　金融压力与宏观景气指数、经济政策不确定性和波动率 iVIX 之间的关系以及上证综指与 iVIX 之间的关系

对比检验步骤如下：

采用 36 个月滚动窗口的时间序列回归方法，估计出每只基金的基金收益对上一期对比指数的月度不确定性 Beta 值。对比检验模型如下

$$R_{i,\,t} = \alpha_{i,\,t} + \beta_{i,\,t}^{Index} Index_{t-1} + \varepsilon_{i,\,t} \tag{15-12}$$

此处 $R_{i,\,t}$ 是基金 i 的 t 月超额收益，$Index_{t-1}$ 是在 $t-1$ 月时的对比指数值，$\beta_{i,\,t}^{Index}$ 是基金 i 在 t 月的不确定性贝塔。然后，针对下一个月基金超额收益，构建了与金融市场风险的贝塔和控制变量的横截面回归模型。每月横截面回归计量模型如下

$$R_{i,\,t+1} = \lambda_{0,\,t} + \lambda_{1,\,t}\beta_{i,\,t}^{Index} + \lambda_{2,\,t}R_{i,\,t} + \lambda_{3,\,t}SIZE_{i,\,t} + \lambda_{4,\,t}AGE_{i,\,t}$$
$$+ \lambda_{5,\,t}ManagementFee_i + \lambda_{6,\,t}CustodianFee_i + \varepsilon_{i,\,t+1} \tag{15-13}$$

此处，$R_{i,\,t+1}$ 是基金 i 的第 $t+1$ 月超额收益，$SIZE_{i,\,t}$ 是基金 i 的 t 期市场价值，$AGE_{i,\,t}$ 是基金 i 的 t 期的年龄，$ManagementFee_i$ 是基金 i 的管理费用，$CustodianFee_i$ 是基金 i 的托管费。其中，$SIZE_{i,\,t}$、$AGE_{i,\,t}$、$ManagementFee_i$ 和 $CustodianFee_i$ 是基金的特征变量。$SIZE_{i,\,t}$ 是基金每月管理资产的市场价值；$AGE_{i,\,t}$ 用于衡量基金自成立以来存续的月数；$ManagementFee_i$ 是一个固定的典型的管理资产的百分比费用，从 1%到 2%不等；$CustodianFee_i$ 基金托管人为保管和处置基金资产而向基金收取的费用，托管费通常按照基金资产净值的一定比例提取，通常大约为 0.25%。此外，横截面回归模型还包括基金第 t 月的收益，以此来控制基金收益潜在的惯性或反转效应。

对比实证结果表明：（1）在 Panel C 中，在加入控制变量前，宏观经济景气度指数的贝塔 $\beta_{i,\,t}^{Index}$ 与未来基金收益之间存在显著的正相关性。在控制了多个基金的特征变量和风险因子后，宏观经济景气度指数的贝塔与未来基金收益之间的正相关关系却不显著。（2）在 Panel D 中，经济政策不确定性指数的贝塔 $\beta_{i,\,t}^{Index}$ 与未来基金收益之间存在正相关性，但并不显著。（3）在 Panel E 中，波动率指数 IVIX 的贝塔 $\beta_{i,\,t}^{Index}$ 与未来基金收益之间存在显著的负相关性，即风险溢价为负。我们认为这与中国的波动指数的构建方法有关。有学者指出当亏损不断增加的情况下，市场的波动率 IVIX 增加，这与理论文献相符。然而不同的

是，在中国市场，收益率的上升也会带来 IVIX 的增加，此时 IVIX 就不再是"恐慌性指数"而成为"幸福指数"。这与美国的 VIX 指数有了很大的差别。有研究解释，这一现象与中国存在大量的散户投资者有关。① 因此，中国 IVIX 指数可能在基金收益定价中出现风险溢价为负的可能性。即市场收益冲高时，IVIX 越高，投资者此时并不需要更多的风险溢价作为补偿。（4）在 Panel F 中，在加入控制变量前，证券压力指数的贝塔与未来基金收益之间存在显著的负相关关系。在控制了基金的多个特征变量和风险因子后，证券压力指数的贝塔与未来基金收益之间的负相关关系并不显著。（5）在 Panel G 中，外汇市场压力指数与未来基金收益之间的负相关关系不显著。（6）在 Panel H 中，银行业压力指数与未来经济收益之间的相关性不显著。总之，其他风险指数贝塔和分金融市场压力指数贝塔对未来基金收益并不具备定价和稳定的预测能力。

表 15-3　对比检验（1998.04—2016.12）

	intercept	β^{index}	Ret	Size	Age	Management Fee	Custodian Fee
Panel C	宏观经济景气度指数						
1	0.0117*** (2.55)	0.6493** (1.99)	−0.083** (−2.11)				
2	0.027* (1.67)	0.8083 (1.54)	0.1156 (0.87)	0.0001 (0.49)	−0.0007 (−1.2)	−0.0018 (0.85)	−0.0027 (−0.28)
Panel D	经济政策不确定性指数						
1	0.0007 (0.12)	8.0957 (0.62)	−0.05* (−1.69)				
2	−0.0064 (−0.64)	25.13 (1.19)	0.0667 (0.65)	−0.0001 (−0.01)	−0.0001 (−0.34)	0.0019 (1.04)	−0.0013 (−0.13)
Panel E	波动率指数（iVIX）：2011.04—2017.09						
1	0.0096* (1.76)	−4.21*** (−2.92)	0.0261 (0.38)				

---

① 引自朱潇珂 2018 年的浙江大学金融学的毕业论文，题名为《中国波动率指数与股票市场相关关系研究》。

续表

	intercept	β^{index}	Ret	Size	Age	Management Fee	Custodian Fee
2	0.0045 (0.58)	−5.12*** (−3.18)	0.0232 (0.38)	−0.0001 (−0.09)	0.0001 (1.12)	0.0002 (0.02)	0.0096 (0.23)
Panel F	证券市场压力指数						
1	0.0114*** (2.37)	0.4312*** (2.58)	−0.072* (−1.69)				
2	−0.07 (−0.79)	1.45 (1.41)	−0.15 (−1.57)	0.00004 (0.99)	−0.0002 (−1.23)	0.0012 (0.77)	−0.0017 (−0.33)
Panel G	外汇市场压力指数						
1	0.0087* (1.87)	−0.1719 (−1.33)	−0.064* (−1.86)				
2	0.0331* (1.66)	−0.0967 (−0.87)	−0.1248 (−1.98)	0.0001 (0.17)	−0.0008 (−1.65)	0.0014 (0.83)	0.0021 (0.31)
Panel H	银行业压力指数						
1	0.0047 (0.84)	0.0954 (0.45)	−0.094*** (−2.67)				
2	0.1772 (0.91)	−1.8 (−0.93)	0.2896 (0.94)	0.0001 (1.08)	−0.0047 (−0.92)	0.0015 (1.14)	−0.0015 (−0.38)

注：Panel C 是宏观经济景气度指数的对比检验结果，Panel D 是经济政策不确定性指数的对比检验结果，Panel E 是波动率指数的对比检验结果，Panel F 是证券市场压力指数的对比检验结果，Panel G 是外汇市场压力指数的对比检验结果，Panel H 是银行业压力指数的对比检验结果。其中，Panel E 的数据样本期是 2011 年 4 月至 2017 年 9 月，其他数据样本期是 1998 年 4 月至 2016 年 12 月。括号内为 t 值，*、＊＊、＊＊＊分别表示在 10%、5%、1% 的统计水平上显著。

（四）稳健性检验

为了确保上述结果的稳健性，本章选择加入 Fama-French 多因子和惯性因子作为对比检验模型的回归因子，稳健性检验模型如下：

$$R_{i,t} = \beta_{0,t} + \beta_{1,t}SMB_t + \beta_{2,t}HML_t + \beta_{3,t}UMD_t + \varepsilon_{i,t} \qquad (15\text{-}14)$$

$$\alpha_{i,t} = R_{i,t} - \beta_{1,t}SMB_t - \beta_{2,t}HML_t - \beta_{3,t}UMD_t \qquad (15\text{-}15)$$

$$\alpha_{i,t+1} = \lambda_{0,t} + \lambda_{1,t}\beta_{i,t}^{CFSI} + \lambda_{2,t}R_{i,t} + \lambda_{3,t}SIZE_{i,t} + \lambda_{4,t}AGE_{i,t}$$

$$+\lambda_{5,t}ManagementFee_i+\lambda_{6,t}CustodianFee_i+\varepsilon_{i,t+1} \qquad (15-16)$$

其中，$R_{i,t+1}$ 是基金 i 的 t 月超额收益，$\beta_{i,t}^{FS}$ 是基金 i 在 t 月的不确定性 Beta，SMB_t 是 t 月的市值因子，HML_t 是 t 月的账面市值比因子，UMD_t 是 t 月的惯性因子。$\alpha_{i,t}$ 是 t 月每只基金收益与其相应的 FAMA 因子回归模型的差值项。其他控制因子与前文相同。Fama-French 三因子和惯性因子的月度数据，来源于 RESSET 数据库。

所得主要结论与上文所述一致。实证结果表明，在 Panel I 中，同时控制 Fama-French 因子和惯性因子后，金融压力的贝塔与收益差值 $\alpha_{i,t+1}$ 有显著的正相关性；控制 Fama 因子、惯性因子以及基金的其他特征因子后，金融压力的贝塔与收益差值 $\alpha_{i,t+1}$ 依然存在显著的正相关性。因此，稳健性检验的实证结果说明，控制 FF 因子和惯性因子后，金融压力依然对基金收益有显著的影响，能够对基金收益进行定价，金融压力的风险暴露 β 的风险溢价为正，即 β 越大，基金收益越高。

表 15-4　稳健性检验

	intercept	β^{CFSI}	Ret	Size	Age	Management Fee	Custodian Fee
Panel I	1998.04—2016.12						
1	0.0124*** (2.67)	0.806*** (2.31)	-0.0806** (-1.88)				
2	0.0107*** (1.97)	0.9758*** (2.90)	-0.0785** (-1.79)	0.0000 (0.04)			
3	0.0035 (0.53)	0.7280*** (2.12)	-0.1097 (-1.63)	-0.0000 (-0.52)	0.0001 (1.37)		
4	0.0045 (0.66)	0.7609*** (2.22)	-0.1085 (-1.61)	-0.0000 (-0.53)	0.0001 (1.23)	-0.0001 (-0.13)	
5	0.0045 (0.66)	0.7438*** (2.18)	-0.1060 (-1.57)	-0.0000 (-0.61)	0.0000 (1.08)	0.0011 (0.57)	-0.0045 (-0.46)

注：Panel I 是未来基金收益差值 $\alpha_{i,t+1}$ 与金融压力的贝塔和其他控制变量之间的 Fama-MacBeth 回归结果，$\alpha_{i,t+1}$ 是因变量。数据样本是 1998 年 4 月至 2016 年 12 月。括号内为 t 值，*、**、*** 分别表示在 10%、5%、1% 的统计水平上显著。

更重要的是，为了进一步讨论 Fama-French 三因子（简称 FF 因子）和惯性因子在中国基金市场定价的有效性，以及金融压力因子对基金收益定价的重要性，本章采用前文所述的计量方法和稳健性计量方法对 Fama-French 的市场溢价因子进行了验证。首先，采用 36 个月滚动窗口的时间序列回归方法，估计出每只基金的基金收益对上一期 FF 市场因子的月度不确定性 Beta 值。再用市场因子的 Beta 值代替金融压力的 Beta 值对收益差值 $\alpha_{i,t+1}$ 进行截面回归。模型设计如下

$$R_{i,t} = \alpha_{i,t} + \beta_{i,t}^{MKT} MKT_{t-1} + \varepsilon_{i,t} \tag{15-17}$$

$$\alpha_{i,t+1} = \lambda_{0,t} + \lambda_{1,t} \beta_{i,t}^{MKT} + \lambda_{2,t} R_{i,t} + \lambda_{3,t} SIZE_{i,t} + \lambda_{4,t} AGE_{i,t}$$
$$+ \lambda_{5,t} ManagementFee_i + \lambda_{6,t} CustodianFee_i + \varepsilon_{i,t+1} \tag{15-18}$$

其中，$R_{i,t}$ 是基金 i 的 t 月超额收益，$\beta_{i,t}^{MKT}$ 是基金 i 在 t 月的不确定性 Beta，MKT_{t-1} 是 $t-1$ 月的市场风险溢价因子，SMB_t 是 t 月的市值因子，HML_t 是 t 月的账面市值比因子，UMD_t 是 t 月的惯性因子。$\alpha_{i,t}$ 是每只基金收益与其相应的 FAMA 因子回归模型的差值项。其他控制因子与前文相同。Fama-French 三因子和惯性因子的月度数据，来源于 RESSET 数据库。

表 15-5　稳健性检验（Fama-French 市场溢价因子）

	intercept	β^{MKT}	Ret	Size	Age	Management Fee	Custodian Fee
Panel I	1998.04—2016.12						
1	0.0089 ** (1.83)	−0.0076 (−0.75)	−0.1079 ** (−1.83)				
2	0.0099 (1.50)	−0.0052 (−0.50)	−0.0982 *** (−2.15)	−0.0000 (−0.33)			
3	0.0241 (1.11)	0.0072 (0.42)	−0.0987 * (−1.76)	−0.0000 (−1.07)	−0.0000 (−0.15)		
4	0.0267 (1.22)	0.0067 (0.39)	−0.0912 (−1.62)	−0.0000 (−1.17)	−0.0000 (−0.13)	−0.0008 (−0.70)	
5	0.032 (1.46)	0.0076 (0.44)	−0.1021 * (−1.75)	−0.0000 (−1.38)	−0.0000 (−0.35)	0.0011 (0.74)	−0.0098 (−1.44)

注：Panel I 是未来基金收益差值 $\alpha_{i,t+1}$ 与 Fama-French 市场溢价因子的贝塔和其他控制变量之间的 Fama-MacBeth 回归结果，$\alpha_{i,t+1}$ 是因变量。数据样本是 1998 年 4 月至 2016 年 12 月。括号内为 t 值，* 、* * 、* * * 分别表示在 10%、5%、1% 的统计水平上显著。

稳健性检验结果显示，虽然 Fama-French 三因子和惯性因子在中国的股票市场有一定的适用性，但是在中国的公募基金市场中 Fama-French 的市场因子对基金收益的定价影响却不显著。Fama-French 三因子和惯性因子是否适合中国公募基金市场还有待进一步探讨。这一研究结论与其他国内学者研究的结论是一致的（仪垂林等，2001；黄兴旺等，2002；傅东升等，2004，换句话说，本章选择 Bali 等（2014）的实证研究方法是具有合理性的。更值得强调的是，与 Fama-French 的市场溢价因子相比，金融压力因子涵盖了更多的金融市场压力信息，这部分信息对基金市场影响是非常显著的。因此，金融压力因子是一个更适合中国公募基金的定价因子。

六、结论和政策建议

本章构建一种更易实现和测度的金融压力指标，分析其对宏观经济波动的实时跟踪，首次提出"从金融压力新视角去研究资产收益预测谜题"。具体上，本章参考 2014 年 Bali 等公开发表的《宏观经济风险与对冲基金收益》中的计量方法，基于金融压力建立宏观经济风险的条件资产定价模型，阐述模型理论的相关分析和假设假说，提出了有效的计量方法，实证了金融压力对中国公募基金的定价能力，并且通过与中国的宏观经济景气度指数、经济政策不确定性指数、波动率指数 IVIX、证券市场压力指数、外汇市场压力指数、银行业压力指数以及 Fama-French 的市场溢价因子相比后发现，金融压力蕴含着经济周期信息、宏观经济风险信息以及金融市场压力信息，其更适用于中国公募基金的定价研究。实证结果显示，金融压力的风险暴露 β^{CFSI} 对单个中国公募基金收益横截面有显著解释力。金融压力的风险暴露 β^{CFSI} 每增加 1 单位，投资者需要每月约为 81% 的风险溢价作为补偿，其中 $\beta^{CFSI} > 0$ 的基金组平均每月可以获得 0.32% 的风险收益（年化收益为 3.96%），而 $\beta^{CFSI} < 0$ 的基金组平均每月的风险损失为-0.49%（年化损失为-5.88%）。因此，本章建议投资者参考金融压力的变化去捕捉宏观市场信息，作出相应的择时投资决策，这样更有助于优

化基金的投资收益。

从本章的研究结论来看，中国金融压力的度量和监管确实是非常重要、迫切的研究领域。原先针对个体金融机构、金融市场和金融产品的微观审慎风险监管方式，已不再适应当前的风险监管，更不足以保障金融稳定。针对中国国情，设计完善更符合实际的宏观经济风险监测体系，构建适合中国宏微观审慎相结合的风险监管框架，对中国的意义重大。本章的建议如下：

（一）建立金融市场预警指数动态监测金融市场风险

我国金融市场风险可由金融压力指数动态地及时反映，像这样的预警指标某些发达国家早已有成熟体系，并对外及时发布。我国的金融市场起步较晚，还尚未步入成熟期，逐步完善金融市场风险测度和预警机制是十分必要的，我们应积极向成熟市场经济体借鉴经验。

（二）针对主要金融市场建立完善的分市场系统性金融风险监测

早期，系统性风险的监测体系主要以银行业的系统性金融风险监测为主，针对单个金融机构或银行个体的风险测度体系是较为成熟的。然而，本轮国际金融危机给世界各大经济体以沉重的冲击，普遍的共识是，长期以来仅对某些主要金融机构风险进行的微观监测的体制和监管理念是不能满足当前经济和金融发展的需要的，是较为落后的。因此，本章建议，除银行业以外，还应同时重视其他金融市场的系统性金融风险度量体系的构建。

（三）警惕金融市场间系统性金融风险的溢出和传染

当金融市场风险沿着特定的路径在不同的市场间传染时，系统性金融风险极有可能正在积聚。因此，当各市场间金融资产价格波动的信息传递导致联动性较高时，不同的金融风险监管部门应该加强合作并协调监管，避免一个市场的不利信息触发其他市场的风险，有效预防系统性金融风险的发生。

（四） 兼顾微观主要金融机构系统性风险的监测

新的金融风险监管体系不仅要考虑宏观审慎评估体系的构建，还要兼顾规范银行、保险、金融科技企业等重要金融机构的微观行为，做好微观监管的"柱础"建设。

（五） 完善系统性金融风险的宏观、微观审慎相结合的新监管机制

宏观、微观相结合审慎体系的建立，能够及时消除金融体系压力，恢复金融体系的稳定。金融监管机构在对金融压力采取回应措施时，应该从金融市场全局出发，对相应的金融机构的行为进行有效地、及时地干预。

■ 参考文献　〉〉〉〉

[1] 陈学荣，张银旗，周维. 投资基金的历史绩效评估 [J]. 经济学动态，2000（5）：19-21.

[2] 陈守东，王妍. 金融压力指数与工业一致合成指数的动态关联研究 [J]. 财经问题研究 2011（10）：39-46.

[3] 傅东升，陈丽英. 中国基金市场的因素模型实证分析 [J]. 管理科学文摘，2004（3）：60-62.

[4] 王庆仁. 基金投资策略、绩效与市场有效 [J]. 财经科学，2003（6）：23-26.

[5] 黄兴旺，胡四修. 中国股票市场的二因素模型 [J]. 当代经济科学，2002（5）：50-57.

[6] 何孝星，于宏凯. 条件 CAPM 下我国证券投资基金业绩的实证研究 [J]. 南开经济研究，2003（6）：68-71.

[7] 赖娟，吕江林. 基于金融压力指数的金融系统性风险的测度 [J]. 统

计与决策，2010（19）：128–131.

[8] 刘晓星，方磊. 金融压力指数构建及其有效性检验——基于中国数据的实证分析 [J]. 管理工程学报，2012（3）：1–6.

[9] 仪垂林，黄兴旺，王能民，等. 中国证券市场的三因素模型分析 [J]. 南京经济学院学报，2001（5）：43–47.

[10] 周万贺，储茂广. 我国证券投资基金波动择时能力的实证分析 [J]. 统计与决策，2009（5）：129–132.

[11] 郑桂环，徐红芬，刘小辉. 金融压力指数的构建及应用 [J]. 金融发展评论，2014（8）：50–62.

[12] 章曦. 中国系统性金融风险测度、识别和预测 [J]. 中央财经大学学报，2016（2）：45–52.

[13] 朱莎，裴沛. 新时期中国金融市场风险状态甄别和政策冲击研究 [J]. 中央财经大学学报，2018（11）：26–39.

[14] 卓华. 我国封闭式基金绩效的因子模型实证分析 [J]. 世界经济情况，2007（4）：32–37.

[15] Allen, L., Bali, T. G., Tang, Y. Does systemic risk in the financial sector predict future economic downturns? [J]. Review of Financial Studies 2012, 25, 3000–3036.

[16] Avramov, D., Kosowski, R., Naik, N. Y., Teo, M. Hedge funds, managerial skill, and macroeconomic variables [J]. Journal of Financial Economics 2011, 99 (3): 672–692.

[17] Bali, T. G., Brown, S., Tang, Y. Is economic uncertainty priced in the cross–section of stock returns [J]. Journal of Financial Economics 2017, 126 (3): 471–489.

[18] Bali, T. G., Brown, S. J., Caglayan, M. O. Do hedge funds' exposures to risk factors predict their future returns [J]. Journal of Financial Economics 2011, 101 (1): 36–68.

［19］ Bali, T. G. , Brown, S. J. , Caglayan, M. O. Macroeconomic risk and hedge fund returns ［J］. Journal of Financial Economics 2014, 114（1）: 1-19.

［20］ Bloom, N. The impact of uncertainty shocks ［J］. Econometrica 2009, 77: 623-685.

［21］ Balakrishnan, Ravi, Danninger, Stephan, Elekdag, & Selim, 2011. The transmission of financial stress from advanced to emerging economies ［J］. Emerging Markets Finance & Trade, 2011, 47（sup2）: 40-68.

［22］ Chen, H. Macroeconomic conditions and the puzzles of credit spreads and capital structure ［J］. Journal of Finance 2010, 65: 2171-2212.

［23］ Campbell, J. Y. Stock returns and the term structure ［J］. Journal of Financial Economics 1987, 18: 373-399.

［24］ Cardarelli, R, Elekdag, S. A. , Lall, S. Financial Stress, Downturns, and Recoveries ［J］. IMF Working Papers 2009, 09（100）: 25-29.

［25］ Chen, N. -F. , Roll, R. , Ross, S. A. Economic forces and the stock market ［J］. Journal of Business 1986, 59: 383-403.

［26］ Chen, N. -F. , Financial investment opportunities and the macroeconomy ［J］. Journal of Finance 1991, 46: 529-554.

［27］ Cenesizoglu, T. , Timmermann, A. Do return prediction models add economic value ［J］. Journal of Banking & Finance 2012, 36（11）: 2974-2987.

［28］ Drechsler, I. Uncertainty, time-varying fear, and asset prices ［J］. Journal of F inance 2013, 68（5）: 1843-1889.

［29］ Fama, E. F. , French, K. R. Dividend yields and expected stock returns ［J］. Journal of Financial Economics 1988, 22: 3-25.

［30］ Fama, E. F. , French, K. R. Business conditions and expected returns on stocks and bonds ［J］. Journal of Financial Economics 1989, 25: 23-49.

［31］ Ferson, W. E. , Schadt, R. W. Measuring fund strategy and performance in changing economic conditions ［J］. Journal of Finance 1996, 51（2）:

425-461.

［32］Fama, E. F., Schwert, G. W. Asset returns and inflation ［J］. Journal of Financial Economics 1977, 5: 115-146.

［33］Fama, E. F., French, K. R. Dividend yields and expected stock returns ［J］. Journal of Financial Economics 1988, 22: 3-25.

［34］Fama, E. F., French, K. R. Business conditions and expected returns on stocks and bonds ［J］. Journal of Financial Economics 1989, 25: 23-49.

［35］Ferson, W. E., Schadt, R. W. Measuring fund strategy and performance in changing economic conditions ［J］. Journal of Finance 1996, 51 （2）: 425 -461.

［36］Hakkio, C. S., Keeton, W. R. Financial stress: what is it, how can it be measured, and why does it matter ［J］. Federal Reserve Bank of Kansas City Economic Review 2009, 94 （2）: 5-50.

［37］Illing, M., & Liu, Y. An index of financial stress for Canada ［J］. Bank of Canada Working Paper 2003, 29: 3-14.

［38］Jurado K, Ludvigson S C, Ng S. Measuring Uncertainty ［J］. American Economic Review, 2015, 105 （3）: 1177-1216.

［39］Kang, J., Tong, S. K., Lee, C., Min, B. K. Macroeconomic risk and the cross-section of stock returns ［J］. Journal of Banking & Finance 2011, 35 （12）: 3158-3173.

［40］Keim, D. B., Stambaugh, E. F. Predicting returns in the stock and bond markets ［J］. Journal of Financial Economics 1986, 17: 357-390.

［41］Liu, L. X., Zhang, L. Momentum profits, factor pricing, and macroeconomic risk ［J］. Review of Financial Studies 2008, 21: 2417-2448.

［42］Ludvigson, S. C., Ng, S. Macro factors in bond risk premia ［J］. Review of Financial Studies 2009, 22: 5027-5067.

［43］Merton, R. C. An intertemporal capital asset pricing model ［J］. Econometrica 1973, 41: 867-887.

[44] Pettenuzzo, D., Timmermann, A., Valkanov, R. Forecasting stock returns under economic constraints [J]. Journal of Financial Economics 2015, 114 (3): 517-553.

[45] Racicot, F. É., Théoret, R. Macroeconomic shocks, forward-looking dynamics, and the behavior of hedge funds [J]. Journal of Banking & Finance, 2016, 62: 41-61.

[46] Stock, J. H. Watson, M. W. Disentangling the channels of the 2007-2009 recession [J]. Brookings Papers on Economic Activity Spring, 2012, 81: 156.

[47] Segal, G., Shaliastovich, I., Yaron, A. Good and bad uncertainty: Macroeconomic and financial market implications [J]. Journal of Financial Economics 2015, 117 (2): 369-397.

[48] Torous, W., Valkanov, R., Yan, S. On predicting stock returns with nearly integrated explanatory variables [J]. Journal of Business 2004, 77 (4): 937-966.